权威·前沿·原创

皮书系列为
"十二五"国家重点图书出版规划项目

中国社会科学院创新工程学术出版资助项目

俄罗斯黄皮书

俄罗斯发展报告
（2015）

ANNUAL REPORT ON DEVELOPMENT OF RUSSIA
(2015)

中国社会科学院俄罗斯东欧中亚研究所
主　编／李永全

社会科学文献出版社
SOCIAL SCIENCES ACADEMIC PRESS (CHINA)

图书在版编目(CIP)数据

俄罗斯发展报告.2015/李永全主编.—北京：社会科学文献出版社，2015.7
（俄罗斯黄皮书）
ISBN 978-7-5097-7800-5

Ⅰ.①俄… Ⅱ.①李… Ⅲ.①俄罗斯-研究报告-2015 Ⅳ.①D751.2

中国版本图书馆 CIP 数据核字（2015）第 159076 号

俄罗斯黄皮书
俄罗斯发展报告（2015）

主　　编／李永全

出　版　人／谢寿光
项目统筹／祝得彬　张苏琴
责任编辑／张苏琴

出　　版／社会科学文献出版社·全球与地区问题出版中心（010）59367004
　　　　　　地址：北京市北三环中路甲29号院华龙大厦　邮编：100029
　　　　　　网址：www.ssap.com.cn
发　　行／市场营销中心（010）59367081　59367090
　　　　　　读者服务中心（010）59367028
印　　装／北京季蜂印刷有限公司

规　　格／开　本：787mm×1092mm　1/16
　　　　　　印　张：22.25　字　数：336千字
版　　次／2015年7月第1版　2015年7月第1次印刷
书　　号／ISBN 978-7-5097-7800-5
定　　价／79.00元

皮书序列号／B-2006-049

本书如有破损、缺页、装订错误，请与本社读者服务中心联系更换

▲ 版权所有 翻印必究

俄罗斯黄皮书编委会

主　　编　李永全

副 主 编　李中海　张昊琦

编　　委　（按姓氏笔画排序）

　　　　　　冯育民　刘显忠　孙　力　李中海　李永全
　　　　　　李进峰　吴宏伟　庞大鹏　赵会荣　柳丰华
　　　　　　高　歌　程亦军　薛福岐

撰 稿 人　（按姓氏笔画排序）

　　　　　　王桂香　牛义臣　刘　丹　刘显忠
　　　　　　许　华　孙辰文　李中海　李永全
　　　　　　李勇慧　张　弘　张聪明　庞大鹏
　　　　　　赵玉明　赵会荣　柳丰华　郭晓琼
　　　　　　梁　强　蒋　菁　韩克敌　程亦军

俄文翻译　凤　玲

主要编撰者简介

李永全 中国社会科学院俄罗斯东欧中亚研究所所长、研究员。曾长期在中共中央编译局从事马克思主义经典著作翻译、校订以及马克思主义基本理论和俄罗斯历史及当代国际问题的研究。著有《列宁的新经济政策原则及其国际意义》（俄文专著，1990年）、《俄国政党史》（1999年出版，2006年第三次印刷）和《莫斯科咏叹调》（2005年）；主编《俄罗斯发展报告》《丝路列国志》；在国内外各种刊物上发表学术论文及政论作品百余篇。

主要译著有格里加尔的《为欢乐而生》、瓦·博尔金的《戈尔巴乔夫沉浮录》、尼·雷日克夫的《大动荡的十年》、肖洛霍夫的《他们为祖国而战》、伊·列昂诺夫的《独臂长空》等。

李中海 中国社会科学院俄罗斯东欧中亚研究所研究员，《俄罗斯东欧中亚研究》执行主编，中国社会科学院研究生院教授。长期从事俄罗斯经济研究。主编《普京八年：俄罗斯复兴之路（2000～2008）》（经济卷），获中国社会科学院优秀科研成果二等奖；著有《俄罗斯经济外交：理论与实践》（2011年）等著作。

张昊琦 中国社会科学院俄罗斯东欧中亚研究所副研究员，《俄罗斯东欧中亚研究》杂志副主编。从事俄罗斯政治、俄罗斯政治思想史和中俄关系史研究。著有《俄罗斯帝国思想初探》（2009年），共同主编《当代俄罗斯精英与社会转型》（2015年）。

摘　要

乌克兰危机是2014年世界政治中一个最重要的主题,它对俄罗斯、欧洲以及后苏联地区的影响尤为深远。乌克兰危机虽然发端于乌克兰对国家道路及其发展模式的选择,但它从一开始就不仅仅是乌克兰国内政治的问题,也不仅仅是一个地区性的问题,而是一个事关俄罗斯与整个西方世界关系的战略性问题。因此,随着乌克兰危机的发展,俄罗斯与西方世界之间出现了类似于"新冷战"式的对抗。从目前看,乌克兰危机还没有结束的迹象,而且在可见的未来不可能得到圆满的解决。

政治方面,俄罗斯基本上保持了稳定,并没有出现波动。乌克兰危机的持续发展以及克里米亚回归俄罗斯,实际上极大地增强了俄罗斯的民族凝聚力,普京的支持率达到了历史最高水平,并且一直保持在高位。俄罗斯国内的政治竞争进一步弱化。

经济方面,俄罗斯面临巨大的挑战。一方面,俄罗斯经济延续了近两年低速增长的势头,缺乏发展的活力和动力。国际石油价格大幅度下降,卢布对美元等外币汇率锐减,对俄罗斯经济造成巨大冲击。另一方面,西方国家因乌克兰危机而对俄罗斯进行了多轮制裁,严重恶化了俄罗斯经济发展的外部环境。国内外各种不利因素的叠加使本来就不景气的俄罗斯经济雪上加霜。但俄罗斯政府依然具有较强的抵御危机的能力,不会出现债务违约等极端情况。

外交方面,俄罗斯与西方世界处于紧张状态,俄欧关系、俄美关系在可预见的未来不可能有突破性的进展。俄罗斯国内反西方主义情绪的高涨以及西方对俄罗斯的孤立和打压,使得俄罗斯更加注重其亚太战略的推进。同时,俄罗斯继续加强欧亚一体化进程,推动欧亚联盟的向前发展。

2014年,中俄两国关系发展顺利。中俄全面务实合作进入了新的时期,两国在能源合作方面取得了突破性进展。中国提出的丝绸之路经济带倡议得到俄罗斯的理解和支持,两国就丝绸之路经济带建设和欧亚一体化进程达成了重要共识。

关键词: 俄罗斯　乌克兰危机　政治　经济　外交

Аннотация

Украинский кризис – наиважнейший узел мировой политики 2014 года. Бесспорно, он оказал и еще продолжит оказывать особо глубокое и долгосрочное влияние на Россию, страны постсоветского пространства и Европу. И хотя начался кризис с решения казалось бы сугубо внутреннего вопроса – самоопределения Украины относительно модели и пути своего собственного государственного развития, уже с самого начала он развивался не как исключительно украинский внутриполитический, и даже не как региональный, а как стратегический вопрос, напрямую касающийся России, – ее отношений со всем Западным миром. Поэтому закономерно, что по мере обострения украинского кризиса углублялось противостояние и между Россией и Западом, своим характером все больше напоминавшее времена «холодной войны». В настоящее время не просматривается никаких признаков урегулирования украинского кризиса, более того, в обозримой перспективе найти решение, которое в полной мере удовлетворяло бы всех, не представляется возможным.

Политический аспект: в политическом отношении России в основном удавалось сохранять стабильность, каких – либо волнений или колебаний не наблюдалось. Напротив, продолжение развития украинского кризиса и возвращение Крыма в Россию в действительности во всей полноте продемонстрировали силу сплочения российского народа. Одобрение деятельности В. Путина на посту президента и соответственно его рейтинг достигли максимальных значений, более того, рейтинг сохранялся на высоком уровне постоянно. Внутриполитическая конкуренция в России стала слабеть.

Экономический аспект: в экономическом отношении Россия находится перед мощнейшими вызовами. С одной стороны, последние два года в российской экономике хотя и сохраняется тенденция медленного

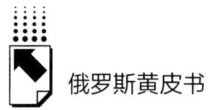

роста, однако развитию не хватает жизненных сил и энергии. Значительное снижение мировых цен на нефть и курса российского рубля по отношению к американскому доллару нанесло мощный удар по российской экономике. С другой стороны, многоступенчатые санкции Запада, принятые в отношении России вследствие украинского кризиса, серьезно ухудшили внешнюю обстановку развития российской экономики. Наслоение разнообразных неблагоприятных факторов – внутренних и внешних – добавили бед российской экономике, и без того находящейся не на подъеме. Однако российское правительство по – прежнему обладает относительно мощными силами для сдерживания неблагоприятных тенденций, поэтому таких чрезвычайных ситуаций, как, например, нарушение договоров по долговым обязательствам и т. п. не возникнет.

Международный аспект: отношения России и Западного мира пребывают в состоянии повышенной напряженности. В обозримом прогнозируемом будущем отношения России и Европы, России и США не смогут получить прорывного развития. На этом фоне Россия, опираясь на рост внутрироссийских антизападных настроений и реагируя на изоляцию со стороны Запада и его растущее давление на страну, делает все больший упор на продвижение азиатско – тихоокеанской стратегии. Одновременно Россия продолжает укреплять процесс евразийской интеграции, стимулируя дальнейшее развитие Евразийского союза.

Российско – китайские отношения в 2014 году развивались успешно. Российско – китайское всестороннее практическое сотрудничество вступило в новую фазу, развитие сотрудничества в энергетической сфере достигло прорывных значений. Китайская инициатива «экономического пояса Шелкового пути» получила российское понимание и поддержку. И инициатива создания «экономического пояса Шелкового пути», и процесс евразийской интеграции получили существенное важное встречное понимание и взаимное признание.

Ключевые слова: Россия украинский кризис политика Экономика дипломатия

目 录

Ⅰ 总报告

Y.1 乌克兰危机笼罩下的俄罗斯 …………………………… 李永全 / 001
    一 乌克兰危机与俄罗斯社会政治 ……………………………… / 001
    二 乌克兰危机与俄罗斯经济 …………………………………… / 003
    三 乌克兰危机与俄罗斯外交 …………………………………… / 008
    四 中俄务实合作取得突破性进展 ……………………………… / 009

Ⅱ 政治

Y.2 2014年俄罗斯政治形势分析 …………………………… 庞大鹏 / 013
Y.3 强势回应外部挑战　温和擘画内部发展
    ——普京2014年国情咨文述评 ………………………… 李中海 / 032

Ⅲ 经济

Y.4 增长乏力，濒临衰退
    ——俄罗斯2014年经济形势分析及2015年
    形势预判 ………………………………………………… 程亦军 / 043

Y.5 俄罗斯的外汇储备：何去何从？ ………………… 张聪明 / 061
Y.6 中俄经贸合作的新进展 ………………………… 郭晓琼 / 076
Y.7 俄罗斯电子商务的发展现状与趋势 …………… 蒋 菁 / 089
Y.8 制裁背景下的俄罗斯经济：问题与前景 ……… 高际香 / 106

Ⅳ 外交

Y.9 西方不"亮"东方"亮"
　　——2014年的俄罗斯外交
　　………… 柳丰华 李勇慧 韩克敌 刘 丹 赵玉明 / 120
Y.10 乌克兰危机形势下的中俄关系 ………………… 柳丰华 / 133
Y.11 乌克兰危机背景下俄罗斯积极推动亚太战略 … 李勇慧 / 144
Y.12 俄罗斯如何看待丝绸之路经济带 ……………… 赵会荣 / 158
Y.13 踯躅前行，任重道远
　　——乌克兰危机下的独联体地区一体化进程 …… 刘 丹 / 172

Ⅴ 历史

Y.14 中国学者对抗日战争期间苏联对华援助问题的研究
　　…………………………………………………… 刘显忠 / 185
Y.15 解读赫鲁晓夫诞辰120周年档案展 …………… 王桂香 / 195

Ⅵ 乌克兰问题

Y.16 俄美在乌克兰的博弈 …………………………… 韩克敌 / 201
Y.17 乌克兰危机背景下的俄罗斯与欧盟 …………… 赵玉明 / 215
Y.18 白俄罗斯对乌克兰危机的应对 ………………… 梁 强 / 226

Y.19 乌克兰危机对集体安全条约组织及其成员国的影响 …………………… 牛义臣 / 242

Y.20 战外之战：乌克兰危机中的国际传播博弈 ………… 许　华 / 255

Y.21 乌克兰危机的历史文化因素 ……………………… 刘显忠 / 273

Y.22 价值观冲突与乌克兰危机 ………………………… 张　弘 / 292

Y.23 乌克兰危机一年综述 ……………………………… 孙辰文 / 304

Y Ⅶ　附录

Y.24 俄文摘要 ……………………………………………………… / 317

皮书数据库阅读**使用指南**

总报告

Y.1 乌克兰危机笼罩下的俄罗斯

李永全*

> 2014年注定要成为俄罗斯历史上重要的年份。这一年所发生的所有重大事件几乎都与乌克兰危机有着密切联系。乌克兰危机不仅影响乌克兰自身的发展,也影响到俄罗斯的社会经济发展,影响到俄罗斯与整个西方世界的关系。这场危机及其影响的深度和广度还在随着时间蔓延。

一 乌克兰危机与俄罗斯社会政治

2014年是乌克兰危机发展进程中最重要的,也是影响最大的一年。2014年,乌克兰失去了克里米亚,东部的顿涅茨克州和卢甘斯克州出现与

---

* 李永全,中国社会科学院俄罗斯东欧中亚研究所所长、研究员,中国社会科学院"一带一路"研究中心主任。

中央分庭抗礼的局面，其民兵武装与中央权力的对抗达到白热化程度，乌克兰已经事实上发生分裂。

乌克兰危机对俄罗斯政治的影响，无论怎样评价，实际上都加强了俄罗斯的民族凝聚力。苏联解体后第一次出现国土面积增加的事实让俄罗斯民众异常兴奋，普京总统的威信也一路飙升到历史最高水平，而且一直保持在高位。

克里米亚地位戏剧性的变化是这场危机中最抢眼的事件。但是，乌克兰危机并没有因为克里米亚地位的变化而结束。2014年4月7日，位于乌克兰东部的顿涅茨克州宣布成立顿涅茨克人民共和国，独立于乌克兰。乌克兰当局随即宣布顿涅茨克人民共和国是恐怖组织。2014年5月12日，乌克兰卢甘斯克州也宣布成立卢甘斯克人民共和国。基辅当局也宣布卢甘斯克人民共和国为恐怖组织。两个宣布独立的州都是由亲俄势力占据主导地位。

于是，乌克兰当局针对顿涅茨克和卢甘斯克民兵武装展开了反恐行动，双方都有巨大人员伤亡。乌克兰当局指责俄罗斯支持乌克兰民兵武装，俄罗斯方面指责乌克兰当局的暴力行为。俄乌关系持续紧张。

乌克兰东部民兵武装的势力日益强大，与中央分庭抗礼的能力日益提高。而且不仅仅是顿涅茨克和卢甘斯克，其他地区，如哈尔科夫、敖德萨、第聂伯罗彼得罗夫斯克、扎巴罗日等，不稳定因素也异常明显。基辅当局发动的反恐行动没有取得预期效果，顿涅茨克和卢甘斯克出现社会经济困难，俄罗斯开始大力援助乌克兰这两个地区。

对于乌克兰东部发生的冲突，乌克兰方面和西方都认为是俄罗斯插手的结果。于是，西方集团在克里米亚并入俄罗斯后，开始对俄罗斯进行一轮又一轮的制裁。制裁对象不仅涉及俄罗斯政治家，而且涉及金融、能源、食品等行业……俄罗斯与西方的关系降到苏联解体以来的最低点。

西方的制裁对俄罗斯经济造成一定的影响，尤其针对金融和能源企业的制裁，给企业融资、银行信誉造成很大冲击。但是制裁并没有影响俄罗斯国内政治稳定，相反却使社会空前团结，普京总统的威信空前提高。2014年3月克里米亚并入俄罗斯后，俄罗斯社会情绪可以用"狂热"来形容，充分显示了当前俄罗斯的政治生态环境和民族情绪。

可以预计，克里米亚对俄罗斯政治形势的影响将是长期的。正因为如此，当前俄罗斯暂时的经济困难基本没有影响其国内的政治稳定和对普京总统的高支持率。

二 乌克兰危机与俄罗斯经济

如果说2014年俄罗斯政治形势是稳定的，那么经济则是跌宕起伏的。

首先，2014年俄罗斯经济延续了近两年低速增长的势头，经济发展缺乏活力和动力。其次，下半年，尤其是年底，国际石油价格大幅度下降，对俄罗斯经济造成巨大冲击，卢布对美元等外币的汇率锐减，俄罗斯出现金融危机。虽然政府不承认危机之说，但是承认经济出现了问题，出现了困难。

俄罗斯经济遇到的最大问题是遭到来自西方国家的制裁。制裁主要是因为克里米亚和乌克兰东部事件引起的。

西方国家对俄罗斯的制裁主要是针对部分俄罗斯和乌克兰人士及组织实施的，制裁由美国领导人发起，参与制裁的有欧盟国家和七国集团等。

西方对俄制裁的主要阶段是：3月克里米亚地位变化之后的制裁，理由是俄罗斯破坏了乌克兰的领土完整；乌克兰东部局势恶化后的制裁，理由是俄罗斯支持亲俄武装，破坏乌克兰领土完整；2014年7月17日马航波音777飞机在顿涅茨克州被击落后的制裁，某些国家领导人认为马航飞机失事是乌克兰东部民兵武装所为。

美国发起的制裁措施包括：北约等国际组织终止或部分终止与俄罗斯的合作，如3月20日取消了欧盟－俄罗斯峰会，3月25日各国不再为克里米亚居民发放签证，4月17日欧洲议会呼吁放弃建设俄罗斯倡导的"南溪"天然气管道；对俄罗斯人员的制裁，包括限制入境、查封个人账户；对俄罗斯金融企业的制裁，如被先后列入制裁名单的俄罗斯金融企业有俄罗斯储蓄银行、外贸银行、天然气工业银行、外经银行、俄罗斯农业银行等；被列入制裁名单的能源企业有俄罗斯石油公司、俄罗斯管道建设公司、俄罗斯天然

气石油公司等,被制裁的军工企业有乌拉尔车辆厂、国防工业公司、航空建设公司、图拉兵工厂、机床工具厂、精密仪器厂等重要企业;被禁运的商品种类达250种。

制裁造成的后果具有双重意义,不仅使俄罗斯经济遭到损失,实施制裁国家的经济也受到伤害,这充分说明在经济全球化时代各国经济相互依存的现实。比如俄罗斯最大的贸易伙伴德国,在制裁俄罗斯的同时,自身也开始遭受制裁的损失,尤其德国机器制造业。虽然对俄罗斯贸易只占德国对外贸易的4%①,但是机器制造业压力很大,企业界开始向默克尔总理施加影响,有些大企业家甚至退出基民盟,加入反对党。制裁对欧洲旅游业和技术产业也造成巨大的负面影响。

制裁对俄罗斯经济造成巨大影响。虽然制裁没有给俄罗斯经济造成灾难,但打击是巨大的。从长远看,最大的影响表现在对俄高技术出口和俄获得低息贷款方面。

根据俄罗斯高等经济学院的分析,制裁是导致俄罗斯卢布贬值的主要原因,也是俄罗斯通货膨胀的主要原因。2014年8月,俄罗斯卢布在170种外汇中是贬值最快的货币。与此同时,制裁也导致俄罗斯外汇大规模外逃。2014年前10个月,俄罗斯有1100亿美元外逃②,成为造成2014年俄罗斯金融危机的主要原因。

对于2014年年底爆发的卢布贬值和金融危机,学界大多数人认为与国际石油价格下降有关。至于石油价格下降的原因,则有各种各样的观点。一种说法是西方为了制裁俄罗斯而打压石油价格,一种说法是石油输出国与美国争夺能源市场所致,也有人认为石油价格下降与美国退出量化宽松政策有关。不管哪种原因导致石油价格下降和卢布贬值,有一点是清楚的,那就是高油价时代基本过去了,以出口石油和其他能源资源为主的俄罗斯将面对新

---

① Sanktionen: Deutsche Wirtschaft kann auf Russland verzichten – Nachrichten Wirtschaft – DIE WELT.
② ВШЭ: Чистый отток капитала из РФ в 2014 году превысил 110 млрд долларов, Новости из Германии о России // DW. DE, 06. 11. 2014.

的经济增长环境，结构改革被更加迫切地提上日程。

经济结构改革是俄罗斯/苏联历代领导人的"梦想"。结构问题困扰着历代决策者。但是在俄罗斯发展历史进程中，经济结构改革是最难以推进、最具风险的，因为任何经济结构改革都涉及利益的调整，而任何经济结构都会形成既得利益集团。

俄罗斯/苏联历史上，几次经济结构调整的尝试及其失败的教训一直在俄罗斯决策者心中留下难以抹去的阴影。

历史上，俄罗斯经济结构与管理体制的形成有密切关系。苏联时期，军工综合体和能源综合体在国家经济生活中占有重要地位。军工综合体的发展不仅形成了与此相适应的军工利益集团，而且对于苏联行政命令式管理体制的形成具有决定性影响。苏联军工综合体不仅生产军工产品，而且生产70%的民用产品。军工综合体的管理方式培养了企业员工服从命令的习惯，遏制了创新精神。而能源综合体是国家财政的主要来源，主要的出口产品。在所谓的苏联发达社会主义时期，经济效益实际上极其低下，国家财政几乎完全依靠增加石油天然气的出口来保证。可以不夸张地说，正是20世纪60～70年代的西伯利亚石油、天然气开发和出口创汇，烘托了苏联发达社会主义的虚假繁荣景象。

值得关注的是，石油、天然气使苏联走向强大和繁荣，石油、天然气也使苏联经济走向危机。20世纪70年代初世界能源危机为苏联经济提供了极大的机会。世界石油价格提高了19倍，原料价格提高了7～9倍。销售原油赢利的诱惑使苏联石油天然气工业的发展超乎一般规律。从1969年起，苏共中央和苏联部长会议通过专门决议加快发展石油和天然气开采。在10年间石油开采力增加了9倍[1]。国家大力出口原油，换取的外汇用于购买包括小麦、消费品和食品在内的一切生活必需品。国家经济结构原材料化、能源化倾向日益加剧。原材料和中间产品出口占苏联出口的83%～85%，而制

---

[1] 〔俄〕亚·维·菲利波夫：《俄罗斯现代史》（1945～2006），中国社会科学出版社，2009，第171页。

成品只占出口的 15%～17%。为了获取更多的外汇，解决商品短缺问题，短时间内就修建了通往西欧的天然气管道（当时跨度最大的欧洲天然气管道乌连戈伊—乌日哥罗德），输出量几乎是苏联石油产量的 1/3 和天然气产量的 75%①。国家财力对能源出口的依赖越来越大。这潜伏着危机！

勃列日涅夫逝世后，安德罗波夫提出加速发展战略，其实质之一就是要改变经济结构。戈尔巴乔夫上台后，继承安德罗波夫的加速战略，试图经过发展机器制造业来解决发展速度和经济结构的问题。但是，无论是安德罗波夫还是戈尔巴乔夫都没有完成这个任务。不仅如此，戈尔巴乔夫的改革还将经济引向了危机。

苏联解体后，俄罗斯在经济发展方式或发展道路方面经历了三次斗争，最后仍然没有解决经济结构问题。

第一次斗争是在苏联解体后，主要在原料工业集团和加工工业集团之间展开。斗争的焦点是利益，但是利益背后有权力之争。最后的结果是清楚的，原料工业集团占据了上风，而加工工业集团由于苏联经济联系的中断和缺乏竞争力而日益走下坡路。国家解体、经济联系中断、市场丧失、财政支持下降，使得俄罗斯的加工工业出现大滑坡。如果 20 世纪 80 年代机器制造业在苏联对外贸易结构中还能占到 15%～17% 的话，此时这一份额已经下降到 4% 左右。

第二次斗争是叶利钦执政后期和普京执政前期政治权力和资本权力的斗争。斗争的焦点是权力，但是权力背后有利益。20 世纪 90 年代中后期，俄罗斯是金融寡头当政，不仅在经济领域"呼风唤雨"，在政治领域也"叱咤风云"。2000 年普京入主克里姆林宫后，与金融寡头展开一场博弈。正是这场斗争导致俄罗斯政局走向稳定，但是经济结构问题依然没有得到解决。

2008 年金融危机期间，俄罗斯各界一直关注的经济结构问题再次成为

---

① 〔俄〕阿列克佩罗夫：《俄罗斯石油：过去、现在与未来》，人民出版社，2012，第 326～327 页。

热门话题，并成为2012年总统选举的焦点问题。这可以算作第三次争论或道路之争。但是，争论的双方并没有提出根本改革经济结构的方案，而是把争辩的焦点放在现代化战略的政治方面。

俄罗斯经济对能源过度依赖已经成为普京回归克里姆林宫后关注的最重要问题之一。这期间，在世界能源市场行情有利于俄罗斯的情况下，俄罗斯经济表现也并不理想，增速放缓已经引起各方关注。普京在2014年2月12日的政府会议上说："毋庸讳言，原有的增长源泉，如果不是完全枯竭，也是没有以往的效果了。我们始终期待增长、再增长，能源价格提高、再提高。现在价格很好，可是以往的增长没有出现。可以说，潜力已经耗尽了。"[①] 2014年俄罗斯的经济增长率只有0.6%，居民实际可支配收入同比下降1%。如果考虑到该年度卢布贬值和物价上涨因素，则居民实际收入下降的幅度还要大得多。

这种现状令人担忧。实际上，俄罗斯面临着新的抉择，即发展道路的抉择。虽然现在的社会现实不会导致出现激烈的发展道路之争，但是历史的经验已经告诉人们，传统的道路，即依赖能源和资源的粗放式发展道路的潜力已经几乎用尽了；依靠传统道路可以生存，但是绝不会使俄罗斯成为大国、富国、强国，尤其是政治大国。俄罗斯面临选择，但是选择的余地不是很大。总结此前各种争论，未来的发展道路无非有如下几种方案。其一，继续走传统的发展道路，轻车熟路，不触动任何人的利益，在低水平发展中保持稳定。其二，突破传统发展模式，走创新发展，集约式发展道路，这就需要改变观念，改变管理体制，改变利益结构，在这个过程中可能会发生利益冲突，但是最终会改变国家经济发展过分依赖能源和资源出口的状况。其三，在传统模式的基础上创新，或曰在传统优势领域探索创新发展道路。如在传统优势技术领域采取非垄断化措施，提高经济总体竞争力。其四，扩大开放，开发远东，寻找新的经济增长点。其五，融合上述成分的其他发展模式。

---

① http：//www.kremlin.ru/events/president/news/20217.

在上述几种可能的方案中,第一和第二种方案的可能性都不大,对于第一种方案来说,不改变就没有出路,就不会摆脱能源价格的怪圈;对于第二种方案来说,变化的政治、社会和财政成本太高。因此,探索其他发展方案势在必行。这个探索过程将受到一系列因素的制约或影响,包括乌克兰危机的走向,因乌克兰危机而恶化的俄罗斯与西方的关系前景,欧亚经济联盟发展速度,国际能源市场行情,俄罗斯国内政治社会稳定程度,远东和西伯利亚开发前景,等等。

总之,在经济低速增长期间做出改革的抉择是痛苦和艰难的,但又是必需的。

三 乌克兰危机与俄罗斯外交

2014年俄罗斯外交政策和外交活动完全围绕乌克兰危机展开。乌克兰危机对俄罗斯外交的影响是巨大的、决定性的、持续的。

在政治上,克里米亚地位的变化使俄乌关系恶化到前所未有的水平,评论界甚至认为,俄罗斯得到了克里米亚却永远失去了乌克兰。不仅仅俄罗斯与乌克兰的关系出现前所未有的危机,俄罗斯与美国、欧洲以及西方世界的关系也降到苏联解体以来的最低点。西方几乎全面停止或冷却了与俄罗斯的政治交往,甚至俄罗斯2015年纪念第二次世界大战胜利70周年的庆祝活动也受到西方世界即美欧盟友的抵制。由于乌克兰危机短期内不可能解决,俄罗斯与西方的关系也不会在短期内缓和。从某种意义上说,俄罗斯与美国和西方的关系即使没有乌克兰危机,也很难顺畅发展,因为俄罗斯的复兴进程和独联体一体化进程与美国和西方的战略利益是相悖的。

在经济方面,虽然俄罗斯外交为经济建设服务的宗旨没有改变,但是俄罗斯外交从来没有像2014年这样对国家经济发展产生如此重大的负面影响。由于西方国家的制裁和经济增速放缓,由于乌克兰危机造成的额外财政负担,也由于俄罗斯自身经济结构问题,未来相当一段时期内俄罗斯经济和社会问题将日益突出。2014年年底俄罗斯卢布的贬值和经济困难也影响到独联体国家经济社会的发展，尤其影响到俄罗斯与这些国家的贸易。卢布贬值使独联体国家对外贸易普遍陷入困境，各国争相使本国货币贬值。

2015年1月1日，欧亚经济联盟开始运行。这是俄罗斯2014～2015年国际舞台上唯一的也是最大的亮点。2015年1月2日，亚美尼亚也成为欧亚经济联盟成员国。预计2015年5月29日，吉尔吉斯斯坦也将加入。欧亚经济联盟成员国承诺保证商品、服务、资本和劳动力的自由流动，这标志着后苏联空间一体化进程进入新阶段。欧亚经济联盟启动后，由于运输成本的节约，商品价格将降低；由于经济发展水平的拉平，将刺激在欧亚经济联盟共同市场上的"健康"竞争；由于减少成本和提高生产率，平均工资将增加；由于商品需求量增加，生产将扩大；由于市场容量扩大，新技术和商品的投资回报率将提高；欧亚经济联盟成员国GDP总量至少增加25%……

但是乌克兰危机无疑放慢了欧亚一体化步伐。首先，俄罗斯经济困境严重制约了利用经济手段加速一体化的潜力。其次，乌克兰危机过程中，独联体各国对俄罗斯的做法和作用的评价是不一致的，这会在某种程度上降低一些国家在一体化问题上的积极性。最后，乌克兰危机短期内不会结束，俄罗斯的经济环境未必会很快好转，美国、欧洲和整个西方世界与俄罗斯争夺在独联体地区影响的博弈会继续、会加剧。

因此，乌克兰危机在相当长时期内还将是俄罗斯外交面临的主题。

四 中俄务实合作取得突破性进展

2013年习近平主席访问莫斯科时，中俄两国首脑签署了《中华人民共和国和俄罗斯联邦关于合作共赢、深化全面战略协作伙伴关系的联合声明》，提出将两国全面战略协作伙伴关系提升至新阶段。新阶段的重要标志之一就是深化务实合作。中俄两国领导人的高层会晤始终为两国全面战略协作伙伴关系发展把握方向，为两国务实合作扫清障碍，确定原则。

2014年是中俄务实合作取得重要成绩的一年。

1. 丝绸之路经济带倡议得到俄罗斯的理解和支持

2月,中国国家主席习近平参加索契冬奥会开幕式并会见普京总统。中俄领导人就"丝绸之路经济带"建设和欧亚一体化进程达成重要共识。习近平强调,我们要继续深挖巨大潜力,培育新的合作增长点,顺利推进战略性大项目合作,如期实施俄方向中方增供原油和天然气、扩建输油管道、建设合资炼油厂等项目,扩大核能、电力、煤炭等领域合作。中方欢迎俄方参与丝绸之路经济带和21世纪海上丝绸之路建设,使之成为两国全面战略协作伙伴关系发展的新平台。① 普京总统表示,俄方高兴地看到,中方对俄罗斯投资大幅增长,双方在能源、军事、安全等领域的合作进展顺利,在国际事务中保持密切配合。两国军舰共同参加叙利亚化武海运联合护航行动,表明俄中共同为维护世界和平和地区安全做出了重要贡献。俄方积极响应中方建设丝绸之路经济带和21世纪海上丝绸之路的倡议,愿将俄方跨欧亚铁路与"一带一路"对接,创造出更大效益。② 中俄两国领导人的这番讲话驱散了两国专家在丝绸之路经济带建设对欧亚一体化进程影响方面的疑云。不仅如此,两国还将实现战略对接,实现共同发展。

2. 能源合作取得突破性进展

2014年5月,普京总统访华期间,两国签署了中俄天然气合作项目文件,包括《中俄东线管道天然气合作项目备忘录》和《中俄东线管道供气购销合同》。根据合同,从2018年起,俄罗斯开始通过中俄天然气管道东线向中国供气,输气量逐年增长,最终达到每年380亿立方米,累计合同期30年③。媒体对中俄能源合作项目的估价为4000亿美元,可谓世纪贸易大单。中俄能源合作具有坚实的客观基础。能源综合体在俄罗斯经济中占有重要地位,在国家振兴和发展中发挥重要作用。无论俄罗斯走什么样的发展道路,能源综合体都是不可忽视的领域。目前俄罗斯能源产品市场主要在欧洲和独联体国家,即原苏联地区。由于复杂的地缘政治关系,俄罗斯能源在欧

---

① http://news.xinhuanet.com/2014-02/07/c_119220650.htm.
② http://news.xinhuanet.com/2014-02/07/c_119220650.htm.
③ http://finance.chinanews.com/ny/2014/05-26/6211535.shtml.

洲市场很难扩展，多半是缩小的趋势，因此俄罗斯需要新的能源出口市场。而中国不仅是能源生产大国，也是能源进口大国。俄罗斯的能源出口多元化和中国的能源进口多元化战略客观上可谓"不谋而合"。值得指出的是，这个合作项目的签署还表明中俄两国实业界对合作前景的信心，对合作伙伴潜力和信誉的信心。

3. 两国发展战略实现互补

在丝绸之路经济带建设与欧亚一体化进程方面，中俄两国也有利益契合点。中国的丝绸之路经济带倡议涉及整个欧亚、南亚和中东欧地区，是一项以全新合作理念为基础提出的互利共赢的合作倡议。目前在原苏联地区，除中国提出的丝绸之路经济带合作倡议外，还有几种合作模式和构想以及各种合作战略、计划或进程，如俄罗斯提出并主导的欧亚一体化进程，美国提出的"大中亚计划""新丝绸之路计划"，欧盟提出的"中亚战略"，以及各种地区一体化方案。这些方案大都侧重地缘政治意义，如"大中亚计划"和"新丝绸之路计划"。

最有希望实施和最具有前景的计划或倡议是欧亚一体化和丝绸之路经济带倡议。欧亚一体化进程已经开启并取得显著成果。欧亚经济联盟的成立是欧亚一体化成果的具体体现。欧亚一体化的优势在于：各国有传统经济联系，互为市场；在安全方面相互依存；人文交流密切、深入，语言优势明显。最大的阻力在于刚刚独立20余年的主权国家在一体化进程中要让渡部分主权。这对于原苏联空间各国来说具有重大的心理障碍。而丝绸之路经济带建设的优势在于与周边和沿线国家在互利共赢的基础上一起解决贸易、投资和合作问题。丝绸之路经济带倡议的重点放在基础设施建设方面更是得到有关国家的积极响应。

4. 共同纪念二战胜利70周年，为维护世界和平而努力

2014年5月20日，习近平主席在会见普京总统时针对2015年反法西斯战争胜利70周年表示，中俄要共同"举行庆祝和纪念活动，同世界各国人民一道，致力于维护二战胜利成果"，绝不允许法西斯主义和军国主义野蛮侵略的悲剧重演。2015年5月9日，中国国家主席习近平将出席莫斯科胜

利日纪念活动，9月3日，俄罗斯总统普京将参加北京纪念抗日战争胜利70周年活动。中俄将以此共同宣示维护世界和平的愿望和决心，坚定支持联合国在国际事务中发挥核心作用，维护联合国宪章宗旨和国际关系基本准则。

5. 全面合作加速发展

中俄进入全面战略协作伙伴关系新阶段，中俄全面务实合作也进入新时期。新时期务实合作的重要特点是合作内容扩展，合作规模扩大，合作质量提高。所谓内容扩展，最显著的表现是除传统贸易外，高技术领域的合作引起各界关注。中俄在高铁、卫星导航领域的合作已经启动，远程宽体客机和重型直升机的联合研制项目不断取得进展。所谓合作规模扩大，最显著的项目是能源合作，而且能源合作不仅仅限于石油和天然气领域。所谓合作质量提高，不仅指高技术领域的合作，更指双方对合作伙伴的信任和信心。

应该强调的是，中俄合作还有巨大潜力有待挖掘。中俄在国家发展战略上的互补，还需要认真研究和挖掘，发现利益契合点，发现潜在问题，实现互利共赢。

更应该强调的是，中俄在维护世界和平和地区稳定方面的合作也存在巨大的潜力。亚太地区经济发展具有显著的活力和潜力，但是亚太地区安全与稳定方面还存在巨大隐患。中俄两国领导人多次强调维护地区稳定的重要意义，中俄将在联合国宪章确定的国际关系原则基础上继续落实全面战略协作伙伴关系，为促进和平与公正的世界政治和经济秩序的形成贡献力量。

政 治

Y.2
2014年俄罗斯政治形势分析

庞大鹏*

摘　要： 2014年俄罗斯政治基本保持稳定。政治发展、经济形势和外部关系互相影响。地方选举中出现了主要议会党派默契一致的政治现象，但政治机制缺乏竞争性导致政治退化，政治性抗议运动逐渐向社会性抗议运动转变。"俄罗斯保守主义"作为一种政治观念得到了俄罗斯社会的广泛认同。作为转型与发展的一个重要组成部分，俄罗斯需要重塑与外部世界的关系。时至今日，俄罗斯未能实现与外部世界融入与并立之间的平衡，俄内部进程和外部变化之间的落差日益加大；俄罗斯反西方与孤立主义思想对其与外部世界的关系影响深远。

关键词： 政治退化　政治观念　外部世界　反西方主义　孤立主义

---

* 庞大鹏，中国社会科学院俄罗斯东欧中亚研究所研究员，俄罗斯政治社会文化研究室主任。

俄罗斯黄皮书

引 言

戈尔巴乔夫执政以来,俄罗斯一直处于大规模的现代化进程之中。尽管可以通过"民主转型"理论来研究这一时期的发展状况,但俄罗斯的变革具有独一无二的特质,其深厚的历史文化传统和苏联解体以来的地缘政治变化增加了转型的复杂性。苏联原本是世界上两个超级大国之一和两极体制的一极,苏联解体后,俄罗斯在实施经济和政治变革的同时,其地缘政治压力也在不断加大。

作为这一变动中必不可少的一部分,俄罗斯试图与外部世界建立一种新关系,但直至今日俄罗斯在融入、并立与孤立之间并未找到令人满意的平衡。对西方来说,主要挑战是如何将俄罗斯纳入新的国际秩序。由于传统的大国心态,俄罗斯要融入新的国际秩序非常困难。俄罗斯确立新角色的过程与其内部政治秩序的根本变化紧密联系,这个变化过程还远没有结束。国际政治的重大问题都与对俄罗斯国内状况的评估机制交织在一起。[1]

2014年的俄罗斯政治形势不仅与经济因素和社会文化因素紧密联系,还与政治发展的外部因素互为影响、互相作用。本文通过分析俄罗斯政治形势的基本现状、基本特点、观念差异及外部影响,认为,2014年俄罗斯政治保持了稳定;即便普京政权现在遭遇严重困境,2015年俄罗斯维持政治稳定基本没有问题。但是,从长远看,乌克兰危机对俄罗斯政治发展将产生消极影响。

一 政治形势的总体概述

1. 2014年地方选举出现主要议会党派默契一致的政治现象

进入国家杜马的统一俄罗斯党、俄罗斯共产党(简称俄共)、公正俄罗

---

[1] Richard Sakwa, "New Cold War or Twenty Years' Crisis?: Russia and International Politics", International Affairs, Vol. 84, No. 2 (2008).

斯党和俄罗斯自由民主党，它们在意识形态和政党纲领上的差别本来已经不大，乌克兰危机爆发以来，随着国内民族主义情绪的持续高涨，它们原本的区别几乎消失。统一俄罗斯党作为政权党与其他议会反对派政党在意识形态甚至是在选举问题上，都更容易找到共同语言。2014年8月16日，虽然距2014年地方选举统一投票日仅有1个月，但在很多地方的行政长官选举中，如在卡巴尔达－巴尔卡尔共和国、塞瓦斯托波尔、克里米亚等地，俄罗斯共产党、俄罗斯自由民主党、公正俄罗斯党均宣布支持统一俄罗斯党提名的候选人。滨海边疆区和奥伦堡州的州长均来自统一俄罗斯党，他们随后向联邦委员会举荐了来自公正俄罗斯党和俄罗斯自由民主党的议员进入议会上院。在奥廖尔州，统一俄罗斯党放弃了与俄罗斯共产党候选人波托姆斯基的竞争。按照修改后的政党法，政党不能组成联盟参选，但上述类似政治同盟现象的出现反映了各政党之间的高度默契。议会各政党为了政治利益达成心照不宣的默契并不鲜见，但在地方选举中如此大规模合作与一致还是第一次，以至于在俄罗斯政坛呈现出党派大团结的局面。到了2014年9月14日的地方选举日，各党均对总统提名的州长候选人表示支持。在奥伦堡州，俄罗斯自由民主党候选人卡塔索诺夫虽然得到当地俄共及公正俄罗斯党分部的支持，但还是被本党将名字撤下；在巴什基尔共和国，"公民力量"党让自己的候选人萨尔巴耶夫弃选；在奥廖尔州，"俄罗斯爱国者联盟"劝退了本党代表莫夏金，祖国党也撤回了伊萨科夫。①

  2014年的地方选举反映出俄罗斯在政党制度建设上出现新的特点。一是体制内实际不存在反对派。正如圣彼得堡政策基金会所指出的，亲政权的政党联盟实际上正在形成当中，议会党派选择不与政权对抗，事实上表明自己是亲政权政党联盟中的一员。② 二是右翼政党的影响力进一步下降。俄罗斯社会经济和政治研究所在2014年地方选举分析报告中指出，右翼自由派

---

① Ирина Нагорных, Алексей Октябрев, Единая и многопартийная － Как и почему партии консолидируются вокруг власти, Коммерсантъ, 23 сентября 2014г.
② Рейтинг Фонда 《Петербургская политика》 за июль 2014 года, http://www.fpp.spb.ru/fpp-rating-2014-07.

政党的活动积极性显著下降,即便它们结成同盟,在杜马选举中取胜的机会仍不容乐观,甚至可能会被选举拒之门外,已有机构提出了对参选政党实施法律评估的建议。① 三是2011年以来政治体系的改革基本结束。普京在统一投票日结束后总结了近年来议会各党派之间的合作成果,表示"将继续创造一切必要条件,令观点各异的政党、政治家获得在各级权力机构工作的权利",并强调"正是那些有意捍卫我国国家利益,主张发展及巩固国家的政治力量,获得了支持"。② 这说明,在各主要党派出现团结的局面下,2016年的国家杜马选举前,普京政权暂时不需要对政党体系进行制度性调整。

2. 2014年经济停滞对政治稳定基本上没有构成影响

一是普京执政基础雄厚,控局能力强,经济形势在2014年并没有对政治稳定产生实质影响。收回克里米亚后,普京的民意支持率居高不下,一度超过80%,右翼势力(或称自由派)和左翼势力(共产党等)根本无法与其抗衡。普京的执政基础还有统一俄罗斯党(简称统俄党)和"人民阵线——为了俄罗斯"社会运动的双保险,足以应对局势变化。在2014年9月14日举行的地方选举中,统俄党在包括莫斯科市杜马和圣彼得堡市长等多个重要选举中获胜。这说明中央对地方的控制依然牢固,中央和地方关系稳定。而且,从2011年第六届国家杜马选举结束以来,普京通过国家杜马制定或修改法律,加强对政治和社会组织的管理,规范反对派的集会游行示威活动,维护社会稳定,加强网络管理和监控,限制和打击了政治反对派和非政府组织的违法活动。可以说,普京虽然采取了旨在扩大政治参与、增强政治竞争性的改革措施,但是在每一项改革举措中都留有后手,国家权力机构没有出现实质性变化。在政党制度上,降低建党门槛,但不允许成立政党选举联盟,这实际上分散了反对派的力量,而且还保留了终止注册机制。在

---

① Фонд ИСЭПИ представляет доклад "Избирательный цикл -2014: институциональное значение региональных и муниципальных выборов для развития партийной и избирательной систем",http://politanalitika.ru/upload/iblock/652/652212b2e68f8737d90410e0cee7ca8b.pdf.

② Встреча с вновь избранными руководителями субъектов Российской Федерации, 17 сентября 2014 г,http://www.kremlin.ru/news/46634.

选举制度上，从比例代表制调回混合选举制，但是又在2013年6月将全俄人民阵线改组为社会运动，联合1000多个社会组织，意在争夺未来单一选区的名额。在联邦制度上，允许地方行政长官直选，但又规定需要总统审查；2013年又提出由进入地方议会的政党推荐人选，总统从中确定3人，再由议会从3人中选举产生地方行政长官，这进一步加大了对地方的控制力度。

2014年年底的卢布贬值稍微刺激了俄罗斯政坛的神经。受资本撤离、西方国家的制裁以及油价下跌等多重因素影响，卢布汇率在2014年12月暴跌。12月16日汇率跌破80大关，而2014年年初卢布与美元的汇率是32.8∶1。卢布贬值导致通货膨胀加剧，短期内造成经济指标变动，但对俄罗斯的政治稳定基本没有影响。卢布贬值仅仅为体制外反对派攻击政府提供了口实。原"亚博卢"党主席亚夫林斯基认为，在糟糕的经济情况下必须更换政府或者改组政府经济部门领导班子；他还建议重组外交部。俄罗斯自由民主党主席日里诺夫斯基在国家杜马会议上公开要求政府下台。公正俄罗斯党副主席叶梅利亚诺夫要求央行行长纳比乌琳娜辞职。但是，如果考虑到2014年的总体政治氛围，以及俄自由民主党和公正俄罗斯党实际是普京政权的政治同盟，则可理解，他们的表态有疏通政治参与的意图，客观上反而缓解了政府面临的政治压力。而"亚博卢"等反对派未能进入国家杜马，其意见没有影响力，体制外所希望的人事变动不可能出现。

二是乌克兰危机爆发后，俄罗斯经济在某种意义上已经成为政治稳定的人质。在大多数俄罗斯民众眼中，在合并克里米亚之前，可以取代普京的人选并不存在；即便是在2011年年底发生大规模抗议活动的时候，也没出现一个能取代普京的政治家，统一的反对派领导人也没出现。乌克兰危机爆发后，增加了促进政治稳定的新因素——克里米亚。政治研究中心主任布宁认为，普京几乎不费一枪一弹，将克里米亚并入俄罗斯，这唤起了俄罗斯民众心中的帝国情怀；普京的支持率攀升到难以企及的高度，而且这种状况还将保持相当长的一段时间。① 为了实现强国梦，恢复昔日超级大国的荣耀，俄

---

① Игорь Бунин, ОбразПутина: доипослекрыма. Чтодальше? http://www.politcom.ru/17456.html.

俄罗斯民众宁可忍受经济上的困难。西方唱衰俄罗斯，往往低估了俄罗斯民众的忍耐力。"我不在乎禁令。我不害怕。二战都熬过来了，我们能渡过这一难关。"① 很多分析人士指出，现在俄经济面临的困难，远小于20世纪90年代"休克疗法"时期，甚至不如1998年金融危机期间。加强国家政权、法治与秩序是俄强国的首要保证，这也是民众的普遍要求。普京在新任期刚开始时就表示，进入21世纪的12年里，俄罗斯已经走过了极为重要的复兴和巩固阶段，现在的目标是建立富裕和安康的俄罗斯。未来几年对于俄罗斯和全世界而言都具有决定性甚至转折性意义，全球正在步入大变革甚至是大动荡的年代。在这个时代和阶段，俄罗斯唯有稳定才能发展。因此，在俄民众的意识中，政治稳定早已被提到首要位置，尤其是收回克里米亚后，维护普京政权，实现政治持续稳定，已经成为具有团结人心的共识。

二 政治形势的基本特点

俄罗斯人自嘲式地总结自己的2014年："年初我们还在兴致勃勃地观看凯旋般的冬奥会，然后突然发生了克里米亚入俄事件，强大的宣传攻势把我们卷进了一场伟大的卫国战争，但年底的卢布贬值又把我们从观众变成了主角。"② 还在2013年年底的时候，俄罗斯人普遍认为，2014年将因俄罗斯首次举办冬奥会而载入史册。俄罗斯民众对奥运年的高度期望并没有落空：尽管冬奥会500亿美元的高额办会费用遭人诟病，但索契冬奥会被认为是冬奥会历史上举办最成功的一届。冬奥会同时被俄罗斯政府赋予了政治意味，是普京执政业绩的一次展现。但是开局良好的2014年被乌克兰危机打断，乌克兰危机让俄罗斯打开了将会长久影响本国及周边地缘政治空间发展的潘多

---

① Anna Pivovarchuk, "Russian Culture: Back in the U.S.S.R.", *The Moscow Times*, October 9, 2014.
② Три перемены 2015 года: что будет с обществом и властью, http://rbcdaily.ru/politics/562949993472179.

拉盒子，甚至有可能成为冷战结束以来俄罗斯转型与发展的转折点。① 2014年围绕乌克兰危机发生的一些事件，将明显改变俄罗斯今后几年的政治发展轨迹。

1. 政治机制缺乏竞争性导致出现政治退化现象

如前所述，2014年俄罗斯政治生态出现各主要政治派别高度默契一致的局面，这种局面反映的是政治竞争的弱化。2010年11月，梅德韦杰夫曾经指出，包括政党机制在内的政治制度改革没有达到预期效果，俄罗斯政治制度改革处于停滞的状态。停滞会导致不稳定，对执政党和反对党来说都是非常有害的。如果反对党在议会竞争中没有一点获胜的机会，那么它就会退化，并逐渐被边缘化；而如果执政党在任何地方和任何时候都没有失败的可能，那么它也会铜锈化，最终也会退化。他指出，摆脱困境的途径就是要提高俄罗斯的政治竞争力，对政治体制进行重大调整，使其变得更加公开和灵活，最终变得更加公正；只有政治竞争力和有分量的反对党才能保证国家真正的民主。② 2014年政治局势的发展印证了梅德韦杰夫关于政治退化现象的担心。

政治退化主要表现在两个方面。一是集中管理模式与强力领导人紧密结合，政治人格化现象严重。这种结合使得政治体系难以改良。到下一个10年，普京时代出于自然规律将走向终点；在这种情况下，公认领袖的离去可能会引发一连串冲突并演变为政治失序。③ 叶利钦时代政治转型的问题在于俄罗斯各主要派别缺乏政治妥协观念，出现政治分歧时往往以对抗的途径解决问题。现在俄罗斯的政治生态则走向了另外一个极端，政治竞争严重弱化，以民主的手段实现了集中，对民主化的推进产生了更大的阻碍。

二是政治体系的权威性很难树立。政党机制趋同性的同时，弊端也暴露

---

① Сергей Серебров，2014 -й — год прощания со стабильностью，Утро，24 декабря 2014г.
② Наша демократия несовершенна, мы это прекрасно понимаем. Но мы идём вперёд. 23 ноября 2010г, http：//www.kremlin.ru/news/9599.
③ Владислав Иноземцев, Как изменится Россия в 2020 году, 26 декабря 2014г, http：//rbcdaily.ru/economy/562949993485667.

出来——社会不再信任政党体制的权威。2014年地方选举以后的调查数据显示，70%的受访者知道政党及其领导人、纲领及活动，但仅有4%的人信任这些政党。俄罗斯舆论基金会的民调也表明，近两年来，不明白政党存在有何必要的公民比例从28%增至39%。如果民众不认同这些政党存在的合理性，那么选举机制带来的合法性会降低，政治退化最终会对政权党以及体制内反对派产生负面影响。① 叶利钦时代，由于国家权力机构之间缺少政治妥协精神，政治生活中不断出现对抗，社会对议会、政党、法院等执行权力机构的信任度逐年下降。② 而现在，由于没有建立良性的竞争机制，社会对国家权力机构的信任度也在下降。这从另外一个方面说明，政治妥协是俄罗斯政治转型中具有长远意义的问题。所谓政治妥协，不仅仅是避免政治对抗，也包含良性的政治竞争。而且，政治妥协是一个综合性的问题，不仅仅指在政治生态上达成政治一致；政治妥协问题的根本解决，与俄罗斯的地域、地缘政治、种族、文化、地区差异以及其他很多因素有关。③

2. 政治性抗议运动逐渐向社会性抗议运动转变

高度政治共识客观上也造成了一种政治压力，没有政治派别公开质疑政府行为，即使体制外反对派的抗议运动也远没有2011年的声势。库德林领导的公民倡议委员会以"俄罗斯人政治情绪监测"为主题进行了调查，调查报告认为，人们对体制内政党的不信任、对经济形势恶化的不满、对外交成就的怀疑也与日俱增。虽然也出现了抗议示威，但是当前抗议运动的特点是人们不赞成政治抗议，却支持社会性抗议。这既与俄罗斯高度一致的政治局面有关，也与外部局势的恶化有关。④ 各政党2011年以来的政党建设方

---

① Ирина Нагорных, Алексей Октябрев, Единая и многопартийная - Как и почему партии консолидируются вокруг власти, Коммерсантъ, 23 сентября 2014г.
② Gabriel A. Almond, Russell J. Dalton and G. Bingham Powell, Jr, European Politics Today, Longman, 1999, p. 326.
③ Глухова А. В. Почему в России так трудно достигается согласия? /Никовская Л. И. Экономика и Политика в Переходном Обществе: Кризис Взаимодействия. М.: Эдиториал УРСС, 2000, с. 162.
④ Мониторинг политических настроений россиян, http://polit.ru/media/files/2014/12/25/Мониторинг_ политических_ настроений_ россиян. ppt.

向也可以佐证这一变化。2011年国家杜马选举结束后,统一俄罗斯党在两个方面加强了党的建设。其一是加大力度关注社会问题。在2013年10月召开的第十四次代表大会上,梅德韦杰夫谈到了统俄党所肩负的重要社会责任:"宪法规定俄罗斯是一个社会福利型国家。我们有提高预算增加工资的重大责任在身,尤其是对医生、教师、军人。"① 梅德韦杰夫要求统一俄罗斯党讨论社会重大民生问题。其二是统一俄罗斯党开始清理党员队伍。中央机构向所有联邦和地区级领导人下达认真处理所有投诉的指示。② 体制内反对派的社会性抗议活动,目标也很明确,在教育、卫生、反腐和发展中小企业这样一些极其重要的领域纷纷提出自己的纲领。③

三 政治观念的认知差异

2014年,俄罗斯民族主义高涨是不争的事实。如何看待这一现象也是俄罗斯政治的焦点问题。2014年10月,在瓦尔代会议上,总统办公厅第一副主任沃洛金提出"没有普京就没有俄罗斯"的看法。④ 当前要理解俄罗斯,首先要了解普京:普京是什么样的人,普京有什么样的治国理念。这就涉及"俄罗斯保守主义"的问题。这是认识俄罗斯的一把钥匙,其实就是总结普京的政治实践。"俄罗斯保守主义"一是指 Державность,即世界性大国和强国。在乌克兰危机发生之前,俄罗斯国内精英一般认为,西方拉拢乌克兰的目的就是要使俄罗斯作为大国永无出头之日,使其回到莫斯科公国的状态;为了避免大国地位旁落,普京提出首先要加强对周边地区的影响

---

① Стенограмма выступления Дмитрия Медведева на XIV Съезде《Единой России》, 5 октября 2013г., http://er.ru/news/108479/.
② Светлана Субботина,《Единая Россия》очищает себя от недостойных, Известия, 21 июня 2013г.
③ Три перемены 2015 года: что будет с обществом и властью, http://rbcdaily.ru/politics/562949993472179.
④ Никонов: Путин неотделим от своей страны и ее народа, 23 октября 2014г, http://er.ru/news/123943/.

力。二是指 Государственность，即国家主义，强调强大政权的作用。三是指 Суверенная демократия，即主权民主，要尊重俄罗斯自己的传统，走自己的道路。

值得关注的是，西方很少用"俄罗斯保守主义"，而是以"普京主义"指代俄罗斯的治国理念。"普京主义"的基本含义是扩张性的民族主义和有惯性的国家资本主义。政治和经济都掌握在少数精英手里，因此政治保持了稳定；俄罗斯既不是完全意义上的民主国家，也不是完全意义上的市场国家，市场其实并没有在俄资源配置中起决定性作用。因此，俄罗斯虽然社会政治稳定，但是没有办法搞活经济。"普京主义"的说法带有贬义，是西方对普京执政以来路线、方针与政策的负面评价。乌克兰危机爆发以来，西方舆论热炒之前盛行的"普京主义"。很显然，"普京主义"的含义与普京提出的"俄罗斯保守主义"之间存在立场和价值的巨大差异。

2003年尤科斯事件后，普京打压国内寡头资本；2003年年底独联体地区"颜色革命"后，普京加紧政治控制；2004年别斯兰人质事件后，普京收回地方行政长官直选权，这些举措对俄发展道路均产生重要影响。普京采取了有别于叶利钦时代的改革举措。西方认为，俄罗斯民主在2004年加速衰落的标志性事件比比皆是。2004年，美国的民主评议机构"自由之家"在年度报告中将俄罗斯列入"不自由的国家"，这在苏联解体后是第一次。从舆论影响上，西方学者开始用"普京主义"取代"可控民主"来评论普京政策。这一时期"普京主义"主要指代西方所不乐见的俄政治改革举措，西方以"普京主义可怕的面貌"为主题在全球造势。

2008年普京总统任期结束，俄出现"梅普组合"的权力配置，普京依然处于权力核心。西方学者再次热议"普京主义"，以"普京计划①的实质是普京主义及其政治路线"为主题评论普京执政八年的政策，认为"普京主义"是一种伪装成自由市场民主的俄民族主义统治方式，核心是反西方

---

① "普京计划"是统一俄罗斯党在2007年国家杜马选举时的竞选口号，实质是强调俄罗斯发展道路的继承性。

主义。

2013年年底乌克兰危机爆发。西方舆论第三次出现集中热议"普京主义"的现象。西方学者认为，普京复任总统后，俄大国战略的主要目标是恢复1991年苏联失去的经济、政治和地缘战略优势。乌克兰危机后，"普京主义"的核心是根据"俄罗斯历史遗产"确保俄在其势力范围内的安全需要。西方这次造势的主题是，"普京主义"不仅不利于俄罗斯的发展，还对全球的稳定构成了威胁。

由此可见，每当俄罗斯处于战略抉择的关键时刻，必然会出现西方对俄政策评论与干预的声音，"普京主义"是这种声音的汇合点：2004年是俄罗斯发展道路调整的关键时刻，2008年是普京前八年形成的行之有效的举措能否延续的关键时刻，2013年以来是俄罗斯能否确保欧亚战略顺利执行以实现大国崛起的关键时刻。

西方学者对俄罗斯的发展脉络有较为明确的认识。美国布鲁金斯学会的俄罗斯问题研究权威库钦斯指出："普京主义"是要恢复俄罗斯的大国地位，增进俄罗斯人民的福祉。普京提出，俄罗斯要想改变命运和实现自己的目标，首先需要社会内部团结，以政治稳定保证经济振兴，以经济振兴改善人民生活。其次是寻求外部稳定。普京坚信，一个国家只有独立把握自己的命运，才能为未来制订有意义的计划，这就是政治上的主权民主。俄认为在其经济疲软阶段发展形成的许多国际体系元素是不合理的，美国单边政策根本没有能力维持全球经济体系的稳定。因此，国家资本主义、主权民主、务实外交政策构成的"普京主义"可以确保俄罗斯以强国的身份继续存在。

西方学者的上述分析基本符合俄罗斯发展的实际情况，但是对普京的政策持严厉批判的态度。与此同时，俄罗斯官方与学者对此以"俄罗斯保守主义"加以概括，认为普京执政以来的战略与政策符合俄罗斯的实际，是俄罗斯传统与现代的有机结合。

俄罗斯国内与西方对待普京政策的态度迥然不同。西方提出的带有贬义的"普京主义"，实质上反映了俄罗斯与西方对俄发展道路问题认识上的本质差异，也是俄罗斯与西方结构性矛盾的体现。

西方学者认为"普京主义"的要素是民族主义、宗教救世思想、国家资本主义和政府对媒体的主导。它们都违逆西方提倡的价值观,甚至敌视西方价值观。因此,西方公开反对"普京主义"的核心宗旨,甚至声称俄罗斯已经不是国际社会的正常成员。

西方不仅在发展道路与价值观上反对俄罗斯,而且在涉及国家安全的核心利益上打压俄罗斯。苏联解体导致俄罗斯失去了其在东欧的势力范围,领土重回彼得一世时代。在国际关系领域,俄罗斯失去了作为美国主要竞争对手的地位,在就巴尔干局势、北约扩大等直接关系到俄切身利益的重大问题做出决定时,俄罗斯的意见常常被忽略。这种反差让俄罗斯人感到屈辱。在普京上台执政的最初几年,俄罗斯致力于政治稳定;随着经济实力恢复,政治局势得到稳定,俄罗斯开始思考自身在国际关系中的地位,努力确立对独联体国家的控制权,构建欧亚战略。[1]

正如俄欧亚社会政治运动的领导人杜金所指出的,在以美国为主导的单极世界体系中,俄罗斯对外政策有西方化、苏联化和欧亚战略三种选择。西方化指俄罗斯加入美国主导的单极世界,通过在地缘政治方面的让步换取其他方面的优厚条件。但是,这条路实质上否认了俄罗斯的大国外交战略,导致俄罗斯国际地位下降。苏联化指建立一个封闭体系,恢复苏联式的对外政策,但这种立场在全球化的今天无异于自我倒退。[2] 因此,俄罗斯需要选择欧亚战略。这一战略着眼的是多极世界,是一种积极的战略。然而,西方竭力使苏联解体的现状巩固下来,积极向独联体渗透,扶持反俄国家,力求将俄的影响力遏制在现有边界之内。普京对此采取针锋相对的举措,西方当然难以接受,对"普京主义"持否定态度也就不难理解了。

所谓的主义,并不仅仅是指意识形态,更重要的是指国家治理的理念与战略。"俄罗斯保守主义"是俄官方的提法,并写入统一俄罗斯党党章。2013 年普京在复任总统后的首次国情咨文中明确提出了保守主义。

---

[1] Понять Россию: самосознание и внешняя политика, Время новостей, 19 июня 2008г.
[2] Александр Дугин, Основные принципы евразийской политики, http://evrazia.info/article/43.

苏联解体后，俄罗斯社会出现了意识形态的虚无主义，在相当长的历史时期内并不存在形成全社会主流政治价值观的条件。至普京执政时，俄罗斯社会已饱受缺少主流政治价值观的痛楚，加上苏联解体后新的一代人已经成长起来，客观上需要统一全社会的思想。"俄罗斯保守主义"顺势而生。"俄罗斯保守主义"作为一种政治观念，是与极权主义思想和激进自由主义相对立的。它反对一切激进的革命，主张以妥协手段调和各种社会势力的利益冲突。俄罗斯学者认为，普京首先关心的是，俄罗斯能否继续存在，它的政治制度是不独立的、有影响的，然后才关心俄罗斯将有什么样的政治制度；民主只是作为振兴俄罗斯的手段时才更有效。俄罗斯保守主义也与俄罗斯发展的独特性，即垄断型经济结构与政府主导的集中管理模式相互匹配。在当代俄罗斯，保守主义没有贬义，是俄罗斯坚持传统价值观的体现。

西方所使用的"普京主义"只是抨击普京政策的一个概念，在不同时期根据西方的战略需求其侧重点和内涵都有所不同。而"俄罗斯保守主义"扎根俄民族传统文化，并在普京执政以来历经了"俄罗斯新思想""主权民主""普京计划"等官方意识形态的锤炼，最终成为俄国内的社会共识，具有团结全社会的重大现实意义。

四　政治发展的外部因素

苏联解体后，作为转型与发展的一个重要组成部分，俄罗斯需要重塑与外部世界的关系。苏联解体之初，由于北约东扩、波黑战争、政治生态及车臣战争等因素，俄罗斯未能融入西方体系。时至今日，俄罗斯仍未能实现与外部世界融入与并立之间的平衡。俄罗斯内部进程和外部变化之间的落差日增，而且互为影响。

乌克兰危机为分析俄罗斯与外部世界的关系提供了一个很好的观察窗口，让我们可以比较深入地理解俄罗斯精英的国际政治观，以及俄罗斯与外部世界的关系对俄罗斯内政的影响。乌克兰危机发生后，普京有几次比较重

要的讲话：2014年3月18日的演讲①、7月22日在安全会议上的讲话②以及12月4日的国情咨文③。这几次讲话都是以克里米亚问题和乌克兰危机为引子，集中表达俄罗斯精英的国际政治观。概括起来，有以下几点。一是从历史上看，俄罗斯是冷战结束以后地缘政治博弈的受害者。二是从现实看，俄罗斯一直以来面临来自西方尤其是美国的直接或者间接的外部威胁。这种威胁的表现，对内是武力违宪夺权，对外是单极霸权挤压俄战略空间。三是从未来一个时期看，俄罗斯的战略重点在后苏联空间及周边国家。

那么，俄罗斯与外部世界的关系对俄罗斯内政有什么影响呢？

1. 俄罗斯的反西方与孤立主义思想

俄罗斯执政精英认为，西方社会不是共同家园，俄罗斯无法在其中占有一席之地，虽然西方是现代化的资金来源，但它也是挑战地缘政治的源头；西方既是榜样又是挑战，这就形成了所谓"新孤立主义"的政治和意识基础。俄罗斯精英的反美情绪十分强烈，反欧盟情绪也在滋生。④

主导俄罗斯领导人思想的不仅有从冷战继承而来的反美主义，还有来自对美国近25年来不公正甚至背信弃义的政策体验。从俄罗斯的角度来看，1995年以后俄罗斯与外部世界关系正常化的机会在1999年美国轰炸南斯拉夫后就已消失，虽然普京在"9·11"事件后试图恢复对美关系，但没有成功，随之而来的是新一波北约扩张和美国退出反导条约。即使2009年试图

---

① 3月18日，普京在克里米亚和塞瓦斯托波尔以联邦主体身份加入俄罗斯的演讲中，认为西方一次又一次欺骗了俄罗斯，背着俄罗斯做出了对俄罗斯不利的决定。Обращение Президента Российской Федерации, 18 марта 2014, http://kremlin.ru/news/20603.

② 7月22日，普京在安全会议召开的关于捍卫国家主权和领土完整的会议上发言时指出："如今不存在对我国主权和领土完整的直接军事威胁……但动摇社会政治局势、以各种方法削弱俄罗斯和打击我们弱点的企图一直存在。" Заседание Совета Безопасности, 22 июля 2014, http://kremlin.ru/news/46305.

③ 12月4日，普京在2014年总统国情咨文上抨击美国一直以来都直接或在幕后影响着俄罗斯与周边国家的关系。Послание Президента Федеральному Собранию, 4 декабря 2014, http://kremlin.ru/news/47173.

④ Д. Тренин, Россия входит в "Новый изоляционизм", Независимая газета, 9 декабря 2013г.

重启俄美关系，其努力也在利比亚事件后功亏一篑。①

尽管如此，俄罗斯走向孤立的最大威胁还是来自于自身，来自于内部。如果不能制定有效的经济振兴战略，如果以反西方为基础建立动员模式，那么这种孤立只能越来越加深。动员模式短期效果明显，但不能持久，且不可避免地会招致外部世界更强烈的反应，俄罗斯与外部世界的关系将陷入死结。以反西方为基础的国家动员模式具有相当大的诱惑力，在俄罗斯政治思想中占有很重要的地位，它部分源自政界人士中那些极端民族主义派别和极"左"的传统派。②

在西方看来，俄罗斯这种以反西方为基础的孤立主义，是一种新现实主义的体现，它既沿用了俄罗斯对实力政策的传统态度，又承认互相依赖和国际经济一体化的重要性。在这种新现实主义的框架之内，普京谋求制定一种使俄罗斯融入世界同时又保障国家利益的政策，它既想融入西方，又拒绝被"同化"；俄罗斯想按照自己的方式成为西方的一部分。事实证明，这种想法很难实现。其中存在两种主要的结构性障碍：首先是俄罗斯自身的问题，包括政治权力的腐败问题以及垄断型经济制度的低效问题；其次是俄罗斯由于历史因素和现实原因抗拒西方体制，只有当俄罗斯在国民心态及传统文化等方面经历了综合性的调整和社会改革后，它才会融入西方世界。③

2. 国家特性的问题

建立一种彼此有成效的合作性关系，不仅需要破除现实的政治经济难点，还需要克服历史和社会因素的影响。国家特性是产生摩擦的根源。美国对内民主、对外霸权的国家特性决定了美国领导人经常谈到发挥"全球领导作用"的问题，而且它的对外政策包含了许多谋求其他国家接受的普遍

---

① Сергей Караганов, Долгая конфронтация, Известия, 3 сентября 2014г.
② Российская внешняя политика перед вызовами XXI века, http://svop.ru/public/pub2000/1263/.
③ Richard Sakwa, "New Cold War or Twenty Years' Crisis?: Russia and International Politics", International Affairs, Vol. 84, No. 2 (2008).

原则。从历史来看,美国的国家特性有两个主要成分:文化与信念。前者主要是指价值观和早先移民的习俗,主要包括英语和有关教会与国家关系及个人在社会中地位的传统。后者是美国领导人在立国文件中所阐明的一系列普遍的主张与原则:自由、平等、民主宪政、经济自由主义、有限政府、私人企业等。① 但是,俄罗斯对内集权、对外扩张的国家特性,决定了俄罗斯虽然放弃成为替代全球资本主义秩序体系的意识形态领导者或者另一种军事与政治集团的地缘政治领导者的想法,但却没有放弃其作为文明国家的身份和成为全球领导者的愿望。②

正是基于不同的国家特性,美国在看待俄罗斯的时候,历史记忆是基本要素。这既包括美俄之间的历史联系,也包括美国对俄罗斯近现代发展史的基本印象,其中苏联时期及沙俄数百年的帝国史成为美国观察俄罗斯走向的基本参考因素。对于俄罗斯而言,历史遗产也恰恰是其国家特性难以磨灭的一个主要因素:俄罗斯帝国和苏联的国际影响力维持了对俄罗斯近三百年来大国地位的回忆。这种历史回忆即使在国力衰退的时候也有助于维护俄罗斯的大国地位。③

出于对俄罗斯的认知,美国对俄罗斯的接触与制衡政策着眼于三个方面:一是使俄罗斯在美国和国际社会关注的战略稳定及反恐等广泛问题上给予合作;二是使俄罗斯朝着政治多元化和符合国际贸易准则的市场经济方向转型;三是把俄罗斯作为一个维持现状的大国融入国际战略秩序中。但是,在俄罗斯的精英看来,俄罗斯本来应该在欧洲及全球政治中占据的地位,却被西方拒绝承认。西方一直推行所谓的胜利者政策,采取综合性手段,挤压俄罗斯的势力范围和商品市场,通过北约东扩来延展自身的政治及军事控制区,并借欧盟的扩大实现政治方面的壮大。因此,在俄罗斯学者看来,俄罗

---

① Samuel P. Huntington, The Erosion of American National Interests, Foreign Affairs, September/October 1997.
② Richard Sakwa, "New Cold War or Twenty Years' Crisis?: Russia and International Politics", International Affairs, Vol. 84, No. 2 (2008).
③ Российская внешняя политика перед вызовами XXI века, http://svop.ru/public/pub2000/1263/.

斯对乌克兰危机的政策尽管代价高昂，但相当成功。兼并克里米亚激发了民族自尊和爱国主义，西方的制裁把社会大众和克里姆林宫精英团结在一起。最重要的是，俄罗斯反西方的政策变得积极主动，而不是过去的消极被动。①

3. 国家领袖与外交行为

我们常常研究国家领袖的个性如何造就了周边的现实，经常假设如果不是普京执政，那么俄罗斯与外部世界的关系发展会不会是另外一个版本。其实，更应该反过来看，即研究客观条件如何影响了国家领袖的行为。从这个角度来看，俄罗斯的外交政策即便不是前后连贯，至少也是一个整体。叶利钦时期，新生的俄罗斯政权必须尽快解决一些最基本的问题，如苏联的法律继承问题（也就是俄罗斯在世界上的法律地位问题）、俄罗斯境内外的核武器问题、与邻国建立关系的问题等。俄罗斯虽然想继承苏联的大国地位，但对于充当国际关系支柱这一作用却是有心无力。这恰恰构成了叶利钦总统任期内的外交宗旨：避免大国地位的彻底丧失。普京在当政期间则需要把表面上的大国地位转换成真实的大国地位，因此普京通过整合内政外交各种资源实现国家战略的调整是合理的选择。不过，2005年主权民主思想的提出，意味着普京对西方积累起来的负面情绪开始爆发，2008年的俄格战争则反映了俄罗斯对将近20年来地缘政治撤退的复仇情绪，也表明俄罗斯决心要克服苏联解体带来的震荡。在客观条件的影响下，俄罗斯总统的公众形象其实与历史赋予的使命基本吻合。②

结　论

一般而言，经济基础决定上层建筑，内政决定外交，这在普遍意义上是对的。例如，俄罗斯在20世纪90年代的衰弱不是外部压力造成的，而是新

---

① Сергей Караганов, 2014: Предварительные итоги, http://svop.ru/main/13459/.
② Федор Лукьянов, Три главы одной истории: президентство как зеркало реальности, http://ria.ru/politics/20110612/386651921.html.

的国家体制不完善、政治阶层不成熟、最高领导层缺乏政治意志造成的。如果从与外部世界的关系角度看,俄罗斯的主要问题是,对国家在世界中的地位和对这个世界的认识还不明确。1994年以前,处于重塑俄罗斯与外部世界关系的历史性关键时刻,俄罗斯与外部世界并没有发生对抗。总的来说,当时的外部环境非常有利。但是,因为没能制定实现经济增长以及政治复兴的战略,国家无力摆脱持续的经济危机,执行权力机关也软弱无力。这种情况自然影响了它的对外政策。[1]

但是,从某种意义上看,外部影响与内部政策紧密联系、互为影响,而且外部影响有时是决定性的。如果说俄罗斯的经济是政治的人质,那么政治有时甚至是对外战略目标的人质。在转型与发展的过程中,期望俄罗斯彻底放弃现有的在独联体的利益要求,变成一个内向型的满足于周边睦邻关系的国家,是不可能的。这种基于国家特性前提下的结构性矛盾压过了民主化政治发展的需求。俄罗斯实现复兴的根本目标,如力争成为欧亚国家、坚持走符合俄罗斯本国国情的发展道路、坚守地缘战略底线不动摇等,与美国对俄战略目标存在潜在的结构性冲突。

俄罗斯与外部世界的关系及其对俄罗斯内政的影响,说到底,还是由俄罗斯与西方的战略目标以及国家特性决定的。只要俄罗斯坚持至少以区域性帝国的方式实现崛起,与西方的本质性矛盾就不可避免。双方的认知对立,是造成结构性矛盾的观念原因。

从俄罗斯与外部世界的关系看,即使社会政治经济制度和价值观基本相同,也不能消除各自国家利益的相互碰撞,甚至尖锐对立。俄罗斯与西方是两种文明体系,俄罗斯是一个混合区域的混合文明,与西方有本质区别。

当前,俄罗斯与西方的对抗很大程度上是由战略目标、国际定位和传统文化造成的,而且普京在2014年国情咨文中明确表示不会对对外政策进行调整。这说明俄罗斯与西方的软对抗有可能是长期的。俄罗斯在与西方的对

---

[1] Российская внешняя политика перед вызовами XXI века, http://svop.ru/public/pub2000/1263/.

立中能处理好本国的国内问题吗？技术和信息革命已经迅速地改变经济发展的性质，不融入世界经济，一个国家的经济不可能有大的发展，当今世界也鲜有自给自足发展起来的例子。就目前看，俄罗斯如何获取外国投资、技术、文化和管理经验？如何处理经济衰退与政治稳定之间的关系？俄罗斯如何实现既定的发展战略目标？这些都面临挑战，对普京的考验可能会在2016年举行的第七届国家杜马选举中体现出来。

Y.3
强势回应外部挑战　温和擘画内部发展
——普京2014年国情咨文述评

李中海*

摘　要： 从2013年年底到2014年，俄罗斯外部环境发生巨大变化，俄与西方关系跌落至冷战结束以来的最低点，西方制裁与国际油价下跌两大因素相叠加，导致俄罗斯经济陷入增长停滞困境。普京在国情咨文中对俄罗斯的对外政策、经济和社会政策走向进行了详细阐述，以强硬姿态回应了西方国家对俄罗斯所施加的压力，以温和姿态提出了新的经济和社会政策措施。西方国家和俄罗斯民众对普京国情咨文的评价各执一端，西方国家继续批评普京政权的内外政策，而普京在国内的支持率仍然居高不下。

关键词： 俄罗斯　普京　国情咨文　对外政策　经济社会政策

2014年或许会成为俄罗斯历史上具有重要意义的一年。在这一年，俄罗斯利用乌克兰危机的有利时机，收回了已于20世纪50年代划归乌克兰的传统领土克里米亚半岛，西方国家指责俄罗斯威胁乌克兰的主权和领土完整，并对俄罗斯实施了多轮严厉制裁，这些制裁措施与国际油价下跌的影响相叠加，使本已陷入投资不振、增长乏力困境的俄罗斯经济雪上加

---

* 李中海，中国社会科学院俄罗斯东欧中亚研究所研究员，《俄罗斯东欧中亚研究》执行主编。

霜，俄罗斯陷入内外交困之中。俄罗斯与西方的关系向何处去？俄罗斯向何处去？这些问题再次引起世人关注，国际社会希望了解俄罗斯内政外交的后续走势，俄国内民众也希望其最高领导人指明方向。2014年12月4日普京对议会上下两院所做的国情咨文，自然引起国际社会和俄国内民众的广泛关注。

一 普京发表2014年国情咨文的背景

从2013年年底到2014年，国际形势继续发生深刻变化，尤其是乌克兰危机的爆发，导致俄罗斯发展所依赖的外部条件发生逆转；从2012年第四季度到2014年，俄罗斯经济失去增长动力，2014年国际油价下跌、卢布贬值，导致俄罗斯宏观经济稳定性受到威胁。具体而言，近两年俄罗斯国内外环境发生了以下变化。

在国际政治和对外关系方面，2013年年底，由于乌克兰前总统亚努克维奇暂停与欧盟签署联系国协议，乌克兰发生大规模群众抗议运动，导致亚努克维奇政府被推翻，乌克兰东部和西部、亲俄与亲欧势力展开对决。俄罗斯利用乌克兰国内混乱时机，将其传统领地克里米亚半岛重新纳入自己的版图。美国和欧盟国家随即对俄罗斯启动多轮制裁措施，俄罗斯与西方关系严重恶化。

在国内经济方面，俄罗斯自2012年第四季度起就已出现投资不振，进而导致经济增长速度大幅放缓问题。2014年随着乌克兰危机的激化，俄罗斯经济发展所依赖的外部条件发生急剧变化，突出表现在西方制裁导致欧美在俄投资项目停顿，俄罗斯企业外部融资条件恶化，融资渠道受到限制，也难以获得来自西方的先进技术。加之2014年国际油价大幅下跌，卢布汇率震荡，再次凸显出俄罗斯经济结构中存在的严重问题，增长前景堪忧。

在内外环境发生剧烈变化的条件下，俄罗斯最高领导人在内外政策诸多选项中做何选择，格外引人注目，人们期待普京对此做出回应。

二 普京2014年国情咨文的主要内容

普京2014年国情咨文对国内外的期待做出了回应,主要就对外政策、国内经济政策和社会政策三大议题,详细阐述了俄罗斯内外政策走向。

(一)强势回应外部挑战,誓言捍卫主权

1. 强调克里米亚对俄罗斯的重要性及神圣意义

普京在国情咨文中指出,克里米亚历史性地回归俄罗斯,对国家和人民都具有重大意义。这是因为克里米亚是俄国中央集权国家的发源地,是俄罗斯民族团结的象征。正是在这里,弗拉基米尔大公皈依了东正教,并带领基辅罗斯接受了东正教。普京认为,共同的血统、语言和生活方式是俄罗斯民族存在的基础,东正教是俄罗斯强大的精神力量;俄罗斯国家的崛起,是不同血统的部落统一的结果;俄罗斯作为一个统一的民族,得益于东正教精神的培育;克里米亚是俄罗斯文明的圣地,俄罗斯将克里米亚视为自己的"耶路撒冷"。

2. 指责西方国家纵容乌克兰反对派武力夺取政权

普京在国情咨文中再次谴责乌克兰反对派发动的二月政变及武装夺权行为,他认为,乌克兰前总统亚努克维奇在与欧盟签署联系国协议问题上的反复无常是技术性问题,称亚努克维奇所做出的决定完全是主权国家合法元首的职权所在。普京强烈谴责乌克兰反对派在敖德萨的暴行,抨击他们言必称人权与国际法是伪善的,是纯粹的厚颜无耻。

3. 阐明俄罗斯曾对乌克兰提供大量资金支持

普京指出,俄罗斯一贯支持乌克兰及其他原苏联加盟共和国的主权诉求,尊重各民族自主选择发展道路、经济政策及保障自身安全的权利;俄罗斯过去和现在都向乌克兰提供了巨额经济支持。他详细列举了俄罗斯对乌克兰的资金支持力度,比如,俄罗斯商业银行曾向乌克兰提供投资资金250亿美元,俄财政部2013年向乌提供贷款30亿美元,加上乌克兰欠俄罗斯天然

气工业公司款项约44亿~55亿美元，俄罗斯共向乌克兰提供资金高达325亿~335亿美元。

4. 谴责西方国家干涉俄罗斯内政

普京在国情咨文中强调指出，真正的国家主权是俄罗斯存在的绝对必要前提，虽然对欧洲国家来说，民族自豪感已成为被忘却的概念，主权已成为过分的奢侈品，但俄罗斯则无比珍视国家主权。为此，俄罗斯呼吁国际社会强化国际法的作用和地位，不能根据个别国家的利益随意修改国际法规则，破坏国际法原则。普京提出，世界各国都必须尊重国际社会各方的合法利益，用法律准则保护和平，避免流血冲突。动辄对他国进行制裁不仅损害被制裁国的利益，也必然损害制裁发起国的利益。普京谴责美国干涉俄罗斯内政，指出美国自俄罗斯独立以来不断遏制俄罗斯的崛起努力，并在反恐问题上抱持双重标准，以高规格接待俄罗斯确定的恐怖分子，将他们视为自由民主斗士，使用政治、金融和信息工具支持俄罗斯内部的分裂分子，甚至动用情报手段，企图将俄罗斯推向分裂和灭亡。普京甚至暗示，美国企图遏制和分裂俄罗斯的做法与希特勒德国入侵苏联具有同样性质，并誓言粉碎西方国家的这种企图。

5. 抨击美国破坏国际战略稳定

普京强调指出，对俄罗斯来说，国际战略稳定是最敏感、最严肃的问题，美国于2002年单方面退出反导条约，并力图在包括欧洲在内的各地区建立反导系统，这不仅是对俄罗斯安全也是对全球安全的威胁。普京认为，反导条约是维护国际安全、战略平衡和稳定的基石，美国退出反导条约、企图建立自己的反导系统，将破坏战略力量的平衡，强化美国建立单极世界的野心。普京表示，俄罗斯虽然不会与西方国家进行代价昂贵的军备竞赛，但俄罗斯有可靠的国防能力，俄罗斯已建立起一支战之能胜的现代化军队，有足够的力量、意志和勇气捍卫自由与和平。

6. 强调继续与世界各国进行平等合作

在谈到外部世界对俄罗斯可能走向自我封闭政策的疑虑时，普京表示，俄罗斯支持建立一个充满多样性的世界，并将继续积极推动与世界各国的经

济和人文交往,保持科技、教育和文化联系;俄罗斯将继续寻求与西方和东方国家建立更多的平等伙伴关系,强化在伙伴国家和友好国家的存在;俄罗斯没有与美国和欧盟国家断绝关系的计划,并将恢复和发展与南美、非洲和中东国家的合作。普京指出俄罗斯认识到亚太地区的强劲发展潜力,将继续加强与亚太国家的合作,利用好这一巨大潜能,并特别指出,俄罗斯将在平等、务实和相互尊重的基础上,与即将建立的欧亚经济联盟各成员国进行紧密的经济合作,使其成为欧亚经济联盟成员国发展的强大动力[1]。普京强调,传统价值观与对未来渴望的结合,将稳定视为发展和进步的保障,在保障本国安全和合法利益的前提下,尊重其他民族和国家,是俄罗斯对外政策的优先方向。

(二)温和擘画国内发展,呼吁国内各界自力更生

2014年,俄罗斯经济遭遇国际油价下跌、西方制裁、投资不振等多重打击,如何稳定和发展经济,从而实现从能源依赖型向自主创新型发展道路的转变,是俄罗斯政府面临的突出问题。普京在国情咨文中提出了一些政策主张,力图通过调动国内积极因素摆脱危机,实现繁荣富强的梦想,其主要内容如下。

1. 要求政府增强责任意识,完成"五月命令"[2]

普京要求俄罗斯政府必须无条件完成工作计划,落实"五月命令"。为此,要明确国家在经济、金融和社会发展领域所承担的责任和义务;俄罗斯在继续对世界开放、积极吸引外资的同时,必须走自力更生道路;俄罗斯的繁荣富足取决于勤劳工作,而不是对外部因素的依赖;俄罗斯必须解决经济工作中无组织无责任心问题,政府应摒弃文牍主义及只以文件落实决策的做法。

---

[1] 普京发表2014年国情咨文时,欧亚经济联盟尚未正式建立,该组织于2015年1月1日正式启动。

[2] 2012年普京第三次入主克里姆林宫后,颁布了一系列旨在振兴和发展经济、改善民生、壮大国家经济实力的总统令,被称为"五月命令"。

2. 呼吁民众发挥主观能动性和创造性

普京表示，俄罗斯的发展任重道远，既要开发新技术和有竞争能力的新产品，又要为工业和金融体系建立更多的抗风险储备；俄罗斯不仅要培养适应新时代要求的政府官员，也要依靠民众发挥出自主创造力，民众越是积极参与创造，俄在经济和政治上就会更加独立自主。为强调自由的重要性，普京引用了伊万·伊里因的一句名言："谁热爱俄罗斯，谁就应该期待俄罗斯获得自由，首先是俄罗斯本身的自由，其次是它在国际上的独立性和自主性。"同时，普京首次提出，诚实劳动、尊重私有财产和企业经营活动的自由，是俄罗斯的核心价值观，为此，他要求俄罗斯经济界与政府秉持合作双赢理念，以伙伴和平等对话建立相互信任；要求企业珍视其商业和社会信誉，建立良好的经济环境。

3. 提出为企业松绑

针对俄罗斯长期存在的政府部门对企业检查频繁、干扰企业经营活动的做法，普京要求政府部门改变对企业的"有罪推定"思维，最大限度取消对商业活动的管制，避免对企业进行过度审查和过度管理。为此，普京提出了一些具体措施。

（1）政府部门对企业的检查必须秉持公开原则，建立专门的检查登记制度，政府部门应将对企业进行检查的目的、原因及结果公之于众。

（2）减少对企业进行检查的次数，并最终停止无休止的检查活动；精简政府部门、简化行政工作，限制无关部门任意插手企业事务。

（3）对小企业实行"检查假期"制度，如果企业信誉可靠，在三年内未发生严重问题，国家和地方政府部门应对其实行免检政策。

（4）落实减税政策，对新建的小型企业实行两年免税。

（5）对从海外流回俄罗斯的资本进行全面赦免，不再追究其逃离责任，但类似赦免只有一次机会。

（6）设立各地区投资环境指标，用以考核各级政府业绩，从 2015 年起在所有联邦主体推广这一指标。

4. 加强基础设施和新型经济区建设

普京要求各地方政府必须积极整修本地及地区之间的道路，为此，政府将向地区道路基金注入新的资金；提高北极航线竞争力，促进俄罗斯太平洋沿岸发展和北冰洋的开发；从2015年起启动为联邦主体建立工业园的资金补助计划；进一步支持新建的克里米亚经济特区，为其商业、农业、旅游业、工业和海运业的发展创造条件；针对2016年加里宁格勒免关税优惠期结束问题，制定新的补偿性政策；将"企业城市"①纳入优先发展清单中，尤其是对那些经济社会条件比较困难的地区，应制定特殊扶持政策；落实对远东优先发展地区的优惠政策，要求政府对注资远东发展基金问题进行研究；支持符拉迪沃斯托克自由港建设，简化报关程序，对辛菲罗波尔和克里米亚其他港口执行同样的优惠政策。

5. 处理好经济增长速度、质量及宏观经济稳定之间的关系

普京强调，俄罗斯经济规模与质量必须与其地缘政治和历史地位相吻合，必须跳出零增长陷阱，在今后三四年使经济增长速度超过世界平均水平，同时必须提高经济增长质量，保障劳动生产率年均增长5%。俄罗斯必须保持宏观经济的稳定，实现促进增长和控制通胀的双重目标，将中期通胀指标控制在4%的水平。此外，保持卢布汇率稳定也是普京关注的重点问题。他要求俄罗斯中央银行不能放弃对卢布汇率的控制，不能放任对卢布汇率任意炒作，为此要求中央银行和政府采取措施，限制"炒汇"活动；中央和地方政府必须采取措施控制通胀，保障居民尤其是低收入群众的利益。

6. 变被动为主动，加快进口替代进程

普京指出，卢布贬值有利于增强俄罗斯国内企业的价格优势，提高企业的国际竞争力；俄罗斯应抓住这一时机，促进进口替代的发展；俄罗斯应摆脱对国外技术和工业品的依赖，比如对机床和成套设备、电力设备、极地石油开采设备的依赖，加快发展本国制造业，通过订购本国企业生产的设备，对本国企业提供支持，通过建立专门的协调中心，实现产品的本土化生产。普京预期，随着进口替代战略的实施，将产生一批庞大的制造业集群，为

---

① "企业城市"是指城市的形成与发展都与某一个或少数几个企业密切相关的城市，城市中的多数居民都在这些企业内就业，或以直接和间接方式从事企业员工的生活服务。

此,他要求政府帮助这些企业解决投资、技术和人才短缺问题;从2015年起启动俄罗斯首个非资源型企业试验性扶持项目。

7. 稳定金融财政体系,促进投资水平的提高

普京提出,到2018年前应将投资比例扩大到占国内生产总值25%的水平,为此,需要动员国内金融和财政资源。首先要保持银行体系的稳定性,减少金融市场受外部冲击的可能性。其次要以节俭和效率原则处理预算支出问题,最近三年要压缩财政赤字,减少浪费,每年压缩规模不得少于财政总支出的5%。严把预算关的其他措施包括:压低对面子工程的支出;分阶段建立统一的招标系统,解决基建资金;制止国防支出中的贪污浪费现象;严格审查国有企业资金流向,等等。

8. 加强科技人才培养,促进创新能力的提高

普京认为,俄罗斯不但有能力进行大规模的工业产能更新,也能为世界提供新的技术和理念,获得对全球制造业和服务业的主导地位,为此他提议建立全民技术发展规划,把设计、创意团队的努力与企业结合起来,同时吸引高等院校、科研中心、国家科学院和大型金融机构参与创新活动;加强职业培训,使各行业工人的职业技能符合世界最高水平。

(三)关注社会建设和民生保障,促进社会和谐发展

社会建设和民生保障,一直是普京关注的重点,过去的国情咨文对此都曾做出过深入阐述。普京在2014年国情咨文中进一步强调指出,教育、医疗和社会保障系统必须成为真正的社会福利,为全体民众服务;每个具体的医院、学校、大学和社会机构的名誉之和,才是国家的整体名誉;每个公民都有权享受到良好的社会服务,国家有责任将社会服务问题做到尽善尽美。

首先,进一步强调人口和健康生活方式对俄罗斯长远发展的重要性。普京指出,近年来俄罗斯在增加人口数量方面取得了长足进步。2000年年初,联合国预测,俄罗斯人口总数在2013年可能减少到1.36亿,但实际情况是,截至2014年1月1日,俄罗斯人口总量已达到1.44亿,远远高于联合国所做的预测。2013年和2014年,俄罗斯人口呈现出增长趋势,到2014

年年底,人口总数已提高到1.46亿(包括克里米亚半岛居民)。同时,人均寿命也有了一定程度的提高,目前俄罗斯人均寿命已达到71岁。普京认为,在短时期内,俄人均寿命有可能提高到74岁,为此,他建议将2015年定为"抗心血管疾病年",并要求医务工作者以及文化、教育、传媒和体育工作者为此做出努力。

其次,要求提高医疗系统工作效率,确保民众享受到高质量的医疗服务。普京对俄医疗系统尽快全面落实真正的医疗保险制度提出了要求,并提出建立医疗保险的中央管理体系,对医疗机构工作质量进行监督;建议加强对医生的职业培训,推行医生专业教育证书制度;为医疗工作者提供良好的工作环境。

最后,普京强调加强和改善中小学教育,解决中小学教育中存在的问题。普京提出,要确保全国统一考试普及到偏远城市,让乡村和贫困家庭儿童获得进入最好学校的权利;鼓励青少年参与发明创造,为此建议设立5000个总统特别奖金;加强课外教育系统建设,对中小学生推行素质教育;加强部分中小学校舍建设,解决校舍不足问题。

此外,普京提出,要继续支持以社会服务为目的的非营利机构的发展,消除对非国有组织的歧视,提高社会服务组织的竞争力,建立起国家与社会共同参与决策、共同实施国家和地方发展计划的机制。

三 对普京2014年国情咨文的评价

西方国家和俄罗斯民众对普京2014年国情咨文的评价各执一端。美国和欧盟国家继续批评普京政权的内外政策,继续威胁要加大对俄罗斯的制裁力度,俄罗斯多数专家和民众认可并支持普京在国情咨文中所提出的各项政策主张。

西方媒体普遍批评普京在国情咨文中对西方国家使用了强硬的腔调。美国《华尔街日报》认为,俄罗斯总统普京选择一种鲁莽的表达方式,谴责西方挑起乌克兰危机;称西方制裁的目的在于遏制俄罗斯的崛起。英国广播公司（BBC）指出，"普京先生再次强调了他对乌克兰危机的强硬方针"①。CNN 表示，普京的鲁莽言论令人震惊，其讲话中的每一条都令人失望。《纽约时报》指出，"俄罗斯领袖使用了其一贯使用的受害者的凶狠腔调"②。西方媒体同时注意到，普京在阐述国内经济和社会政策时，使用了带有自由主义色彩的词语，在一定程度上平息了民众对经济和社会政策走向的疑虑，对稳定社会恐慌情绪起到了一定作用。也有西方媒体指出，普京在国情咨文中虽然强调了克里米亚对俄罗斯的神圣意义和重要性，但重要性并不能代替合法性，也不能改变俄罗斯侵吞主权国家领土的事实。

俄罗斯政界和普通民众对普京国情咨文强硬回应西方挑战、支持企业发展的政策宣示表示满意和欢迎。有专家指出，2014 年国情咨文是普京上台以来首次完全忽略国内政治问题的一次国情咨文，这是因为俄罗斯高层认为，在乌克兰危机升级、俄罗斯收回克里米亚的背景下，国内政治已退居次要地位。③ 同时，普京在国情咨文中完全没有提及经济和政治制度变革问题，但令人印象深刻的是，普京为未来俄罗斯企业发展描绘出了清晰的蓝图，显示其力图通过加强政府与社会的建设性对话，团结俄国内各党派和社会力量，共同应对困难局面。

也有俄罗斯学者指出，普京的国情咨文并未对俄罗斯未来政治经济走向做出清晰表述，西方的制裁及俄罗斯的反制裁都已严重冲击了俄罗斯经济，国情咨文虽能起到鼓舞和安定民心的作用，但民众的热情会随着经济滑坡和生活水平的下降而逐渐消散，届时普京将失去国内支持。普京没有提及国际油价下降问题，虽然提到了卢布贬值问题，但仅是一带而过，表明普京可能认为俄罗斯国内局势完全可控，不需要采取任何新的措施④。但实际情况是，俄罗斯经济存在严重问题，如果不采取措施克服目前的消极局面，提振

---

① Всё о послании Путина – 2014：Корсунь, спящие чиновники, реакция Запада, http：//medialeaks.ru/features/0412ytms_putin.

② Там же.

③ Т. Становая, Послание Президента: ожидание и реальность, http：//www.politcom.ru/18387.html.

④ А. Ивахник, Дежурное послание, http：//www.politcom.ru/18376.html.

投资，2015年增长速度将继续大幅下滑。

综上所述，2014年俄罗斯虽然收回了其传统领地克里米亚，为其增加了一块国土和一部分人口，但克里米亚问题将成为俄罗斯与西方关系的"死结"。俄罗斯经济虽然受到西方制裁和油价下跌的双重打击，但暂时不会出现崩溃局面，低油价约束甚至可能有利于俄罗斯走上经济多样化发展轨道。俄罗斯与西方关系到底向何处去，俄罗斯经济到底将如何发展，普京国情咨文虽然回答了部分猜疑，提出了一些政策措施，但其实施效果如何，仍需要继续观察。

经 济

Y.4
增长乏力,濒临衰退
——俄罗斯2014年经济形势分析及2015年形势预判

程亦军*

摘 要: 2014年俄罗斯国内生产总值同比增长0.6%,这是最近15年来(不含国际金融危机当年)的最低指标。固定资产投资减少,全社会建设规模明显萎缩,进出口贸易双双下降,消费增长趋缓,通货膨胀率创6年来新高。同时,工农业生产微弱增长,居民生活小幅改善。最大的问题是,国内外多种因素相互叠加引发了罕见的卢布危机,这场危机严重损害了俄罗斯经济的发展进程。2015年俄罗斯经济全面衰退将在所难免,但俄罗斯政府依然具有较强的抵御危机的能力,不会出现债务违约等极端情况。

---

* 程亦军,中国社会科学院俄罗斯东欧中亚研究所中亚研究室主任,研究员。

关键词： 俄罗斯经济衰退　卢布贬值

2014年，俄罗斯经济发展走势再次与世界经济总体走势背道而驰。2007年以来，全球爆发了两次大范围的经济危机——国际金融危机和欧债危机。在此期间，世界经济经历了两起两落，基本走势大致呈"W"形。2008~2009年受国际金融危机冲击，出现了第一次下降，随后在2009~2010年出现第一次上升。2011~2012年，受欧债危机拖累，世界经济再次下降，随后从2013年开始出现第二次上升。2013~2014年，世界经济平均增长速度达到2%~3%，其中主要经济体2014年的状况均明显好于2013年。来自各方面的数据都证明了这一点，即当前世界经济正处在上升通道。然而，俄罗斯的经济状况却恰恰相反，2013~2014年经济增长速度连续两年呈现下降态势。

一　2014年宏观经济形势分析

根据俄罗斯联邦国家统计局的初步统计，2014年俄罗斯国内生产总值为70.98万亿卢布，较上年同期增长0.6%，比上年1.3%的增长幅度下跌了0.7个百分点。这是1999年至今除2009年出现下降之外的最低指标。①

紧张的地缘政治局势和西方国家一再增强的经济制裁，给俄罗斯经济发展带来了很大的不确定性，投资者的信心受到极大挫伤，营商环境遭到严重破坏。由于政治原因，企业获取国际金融资源的通道被堵死，管理当局被迫采取的严厉的货币政策又导致境内借贷成本大幅上升。上述形势制约了投资和消费，并且引发了大规模的资本外逃和通货膨胀。从2014年中期开始，石

---

① 《Об итогах социально - экономического развития Российской Федерации в 2014 году》，C. 3. http：//economy. gov. ru/minec/activity/sections/macro/.

油价格下跌，外部经济环境进一步恶化，俄罗斯经济发展面临更加严峻的局面。

2014年，俄罗斯经济呈现出逐渐趋弱的发展态势。第三季度在农业获得创纪录大丰收和加工业快速增长的带动下实现了短暂的小幅增长（0.7%），但进入第四季度之后形势急转直下，经济指标全面恶化，10～11月连续两个月出现下降，好在岁末又实现了微弱增长，否则全年宏观经济指标有可能出现负数。12月，国内生产总值增长0.2%，扣除季节性因素，环比增长0.6%。这主要得益于加工业、零售业和居民服务业的增长，拖累整个经济增长的行业是电力、天然气和水、建筑业和农业（见表1）。

表1 2014年与2013年俄罗斯经济指标比较

项目/时间	2013年		2014年			
	12月	全年	11月	12月	12月（扣除季节因素）	全年
国内生产总值增长率(%)	1.6	1.3	-1.1	0.2	0.6	0.6
消费价格指数	0.5	6.5	1.3	2.6	—	11.4
工业生产指数	0.4	0.4	-0.4	3.9	0.7	1.7
加工业增长率(%)	1.7	0.5	-3	4.1	1.3	2.1
农业生产指数	1.4	5.8	0.7	4.2	-4.6	3.7
固定资产投资增长率(%)	0.6	-0.2	-4.8	-2.4	0.6	-2.5
建设工程规模增长率(%)	-1.4	0.1	-4.7	-2.7	0.6	-4.5
住房建设增长率(%)	-0.5	7.2	4.1	-3.2	—	14.9
居民实际可支配货币收入(%)	3.4	4.0	-3.9	-7.3	0.6	-1
实际工资收入增长率(%)	2.7	4.8	-1.2	-4.7	-1.3	1.3
平均名义工资收入(卢布)	39648	29792	32546	41985	—	32600
失业人口占经济自立人口比例(期末)(%)	5.6	5.5	5.2	5.3	5.2	5.2
零售总额增长率(%)	3.5	3.9	1.8	5.3	2.7	2.5
居民有偿服务额增长率(%)	0.1	2.1	1.4	1.9	0.3	1.3
出口(亿美元)	495	5233	367	345		4936
进口(亿美元)	325	3413	233	247		3080
乌拉尔牌石油平均价格(美元/桶)	109.9	107.9	78.3	61.1		97.6

资料来源：《Обитогахсоциально - экономическогоразвитияРоссийскойФедерациив 2014 году》，C. 5. http：//economy.gov.ru/minec/activity/sections/macro/。

1. 工农业生产实现微弱增长

2014年，俄罗斯工业生产形势总体好于上年，全年实现1.7%的增长率，而上年同期的增长率只有0.4%。工业增长的主要动力来自采掘业和加工业，其中矿产开采同比增长1.4%，对整个工业生产增长率（1.7%）贡献了0.4个百分点，加工业同比增长2.1%，较之上年同期0.5%的增长率显著加快。对工业生产指标构成负面影响的是电力、天然气和水的生产与分配，同比下降0.1%，但较之上年同期2.5%的负增长，下降幅度也大幅收窄。

如果将工业领域分为增长与下降两组的话，前者平均增长3.7%，后者平均下降4.4%。在增长组里贡献率最大的是焦炭和石油产品生产，贡献率为42.5%，其自身增长5.7%；交通工具以及相关设备增长8.5%，贡献率为31.4%；橡胶和塑料产品增长7.5%，贡献率为5.7%；冶金和金属产品生产增长0.6%，贡献率为2.8%；其他非金属矿产品增长1.8%，贡献率为2.6%。在下降组里贡献率最大的是机器设备制造，为82.2%，自身下降7.8%；木材加工和木产品生产下降5.3%，贡献率为9.9%；电子产品、电子和光学仪器下降0.5%，贡献率为3.9%；纺织和缝纫生产下降2.5%，贡献率为3.4%。

值得一提的是，近年来俄罗斯工业生产一直朝着积极的方向缓慢变化着，在2008年下半年出现下降之后，从2009年开始基本保持了缓慢增长态势。特别值得关注的是，2014年12月，俄工业生产实现了较高速度的增长，同比达到3.9%，这是近年来少有的现象，其中加工业增长更为显著，达到4.1%。① 这也许从一个侧面透露出这样一种信息：卢布大幅贬值之后，进口受到抑制，民族工业赢得了发展机遇，生产规模迅速扩大，发展速度明显加快。

近年来俄罗斯农业连年丰收，2014年又取得了创纪录的好收成。第三季度在谷物及其他农作物大幅增产的情况下农业生产实现了罕见的高增长，

---

① 《Об итогах социально - экономического развития Российской Федерации в 2014 году》，С. 6 - 7. http：//economy.gov.ru/minec/activity/sections/macro/.

达到11.2%；但在第四季度出现反复，受恶劣天气影响，当季农业生产下降5.7%。全年增长3.7%，这比上年同期的5.8%逊色不少。①

2. 固定资产投资减少，全社会建设规模明显萎缩

从2014年年初开始，固定资产投资一直处于负增长状态。在上年下降0.2%的基础上，第一季度同比又下降了4.8%，第二季度同比下降1.4%，第三季度同比下降2.4%，第四季度同比下降3.0%，全年总体比上年同期下降2.5%。固定资产投资下降最为突出的行业主要是那些直接为市场提供社会服务、公共服务和个体服务的部门以及卫生、金融、冶金和木材加工综合体。与投资密切相关的全社会总体建设规模明显萎缩，第一季度下降6.4%，第二季度下降5.2%，第三季度下降4.6%，第四季度下降3.0%，全年总体下降4.5%。投资的减少也导致企业利润的下降，数据显示，2014年俄罗斯境内企业利润明显降低。不过，在固定资产投资总体下降的情况下，大中型企业的投资却实现了缓慢增长，并且增长幅度还逐季扩大，第一季度为1.8%，第二季度为2.1%，第三季度上升到3.1%。②

3. 进出口贸易双双下降

2014年俄罗斯对外贸易总额为8016亿美元，比上年同期的8646亿美元减少630亿美元，下降7.29%，甚至低于2012年的水平（当年对外贸易总额为8632亿美元）。其中，出口4936亿美元，同比下降5.68%，进口3080亿美元，同比下降9.76%。全年实现贸易顺差1856亿美元，同比增长2.03%。贸易规模的萎缩不仅缘于实物贸易量的减少，同时也有价格下跌的因素。

从出口结构来看，能源原材料依然占据着主导地位。国际大宗商品价格的变动对俄罗斯国际贸易的影响非常直接，在相当程度上左右着其以货币量计算的贸易额的涨跌。根据阿格斯（Argus Media）和普氏能源资讯（Platts）两家国际专业机构提供的数据，2014年上半年俄产乌拉尔牌石油

---

① 《Об итогах социально - экономического развития Российской Федерации в 2014 году》，С. 6. http：//economy.gov.ru/minec/activity/sections/macro/.

② Там же, с. 7.

价格走势在总体平稳中略有上升,与最近3年平均水平基本持平,从下半年开始价格明显下滑,至年底已低于2010年水平,但仍明显高于2008～2009年国际金融危机期间的价格水平。四个季度的平均价格分别为每桶106.85美元、107.58美元、101.91美元、77.58美元。全年平均价格为每桶97.60美元,比上年同期下降9.55%。其中12月价格最低,降至每桶61.1美元,环比下降44.4%。① 另外,根据伦敦金属交易所的资料,从全年平均价格来看,2014年铜价同比下降6.4%,镍价同比上涨12.3%,铝价同比上涨1.1%。从年底的情况看,镍和铝的价格在12月加速上涨,前者同比上涨14.4%,后者同比上涨10.0%,而铜价则呈加速下降态势,同比下降了10.8%。不过从环比情况看,铜价和铝价均出现下降,分别下降了4.2%和6.8%,只有镍价保持了微弱增长(1.4%)。

在矿产品出口中,除了煤炭同比增长8.0%之外,石油和天然气出口均出现下降,前者同比下降6.7%,后者同比下降10.9%。德国仍然是俄罗斯最大的天然气买家,不过当年的采购量有所减少,比上年同期下降了6.5%,天然气交易均价为每立方千米376.7美元。

进入第四季度,俄罗斯对外贸易形势急剧恶化。12月对外出口345亿美元,环比下降5.8%,同比下降30.2%。其中,对非独联体国家出口同比下降28.8%,对独联体国家出口更是下降了38.0%。当月,进口总额247亿美元,在11月大幅下降的基础上回升了5.9%,但同比下降24.0%。其中,从非独联体国家进口221亿美元,同比下降22.4%,在进口商品中食品减少22.3%,纺织品和鞋减少24.2%,机械设备减少23.7%,化工产品减少16.2%。当月,从独联体国家进口26亿美元,同比下降36%。

在全年出口中,对非独联体国家的出口占比上升了1.3个百分点,达到86.4%,对独联体国家出口只占13.6%。同样,在全年进口中,从非独联体国家进口占比上升了1.8个百分点,达到88.2%,而从独联体国家进口

---

① 根据路透社普氏报价数据分析,这个价格实际上仍然高于同期的欧佩克、WTI(美国西得克萨斯轻质原油)、迪拜、米纳斯、辛塔、大庆石油价格,仅低于布伦特和塔皮斯石油价格。参见《国际市场主要原油现货平均价格表》,载《国际石油经济》2015年第1期。

只占11.8%。上述变化显然与乌克兰危机密切相关，因为多年来乌克兰一直是俄罗斯在独联体内最大的贸易伙伴，俄乌双边贸易额在俄罗斯对独联体国家贸易总额中占有绝对重要的份额。①

4. 消费增长趋缓

2014年，社会零售总额同比增长2.5%，居民有偿服务同比增长1.3%，两项指标明显低于往年同期（上年这两项指标分别为3.9%和2.1%）。尽管消费市场继续保持了增长态势，但商业和服务业均出现了明显的增长势头减弱的趋势。紧张的地缘政治形势、对制裁与反制裁可能引发的不良后果的预期以及卢布持续大幅贬值引起的金融恐慌，这些复杂混乱的因素强化了人们对未来的茫然和担忧，进而严重影响了人们的消费心理和消费行为。这一时期民众的消费带有很大的非理性，出现了两个极端：一方面部分原本用来消费的资金被转化成银行储蓄以备不测，另一方面又出现了对生活必需品和奢侈品的抢购、囤积风潮。

消费受到抑制的另一个原因在于个人消费贷款增长幅度明显低于往年——2014年为13.8%，2013年为28.7%。不过，消费市场需求不足的根本原因还在于居民实际可支配货币收入的减少引发的具有支付能力的消费需求不足，以及由于卢布贬值而导致的高通胀。②

5. 通货膨胀率创6年来新高

2014年，俄罗斯通货膨胀形势严峻，特别是岁末两个月，由于卢布的恶性贬值，进口商品大幅涨价，输入性通胀引发了市场价格的全面上涨。四个季度消费价格指数上涨幅度分别为2.3%、2.4%、1.4%、4.8%，全年为11.4%，远远高于上年度的6.5%，是2008年以来最高的一年。在上涨价格当中，食品和服务价格上涨幅度最大，全年分别达到15.4%和10.5%，非食品价格上涨8.1%。③

---

① 《Об итогах социально - экономического развития Российской Федерации в 2014 году》，С. 8 - 10. http://economy.gov.ru/minec/activity/sections/macro/.
② Там же, С. 7 - 8.
③ Там же, С. 13 - 17.

6. 国家依然持有相当规模的主权基金和外汇储备

自 2008 年将稳定基金分割为储备基金和国民福利基金以来，这两项基金一直是俄罗斯联邦最重要的国家储备，发挥着特殊的作用，其规模也随着国民经济的发展不断扩大，但是由于 2014 年卢布的大幅贬值，换算成美元的资产净值则严重缩水。根据俄联邦财政部的统计，截至 2015 年 1 月 1 日，储备基金总额为 49454.9 亿卢布，折合 879.1 亿美元，占国内生产总值的 6.4%；国民福利基金总额为 43880.9 亿卢布，折合 780 亿美元，占国内生产总值的 5.7%。两个基金合计为 93335.8 亿卢布，折合 1659.1 亿美元，占国内生产总值的 12.1%。①

截至 2015 年 1 月 1 日，俄罗斯联邦所拥有的外汇储备总额为 3854.6 亿美元（含储备基金和国民福利基金）。这一数字比上年同期减少了 1241.35 亿美元，下降 24.4%。这主要是为稳定卢布币值实行汇率干预、偿还外债和国际黄金价格走低所致（在俄罗斯外汇储备当中黄金占有不小的比重）。根据俄罗斯目前的国际贸易状况，2015 年 1 月 1 日的外汇储备数额可供支付未来 11 个月的商品和服务进口（上年同期为 13 个月）。②

7. 联邦预算保持平稳

2014 年联邦预算情况与上年大体相当。全年联邦预算总收入为 144961.4 亿卢布，占国内生产总值的 20.4%，总支出为 148241.1 亿卢布，占国内生产总值的 20.9%。预算赤字为 3279.6 亿卢布，比上年度的 3229.6 亿卢布的赤字略有增加，占同期国内生产总值的 0.5%。总支出当中用于非利息支出为 144085 亿卢布，占国内生产总值的 20.3%，用于偿还债务的利息支出为 4156.1 亿卢布，占国内生产总值的 0.59%。

截至 2015 年 1 月 1 日，国家债务余额为 102991.1 亿卢布，比上年同期增加了 27507.8 亿卢布，增长 36.4%。虽然国债余额增幅不小，但总体规模只相当于 2014 年国内生产总值的 14.5%。与世界各主要经济体相比，这

---

① http：//www.minfin.ru/ru/perfomance/index.php.
② 《Об итогах социально‐экономического развития Российской Федерации в 2014 году》，С.10 – 11. http：//economy.gov.ru/minec/activity/sections/macro/.

个比例是很低的。从债务结构来看,外债占29.7%,内债占70.3%。2014年外债减少了14.4亿美元,下降了2.6%。截至2015年1月,外债余额为543.6亿美元,相当于国内生产总值的4.3%。①

8. 居民生活小幅改善

2014年俄罗斯居民平均名义月工资收入为32600卢布,比上年提高了9.2%,但扣除通胀因素实际收入只提高了1.3%,远低于上年同期的4.8%。

居民实际可支配货币收入在全年四个季度中波动很大,其中第一季度同比下降3.4%,第二季度和第三季度同比分别增长了0.7%和2.1%,第四季度同比下降3.5%,其中11月同比下降3.9%,12月同比下降7.3%,全年同比下降1%,而上年度这项指标为增长4%。②

失业人口占经济自立人口的比例全年平均数为5.2%,略低于上年同期的5.5%。

在全国总体建设规模萎缩4.5%的情况下,2014年居民住房建设依然保持了高速增长,同比增长14.9%,比上年同期的7.2%提高一倍多。这样高的增长速度主要得益于旺盛的社会需求。尽管当年居民实际可支配货币收入同比下降,但改善居住条件的愿望依然十分强烈,而这种愿望又获得了联邦政府强有力的政策支持。早在普京第二个总统任期内,俄罗斯政府就明确将"廉价和舒适住房"项目列为国家优先项目进行推广,鼓励商业银行为居民购买住房提供贷款,并且专门拨款对贷款购买住房的居民实行利率补贴,此外还设立了贷款保证金,由政府全额出资,以保证商业银行在贷款人无法偿还贷款时免受损失。这些措施提高了商业银行提供住房贷款的积极性,进而有效地促进了居民的住房消费。据统计,全俄大约有将近400家银行为居民提供住房按揭服务,按揭贷款规模早在2006年就达到1100亿卢布,此后逐年不断扩大。③

---

① Там же, С. 11、107-111.
② Там же, С. 8、40.
③ 《俄罗斯政府第一副总理梅德韦杰夫在"关于俄罗斯各家银行参与实施发展农工综合体国家优先项目问题"会议上的讲话摘录》,〔俄〕梅德韦杰夫:《俄罗斯国家发展问题》,陈玉荣等译,世界知识出版社,2008。

9. 人口数量缓慢增长

截至 2014 年 12 月 1 日，全俄总人口为 14630 万，克里米亚 240 万居民首次被纳入统计。年底较年初人口增加了 30 万，比上年同期增加 29.9 万人。1~12 月全国出生人口 178.09 万（含克里米亚半岛），比上年同期增加 1.14 万人，出生率为 13.3‰。同期，死亡人口 174.39 万，比上年同期减少 6100 人，死亡率为 13.1‰。在全俄 80 多个联邦主体当中有 41 个联邦主体出生率得到提升，51 个联邦主体死亡率出现下降。2014 年全俄人口自然增长 3.7 万人，比上年同期增加 1.75 万人。人口总量的增加主要归因于外来移民。独联体各国仍然是俄罗斯外来移民的主要来源，其中移民数量居前的国家为乌克兰、乌兹别克斯坦、哈萨克斯坦、塔吉克斯坦和阿塞拜疆。①

二 卢布危机的原因及其影响

2014 年俄罗斯最具影响力的经济事件当属发生在 12 月的以汇率暴跌为标志的卢布危机。危机期间，卢布汇率断崖式下跌，下跌幅度远远超过 2008~2009 年国际金融危机期间的下跌幅度，成为自卢布币值改革以来 20 年间仅次于 1998 年的又一次恶性贬值。

从年初开始，卢布对美元汇率始终处于不断贬值状态。按季度计算，第一季度平均 34.97 卢布兑 1 美元，第二季度降为 35 卢布兑 1 美元，第三、第四季度又分别降至 36.21 卢布、47.41 卢布兑 1 美元。全年平均 38.4 卢布兑 1 美元，较之上年贬值 20.6%。据俄罗斯经济发展部的统计，2014 年 12 月与 2013 年 12 月相比，卢布名义有效汇率下降 32.7%，实际有效汇率下降 27.2%。此外，卢布对世界其他主要流通货币也出现了明显的贬值，其中对欧元贬值 26.6%，对英镑贬值 31.3%，对瑞士法郎贬值 28%，对日元贬值

---

① 《Об итогах социально-экономического развития Российской Федерации в 2014 году》，с. 37—39，http：//economy.gov.ru/minec/activity/sections/macro/.

25.6%，对加拿大元贬值29.5%，对澳大利亚元贬值29.4%。[①]

1. 卢布危机形成的原因

此次卢布短期内恶性贬值的原因是多方面的，既有外部因素，也有内部因素。

第一，美元汇率一改多年颓势，导致包括卢布在内的许多国家货币相应贬值。克林顿政府时期，美国一直推行强势美元政策，美元对世界主要货币始终保持强势地位。进入小布什执政时期，美国经济景气大不如前，美元汇率也随之走向低迷。2007年美国爆发次贷危机之后，为了振兴经济，美联储制定了被称为"量化宽松"的货币政策，压低利率，放松银根，导致美元汇率连连下跌。经过数年的努力，美国经济形势逐渐好转，复苏进程加快，特别是在2014年取得了出人意料的高增长，从而促使美联储改变政策，宣布放弃量化宽松政策。受此影响，美元汇率走势发生逆转，由弱变强，因而导致一系列国家的货币对美元相应贬值，其中新兴经济体货币表现得更为突出。近来有关国际金融组织一再发布预测，称美联储有可能在未来不长的时期内加息，这就更加强化了美元的升值趋势。数据显示，2014年以来，世界大多数货币对美元汇率均出现不同程度的下跌，其中新兴市场国家的货币跌幅尤甚。印尼、巴西、马来西亚、中国等许多国家的货币无不如此，俄罗斯的卢布自然也难逃此运。

第二，国际能源市场石油价格不断下跌，导致卢布持续贬值。众所周知，鉴于经济结构的特殊性，卢布与国际油价有着很强的关联性，长期以来卢布汇率的走势与国际油价的走势基本呈正比。由于国际经济形势和能源市场供求关系的变化，2014年国际石油价格出现了自2008年国际金融危机以来最显著的下降。如上所述，俄产乌拉尔牌石油价格从年初的每桶100多美元降至年末的61美元，这给卢布币值造成了巨大的压力，迫使卢布一贬再贬。

[①] Там же, с.10；王朱莹：《2015年，旅行投资跟着汇率走》，《中国证券报》2015年3月2日。

第三,西方国家对俄罗斯实行经济制裁,扩大了卢布贬值的空间。乌克兰危机爆发之后,俄罗斯深度卷入其中,与北约和欧盟形成严重对立,以美国为首的西方国家集团对俄采取了多轮经济制裁。制裁严重恶化了俄罗斯的投资环境和营商环境,诱发了俄罗斯国内资本的大量外逃,外汇需求急剧上升,卢布遭遇严重的贬值压力。

一些偶然因素也加剧了卢布的恶性贬值。例如,正当货币市场一片迷茫、卢布汇率飘忽不定之时,俄罗斯中央银行突然于 11 月 10 日发布公告,宣布取消实行多年的对外汇篮子走廊设定上下限的限制,允许卢布汇率自由浮动,不再进行经常性干预。虽然这本是一项既定的改革措施,但在这样敏感的时刻推出,显然向市场发出了一个错误的信号,让人感觉到金融管理当局已经无力调控汇率,严重破坏了本币持币者的信心,并且立即在市场上引发大量抛售,进一步扩大了卢布的下行空间。此外,国际投机资本的疯狂介入也增添了卢布走势的不确定性,使得其汇率直线下跌。

上述诸多因素的相互叠加是造成卢布大幅贬值的重要的和直接的原因。但是,卢布深度贬值的根本原因还在于俄罗斯经济本身。1999~2008 年,在国际油价大幅上涨的带动下,俄罗斯经济实现了连续 10 年的持续增长,表面的繁荣掩盖了各种深层次的矛盾,当国际金融危机突然袭来,不堪一击的俄罗斯经济骤然下降。危机过后,随着世界经济的复苏,俄罗斯经济也实现了短暂的增长,但是很快就显现出疲态,经济增长幅度不断下降,进入 2014 年几乎陷入停顿。经济结构的不合理,经济成分的单一化,投资的低效率,劳动生产率的低下,严重缺乏自我修复和创新能力,种种负面效应暴露得越来越明显,使人们对其发展前景丧失了信心,从而对卢布丧失了信心,放弃卢布转而持有美元成为市场的普遍选择。总之,卢布危机的酿成有着复杂的政治经济背景,但归根结底,俄罗斯经济结构问题才是危机的主因。

2. 俄罗斯政府的反危机措施

面对突如其来的卢布危机,俄罗斯政府采取了多项应对措施,积极加以抵御。这些措施概括起来大致有以下 5 项。第一,利用利率杠杆,阻止资本外逃。针对国内复杂的金融形势,俄罗斯中央银行年内 6 次加息,将基准利率从年初的 5.5%一路提高到年末的 17%。第二，动用外汇储备，平抑市场需求。据俄罗斯中央银行统计，为了稳定卢布汇率，仅此一项，全年就消耗了 1000 多亿美元的外汇储备。第三，要求国有和国有控股大型企业加快结汇进度，降低外汇持有比例，最大限度地向市场出售外汇，以增加市场外汇供给。第四，采取行政手段暂停粮食出口，计划开征粮食出口税，以免因粮食大量出口而加剧国内通货膨胀。第五，紧急拨款 1 万亿卢布（按当时汇率计算约合 196 亿美元）对因卢布危机而遭受重创的商业银行提供资金救助，避免银行倒闭，从而稳定金融局势。上述措施的实施对挽救急剧恶化的金融形势起到了积极的作用，但其中有些措施也带来很大的负面效应。

3. 卢布危机产生的社会经济后果

汇率暴跌引发的卢布危机在俄罗斯社会造成了不小的混乱。在政治上，这场危机加剧了俄罗斯内部各种政治力量和派别的斗争，许多以往被掩盖的矛盾和利益纠纷集中暴露，议会党团之间、政府部门之间的权利争斗日趋白热化，相互指责之声不绝于耳。在民间，卢布大幅贬值带来输入性通胀，引发国内市场价格涨声一片，各地商场均出现抢购风潮，这极大地挫伤了民众对政府经济政策和执政能力的信心。这场危机以及俄罗斯政府为抵御危机实施的政策措施的负面效应对国民经济产生了更为严重和深刻的影响。

首先，卢布危机进一步加剧了通货膨胀的压力。从 20 世纪 80 年代末开始，俄罗斯经历了极其痛苦和漫长的经济衰退，与经济衰退相伴而生的是恶性通胀。即便是在 1999~2008 年经济快速复苏时期，高通胀也不曾离开过俄罗斯社会。高通胀持续时间之长，绝对通胀值之高，均为当今世界经济史所罕见。20 多年来，俄罗斯几乎没有哪一年实现过通胀治理目标。虽然 2008 年国际金融危机之后，俄罗斯政府终于将年通胀率控制到了 6%以下。但经过 2014 年下半年的卢布汇率急跌，通胀形势再次变得异常严峻。目前俄罗斯市场绝大多数民用商品完全依赖外部市场供给，卢布的大幅贬值必然导致输入性通胀的进一步加剧。

其次，卢布危机将不可避免地破坏俄罗斯的经济现代化进程。卢布的恶性贬值严重破坏了俄罗斯社会的金融环境，显著地提高了引进先进技术和设

备的成本，增加了吸引外部投资的难度，使经济现代化陷入了极为不利的局面。

最后，为阻止资本外流和抑制通货膨胀所采取的大幅提高基准利率的极端做法给俄罗斯经济蒙上了厚重的阴影。从宏观层面来看，此举直接导致投融资成本和营商成本的大幅上升，对于原本就资金紧缺的国民经济等同于釜底抽薪，严重阻碍了经济发展。从微观层面来看，基准利率的大幅提高使得企业生存环境变得更加恶劣，大大削弱了企业的创新能力，压缩了企业的拓展空间。

此外，卢布暴跌的悲惨景象沉重打击了俄罗斯社会刚刚恢复起来的对本国货币的信心，近年来已几乎消失的"美元化"现象有可能借此危机死灰复燃，从而让俄罗斯政府多年"去美元化"的努力前功尽弃。不仅如此，由于卢布声誉遭到严重损坏，俄罗斯政府多年来努力追求的卢布国际化进程必将因此而严重受阻，与此同时，以俄罗斯为主导的独联体一体化进程也毫无疑问地受到负面影响。

当然，卢布的大幅贬值对俄罗斯经济社会的影响是复杂的，并不绝对是负面的，也含有积极的一面。从理论上说，卢布的贬值使得俄罗斯的商品价格变得低廉，这为扩大出口创造了条件。同时，由于进口受到遏制，民族工业因此获得拓展市场的良好机会，这对民族工业的恢复和发展将起到促进作用，可以在一定程度上实现进口替代，进而为调整产业结构和经济结构带来便利。俄罗斯自身的经济发展历史已经证明了这一点。1998年俄罗斯同样经历了严重的金融危机，在国民经济遭受重创之后，民族工业实现了少有的快速增长，1999年对外出口大幅提高。

三 2015年经济形势预判

种种迹象表明，2015年俄罗斯经济将延续上一年度的颓势，再一次陷入衰退在所难免。由于国际石油价格远低于上年同期水平，并且短期内尚处在探底阶段，还有进一步下降的可能，这使俄罗斯出口利润大幅减少，而石油收入恰恰是俄罗斯政府财政收入的主要来源；投资严重不足，资本外逃难以控制；居民实际收入增长放缓甚至有可能出现下降导致国内消费市场不振；长期作为俄罗斯第四大贸易伙伴、经济联系十分紧密的乌克兰陷入全面的经济危机乃至国家危机当中，使俄罗斯丧失了一个巨大的传统市场；西方国家的制裁与俄罗斯的反制裁打乱了正常的经济发展规律和节奏；重新纳入俄罗斯版图的克里米亚半岛240万民众需要联邦政府的巨额资助……上述这些因素在未来一个时期将给俄罗斯国民经济发展带来多重的负面效应，从而严重制约和破坏其发展进程。

对于如何判断2015年乃至更长一段时间内俄罗斯经济的基本走向，在2014年中期还存在不小的分歧。随着第四季度俄罗斯经济的明显下滑，人们逐渐对其发展趋势形成了基本共识，那就是：全面的衰退将不可避免。在年末举办的例行年度大型记者会上，一向对本国经济充满信心的普京总统也被迫承认，俄罗斯经济正面临着严重问题，未来将进入一个非常艰难的时期，恐怕需要两年的时间才能摆脱危机，走出困境。

对于未来一年俄罗斯经济究竟会衰退到什么程度，俄罗斯国内和国际经济组织有着多种预测。俄罗斯政府前副总理兼财政部部长、自由派经济学家库德林认为，俄罗斯经济的下降幅度完全取决于石油价格的下降幅度，如果石油价格降至每桶80美元，那么俄罗斯国内生产总值将下降2%，如果油价降至每桶60美元，则俄罗斯国内生产总值将下降4%。2016年俄罗斯经济毫无疑义地还将惯性下滑。①

俄罗斯经济发展部于2014年12月发布预测称，鉴于石油价格难以在短期内恢复到前期水平，2015年俄罗斯经济将下降0.8%。不过，该部部长乌柳卡耶夫同时又表示，未来一年俄罗斯经济未必一定会面临衰退，这种情况完全有机会加以避免。但是，仅仅一个月后的2015年1月31日，这位部长又发表讲话表示，根据该部最新预测，2015年俄罗斯经济将下降3%，其中

---

① 《俄前财长：俄明年GDP因油价跌至80美元和60美元/桶各降2%和4%》，俄罗斯新闻社，http://rusnewws.cn/eguoxinwen/eluosi_caijing/20141222/44224320.html。

固定资产投资下降13%，工业生产下降1.6%，社会零售贸易总额下降8%，职工工资和居民实际收入降幅将分别超过9%和6%，通货膨胀率将达到12%，资本外流将达到1150亿美元。①

一些境外经济组织的预测更为悲观。摩根士丹利在最新报告中将2015年俄罗斯国内生产总值增长率从原先预测的负1.7%大幅下调至负5.6%，同时还将2016年的经济增长率由原先的0.8%下调至负2.5%。②穆迪公司预测俄罗斯经济将下降5.5%，丹麦丹斯克银行分析师的预测值是负8%。③

面对如此惨淡的发展前景，预计俄罗斯政府将会对其经济政策做出相应的调整，以便刺激生产，遏止经济下滑。作为新年伊始的第一个政策调整举措，俄罗斯中央银行于2015年1月30日宣布，将基准利率由17%下调至15%。这是在上年连续6次加息后的首轮降息。此次降息后基准利率水平依然处于历史高位，还有很大的下调空间，年内有望再次，甚至多次下调利率。降息有利于企业降低成本扩大生产，却不利于治理通胀和稳定卢布汇率。在两难之中选择了降息，说明俄罗斯政府将发展生产、抑制经济下滑放在了首位。可以预见，年内通货膨胀形势和卢布汇率走势将不会乐观。鉴于俄罗斯政府平抑卢布汇率的能力和手段已经十分有限，因此不排除在极端情况下采取部分行政手段干预市场的可能，例如实行临时的资本管制。

总而言之，目前俄罗斯经济困难重重，形势十分严峻。但是，与此同时也应当看到，经过10年的复苏与积累，这个经济体已经汇集了相当的实力和能量，具有一定的抗危机能力和走出危机的物质基础。

第一，俄罗斯粮食储备非常充裕，一般性食品供应具有强大的货源保障。近年来，俄罗斯农业连年获得丰收，2014年粮食产量更是达到了创纪

---

① 白云编译《俄罗斯经济：政府预计2015年GDP下滑3%，比分析师预期乐观》，http://cn.reuters.com/article/20。
② 陈听雨：《俄货币政策突然变脸》，《中国证券报》2015年2月2日。
③ 白云编译《俄罗斯经济：政府预计2015年GDP下滑3%，比分析师预期乐观》，http://cn.reuters.com/article/20。

录水平，不仅自给自足，而且还大量供应国际市场。为了确保食品供应万无一失，同时平抑国内物价，俄罗斯政府未雨绸缪，从2014年12月开始暂时冻结了粮食出口，这等于给国家粮食安全上了双保险。

第二，俄罗斯工业近两年实现了加速发展。与整体国民经济陷于停滞完全不同的是，俄罗斯国内工业生产（特别是加工业）近年来一直保持了增长态势，并且增长的速度还在加快。如前所述，从2009年开始，俄罗斯工业生产逐渐走出了国际金融危机的阴影，步入了增长轨道，并且在异常困难的2014年第四季度依然逆势上升，实现了高于前期的增长。这是一个不容忽视的积极信号，说明俄罗斯经济并非死水一潭，它仍然具有活力。

第三，俄罗斯拥有雄厚的国家主权基金。俄罗斯的国家主权基金主要是在原有稳定基金基础上分割而成的储备基金和国民福利基金，也被统称为"石油天然气基金"，因为它们是在对石油、天然气出口征收超额利润税的基础上建立起来的。这两项基金在2008~2009年抗击国际金融危机期间曾经发挥过重要作用。根据俄罗斯财政部的统计，截至2015年1月，两项基金总规模分别为879.1美元和780亿美元，两项基金相加合计为1659亿美元，占同期国内生产总值的12.1%。这是一笔庞大的资产，其总量远远超过国际金融危机和欧债危机期间俄罗斯所拥有的储备规模，更是1998年金融危机时期所无法比拟的，这就决定了目前俄罗斯政府较之前两次大危机时期有更强的抗争能力和更大的回旋余地。

第四，俄罗斯有足够的国际支付能力。尽管在过去的一年里俄罗斯的对外贸易形势严重恶化，但全年仍然实现了接近2000亿美元的贸易顺差，其规模比起上年同期还略有增加。由于2014年下半年中央银行动用大量外汇干预汇市，致使外汇储备余额明显减少，但仍然拥有3862亿美元（截至2014年年底）的黄金外汇储备，依然是全球屈指可数的外汇储备大国，这个数字足以用来支付该国未来11个月的进口和服务。就一般情况而言，一个经济体所拥有的外汇储备能够满足未来5个月的进口所需就是正常的。

第五，俄罗斯国家负债率很低，偿还外债的能力绰绰有余。截至2015年1月1日，俄罗斯国债余额为102991.1亿卢布，虽然较上年明显增加，

但总规模只相当于同期国内生产总值的14.5%，其中不少还是中长期债务，短期内本息偿还压力并不大。2014年联邦预算用于偿还债务的利息支出为4156.1亿卢布，仅仅相当于同期国内生产总值的0.59%。即便考虑到2015年应还本息有所增加，压力也不会太大。单就外债而言，截至2015年年初，联邦外债余额为543.6亿美元，占国内生产总值的4.3%。俄罗斯现有外汇储备数倍于外债总额，因此偿还年度本息不成问题。可以肯定地说，2015年俄罗斯不会出现债务违约这样极端的情况，个别媒体关于俄罗斯将再次发生像20世纪90年代初那样的债务违约的预测显然是没有事实依据的。

俄罗斯社会目前总体处于安定状态，失业率基本维持在5%左右的相对低水平上，国内民众对普京总统个人的支持率依然很高，某些突发性事件不足以颠覆大局。因与西方国家的对立和克里米亚半岛重新纳入俄罗斯版图在民众中间所激发起来的爱国热情还将持续一段时间，基于对俄罗斯历史传统和民族特性的认识，可以断定，这种热情有可能在一定程度上转化为物质力量，有助于俄罗斯社会克服经济困难。

Y.5
俄罗斯的外汇储备：何去何从？

张聪明*

> **摘　要：** 本文考查了2013年以来俄罗斯外汇储备（国际储备）的变化情况，分析了俄罗斯联邦外汇储备的结构特点、主要来源和支出方向；认为在欧美制裁和国际油价下跌的背景下，卢布大幅贬值，俄罗斯央行为保卢布，已经消耗了大量外汇储备，如果国际国内形势不变，俄罗斯的外汇储备将面临枯竭的危险。在可预见的未来，俄罗斯的宏观经济管理除了保卢布外，还可能需要采取其他相应措施，以保证央行掌握最低限度的外汇储备。
>
> **关键词：** 俄罗斯　外汇储备　卢布贬值

2014年3月以来，俄罗斯深度介入乌克兰危机，招致西方持续的严厉制裁；6月以来，国际原油价格持续走低，截至目前，原油价格已经下跌45%左右。年底，卢布汇率急挫，俄罗斯经济出现严峻局面。2014年12月18日，普京总统在记者会上说，俄罗斯"央行的储备还有4190亿美元……我相信这些储备可以轻松地解决主要社会问题。我们会进行经济多样化转型，情况必然会回到正轨"①。很明显，外汇储备被看成帮助俄罗斯度过危机的重要资源。那么，俄罗斯的外汇储备能否承担如此重要的使命呢？

---

* 张聪明，中国社会科学院俄罗斯东欧中亚研究所研究员。
① 普京：《柏林墙倒了，新的墙竖立起来了》，http://www.guancha.cn/f-putin/2014_12_21_304003_s.shtml。

一 俄罗斯外汇储备的概念、规模和结构

人们常常用外汇储备来指称一国的国际储备。

在俄罗斯，国际储备是指俄罗斯联邦中央银行和联邦政府可以随时支配的高流动性的外部资产，由外汇国家掌握的特别提款权（SDR），在国际货币基金组织的储备头寸和货币黄金构成。其中，特别提款权（SDR）和在国际货币基金组织的储备头寸所占比例很小，所以，人们常常用黄金外汇储备或外汇储备指代俄罗斯的国际储备（见表1）。

表1 俄罗斯联邦2013年几个时点的外汇储备结构

单位：亿美元

	国际储备 (1)=(2) +(6)	外汇储备 (2)=(3)+ (4)+(5)	外汇(3)	SDRs(4)	在IMF的 储备头寸 (5)	黄金(6)
2013年1月1日	5376.18	4865.78	4731.1	87.41	47.27	510.39
2013年10月1日	5225.8	4794.51	4661.29	87.27	45.95	431.29
2013年11月1日	5155.9	4749.5	4616.85	87.34	45.3	406.4

资料来源：俄罗斯中央银行网站，http://www.cbr.ru/eng/hd_base/default.aspx? Prtid = mrrf_m。

另外，俄罗斯的外汇储备中还包括国家主权基金，即国家储备基金和国民福利基金。也就是说，国家储备基金、国民福利基金账户上的以外汇命名计价、存在中央银行且由中央银行投资于外国金融资产上的资产包括在俄罗斯的国际储备之中[①]。其性质是基于税收的财政收入，所有权属于联邦政府。

---

① 俄罗斯中央银行网站，http://www.cbr.ru/eng/hd_base/default.aspx? Prtid = mrrf_m。

二 俄罗斯外汇储备的来源与支出方向

(一) 来源

毫无疑问,俄罗斯的外汇储备来源于经常账户和资本(金融)账户的双顺差。

贸易顺差(在不考虑投资收益转移的情况下即为经常账户顺差)是支撑俄罗斯外汇储备的最重要因素(见表2)。

表2 俄罗斯联邦商品贸易变化情况

单位:亿美元

年份	1996	1997	1998	1999	2000	2001	2002	2003	2004
商品出口	897	869	744	756	1050	1019	1072	1354	1832
商品进口	681	720	580	395	449	538	605	754	974
贸易差额(顺差)	216	149	164	361	601	481	467	600	858
年份	2005	2006	2007	2008	2009	2010	2011	2012	2013
商品出口	2400	2975	3465	4663	2972	3927	5154	5280	5152
商品进口	1238	1632	2231	2887	1839	2457	3186	3357	3410
贸易差额(顺差)	1162	1343	1234	1776	1133	1470	1968	1923	1742

资料来源:1996~2003年的数据来自盖达尔经济政策研究所《RUSSIAN ECONOMY: TRENDS AND PROSPECTS, 2004》;2004年以后的数据来自俄罗斯经济部网站。

俄罗斯的出口产品以原油和天然气为主,在国际市场能源价格长期稳定在高位的有利条件下,俄罗斯长期以来一直保持着相当可观的经常账户顺差。2012年,俄罗斯的贸易顺差最大,为1968亿美元。1996年以来,虽常有起伏变化,但总的趋势是顺差不断增大。其中能源产品(原油、石油产品、天然气)的出口及国际能源价格的高企,起到了至为重要的作用,尤其是原油出口及其国际市场高价,成为俄罗斯外汇储备的首要来源。

金融账户的顺差是指资本流入，分长期和短期。长期指一年以上的直接投资、长期证券投资和银行长期贷款等；短期指一年以下的各种流入资本。

俄罗斯将外国对俄罗斯经济领域的投资分为三类：直接投资、证券投资和其他投资。

直接投资指全资拥有或至少占企业10%股份的投资；证券投资指购买俄罗斯企业10%以下股份（包括股票、汇票和有价证券）的投资；其他投资指上述两类投资范畴之外的投资，其实就是各种形式的贷款。[①]

从2007年开始，俄罗斯的外来资本终于突破600亿美元瓶颈，上升到千亿美元以上，2009年跌破千亿美元后重回上升之路，至2012年达到了1545.7亿美元（见表3）。

表3 2005~2012年俄罗斯外来投资及其结构

单位：亿美元

结构/年份	2005		2006		2007		2008	
	投资	占比	投资	占比	投资	占比	投资	占比
总投资	536.5	100	551.1	100	1209.41	100	1037.69	100
直接投资	130.7	24.4	136.8	24.8	277.97	23	270.27	26
证券投资	4.53	0.8	31.8	5.8	41.94	3.5	14.15	1.4
其他投资	410.3	76.5	382.5	69.4	889.5	73.5	753.27	72.6
结构/年份	2009		2010		2011		2012	
	投资	占比	投资	占比	投资	占比	投资	占比
总投资	819.27	100	1147.46	100	1906.43	100	1545.7	100
直接投资	159.06	19.5	138.1	12.1	184.15	9.65	186.66	12
证券投资	8.82	1	10.76	0.9	8.05	0.45	18.16	1.25
其他投资	651.39	79.5	998.6	87	1714.23	89.9	1340.88	86.75

资料来源：盖达尔经济政策研究所官网。根据《RUSSIAN ECONOMY：TRENDS AND PROSPECTS》，2006年第369页表46、2012年第239页表17编制。

[①] 李中海：《普京八年：俄罗斯复兴之路》（经济卷），经济管理出版社，2008，第206页。

从外汇储备总额中扣除主权基金,外汇储备曲线与双顺差曲线之间呈现出一种相当和谐的关系:曲线形态十分相似,方向一致,起伏一致,同时,双顺差变化在先,外汇储备变化在后,也符合外汇储备是双顺差变化的后果和反映的逻辑次序(见图1)。

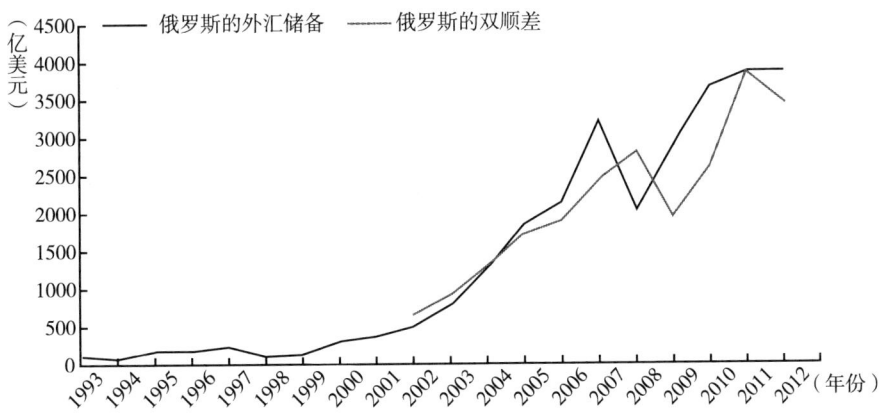

图1 俄罗斯联邦外汇储备和双顺差的关系——扣除主权基金

资料来源:盖达尔经济政策研究所官网。

(二)去向

应该说,俄罗斯联邦的外汇储备较好地实现了其功能,在俄罗斯的经济生活中发挥了积极的作用。

第一是保证了对外的支付。从历史上看,1998年11月,俄罗斯联邦财政部用部分外汇储备支付了部分五年期的欧债,数量达4630万美元;12月初共支付了大约5.46亿美元的欧洲债券。

还有一个重要的作用是救助俄罗斯的银行系统。俄罗斯的银行在套利交易策略支配下,积极地从国际市场以低利率借入大量外汇资金并投资在高回报的卢布资产上。套利交易的策略本质上就是高风险的,在本币贬值的情况下,投机者以卢布命名计价的资产会很快丧失其价值,而又无法获得以外汇计价的外国贷款,到期债务无法偿还,银行只能或跌入流动性陷阱,或是破产。2008年下半年,卢布大幅贬值,导致其币值损失50%。

因而2008年下半年至2009年上半年,俄罗斯政府采取了前所未有的手段去救助银行。据估计,俄罗斯银行业在此期间获得了大约3.1万亿卢布的贷款,部分解决了其收支不平衡的问题。这一措施花去了俄央行大约500亿美元的外汇储备。

第二是维持了卢布汇率的稳定。其一是在金融危机期间救市。2008年,俄央行投入数百亿美元来稳定卢布汇率,这使外汇储备骤减了1/3。2008年夏天,23~24卢布兑1美元,到年底跌至38~39卢布兑1美元,俄罗斯央行抛出外汇收购卢布,使汇率回到33卢布兑1美元的水平。① 其二是致力于维持本币汇率的合理水平。比如,2010年1月后,卢布开始走强,实际有效汇率上升了2.5%。针对此种情况,在2010年2月的前三周,央行仅在国内市场就净购入外汇近20亿美元。

不过,近年来,俄联邦央行大大减弱了其在市场上对汇率的干预。从2010年10月13日起,俄罗斯中央银行放弃了固定的26~41卢布的外汇走廊,扩展了操作空间,降低了计划用于货币干预的外汇量。俄罗斯中央银行为调节汇率、熨平卢布汇率波动,2011年在外汇市场购买的外汇净值为105亿美元,2012年为68亿美元。2013年9月,中央银行的货币干预规模为31.784亿美元,外加2.1496亿欧元。10月1~25日,央行卖出了20.42亿美元。②

另外,俄罗斯的外汇储备还有一个理想中的新用途——支持欧亚经济一体化。

从现有的实践和未来的可能性来看,俄罗斯外汇储备可以在以下几

---

① http://forex.hexun.com/2009-05-01/117285882.html. http://www.fx678.com/C/20110617/201106171326261070.html.
② 本节所引资料、数据,没有特别说明的,都来自盖达尔经济政策研究所《RUSSIAN ECONOMY:TRENDS AND PERSPECTIVES》《RUSSIAN ECONOMIC DEVELOPMENTS》各年各月度报告。

个方面发挥支持欧亚经济一体化的作用。其一，在关税同盟成员国内部贸易中，免除部分本来应该进入外汇储备的出口税；其二，对成员国、潜在成员国提供有偿经济援助，比如 2013 年 12 月，普京总统宣布在英国（爱尔兰）证券市场购买乌克兰发行的 150 亿美元欧洲债券（利率 5%）；①其三，根据欧洲一体化的经验，俄罗斯还有可能建立某种有助于欧亚一体化的基金。

三 问题：卢布不断贬值，外汇储备面临枯竭

（一）卢布大幅贬值

虽然俄罗斯一直在致力于卢布的自由兑换，但直到 2014 年 11 月 10 日，俄罗斯央行才宣布事实上允许卢布汇率自由浮动。② 但问题是，由于本文一开始就提到的原因，即俄罗斯深度介入乌克兰危机，招致西方持续的严厉制裁；6 月以来，国际原油价格持续走低，截至 2014 年年底，原油价格已经下跌 45% 左右。这一切导致的后果是在 2014 年年末突然爆发了卢布汇率大跳水（见表 4）。

表 4　2014 年 1~11 月卢布汇率：1 美元兑卢布

2014 年月度	1	2	3	4	5	6	7	8	9	10	11
期末汇率	35.24	36.05	35.69	35.70	34.74	33.63	35.73	36.93	39.39	43.39	49.32
平均汇率	33.46	35.22	36.21	35.66	34.93	34.41	34.64	36.11	37.87	40.76	45.86

资料来源：俄罗斯中央银行网站，http://www.cbr.ru/eng/statistics/print.aspx?file=credit_statistics/ex_rate_ind_14_e.htm&pid=svs&sid=analit.

---

① http://rusnews.cn/eguoxinwen/eluosi_caijing/20131219/43939193.html. http://www.people.com.cn/GB/guoji/24/20010622/494482.html.
② 《俄罗斯允许卢布汇率自由浮动》，http://news.xinhuanet.com/world/2014-11/11/c_1113190639.htm。

2013年12月20日，1美元可兑32.9527卢布；2014年12月20日，1美元可兑60.68卢布；一年之间，卢布贬值45.9%。

油价下跌、卢布贬值将俄罗斯经济痼疾再次展露无遗，比如结构畸形，产业层次低下，严重依赖国际市场，运行效率不高等，此外，这也让所有人再一次把目光投向了外汇储备。

人们发现，卢布贬值导致俄罗斯外汇储备急剧减少。尽管央行期望卢布汇率完全在市场因素的影响下形成，但面临国家财政安全受到的威胁，央行又不得不对外汇市场实施干预。

（二）为救卢布已经花去近千亿美元

俄罗斯央行的既定政策本来是卢布自由兑换，货币政策的理想着力点是通胀管理，无意对汇率的长期趋势加以干预，只准备对汇率的短期剧烈波动加以约束。可没有预料到的是，一年来不断遭遇汇率大幅波动，因而不得不经常支出外汇干预卢布汇率。

据彭博社统计，2014年7～9月，卢布对美元重挫逾16%，卢布成为全球跌幅最大的货币。为制止卢布贬值，俄罗斯已投入外储710亿美元，干预汇市使外储减少14%，降至约4390亿美元，处于4年来最低水平。[1]

另据华尔街见闻报道，截至2014年10月21日，一周之内俄央行外储减少79亿美元，减幅创5个月新高，10月的20多天内，俄罗斯为支持卢布投入外储逾150亿美元。[2]

10月31日，俄罗斯央行宣布加息150个基点，但卢布对美元的反弹仅持续了两分钟，当日卢布全天跌幅仍创3年来的新高。无奈之下，俄罗斯央行表示，此后每天将用不超过3.5亿美元的资金干预汇市。

尤其是12月以来，卢布大跳水，12月16日盘中甚至跌到1美元兑80

---

[1] 《俄罗斯被逼到墙角：若制裁持续或抛售黄金储备》，http://www.cfi.net.cn/p20141106000856.html。

[2] 同上。

卢布！两天贬值幅度逾25%，随即，俄罗斯央行宣布将关键利率上调650个基点至17%。截至2014年12月19日，美元兑卢布汇率依然在1美元兑60卢布左右波动。①

俄罗斯央行2014年12月25日公布的数据表明，12月以来，用于干预卢布汇率的外汇超过100亿美元，截至12月19日的一周内，外汇储备减少了157亿美元。外汇储备首次跌破4000亿美元，低至创纪录的3989亿美元。②

据测算，俄罗斯央行2014年可能动用了近1000亿美元的外汇储备用于干预卢布汇率市场。③

可是，每天国际外汇市场卢布的交易额近1000亿美元，而俄罗斯央行可动用的外储并不多，想要对抗国际做空资本，似乎弹粮不足（见表5）。④

表5 俄罗斯国际储备变化情况表（期末数据）

单位：亿美元

年份	1993	1994	1995	1996	1997	1998	1999	2000	2001	2002	2003
外汇储备	89	65	172	153	178	122	125	280	366	478	769
年份	2004	2005	2006	2007	2008	2009	2010	2011	2012	2013	2014
外汇储备	1245	1822	3037	4788	4263	4395	4794	4987	5376	5156	4146

资料来源：俄罗斯中央银行和财政部网站，http：//www.minfin.ru/en/nationalwealthfund/statistics/amount/index.php?id_4=5830。

四　出路，从保卢布到保储备？

为了保卫卢布，俄罗斯央行已经耗费了大量外汇储备。俄罗斯央行行长纳

---

① http：//www.cbr.ru/eng/.
② 中国中央电视台一套2014年12月26日《新闻联播》。
③ http：//www.eeo.com.cn/2014/1220/270472.shtml.
④ http：//www.eeo.com.cn/2014/1220/270472.shtml.

比乌琳娜对媒体表示，2015年央行还可能动用高达850亿美元来捍卫卢布汇率。①

除此之外，还有2015年、2016年到期需要偿还的外债，还有保证正常进口的需要，再考虑到两个主要的主权基金（储备基金和国民福利基金）有法定的专门用途，俄罗斯的问题似乎已经不是要保卫卢布，而是需要保卫外汇储备了。

首先，到期外债需要外汇支付。

根据俄罗斯央行2014年10月16日公布的数据，俄罗斯2015年全年需要偿还的外债总额为1016.17亿美元，其中：联邦政府28.17亿美元；地方政府0.22亿美元；央行接受的外币存款358.36亿美元；商业银行和企业外债629.43亿美元。2016年前半年到期需要偿还外债达371.69亿美元。另外，根据俄罗斯央行12月25日公布的数据，俄罗斯2015年全年需要偿还的外债总额大约为1300亿美元（见表6）。②

面对这笔巨大的应偿还外债，国际评级机构穆迪认为，在国际油价不再下跌的条件下，俄罗斯的外汇储备可以保证按期偿还。③

据俄罗斯央行的数据，2015年需要偿还的外债中包括联邦政府28.17亿美元、地方政府0.22亿美元、央行接受的外币存款358.36亿美元，计386.75亿美元；按应偿还总外债1300亿美元估算，或高达500亿美元。

其次，考虑到央行行长纳比乌琳娜可能将用850亿美元捍卫卢布汇率的预计，以及俄罗斯2015年进口5个月所需外汇（俄罗斯2009～2013年的年度进口额分别为153.3亿美元、204.8亿美元、265.5亿美元、279.8亿美元、284.2亿美元④，取其平均值为237.52亿美元，5个月则需1187.6亿美元），此三项大约就需要2500亿美元。

---

① 《保卫卢布》，http：//www.eeo.com.cn/2014/1220/270472.shtml。
② 中国中央电视台一套2014年12月26日《新闻联播》。
③ 中国中央电视台一套2014年12月26日《新闻联播》。
④ 张聪明：《外汇储备：中俄两国的共性与差异》，《欧亚经济》2014年第6期。

表6 俄罗斯的外债规模、结构及还债期限

单位：亿美元

	截至2014年2季度	2015年1月	2015年2月	2015年3月	2015年4月	2015年5月	2015年6月	2015年3季度	2015年4季度	2016年1季度	2016年2季度
总额	7312.04	52.19	155.41	110.73	73.16	44.05	118.24	182.56	279.83	158.93	212.76
中央政府	571.28	0.06	0.13	5.58	7.26	0.48	6.14	6.36	2.39	9.99	1.9
联邦政府	564.46	0.06	0.13	5.46	7.26	0.48	6.14	6.35	2.29	9.99	1.46
俄罗斯债务	545.57	0.06	0.13	5.46	7.02	0.35	5.03	6.35	0.82	9.99	1.35
贷款	14.69	—	0.13	1.22	0.28	0.35	0.34	0.27	0.82	0.27	0.82
债券	527.22	—	—	4.24	6.74	—	4.68	6.08	0	9.71	0.53
其他	3.66	—	—	—	—	—	—	—	—	—	—
苏联的债务	18.88	—	—	—	0.24	0.12	1.12	—	1.47	—	0.11
贷款	18.39	—	—	—	0.24	0.12	1.12	—	1.47	—	0.11
其他	0.50	—	—	—	—	—	—	—	—	—	—
地方政府	6.82	0	0	0.12	—	—	—	0	0.1	—	0.43
贷款	5.55	—	—	—	—	—	—	—	—	—	—
公债	1.28	0	0	0.12	—	—	—	0	0.1	—	0.43
中央银行	160.7	—	—	—	—	—	—	—	—	—	—
贷款	23.49	—	—	—	—	—	—	—	—	—	—
现金和存款	49.51	—	—	—	—	—	—	—	—	—	—
其他（特别提款权）	87.69	—	—	—	—	—	—	—	—	—	—

续表

	截至2014年2季度	2015年1月	2015年2月	2015年3月	2015年4月	2015年5月	2015年6月	2015年3季度	2015年4季度	2016年1季度	2016年2季度
央行2	2089.05	18.67	45.14	58.44	18.46	18.24	47.51	73.72	78.18	49.97	57.94
现金和存款，包括对直接投资者和直接投资企业	1722.25	18.67	45.14	58.44	18.46	18.24	47.51	73.72	78.18	49.97	57.94
现金账户和活期存款	243.81										
债券	75.80	—	—	—	—	—	—	—	—	—	—
其他	47.19	—	—	—	—	—	—	—	—	—	—
其他部门	4491.02	33.46	110.15	46.71	47.44	25.33	64.59	102.49	199.26	98.97	152.92
对直接投资者和直接投资企业的负债	1580.26	12.86	21.61	10.91	8.48	5.21	7.71	11.68	74.68	25.95	33.36
贷款	2683.94	19.90	87.56	34.92	38.09	17.51	56.11	88.67	122.35	71.04	116.96
债券	87.03	0	0.28	0.18	17	1.92	0.08	0.1	0.3	0.13	0.79
贸易贷款	35.63	—	—	—	—	—	—	—	—	—	—
金融租赁	29.61	0.7	0.7	0.70	0.69	0.69	0.69	2.04	1.93	1.85	1.8
其他	74.55	—	—	—	—	—	—	—	—	—	—

资料来源：俄罗斯中央银行网站，http://www.cbr.ru/eng/statistics/credit_statistics/print.aspx?file=schedule_debt_e.htm&pid（数据更新到2014年10月16日）。

另外，俄罗斯的外汇储备中还包含着储备基金和国民福利基金，此两项基金截至2014年7月22日，共计1571.41亿美元[①]。鉴于国家主权基金的财政预算收入属性以及联邦政府（财政部）对主权基金依法行使的权利，中央银行并不能完全自主管理这部分以外汇形式存在的资产，所以，除去这两项主权基金，中央银行实际上能够自主支配的外汇储备还要少一些。

考虑以上各项，到2015年年底，俄罗斯联邦的现有外汇储备存量将大幅减少。当然，从消极方面说，我们还没有考虑政府和央行对商业银行和非银行企业应偿还外债所承担的连带责任；从积极方面说，也没有考虑2015年全年外汇储备积累方面的流量变化。

总体来说，形势严峻，不容乐观。剩下的问题也许是该如何保卫外汇储备。保卫外汇储备，无非开源节流。

关于节流，上文已经论及。应偿还外债不到万不得已，不会打折扣。如果卢布趋稳甚至反弹并在高位稳住，则可少用甚至不用保卫卢布汇率所需的外汇。但卢布反弹、趋稳所需条件复杂严苛，目前尚不能过于乐观。5个月进口一项，依目前反制裁的做法，似可有所减少。但减少进口，国内生产一时跟不上；改变进口国别，有一个调整过程；二者都会使国民福利受损。影响达到一定程度，民意会有反弹，形成一定的压力。所以，减少进口也是有限度的。

关于开源，首要一条就是国际油价止跌反弹，最好是尽快高企并稳定在高位，以便能有出口的增长和贸易顺差的增加，从而形成新的外汇储备。关于这一点，就目前形势看，无论俄罗斯心情如何急切，都只能等待国际形势的变化。

其次就是创造条件，改善环境，吸引外资流入，形成资本（金融）账户顺差，从而形成新的外汇储备。关于这一点，俄罗斯央行2014年12月大幅提升关键利率到17%，应该是一个有效的措施。但受制于俄罗斯与西方

---

① 根据俄罗斯联邦财政部官网2014年7月22日的数据和当日汇率计算，储备基金为929.68亿美元，福利基金为641.73亿美元，合计为1571.41亿美元。

的紧张关系和由此引起的美国和欧洲轮番的制裁,俄罗斯央行和企业在国际资本市场融资比较困难,加上卢布大幅贬值,还款难度增大,外资进入俄罗斯风险大,因而资本账户的顺差一时难以大幅度增加,外汇储备也就失去一个重要来源。

从近期看,2015年稳定和增加外汇储备的可行方式也许只能是实行资本管制。尽管俄罗斯官方还在声称不会实行资本管制,但除此别无他途。

从现实层面来看,在俄罗斯国内,民间(未进入央行管理)的外汇资产是一个不容忽视的资源,虽然无法判断其具体规模,但可以肯定的是,不会是一个小数目。当局如果实行资本管制,强制私人部门和民间社会将所持外汇按一定比例卖给央行,从而进入银行管理系统,成为国家外汇储备,这将是十分现实的选择。

实际上,政府已经有所动作。2014年12月23日,俄罗斯政府表示,它将限制五大出口商的外币持有量,以支撑卢布汇率。这五家公司分别是能源巨头俄罗斯天然气工业股份公司(Gazprom)和俄罗斯石油公司(Rosneft),政府全资的能源开发公司俄罗斯扎鲁别日石油公司(Zarubezhneft),政府控股的钻石开采公司(Alrosa),政府拥有的钻石加工商 PO Kristall。同日,俄罗斯政府在其主要网站上首次公开承认,政府将利用其在大公司董事会中具有支配力的投票权,强行实施其经济政策层面的决定。

俄罗斯政府在声明中表示,将召开各公司的董事会会议,由"俄罗斯联邦利益的代表"提出在2015年3月1日之前,公司持有的"净外币资产金额不超过2014年10月1日水平"的要求,并对此进行投票表决。政府表示,央行将对这一过程进行监督,五家公司需要"每周向央行提交公司净货币性资产金额的报告"。

《生意人报》称,五家公司可能会每天总共出售10亿美元,直到3月1日。①

---

① http://world.cankaoxiaoxi.com/2014/1224/608011.shtml。

同时，在天然气交易中改用卢布为结算货币，也可以在一定程度上增加外汇储备。

至于有俄籍商人带着离岸资金回国投资，虽然看上去爱国情深，但毕竟人数尚少，带回的资金有限，在估计 5000 亿美元的此类资本中，不会占多大比重。与此相反，在经济前景日益恶化的大背景下，俄罗斯富人获得英国移民类签证的数量 2014 年飙升了 69%。这种移民的投资门槛原来为 100 万英镑，2014 年 11 月调整为 200 万英镑。[①]

从长远来看，俄罗斯要彻底解除外汇储备趋于枯竭的困境，根本的出路在于重新获得足够的双顺差。对经常账户顺差来说，国际油价至为重要，但俄罗斯对此几乎无能为力。资本账户顺差则有赖于俄罗斯与欧美关系的改善，具体说就是西方能尽快解除经济制裁。但西方是否解除经济制裁，则有赖于乌克兰危机的化解。在这方面，俄罗斯应该具有一定的主动权。普京总统在 2014 年 12 月 18 日的记者会上说，局面的根本改观需要两年。果能如此，两年之后，俄罗斯的外汇储备危机也应得到化解，外汇储备保卫战也就胜利了。关于这一点，让我们拭目以待。

这之后，更根本的出路，应该是俄罗斯经济结构的调整和优化，那就是后话了。

---

① http://finance.huanqiu.com/view/2014-12/5278757.html.

Y.6
中俄经贸合作的新进展

郭晓琼*

摘 要： 2014年以来，俄罗斯经济形势日益严峻，乌克兰危机后，西方国家的经济制裁、国际油价大幅下跌、卢布暴跌等因素都使本就不乐观的经济形势雪上加霜。在这些因素的影响下，中俄经贸合作面临着新局面和新问题，机遇与挑战并存。

关键词： 中俄经贸合作 乌克兰危机 西方制裁

一 2014年中俄经贸合作现状

1. 双边贸易额

2014年，在西方制裁、油价下跌等因素的影响下，俄罗斯经济走向衰退，中俄双边贸易也受到一定程度的影响，增速明显下降。根据俄罗斯海关总署的数据，2014年，中俄双边贸易额为883.89亿美元，同比下降0.5%，中俄双边贸易额在俄罗斯对外贸易总额中的占比为11.3%，中国是俄罗斯第一大贸易伙伴。其中，俄罗斯对华出口额为375.04亿美元，同比增长5.3%，俄罗斯自华进口额为508.84亿美元，同比下降4.3%。① 根据中国

---

* 郭晓琼，中国社会科学院俄罗斯东欧中亚研究所副研究员。
① Федеральная таможенная служба. Внешняя торговля Российской Федерации по основным странам за январь – декабрь 2014 г. http：//www.customs.ru.

海关统计数据，2014年，中俄双边贸易额为952.85亿美元，同比增长6.8%，中国对俄出口额为536.77亿美元，同比增长8.2%，中国自俄进口额为416.07亿美元，同比增长4.9%。2014年，俄罗斯超过巴西成为中国第九大贸易伙伴国①（见表1）。

表1 2014年中国与前八大贸易伙伴国贸易概况

	进出口（亿美元）	出口（亿美元）	进口（亿美元）	与上年相比增长(%)		
				进出口	出口	进口
美　国	5551.18	3960.82	1590.36	6.6	7.5	4.2
日　本	3124.38	1494.42	1629.97	0.0	-0.5	0.4
韩　国	2904.92	1003.40	1901.52	5.9	10.1	3.9
德　国	1777.53	727.13	1050.40	10.1	8.0	11.5
澳大利亚	1369.05	391.54	977.51	0.3	4.3	-1.2
马来西亚	1020.21	463.59	556.61	-3.8	0.9	-7.5
俄罗斯	952.85	536.77	416.07	6.8	8.2	4.9
巴　西	865.79	348.94	516.86	-4.0	-2.8	-4.8

资料来源：中国海关总署，http://www.customs.gov.cn/publish/portal0/tab49666/info729723.htm。

2. 双边贸易结构

俄罗斯对中国出口的商品主要为能源和原材料等初级产品，这主要是基于俄罗斯的资源禀赋。2014年，中国自俄罗斯进口的前五大类商品为矿产品、木材及制品、金属及制品、化工产品、活动物和动物产品。第一大类商品为矿产品，进口额为309.43亿美元（见表2），在中国自俄罗斯进口商品总额中的占比从2013年的67.8%上升至74.4%②。相比之下，机电产品的进口占比大幅下降，从2013年的6.9%下降至1%。

---

① 中国海关总署，http://www.customs.gov.cn/publish/portal0/tab49666/info729723.htm。
② 海关信息网，http://www.haiguan.info/onlinesearch/TradeStat/StatOriSub.aspx?TID=2。

表2　2014年中国自俄罗斯进口主要商品

商品类别	贸易额(百万美元)	占比(%)
矿产品	30943	74.4
木材及制品、纸制品	4049	9.7
金属及制品	2120	5.1
化工产品	1640	3.9
活动物和动物产品	1271	3.1
塑料、橡胶	620	1.5
机电产品	422	1.0

资料来源：海关信息网，http：//www.haiguan.info/onlinesearch/TradeStat/StatOriSub.aspx?TID=2。

在中国对俄出口的主要商品中，机电产品的比重最大，2014年，中国对俄出口机电产品总额为193.44亿美元，机电产品出口占比达到36%。① 其次是纺织品、玩具、家具、杂项制品、鞋靴、伞、皮革制品、箱包等劳动密集型产品，其占比达到28.2%（见表3）。

表3　2014年中国对俄罗斯出口主要商品

商品类别	贸易额(百万美元)	占比(%)
机电产品	19344	36
纺织品、鞋靴、轻工产品、皮革制品	15132	28.2
金属及制品	3358	6.3
家具、玩具、杂项制品	3362	6.2
塑料、橡胶	2645	4.9
化工产品	685	1.3

资料来源：海关信息网，http：//www.haiguan.info/onlinesearch/TradeStat/StatOriSub.aspx?TID=2。

二　2014年中俄经贸合作新进展

1. 能源合作

受制于中俄两国的经济发展模式和资源禀赋，能源合作一直是中俄经贸

---

① 海关信息网，http：//www.haiguan.info/onlinesearch/TradeStat/StatOriSub.aspx?TID=2。

合作的重要内容。

在石油领域，2013年4月李克强总理在访问俄罗斯时提出了上下游一体、风险共担、利益共享的能源合作新构想，该提议得到了普京总统的赞许。2014年，中俄双方积极就拓展油气上下游全面合作（包括上游勘探开发、下游炼化和精深加工合作）做出努力。普京总统邀请中方企业收购俄罗斯石油公司旗下的万科尔油田股份，并提出对中方投资不设任何限制，这进一步传递了俄方有意愿开展上游合作的积极信号。2014年10月，中俄两国总理会晤期间，中石油与俄罗斯石油公司签署了《关于进一步深化战略合作的协议》，根据协议，双方约定将在上游油气勘探开发、下游炼厂建设、油气贸易领域开展一体化合作，同时还有意将合作方向拓展至工程技术服务、装备制造和科技研发等领域。2014年11月APEC会议期间，中国国家能源局局长吴新雄与俄罗斯能源部部长和俄罗斯石油公司总裁举行会谈，此后，中石油勘探开发公司与俄罗斯石油公司签署了框架协议，中石油购买俄石油旗下万科尔石油公司10%的股份，中石油将成为万科尔石油公司董事会成员并获得相应分红。中石油和俄石油还通过合资的东方石化董事会批准了进行天津炼化项目的可行性研究。

在天然气领域，经过中俄双方多年的谈判，在两国领导人的关心与推动下，在两国政府的直接指导和参与下，中俄天然气合作终于取得历史性突破。2014年5月上海亚信峰会期间，在习近平主席和普京总统的见证下，由中国国家能源局局长吴新雄与俄罗斯能源部部长诺瓦克代表中俄两国政府签署了《东线天然气合作项目备忘录》，中石油集团公司董事长周吉平与俄罗斯天然气工业股份公司总裁米勒签署了《中俄东线供气购销合同》，这两份能源领域重要合作文件的签署，标志着中俄双方在天然气合作领域取得了新突破。根据合同，从2018年起，俄罗斯将开始通过中俄天然气管道东线向中国供气，输气量逐年增长，最终达到每年380亿立方米，累计合同期30年，合同总价值超过4000亿美元，这是俄罗斯历史上最大的能源出口合同。合同约定，主供气源地为俄罗斯东西伯利亚的伊尔库茨克州科维克金气田和萨哈共和国恰扬金气田，俄罗斯天然气工业股份公司负责气田开发、天然气处理厂和俄罗斯境内管道的建设；中石油负责中国境内输气管道和储气库等配套设施建设。俄罗斯境内管道工程包括：科维克金气田至恰扬金气田管线（800公里），恰扬金气田至别洛戈尔斯克管线（1700公里），别洛戈尔斯克至黑河管线（180公里）；中国境内管道工程途经黑龙江、吉林、内蒙古、辽宁、河北、天津、山东、江苏、上海9个省区市，止于上海市。为合理安排项目建设周期，分为北段（黑龙江黑河—吉林长岭干线及长岭—长春支线）、中段（吉林长岭—河北永清）、南段（河北永清—上海），拟新建管道全长约3060公里。入境点位于黑河开发区北侧约10公里，配套建设5座地下储气库。普京总统将其称为全球规模最大的建设工程。2014年9月初，俄方境内段管道——"西伯利亚力量"管道已经开工修建，计划2018年建成并投产运营。此外，亚信会议期间，中石油与俄罗斯诺瓦泰克公司还签署了年供300万吨液化天然气合同。2014年10月，在中俄两国总理的见证下，中石油与俄天然气工业股份公司签署了《关于中俄东线天然气管道项目建设和运营的技术协议》，为中俄东线天然气管道跨境段和各自境内管道的建设奠定了重要的法律基础，是实施中俄东线天然气项目的重要基础性文件。在协议中，中俄双方共同确定了东线天然气管道的入境点、交气压力、跨境段主要参数、天然气品质、计量标准等管道建设和运营方面的技术内容。

东线天然气项目谈成后，中俄双方又迅速启动西线天然气项目的谈判，这是一个规模不亚于东线的重大能源项目。11月9日，APEC会议期间，中俄西线天然气管道项目落地，中石油与俄罗斯天然气工业股份公司签署了《关于沿西线管道从俄罗斯向中国供应天然气的框架协议》。这一框架协议是继2014年5月《中俄东线供气购销合同》签署之后中俄天然气合作取得的又一新进展。协议规定了未来俄罗斯通过中俄西线天然气管道向中国供气的基本技术经济条款。根据该协议，俄方将从西伯利亚西部通过阿尔泰管道向中国输送天然气，供气量为每年300亿立方米，期限为30年，供气量渐增期为4~6年。框架协议还提出了起草西线购气协议、技术协议和跨政府协议的时间表。该协议开始运作后，中国将超过德国成为俄罗斯最大的天然气客户。

在电力合作领域，2014年中俄双方在水电开发领域取得新进展。11月9日，俄罗斯最大的水力发电企业俄罗斯水电集团公司与中国三峡集团和中国电力建设集团就水电站建设达成合作。目前，三峡集团已与俄方签署了《关于建立合资公司在俄罗斯远东地区投资、建设和运营水电站之股东协议核心条款》，这标志着中俄双方在水电开发领域又取得了实质性进展。

除油气合作和电力合作之外，中俄双方在煤炭、可再生能源等领域也制定了长期合作规划，合作进展顺利。

中俄在能源领域，尤其是油气领域的合作符合中俄双方的共同利益，但多年以来，俄罗斯在同中国的能源合作问题上一直抱有较大戒心，担心扩大对华油气出口会沦为中国的"能源附庸国"。近年来，俄罗斯对华能源合作的态度明显变得积极，不仅主动提出增加对华出口量，并且在一些多年悬而未决的项目谈判中，俄方的态度也更加积极、配合。因此，东西天然气管道项目和中国参与上游开发等项目相继取得突破性进展。

俄罗斯调整对华能源出口战略，主要缘于以下四方面原因。第一，欧洲市场收缩。欧洲一直是俄罗斯油气出口的最大市场。2009年以来，欧洲主权债务危机不断蔓延升级，这不但降低了欧洲的能源需求，也使俄罗斯与欧洲开展能源合作的潜在风险上升。2012年，俄罗斯对欧洲的天然气出口同比下降了7%。尤其是乌克兰危机后，欧洲下决心摆脱对俄罗斯的能源依赖，一方面加速发展新型液化气进口设备，从而增加从中东、非洲和北美国家的进口；另一方面，积极采用节能技术，开发核能、可再生能源等技术用以替代传统的化石能源。因此，欧洲市场的收缩成为俄罗斯不断提高对华能源合作积极性的重要原因。第二，"页岩气革命"冲击了俄罗斯在国际能源格局中的地位。美国的"页岩气革命"极大地提高了美国的天然气产量。2009年，美国天然气产量达到6240亿立方米，首次超过俄罗斯成为世界第一天然气生产国，此后，美国的天然气产量一直高于俄罗斯。由于页岩气开发技术的突破，美国不再需要进口液化天然气，还可以用自产的液化天然气替代柴油，在页岩气开发中意外收获的大量页岩油，也使美国对中东石油的

需求直线下降。也许,在不久的将来,美国不但有可能实现能源独立,还会成为油气的净出口国。美国的异军突起提高了北美地区在国际能源格局中的地位,对全球天然气供需关系变化和价格变动也将产生重大影响,俄罗斯在国际能源格局中的地位受到了巨大冲击。这也是中俄天然气合作取得突破性进展的又一重要原因。第三,俄罗斯经济陷入低迷,经济发展和社会稳定需要大量资金。2012年2月,普京发表了七篇纲领性竞选文章,阐述治国方略。2012年5月,普京当选总统后,又连续签署了一系列"5月总统令",涉及经济发展和社会稳定的一系列指标。然而,这些指标的实现都需要俄罗斯经济保持5%以上的增长,以便为其提供资金保障。2014年,在欧美制裁、国际油价大跌等因素的作用下,本已不乐观的俄罗斯经济更是雪上加霜。经济增长停滞,国内经济建设和社会稳定所需要的大量资金落空。根据俄罗斯经济发展部的预测,2015年俄罗斯经济出现衰退已成定局,经济结构改革和经济增长模式的转变短期内难以取得成效,这就意味着能源出口收入带来的资金仍然是维持俄罗斯经济增长的重要资金来源。因此,俄罗斯也迫切需要开拓亚洲能源市场,用以支撑国内经济建设和保持社会稳定。第四,俄罗斯的能源出口多元化战略与中国谋求能源进口多元化的战略诉求相契合。欧洲和北美对俄罗斯能源的需求逐渐下降,而与之形成鲜明对比的是,经济快速发展的中国对于能源的需求相当旺盛。俄罗斯实行能源出口多元化战略,将战略重心东移,从欧洲转向亚太,尤其是转向中国;同时,中国也正谋求能源进口的多元化,致力于降低对海上能源通道的依赖,中国对俄罗斯和中亚国家的能源需求相应上升。因此,中俄两国的能源战略的诉求正相契合。

2. 金融合作

金融合作是中俄经贸合作的重要组成部分,它为两国间经贸合作的拓展和深入创造了良好的条件。中俄双边贸易和相互投资规模的不断扩大对两国金融合作提出了更高的要求,同时,快速推进的金融合作不仅为双边贸易提供了便利条件,也提升了两国抵御金融风险的能力,对维护国家安全具有战略意义。

首先，中俄金融机构间合作不断深入，领域不断扩展。2014年5月，中国银行与俄罗斯第二大银行俄罗斯联邦对外贸易银行签署合作协议，双方将在多个领域发展合作伙伴关系，其中包括人民币与卢布清算，及投行业务、银行间贷款、贸易金融、资本市场交易等方面。2014年9月，俄罗斯第一副总理舒瓦洛夫访华，会见了12家中国商业银行的代表，中国商业银行代表提出修改注册资本规定作为进入俄罗斯市场的条件。2014年10月7日，中国农业银行完成在俄注册，成为继中国银行、中国建设银行和中国工商银行之后，第四家在俄罗斯境内注册并开展业务的商业银行。2014年APEC会议期间，俄罗斯联邦储蓄银行与中国出口信用保险公司签署了20亿美元的框架协议，双方将扩展在融资项目方面的长期合作，俄罗斯联邦储蓄银行还与中国进出口银行签署了20亿美元信贷额度框架协议和31亿元人民币的买方信用贷款协议等合作文件。此外，2014年11月17日，莫斯科信贷银行与中国银联支付系统签署合作协议，根据协议条款，该银行的自动取款机和自助服务终端机上将受理银联卡，贸易服务企业也将接受银联卡，莫斯科信贷银行是这些企业的收单银行。

其次，本币结算业务不断发展。乌克兰危机后，俄罗斯有意推进"去美元化"进程，开展双边贸易本币结算对人民币和卢布的国际化均有益处。2014年5月20日，普京总统访华期间，中俄元首共同发表了《中俄关于全面战略协作伙伴关系新阶段的联合声明》，声明中涉及中俄经贸合作的第一条就提出："推进财金领域紧密协作，包括在中俄贸易、投资和借贷中扩大中俄本币直接结算规模。"① 受西方制裁影响，俄罗斯企业对人民币的需求量明显增长，2014年7月，人民币与卢布交易量环比增长52%。2014年8月，俄罗斯央行与中国人民银行达成共识，进一步简化本币结算步骤，加大结算能力，为扩大本币结算创造更有利的条件。2014年10月，中俄总理第十九次会晤期间，中俄双方签署了1500亿元人民币/8150亿卢布的本币互

---

① 《中俄关于全面战略协作伙伴关系新阶段的联合声明》，新华网，2014年5月20日，http://news.xinhuanet.com/world/2014-05/20/c_1110779577.htm。

换协议。此次会晤签署的联合公报中还提出："在双边贸易、直接投资和信贷领域扩大使用本币。"①

3. 科技创新合作

当前,中国的改革逐步进入"攻坚期"和"深水期",中国经济增长仅靠出口和政府投资的拉动已不可持续,今后经济发展将会更多依靠改革和创新带来的活力。同时,金融危机、油价下跌凸显了俄罗斯能源出口导向型经济发展模式的结构性弊病,产业结构的转型和升级也势在必行。对中俄双方而言,加强创新合作是互利共赢、共谋发展的有效途径。近年来,中俄两国间科技创新合作的趋势日益显著,双方在高科技等多个领域已达成一些创新合作的协议,在落实和执行已达成协议的同时,两国应继续加强在教育、科技、科研等领域的交流与合作,增加两国间创新人才的往来,逐步探索新的合作途径,扩大合作范围。

2014年10月14日,中俄总理第十九次会晤期间,李克强总理出席了中俄联合举办的"开放式创新"国际论坛开幕式并发表演讲。在该论坛框架下,中俄双方共同举办了主题为"创新对话:伙伴国创新政策的互动"的伙伴国论坛。中方设立了240平方米的高科技成果展台,18家单位的44项科研成果参加了展示,展示内容涉及中国高新技术产业开发区建设、航天、高速铁路机车、核电、高端制造、纳米、LED显示、通信等多个领域。由多名政府官员和高科技企业代表组成的政府代表团参与了论坛,并负责组织论坛商务计划中的专项活动。在此次会晤期间,在中俄两国领导人的见证下,陕西省政府与俄罗斯直接投资基金、俄中投资基金和俄罗斯斯科尔科沃创新中心在莫斯科共同签署了《关于合作开发建设中俄丝绸之路高科技产业园的合作备忘录》②,确定在西安和莫斯科分别建设一个高科技产业园区,加强两国科技和创新合作。中方园区位于西安西咸新区,园区规划开发面积4平方公里,由西咸新区与俄中投资基金共同出资成立合资企业进行开发建

---

① 《中俄总理第十九次定期会晤联合公报(全文)》,新华网,2014年10月15日。
② 《西咸新区携手俄罗斯"硅谷"共建中俄丝绸之路高科技产业园》,《华商报》2014年10月20日。

设。依托陕西省的科研力量和现代工业基础，建设以高新技术研发为先导、现代产业为主体、第三产业和社会基础设施相配套的高科技产业园区。俄方的园区将位于俄罗斯斯科尔科沃创新中心地区，首期开发面积20万平方米，目标是依托莫斯科优越的地理位置和经济技术实力，建设以高新技术研发和转化为主体的高科技产业园区。

此外，中俄双方在军事技术、航天、卫星导航系统、联合研制远程宽体客机和中兴直升机等项目下的合作也取得了新的进展。

4. 交通合作

俄罗斯的交通基础设施多为20世纪七八十年代修建，面临更新换代，交通基础设施建设的市场容量巨大。因此，在铁路建设和城市轨道交通建设等方面，中俄两国在交通领域有着巨大的合作潜力。根据俄罗斯政府出台的《2030年前铁路交通发展战略》①，俄罗斯计划在2030年前新建铁路2万公里，其中5000公里为高速铁路。高铁1号线为"莫斯科—圣彼得堡"高铁项目，线路全长658公里，设计时速400公里，预计2018年前建成；高铁2号线为"莫斯科—叶卡捷琳堡"项目，全长1595公里，优先修建"莫斯科—喀山"路段。此外，莫斯科、圣彼得堡等大城市中的地铁也因承载量达到上限等问题而面临更新换代。新建和更新轨道交通的需求将会增大。

2014年，中俄交通合作取得了实质性进展。2014年10月中俄总理第十九次会晤期间，在中俄两国总理的见证下，中国铁道建筑总公司、中国交通运输部与俄罗斯铁路公司和俄罗斯交通部共同签署了高铁合作备忘录。② 备忘录提出，中俄双方将推进构建北京至莫斯科的欧亚高速运输走廊，优先实施"莫斯科—喀山"段。根据俄政府的计划，"莫斯科—喀山"（见图1）高铁项目全程770公里，预计总投资1.068万亿卢布。项目投入运营后，两地间列车运行时间将从目前的11小时30分缩短至3小时30分。备忘录签署

---

① Стратегия развития железнодорожного транспорта в РФ до 2030 года. Утверждена распоряжением ПравительстваРФот17 июня 2008 г. № 877 – p. http：//www.mintrans.ru/documents/detail.php? ELEMENT_ ID = 13009.

② 《中俄签署高铁合作备忘录北车高寒动车有望入俄》，新浪新闻，2014年10月15日。

之后，中俄双方积极推进项目进度，截至2015年1月，已举行了4次探讨项目相关问题的会议。2014年12月，俄总理梅德韦杰夫宣布，将于2015年向这一高铁项目拨款60亿卢布用于技术论证。俄罗斯铁路公司总裁亚库宁也表示，俄罗斯铁路公司计划在未来两年中向这一项目投资200亿卢布，即使面临严峻的经济形势，俄罗斯铁路公司也会继续推动这一项目的进展。中俄双方还有意将"莫斯科—喀山"高铁延伸至北京。该工程全长7000多公里，建成后北京通往莫斯科的时间有望从现在的6天左右缩短至2天。目前中俄双方已成立联合工作组，该工作组的任务是积极筹划和推动两国在高铁领域的合作，包括项目设计、施工、服务、设备供应、投融资等方面全方位的合作。

中俄高铁合作实现了"中国高铁走出去"新的突破，增强了中国高铁的世界认知度，拓展了中国高科技产品的出口市场，并将带动产业链上下游细分行业（如高速机车、钢铁冶炼、电子控制、能源和新材料等行业）的发展，对优化中俄双边贸易结构也将起到重要的作用。

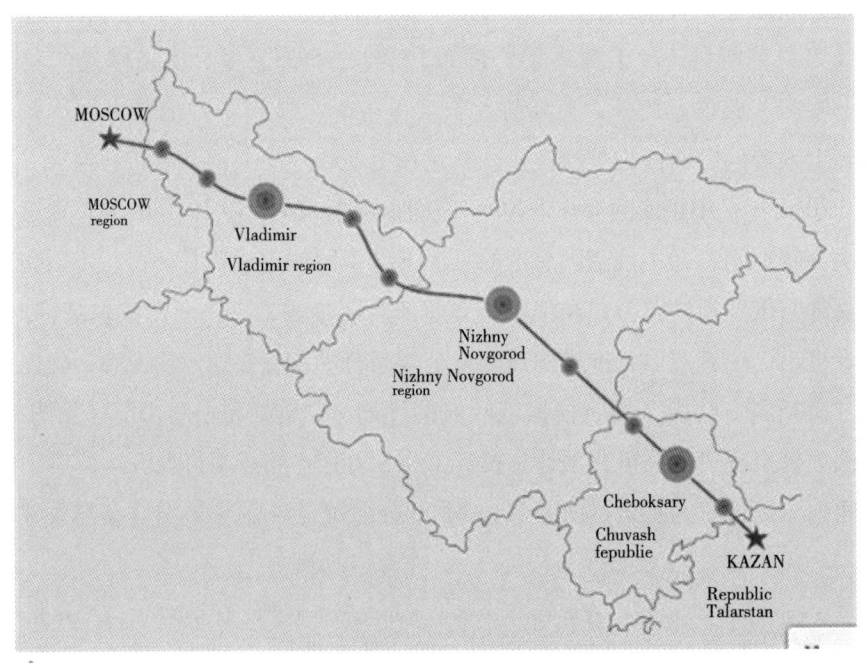

图1　莫斯科—喀山高铁线路图

三 新形势下中俄经贸合作的机遇与挑战

乌克兰危机之后，欧美等西方国家对俄罗斯实行了多轮制裁措施，涵盖了金融、能源、军事等多个领域，对俄罗斯经济造成了一定程度的冲击，而此后的油价暴跌、卢布贬值则进一步将俄罗斯经济推向衰退的深渊。在这些因素的影响下，中俄经贸合作面临着新局面和新问题，机遇与挑战并存。

从负面效应看，西方制裁、油价暴跌使俄罗斯经济雪上加霜，国内市场需求萎缩，导致进口能力下降，不利于贸易额的扩大。受卢布贬值影响，中国对俄出口轻纺产品、小家电及旅游等行业会受到影响。但在中国对俄贸易中，出口以机电产品为主，而进口以能源产品为主，这些大宗商品均以美元计价，因此，卢布贬值会导致对俄出口的减少，但下降的幅度并不大：2014年中国对俄出口额为508.84亿美元，同比下降4.3%。① 2015年是中俄两国领导人确定的双边贸易额达到1000亿美元目标的收官之年，要在俄罗斯不断下滑的经济形势下扩大对俄出口，对中国企业而言显然形势不容乐观，具有一定的挑战性。

从正面效应看，为降低西方制裁对俄罗斯经济的冲击，俄罗斯积极发展与东北亚乃至亚太地区国家的政治和经济关系，实施"向东看"战略。在此背景下，俄罗斯对华合作的意愿逐渐加强，一些重大项目相继取得突破，能源、金融、技术等领域的合作也不断拓展、深化，中俄经贸合作也面临更多新机遇。

在能源领域，乌克兰危机后，欧洲下决心摆脱对俄罗斯的能源依赖，采取各种措施逐步减少对俄罗斯天然气的进口。为弥补欧洲市场收缩的损失，俄罗斯逐渐将目光转向亚洲，着力扩大亚洲能源出口市场。因此，在与中国

---

① Федеральная таможенная служба. Внешняя торговля Российской Федерации по основным странам за январь – декабрь 2014 г. http://www.customs.ru/index2.php?option=com_content&view=article&id=20494：-2014-&catid=125；2011-02-04-16-01-54&Itemid=1976.

的能源合作中,俄罗斯的态度变得更加积极,中俄天然气合作在多年悬而未决之后,2014年在东、西两线天然气合作均取得新的进展。在金融领域,西方对俄罗斯实施制裁后,俄罗斯意识到"去美元化"的重要性,一方面强调在与中国、印度、朝鲜、伊朗等国家的贸易中推进本币结算。受西方制裁影响,俄罗斯企业对人民币的需求量明显增长,2014年7月,人民币与卢布交易量环比增长52%。中俄两国领导人在元首互访、总理会晤、上合峰会和APEC峰会等会面中多次强调推进人民币与卢布本币结算的重要性,俄罗斯央行与中国人民银行也已达成共识,进一步简化本币结算步骤,加大结算能力。另一方面,俄罗斯下决心建立本国独立支付结算体系,并加强与中国银联的合作。2014年3月21日,国际支付系统visa和万事达响应美国对俄制裁,在没有通知的情况下,停止向受制裁的几家俄罗斯银行提供支付服务。尽管这项业务很快又重新恢复,但这促使俄罗斯政府痛下决心建立本国独立支付结算系统,减少对美国支付系统的依赖。在此过程中,俄罗斯还寻求与第三国支付系统加强合作,中国银联和日本JBC支付系统成为俄罗斯的主要选择。2014年11月17日,莫斯科信贷银行与中国银联支付系统签署合作协议。根据协议条款,莫斯科信贷银行的自动取款机和自助服务终端机上将受理银联卡,贸易服务企业也将接受银联卡,莫斯科信贷银行是这些企业的收单银行。在技术创新领域,近年来,俄罗斯正着力改善经济结构,大力发展本国制造业,但受到资金、技术、人力等条件的限制,未取得实质性进展。乌克兰危机后,欧美对俄罗斯军工和能源企业实施制裁,禁止向俄罗斯出口军民两用技术装备和相关技术,俄罗斯深水石油开发、北极石油勘探、俄罗斯页岩油等能源项目也得不到来自西方的技术支持。因此,西方实施制裁后,俄罗斯更加重视与中国的技术合作,希望通过共同研发或从中国进口替代技术产品弥补技术缺口。中俄双方在石油勘探技术、航天科技、卫星导航系统、宽体客机等多个领域的合作均取得了新进展。只要中国制造业能抓住这一发展机遇,大力推进"走出去"战略,中俄在技术创新领域的合作就能取得更大的成绩。

Y.7 俄罗斯电子商务的发展现状与趋势

蒋 菁*

摘　要： 近年来俄罗斯电子商务发展迅速，市场规模不断扩大，这意味着中俄跨境电商合作有可能成为新时期推动中俄两国贸易发展的新动力。本文对俄罗斯电子商务市场的发展现状、基本特点、整体格局和发展前景进行了梳理和分析，并对如何把握中俄跨境电商发展的黄金期，加快两国在跨境电商领域全方位深度合作提出了自己的思考和建议。

关键词： 俄罗斯　电子商务　中俄经贸合作

中俄互为近邻，贸易互补性强。乌克兰危机以来，俄罗斯采取"向东看"的战略，加快了与中国在经贸领域合作的步伐，两国在传统贸易领域的合作不断创新，成果显著。同时，伴随着互联网的广泛使用与发展，中俄两国的电子商务正在受到越来越多的关注，两国跨境电商的合作在中俄进一步加强战略友好合作关系的背景下，有可能获得进一步的发展。

俄罗斯电商市场虽然起步晚，但近几年的发展势头良好，吸引了许多中国电商的注意。阿里巴巴全球速卖通、京东等中国电商巨头纷纷通过各种形式争相进军俄罗斯市场，它们看好的恰恰是俄罗斯电子商务市场未来巨大的发展潜力。同时，中俄跨境电商合作蓬勃发展，即将步入新的黄金发展期。

---

* 蒋菁，中国社会科学院俄罗斯东欧中亚研究所博士。

一 俄罗斯电子商务市场发展的现状

近年来，依托互联网的快速发展和不断激增的网民数量，俄罗斯电子商务发展迅速，市场规模不断扩大。Cnews.ru 网站的统计数据显示，2014 年，俄罗斯电子商务的交易总额达 6830 亿卢布，近 5 年的平均增速高达 42.5%，且未来还将保持 25%～30% 的增长。目前，俄罗斯的网购人群已超过 3000 万，网店数量逐年增加。据统计，市场上现在有超过 4 万家从事电子商务的公司，其中最大的 40 家电商占据了 28% 的市场份额，总销售额达 1307 亿卢布，服装、家用电器与电子产品是网上销售的主打产品。①

俄罗斯电子商务近 10 年的发展自然离不开俄国内互联网的快速普及与技术支持，以及相关服务水平的提升。

1. 互联网在俄罗斯的普及促进了电子商务的发展

相对欧洲发达国家而言，俄罗斯的互联网发展虽起步较晚，但发展迅速。2003 年，俄国网民的数量只占国内 18 岁以上人口的 10%，到 2007 年增长至 20%。2011 年 9 月，俄罗斯的网民人数首次超越德国，跃居欧洲首位。近年来，其网民数量的平均增速约为 10%。据推算，若按此速度发展，俄罗斯互联网的渗透率预计在 10 年内可以达到欧洲国家的平均水平。近年来，俄罗斯加大了对互联网的投入，网民数量有显著增加。有关数据显示，2013 年俄罗斯的月访问用户数量增至 6610 万，占到全俄成年人口的 57%，其中有 5220 万人每天都会上网（见图 1）。俄罗斯的互联网渗透率 2014 年达到 63.6%（中国为 46.03%②，美国为 86.75%，德国为 83%）。而根据俄罗斯科学院社会学家的预测，俄罗斯的互联网渗透率在 2020 年将会达到 75%，到 2030 年将达到 90%（见图 2）。

---

① "Российский рынок Интернет‐торговли: товары 2013"，РБК，Москва，2013.
② 《越南互联网渗透率略高于世界平均水平》，商务部网站，http://www.mofcom.gov.cn/article/i/jyjl/j/201406/20140600612676.shtml。

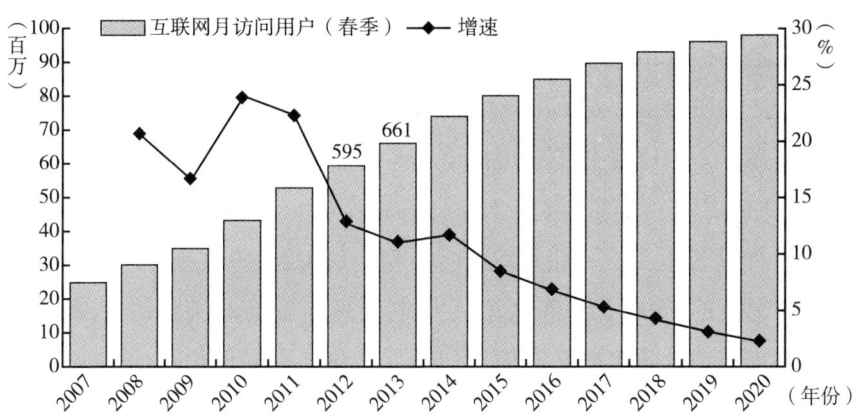

图 1　俄罗斯互联网月访问用户（18 岁以上）数量增长及趋势图

数据来源：прогнозРБК. research，dataактуализации – сентябрь 2013 года。

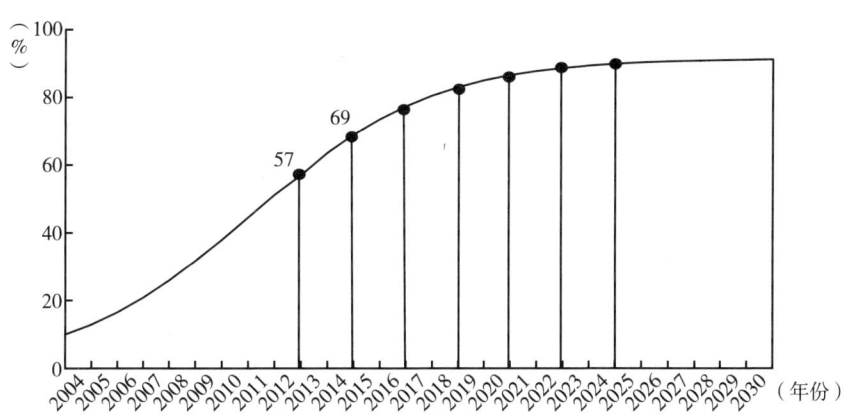

图 2　俄罗斯互联网渗透率的动态曲线图（18 岁以上的网民）

数据来源：РБК. research，data актуализации – сентябрь 2013 года。

不难看出，俄罗斯互联网的快速发展和良好前景为电子商务的兴起创造了发展的条件和难得的市场机遇。

2. 俄罗斯电子商务的市场规模

目前，全球使用俄语的网民接近 9000 万，其中有 2000 多万网民分布在俄罗斯之外的独联体、西欧、北美和以色列等地。俄罗斯境内的电子商务近些年发展迅速，其市场规模不断扩大，俄罗斯网民中超过50%以上的人有网购经历。2014年俄罗斯的网购人群达到了3100万的规模。DataInsight的统计数据显示，2012年俄罗斯电商市场零售业务的销售额为近4000亿卢布（约合130亿美元），同比增长27%，其中实物订单销售总额达2800亿卢布；2013年增长近三成，超过5000亿卢布（约合160亿美元），其中实物订单销售总额达3500亿卢布。2014年电子商务市场的实际销售额达6600卢布，以卢布计价同比增长27%（以美元计价，则同比增长5%），其中实物订单销售额为4400亿卢布。2014年俄罗斯网购用户的人均消费额接近20000卢布（含服务性消费），而实物订单的人均消费额达15000卢布。[①]伴随着巨大的市场需求，俄罗斯市场的网店数量呈现快速增长的态势，从2007年的6000家猛增到2013年的近39000家[②]，其动态变化见图3。InSales公司对电子商务市场的最新分析数据显示，2014年月访问量超过50人的网店数量达到5万家，而2015年由于受到经济危机的影响，预计境内活跃的网店数量不会显著增加。目前，整个电商市场上的大型网店（日订单数量超过1000单）为40家，占28%的市场份额；中型网店（日订单数量超过50单）875家，占34%；小型网店（日订单数量超过10单）5270家，占22%；微店（日订单数量少于10单）31960家，占16%。

从电商领域的市场销售额来看，尽管在俄罗斯整个零售市场中所占的份额还不是很大，但2011～2013年总体上升趋势明显（见图4）。2014年由于受到西方经济制裁的影响，电子商务市场占俄罗斯整个零售市场的份额略低于预期，实际上为2%，但网上销售的家电和电子产品可占到全国同类产品零售总额的9%以上，而书籍、光盘等产品的销售则超过同类商品零售市场的10%。

---

① Интернет‐торговля в России，Краткая версия，январь 2015г.，г. Москва.
② Тимофей Горшков，CEO InSales.ru，？Тренды Интернет‐торговли 2014－2015？，http：//www.slideshare.net/.

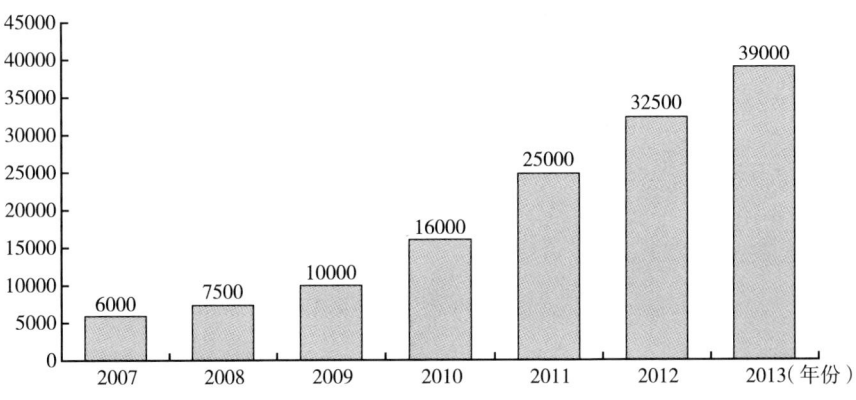

图3 俄罗斯B2C网店的数量

资料来源：Insales。

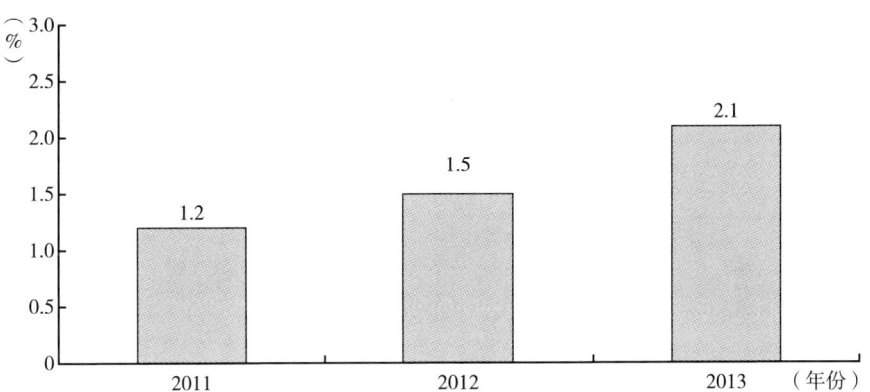

图4 2011～2013年俄罗斯电子商务销售额占全俄零售总额的份额

注：统计的产品中不包括网络出售的飞机票和火车票。
数据来源：РБК. research，датаактуализации – сентябрь 2013 года.

3. 俄罗斯电子商务市场的产品构成

从电子商务市场的构成来看，实物商品的销售份额远高于服务类产品，且增势明显（见图5）。据统计，61%的互联网活跃用户（或者说是85%的网购用户）会选择在网上购买实物商品。

在线销售的实物商品中，服装鞋帽、电子类产品、化妆品和家用电器等

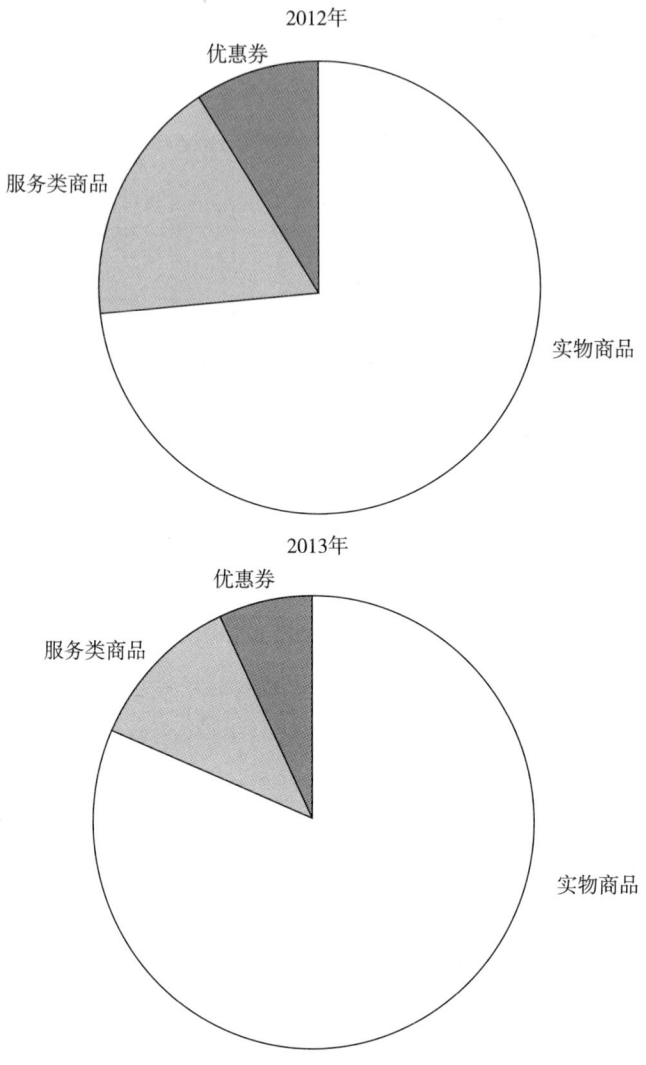

图5 2012~2013年俄罗斯电子商务市场的构成

数据来源：РБК. research，датаактуализации – сентябрь 2013 года。

是最受俄罗斯网购者青睐的商品种类。而服务类产品中，主要以在线购买收费的数字产品为主，包括下载各类手机应用程序、电子图书和其他娱乐产品（电影、音乐、游戏等），这部分用户占互联网活跃用户的比例约为27%。

从俄罗斯用户每月在网上选择购买各类商品的比例（见图6）中，可以看出俄罗斯电子商务市场整体的产品构成。

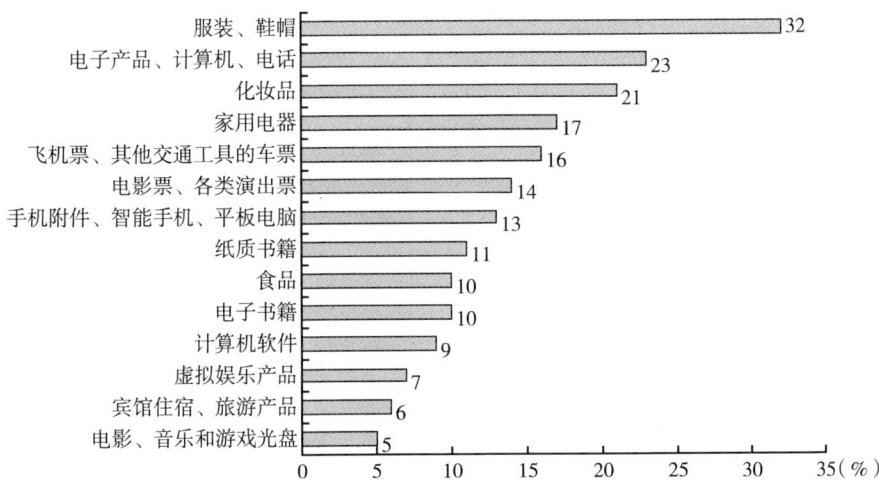

图6 网购消费者在线上选购商品类别的比例（按月统计）

数据来源：《e - CommerceUserIndex 2014》，http：//markswebb. ru/e - commerce。

4. 俄罗斯电子商务的主要支付手段

在俄罗斯，目前现金支付仍旧是线上购物最普遍的支付方式，但超过半数以上的俄罗斯网购者已开始使用多种支付方式。根据MarkswebbRank&Report公司2014年对超过3000名网购用户的调查，目前有线上支付经历的网购者比例占到了63%。在受访的网购用户中，43%选择采用现金支付，34%选择银行卡线上支付（输入银行账号），选择无银行卡电子钱包支付和银行卡终端支付的各占18%，13%选择通过网银支付，而绑定卡号在线上支付的用户只占10%。[①] 对2010～2013年网购支付方式的对比研究（见图7）表明，传统的现金支付和邮局汇款支付的比例在下降，而信用卡支付的比例逐年上升。未来，随着电子商务移动客户端的发展，非传统支付方式的比例会进一步提高。

---

① 《e - CommerceUserIndex 2014》，http：//markswebb. ru/e - commerce.

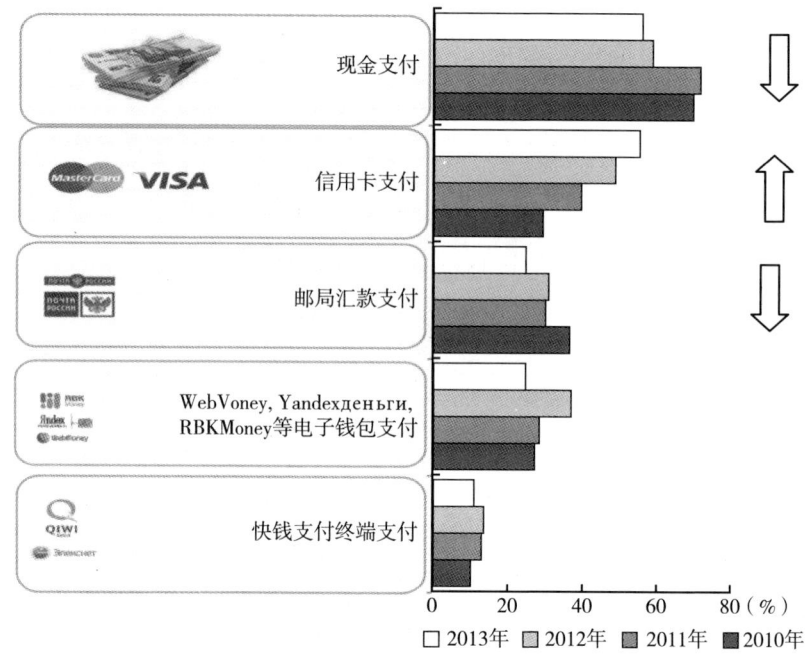

图7　2010～2013年电商平台网购的主要支付方式对比图

数据来源：РБК. research，датаактуализации - сентябрь 2013 года。

二　俄罗斯电子商务发展的特点及格局

1. 俄罗斯电子商务发展的特点

根据 MarkswebbRank&Report 公司关于俄罗斯电子商务 2014 年的最新研究报告，目前俄罗斯的电子商务发展主要呈现出以下几个特点：一是提供服务的电商公司过度集中在中心区域，在地域分布上明显不均衡；二是人口低于百万的城市的网购人群增速持续加快；三是女性网购用户的积极性普遍高于男性，且购买的商品种类有明显差异，男性网购人群主要采购汽车配件和电子产品等，而女性用户以采购服装、家居用品和儿童用品等为主；四是高收入互联网用户中网购者的比例（90%左右）远远高于低收入互联网用户的网购者比例（50%~60%）；五是现金支付仍旧是网购最普遍的结算方式，有43%的购买者选择现金结账。

此外，西方的经济制裁对市场的购买力产生了一定的冲击，也为个别产品的在线销售提供了市场机遇。有关的统计显示，2014年销售化妆品类产品的电商访问量下降了6%，服装、鞋帽类电商的访问量下降了3%，但销售药品和光学产品的电商访问量却上升了30%，图书的访问量上升16%，家用电器的访问量上升了13%。①

2. 俄罗斯电商的地域分布

电子商务的发展离不开先进的互联网技术、有效的营销模式、密集的消费人群和发达的物流配送网络，这些因素决定了现阶段俄罗斯电子商务的主力市场必定在其欧洲部分。但随着互联网的深入发展和俄罗斯开发远东地区国家规划战略的实施，中小城市将成为电子商务未来发展的新市场。

根据俄罗斯研究机构对全俄10377家较大的电商公司情况的分析，有81.2%的电商公司集中在莫斯科，53.2%的电商服务于圣彼得堡的在线市场，而服务于俄境内其他区域人口过百万城市居民的电商平台只占44%~47%。

从电商产品消费的地理分布来看，莫斯科、莫斯科州和圣彼得堡这样的大城市和经济发达地区优势明显。2013年这三地的销售额占了整个电商消费市场的一半，具体如图8所示。

3. 俄罗斯网购用户的分布

俄罗斯各地区网购的普及程度与相关城市的发达程度密切相关，涉及当地的生活水平、老百姓的购买力、互联网宽带覆盖率以及计算机应用普及程度等。目前，全俄每月大约有3000多万人进行线上采购，主要消费人群是高学历、高收入的年轻一族。根据MarkswebbRank&Report公司所做的调查，71%的日访问互联网用户（约2020万人）每月至少进行一次网购。其中近一半的网购用户来自于人口超过百万的大城市，1/3的网购用户来自于10

---

① Интернет‐торговля 2014：Хуже прогнозов, лучше ожиданий// Рынок электронной торговли Новостной мониторинг, Выпуск 2014/№30, 12–20 ноября 2014 г. C. 6.

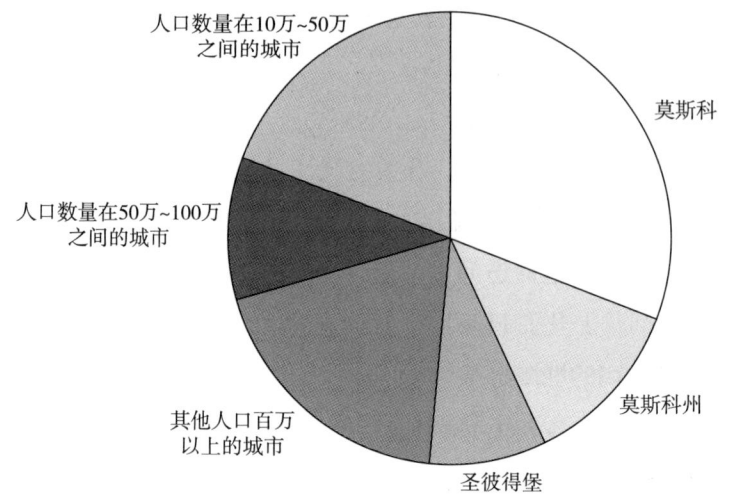

图 8　2013 年俄罗斯电商市场产品销售额的地理分布图

数据来源：РБК.research，дата актуализации – сентябрь 2013 года。

万～50 万人口的城市，具体分布的比例为莫斯科占 23%，圣彼得堡占 8%，其他百万人口城市占 18%，50 万～100 万人口的城市也占 18%，而人口少于 50 万的城市占 34%。

俄罗斯的各个城市中，网购用户占互联网活跃用户的比例最高的是首都莫斯科，高达 84%；其次是圣彼得堡，达 79%；而其他百万人口以上的城市，为 74%；在 50 万到 100 万人口的城市，这一比例为 69%，而在 10 万至 50 万人口的城市中，为 63%。

4. 俄罗斯网店的构成

俄罗斯电子商务市场经过几年的蓬勃发展，已经形成一批有实力的大电商平台，占据了较大的市场份额，但总体上呈现出明显的区域特性，服务范围分布不均，各区域的差距明显。

根据 РБК.research 公司 2013 年的行业研究报告，在现有的大型电商平台中，销售计算机产品的网店数量居于首位，其次是销售建材、电子产品、家居用品和家电的网店。

在全俄所有 B2C 电商平台网站中，OZON 集团的市场占有率最高。该集团成立于1998年，目前，在线销售超过4500万种商品，注册用户近300万，营业额累计已超10亿美元，不仅在全俄拥有自己的配送体系，还计划从2015年开始销售自营品牌的产品。公司计划未来10年占有80%的电子商务B2C市场，包括Ozon.ru，Sapato（卖鞋的平台），Ozon.Travel（宾馆和机票预定的平台）。[①] 而在为电商提供产品搜索服务的公司中，最有实力的公司是Яндекс.Маркет，它为线上40%左右的商品提供搜索服务。

三 俄罗斯电子商务的发展前景

根据专家预测，2015年俄罗斯电子商务的市场规模将增至270多亿美元，占全俄零售市场总额的4.5%。到2020年，估计可达到720亿美元的规模，占全俄零售市场总额的份额将提升至7%。从长期来看，俄罗斯电子商务市场的规模预计在2023年将突破1000亿美元（见图9）。[②] 对市场的这种判断主要基于两个要素：第一，互联网普及率不断上升，接受电商销售模式的人群不断扩大，人们对诸如保险、旅游等服务业产品的需求将不断上升；第二，支付方式的多元化、物流体系的成熟化以及市场竞争的有序化，可不断降低配送产品的成本，使更多质优价廉的产品实现线上销售，并可将电子商务的业务范围拓展到具有广阔前景的偏远地区和小城市。目前，KupiVIP.ru，Ozon.ru，Svyaznoy.ru и Molotok.ru等大型网站的订单中，超过一半的销售收入来自莫斯科以外的其他地区。在未来，俄罗斯的电子商务发展仍将保持一定的增速，数字产品和服装鞋帽产品在线上的销售仍有很大的发展空间，区域性的中小型互联网电子商务企业将获得更多的发展机会。

1. 数字产品将成为电子商务领域最具增长潜力的行业之一

俄罗斯电子商务协会主席谢尔盖·普鲁戈塔连科2014年3月在一次数

---

① OZON планирует занять 80% интернет - торговли в России，18.06.2013г. http://oborot.ru/news/12824/24.

② 《Интернет торговля в России》，руководство к успешным инвестициям и проектам，январь 2014г. http://www.shopolog.ru/metodichka/analytics/issledovanie - internet - torgovlya - v - rossii - rukovodstvo - k - uspeshnym - investitsiyam - i - proektam.

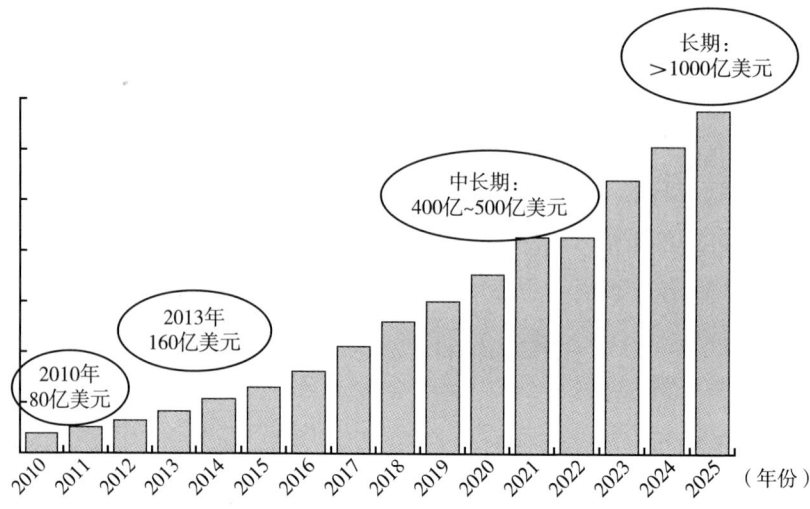

图9 俄罗斯电子商务市场规模前景预测

数据来源：EWDN，2014年11月27~28日。

字零售业（DigitalRetail）的会议上表示，2013年俄罗斯数字产品的市场相比2012年增长了30%，总额达419亿卢布，其中计算机游戏的销售收入达354亿卢布，视频方面的收入为34亿卢布，音乐下载收入近20亿卢布，电子图书下载收入达11亿卢布。俄罗斯国内数字产品的用户购买潜力巨大，根据俄罗斯社会观点基金会（ФОМ）调研的数据，68%的包月用户会从互联网下载某类电子产品，25%的用户表示愿意支持收费的下载包，下载收费电影的用户比例为13%，下载收费音乐的比例为5%，而下载收费电子书的比例为6%。[1]

2. 服装鞋帽类产品的市场前景依旧看好

服装鞋帽类产品在俄罗斯的实物线上销售中一直都占据着较大的市场份额。目前，俄罗斯境内从事服装鞋帽产品销售的网店数量约为4200家，服装鞋帽类产品每天的平均订单数达59000个，高居榜首。2013年，其市场

---

[1] Россияне полюбили цифровой контент. http：//www.gazeta.ru/，04.03.2014г.

规模达 568 亿卢布,同比增长 33%,每个订单的平均价格约为 3750 卢布。俄罗斯该领域排名前三的电商平台是 Winldberries.ru、Kupivip.ru 和 Lamoda.ru,它们的平均月销售量分别达 5.9 亿卢布、4.9 亿卢布和 3.73 亿卢布。Winldberries.ru 和 Lamoda.ru 的周访问量为 3100 万人次和 2300 万人次。[①] 专家估计,至少到 2017 年,该领域的市场需求不会有明显的减弱趋势,将依旧保持增长,但市场的竞争会逐步加剧。

3. 中小型区域性互联网电子商务企业将迎来新的发展机遇

俄罗斯经济高度依赖能源出口,此次受国际油价下跌和西方经济制裁的双重影响,经济加速进入下行通道,陷入衰退。俄罗斯未来向创新型经济转型是大势所趋,普京总统也在国情咨文中多次强调,国家必须向创新型经济转型,实现经济多元化。而互联网中小企业的发展是俄罗斯政府未来支持的重点之一。

俄罗斯的互联网电子商务企业中,大多数是中小企业和小微企业,且年轻的创业者居多。俄罗斯青年商务企业家协会和"列瓦达-中心"社会学所的研究数据表明,20~29 岁的创业人群中,大多数人有进入电商领域创业的打算。

基于互联网和电子商务未来发展的趋势,可以判定其主要的市场驱动力将来源于地区性市场力量。目前,地区性市场的增长瓶颈主要在于互联网电子商务相关的服务水平和人才建设跟不上发达地区,俄罗斯地广人稀,物流配送成本偏高,周期过长。但随着地方基础设施的不断完善和跨境电商的发展,以及俄罗斯政府承诺加大对中小型创新企业的扶持力度,未来中小型区域性的互联网电子商务企业将迎来新的发展机遇。

四 中俄跨境电商迎来黄金发展期

随着互联网的快速发展和普及,电子商业模式已成为经济全球化和信

---

① Российский сегмент интернет - торговли одеждой и обувью // РБК исследования рынков, http://marketing.rbc.ru/news_research/12/09/2014/562949992338416.shtml.

息化趋势下一种重要的经济贸易方式。电子商务作为划时代的贸易方式，必将对未来的中俄贸易产生深刻的影响。近年来，中俄两国的经贸活动进入了一个全新的阶段，特别是双方加强了互联网领域的合作，中俄跨境电商蓬勃发展。中俄双方经济结构互补性明显，地理上存在优势，相关的各种制度也在不断完善中，未来中俄跨境电商合作必将迎来黄金发展期。

1. 俄罗斯跨境电商市场的现状与发展潜力

伴随着电子商务的兴起，俄罗斯跨境电商的发展也十分迅速，其年度增幅达到50%~100%。跨境电商占俄罗斯整个电商业务的份额从2012年的10%上升到了2013年的20%，市场规模达到30亿美元，80%的跨境商品来自美国、德国、英国、中国和乌克兰。根据East – West Digital News（EWDN）公布的数据，2014年，跨境电商的包裹增量为75%，销售额同比增长50%。其中，中国跨境电商发展势头凶猛，从订单的成交数量上来看，中国电商在俄罗斯跨境电商业务中的比例从四成增至七成，而从成交的金额上来看，则达到了五成。目前，Alixpress（包括Ru. aliexpress. com）、eBay、Amazon、Alibaba和Miniinthebox. com是俄罗斯最知名的跨境电商平台，占据着市场的主导地位。在这些跨境电商平台中，最受俄罗斯网购客户欢迎的产品包括服装、儿童用品、汽车配件和电子产品等。

据统计，2014年有超过1500万俄罗斯人在网上采购了外国的商品。2014年俄罗斯跨境电商的市场规模为50亿美元，2015年俄罗斯跨境电商的市场规模预计将达55亿美元，2016年将达65亿美元。① 未来，跨境电商的市场将保持增长，但受俄罗斯宏观经济不振的负面影响，某些领域的产品销售将会出现下滑。此外，受市场竞争加剧和货币贬值等因素的影响，西方一些电商在俄跨境电商市场的增速将放缓，而中国电商的销售额在俄将创新高。

2. 中俄跨境电商展开全方位深度合作

经济上的互补性和紧邻的地域优势为中俄两国开展跨境电商合作奠定了

---

① Трансграничный онлайн – ритейл в России："китайский синдром" // Журнал RETAIL & LOYALTY, 30. 01. 2015г. http：//www. retail – loyalty. org.

基础。近年来，中俄战略合作不断升级，跨境电商领域的合作也得到了迅猛的发展。

首先，中国大批企业积极开展对俄跨境电商贸易，开设俄文网站，开展各种线上促销活动，效果显著。绥芬河等对俄贸易的桥头堡地区近期也加大了跨境电商的投入。2015年是绥芬河的电商年，面向俄罗斯客户的绥芬河购物网也随之在2015年的1月4日正式上线。在电子商务成交额占全中国近2/3份额的杭州，以淘宝为代表的一大批网站有对俄跨境贸易业务，很多企业相继开设了俄文网站，向俄搜索引擎提交网址，开展相应的营销推广。据统计，在首次参与促销的阿里巴巴跨境网购平台中，俄罗斯海外交易额排名第二，仅次于中国香港地区。目前，阿里巴巴旗下的速卖通已成为俄罗斯第一大跨境电商购物网站。2014年，中国通过"跨境网络零售"方式销售到俄罗斯的产品超过34亿美元，而中国出口到俄罗斯的游戏和应用类产品总交易额也突破了8亿美元。[①]

其次，深化中俄移动互联网合作，开拓新型合作模式，拓宽跨境电商的营销渠道。2014年11月18日，YeahMobi作为中国最大的海外移动营销服务商，宣布与俄罗斯最大的社交网站V Kontakte达成深度合作协议，V Kontakte随后也将落户中国。

最后，中俄两国在国际物流和金融支付等领域的合作，为跨境电商的发展提供了便利。深圳中环运国际物流与俄罗斯物流公司PONY EXPRESS联手推出的中俄跨境物流服务"俄邮宝"已正式上线一年多，解决了之前我国跨境电商对俄贸易物流较为分散和效率低下的问题，除了有效缩短配送时间外，还节约了物流成本。另外，顺丰速运等大型民营物流企业都加强了在俄的投资力度，加快了与本土物流企业的合作。在金融支付领域，哈尔滨银行正在积极推动"中俄跨境电子商务在线支付平台"建设，致力于为跨境电商平台企业及商户提供一站式、全通道的线上线下资金解决方案，这一方案有望解决俄消费者无法直接用卢布在中国境内电商平台

---

① 《中俄跨境网络零售额将突破34亿美元》，中国新闻网，2014年11月19日。

进行网上支付，以及中国境内电商平台企业无法实时收取本币入账和结算成本高、时间长等问题。该平台是哈尔滨银行在建设中俄跨境金融服务中心、黑龙江卢布现钞交易中心和对俄金融事业部之后，又一次全新的尝试与创新。

3. 中俄跨境电商发展面临的主要挑战及对策建议

虽然俄罗斯电子商务市场发展潜力巨大，中俄跨境电商合作面临难得的市场机遇，但未来在推进两国电商合作的过程中，还有许多不确定的制约因素和问题，而如何解决和应对各种困难和挑战，在一定程度上将决定未来两国跨境电商发展的走势和规模。

首先，面临综合性人才匮乏的问题，以及如何提升服务品质的挑战。从事跨境电商的企业不仅需要优秀的外语（俄语）人才，同时还需要懂得俄罗斯市场营销，熟悉俄罗斯人消费心理，以及掌握相应的互联网知识的技术人才。现在往往是懂语言的不懂技术和市场，而懂技术的又不懂语言，并且缺乏对俄罗斯的深入了解。很多企业急功近利，一味依靠低价产品吸引消费者眼球，造成同行的恶性竞争，且无法保证提供相应的服务。目前，俄罗斯经济不景气，人们在消费方面会更加精打细算，很多原先习惯于购买欧美产品的中产阶级应该是中国电商未来要积极争取的客户群，莫斯科和圣彼得堡等中心区域是重点方向。这些客户在消费中除了关注产品的价格，也会格外注重服务的品质和相关的客户体验。未来，做好网站的线上咨询和服务是应重点推动的方向之一。俄罗斯 LiveTex 公司所做的民调显示，有 60% 的互联网用户在网购时需要为其提供相应的咨询服务。[①] 因此，有效的售前优质服务将对订单成交产生非常积极的影响。此外，由于缺乏懂技术和市场的人才，很多电商的网页制作和网站运营没有充分考虑到俄罗斯人的上网习惯和特点，信息过于分散，页面过于烦琐，这可能会导致客户的流失。未来，中国电商企业应不断加强与俄罗斯本地电商的沟通与交流，做好综合性人才的

---

① Новые технологии продаж: 60% посетителей коммерческих сайтов ожидают возможности общаться через онлайн - консультант. http: //lenta.ru/articles/2013/04/04/livetex/.

培养和储备。这样才能更好地把握机遇，进一步巩固自己的市场地位，并做大做强。

其次，面临配套服务、法律环境和相关技术标准的挑战。近年来，尽管中俄两国分别制定了《电子商务信用认证规则》等国家层面的法律法规，但由于中俄两国的经济制度和法律环境不同，中俄区域性电子商务具体的法律和法规细则一直没有出台，这在一定程度上制约了中俄跨境电子商务的发展。此外，中俄两国电子商务的技术标准也不尽相同，在贸易管理体制方面也存在一定的差异，这些不确定的因素都会给中俄跨境电商的发展带来一定的影响。对此，一方面要促进两国政府尽快磋商，加快制定和完善相关的法律规定，加强对俄贸易标准化合作，尽快达成一致；另一方面，要从自身加强应对和处理危机的能力和手段，学习俄罗斯互联网市场以及海关清关、征税等方面以及反垄断领域各种相关的法律知识，及时向有关专家或俄罗斯同行了解相关法律和政策的变更信息，提前做好应对和防范措施。

最后，还要进一步深化两国在互联网移动端的运营和金融方面的合作，在项目推广和支付领域开创新的合作模式，依托与俄罗斯本土电商的深度合作，充分抓住俄罗斯电商市场的机遇，推动中俄跨境电子商务快速良性的发展。

Y.8
制裁背景下的俄罗斯经济：问题与前景

高际香*

> **摘 要：** 2014年，俄罗斯宏观经济状况堪忧，GDP同比仅微弱增长0.6%。影响俄罗斯经济增长的不利因素主要包括经济结构失衡、增长方式粗放、固定资产老化、美欧经济制裁和国际油价重挫等。为应对经济危机，俄罗斯采取了多项反危机措施，但宏观经济形势未能发生根本好转。2015年及今后一段时期，俄罗斯将面临银行盈利下降和资本不足、卢布贬值、通胀加剧、预算赤字扩大、实体经济增长乏力等一系列风险，未来经济前景不容乐观。为提振经济、摆脱危机，如何在刺激经济增长和抑制通货膨胀之间，在国防、国家安全、民生、国民经济支出之间做出平衡选择，以及如何通过进口替代推动经济结构转型，将是俄罗斯政府在政策选择时必须破解的难题。
>
> **关键词：** 制裁　风险　政策困境

2014年对于俄罗斯来说异乎寻常，国际石油价格大幅下挫、卢布深度贬值、美欧的多轮制裁，使深受结构之困的俄罗斯经济如履薄冰。本文深入分析俄罗斯2014年宏观经济运行状况及其影响因素，系统梳理俄罗斯应对危机的主要措施，全面剖析俄罗斯经济可能面临的风险，以此为基础，对未来一段时期俄罗斯经济发展趋势及宏观经济政策进行展望。

---

* 高际香，中国社会科学院俄罗斯东欧中亚研究所副研究员。

一 2014年俄罗斯宏观经济状况

2014年俄罗斯经济增长乏力,GDP同比仅微弱增长0.6%,并且居民实际收入、固定资产投资、通货膨胀率、能源产量与出口量等4项重要经济指标堪忧。2014年全年俄罗斯居民实际可支配收入同比下降1%,这是自1999年以来首次下跌。固定资产投资同比降幅达2.5%,特别是第四季度,固定资产投资大幅萎缩。通货膨胀率高达11.4%。能源产量和出口量黯淡:石油开采量(包括凝析气)仅增加0.8%,石油出口量缩减6.7%;天然气开采量下降4.3%,天然气出口量下挫10.9%[①]。加工工业增长2.1%,但实现增长的部门寥寥,多数部门停滞或者下滑。产出增长的部门主要包括食品加工业、焦炭和石油产品生产、橡胶和塑料制品生产、非金属矿物制品生产、金属制造业等;产出下降的部门主要是设备、原料依赖进口的行业,如轻工业、机器设备制造业、木材加工与木制品制造业、电气、电子和光学设备制造业、纺织和服装行业等。纸浆和造纸业、有色金属、化工、电力设备生产等行业则出现增长停滞。

二 影响俄罗斯经济增长的不利因素

2014年俄罗斯经济发展状况堪忧,主要是内部因素和外部因素共同作用的结果。

从内部因素来看,主要体现在三个方面。

一是经济结构失衡。在俄罗斯经济结构中,能源业占据绝对优势地位,贡献了预算收入的40%、出口额的2/3。能源型经济本身存在较大的系统性风险,容易造成经济的较大波动。回顾1999年至今的俄罗斯经济,可以明

---

① Об итогах социально - экономического развития Российской Федерации в 2014 году, Министерство экономического развития Российской Федерации, Москва, фев. 2015 г., http://economy.gov.ru/minec/.

显看出，1999~2000年为经济恢复性增长阶段；2001~2003年的增长主要依靠增加投资和提高外资利用水平；2004~2008年依赖石油价格上涨、外贸条件改善，经济实现了增长；2008年下半年至2009年世界金融危机时期，因外部冲击，俄罗斯经济大幅下挫；2010~2011年俄罗斯经济因石油价格居于高位，保持了4.3%的增长；从2012年开始，石油价格原地徘徊，能源出口量裹足不前，能源出口对经济增长的拉动作用受限，2012年因国家投资的大型项目在建，仍然实现了3.4%的增长，2013年则仅有1.3%的增长，2014年处于停滞与萧条的分界点（见图1）。

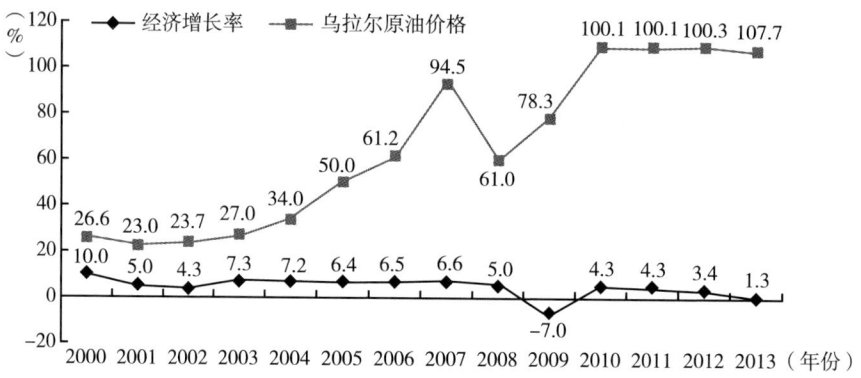

图1 2000~2013年俄罗斯经济增长率与石油价格的关系

资料来源：俄罗斯国家统计局数据。

二是增长方式粗放。俄罗斯通过科技创新、制度创新实现创新驱动的潜力没能得到充分发挥，仍然主要靠人力、物力、财力的大量投入来实现经济的增长，导致劳动生产率较低，仅为主要发达国家的1/3~1/2。此外，俄罗斯科技人才老化问题比较突出，2/3的企业和科研机构的科技人员平均年龄接近70岁；高校师资中，60岁以上教师约占1/4。

三是固定资产老化、基础设施状况欠佳。从1990年开始，俄罗斯固定资产磨损率逐年提高。尽管从2003年开始，俄罗斯固定资产投资逐年增加，但依旧未能抑制固定资产磨损率逐年升高的趋势。到2012年年底，俄罗斯固定资产磨损率已达47.7%。一般而言，固定资产磨损率达50%，就仅能维持简单再生产。可见，俄罗斯固定资产磨损程度已接近仅能维持简单再生产的边缘。此外，俄罗斯公路建设发展缓慢，仅能满足现有汽车保有量1/5的需求，因公路通行能力差，每年带来的损失占到了GDP的3%（是欧美国家的6倍），特别是乌拉尔、西伯利亚和远东的偏远地区，这一问题更为严重。

从外部因素来看，主要包括以下两个方面。

首先是美欧制裁。乌克兰危机引发美欧对俄罗斯制裁肇始于2014年3月，主要针对俄罗斯官员实施签证禁令和资产冻结。7月，制裁升级，美国针对金融、能源和军事装备行业的俄罗斯企业实施制裁，欧盟勒令欧洲投资银行暂停在俄罗斯开展新的融资业务。9月，美欧制裁再次升级，涉及金融、石油、军工等多个行业。12月，美国对俄罗斯补充制裁，总统奥巴马签署行政命令，禁止向克里米亚投资或对该地区进行货物、技术和服务进出口。究其实质，美欧制裁意在封堵俄罗斯的融资渠道和技术进口渠道，试图通过三条路径打击俄罗斯经济：一是通过限制向俄罗斯出口敏感技术，打击其开发北极、深海资源和页岩储备的能力，削弱掌握俄罗斯经济命脉的能源企业以及科技创新能力较强的军工企业，试图对俄罗斯政府获取主要财源的长期潜力形成威胁，并影响俄罗斯创新潜力的发挥；二是封锁俄罗斯国有银行融资渠道，加剧俄罗斯企业融资困境；三是动摇市场信心，加剧资金外逃，加速卢布贬值，推高通胀水平，打击消费者和投资者信心，加速俄罗斯投资环境恶化。俄罗斯财政部部长在国际金融经济论坛上表示，因美欧制裁，俄罗斯一年损失400亿美元[1]。可见，制裁作为外部因素之一，对本已深受结构之困的俄罗斯经济无异于雪上加霜。

其次是国际市场石油价格大幅下挫。布伦特原油价格2014年年初为111美元/桶，2015年1月跌破50美元/桶，降幅达55%。有关测算显示，油价下跌给俄罗斯带来的年度损失为900亿~1000亿美元[2]。因石油价格大幅下挫发生在2014年10月之后，俄罗斯乌拉尔石油出口价格全年均价为

---

[1] http://www.e1.ru/news/spool/news_id-415154.html.

[2] 同上。

107.7美元/桶,油价对经济增长的下拉作用尚不甚明显。

可见,2014年俄罗斯GDP微幅增长的主要原因是结构问题,石油价格下跌和美欧制裁对全年经济增长的不利影响尚未完全显现。

三 经济困境下俄罗斯的应对

在经济结构积弊凸显,制裁和油价下跌的外在压力下,俄罗斯采取了一系列措施力图摆脱经济困境。

一是多方位寻求"外交突围"。从美欧宣布对俄罗斯实行制裁之始,俄罗斯应对措施中有一条明显的主线,即积极寻求"外交突围"。

首先,加强与亚洲国家的合作,彰显俄罗斯外交"西方不亮东方亮"的态势。在能源合作方面,俄罗斯积极开拓亚太能源市场。2014年5月,俄罗斯天然气工业股份公司与中国石油天然气公司最终签署总额4000亿美元、执行期为30年的天然气购销合同。7月,俄对华输气项目——"西伯利亚力量"天然气管道开工。10月初,新加坡政府投资公司入股俄罗斯天然气工业股份公司,成为其最大的外国股东。在贸易投资领域,10月初,俄罗斯远东发展部分别与日本丸红株式会社、住友商事株式会社签署了贸易投资合作协议。在第十九次中俄总理会晤期间,中俄签署近40项重要合作文件,涉及双边本币互换协议、东线天然气项目政府间合作协议、高铁合作谅解备忘录等,预示中俄合作在多个领域取得历史性突破。12月,第十五届俄印峰会期间,俄印签署了近20项协议,内容涉及核能、贸易以及防务等多个领域,未来20年内,俄罗斯将为印度提供至少12个核反应堆。此外,主要针对亚洲投资者,俄罗斯积极运作在西伯利亚和远东设立14个享有税收优惠政策的超前发展区,《超前发展区法》已由俄联邦委员会批准,位于滨海边疆区和哈巴罗夫斯克边疆区的首批三个超前发展区已于2015年年初设立。

其次,积极推进由其主导的欧亚经济一体化。2015年年初,欧亚经济联盟正式成立,取代之前的俄白哈关税同盟。根据《欧亚经济联盟条约》,

欧亚经济联盟的目标是在2025年前实现联盟内商品、服务、资本和劳动力的自由流动,并实施协调一致的经济政策;终极目标是建立类似于欧盟的经济联盟,形成一个拥有1.7亿人口的统一市场。欧亚经济联盟将为遭受制裁的俄罗斯开辟一个覆盖欧亚地区的统一大市场,在某种程度上有利于俄罗斯经济走出困境。此外,欧亚经济联盟的建立是在欧盟东扩背景下实施的,在一定程度上反映出俄罗斯试图通过该联盟对欧亚地区地缘形势走向和全球战略平衡产生一定影响的意图。

再次,利用美欧制裁目标上的差异,力图分化美欧。美欧因各自利益出发点不同,在对俄制裁问题上的态度有所区别。美国希望借此大幅削弱俄罗斯,迫使其屈服。对欧洲而言,俄罗斯经济混乱并不是好事。欧盟多数成员国依赖俄罗斯的能源供应,唯程度不同而已。2013年俄罗斯原油出口的88%,天然气出口的70%悉入欧盟。不仅如此,2013年俄欧贸易额达895亿美元,欧洲企业是俄罗斯的最主要投资者,投资额约为3000亿美元。俄罗斯60%的对外投资也在欧洲。而且欧盟成员国因实施对俄制裁,各自遭受的损失也不尽相同。欧盟成员国中,德国与俄罗斯的贸易额最多,制裁对德国产生的影响较大。国际货币基金组织预测,制裁会使依赖德俄贸易的德国企业失去35万个就业岗位。法国遭受的损失也不容小视。俄罗斯深知在对俄制裁问题上美欧利益的不同和欧盟成员国遭受损失的不同,持续与相关国家领导人接触。2014年12月,在俄法两国总统会晤时,普京在法国暂缓向俄罗斯交付西北风级两栖攻击舰的问题上改变了过去的立场,表示若法方不履行合同,俄方将不要求赔偿,只希望法方归还俄方已付费用。

二是努力建立本国支付体系并采取"以牙还牙"的反制裁措施。2014年3月以来,VISA和万事达公司停止向受制裁的俄罗斯银行提供支付服务,致使部分交易中断。俄罗斯政府随后出台一系列旨在创建本国支付系统的措施。4月,国家杜马通过一项有关建立国家支付系统的法律修正案。8月初,俄联邦储蓄银行发布通告,称其开始在俄罗斯全境发行采用俄独立支付系统"普罗100"的银行卡。这种银行卡可以在所有接受俄联邦储蓄银行卡支付的网点使用,也可以在所有加入"普罗100"支付系统的银行中使用。与此

同时,俄罗斯出台"以牙还牙"的反制裁措施,禁止从美国、欧盟等国家和地区进口水果、蔬菜、肉类、鱼、牛奶和乳制品等,并禁止乌克兰航空公司中转航班飞越俄罗斯领空。

三是通过加息、干预汇市来抑制通胀和卢布贬值。2014年,俄罗斯中央银行6次上调基准利率:3月3日,鉴于通胀风险加大,俄罗斯央行首次上调基准利率,从5.5%上调至7%;4月25日,由于卢布贬值后带来的通胀压力超出预期,俄罗斯央行宣布加息50个基点至7.5%;7月25日,为控制通胀并阻止资金进一步外流,俄罗斯央行第3次加息,由7.5%上调至8%;10月31日,俄罗斯央行第4次加息,大幅度上调基准利率150个基点,至9.5%;12月11日,为遏制居高不下的通胀率以及卢布的持续贬值,俄罗斯央行宣布再次加息,由9.5%上调至10.5%;12月16日,为阻止卢布贬值、防止通胀大幅走高的风险,俄罗斯央行宣布年内第6次加息,将基准利率从10.5%大幅上调650个基点到17%。为遏制通胀、抑制卢布汇率下跌,俄罗斯央行还多次干预汇市。特别是从2014年10月以后,俄罗斯央行展开了抛售外汇储备与挽救卢布之间的拉锯战,大量出售外汇。进入12月,俄罗斯央行更加频繁地干预汇市,截至2014年12月26日,俄罗斯国际储备降至3886亿美元,与年初相比,缩水1200亿美元。

四是布局并实施反危机计划,重点救助大银行、大企业。2014年7月,俄罗斯央行表示,将对美国和欧盟宣布制裁的银行提供支持。12月19日,俄罗斯杜马三读通过一项法律草案,同意向银行业提供最高1万亿卢布(约合165亿美元)的资金支持,以应对西方的经济制裁。俄罗斯财政部部长西卢阿诺夫称,银行业从2015年年初开始就可以获得额外的资本,法案覆盖银行面临的所有风险。12月29日,普京总统签署法令,将俄罗斯公民的存款保险赔偿金由70万卢布(约合1.25万美元)提高至140万卢布(约合2.5万美元)。这是自2008年以来俄罗斯首次提高存款保险赔偿金。当天,总理梅德韦杰夫批准向俄罗斯存款保险署转交总额为1万亿卢布(约合179亿美元)的政府借款债券,以充实俄罗斯银行系统资本,保护储户利益。此外,俄罗斯央行还决定将为资本金超过1000亿卢布的大型商业银行提供美元贷款（目前俄罗斯共有此类银行11家）。2015年1月27日第98号政府令推出了《关于2015年保障经济持续发展和社会稳定首要措施计划》（以下简称"反危机计划"）。"反危机计划"旨在积极推进经济结构改革、稳定关键行业骨干企业、稳定劳动力市场、降低通胀率、弱化必需消费品和服务价格上涨对低收入家庭的影响，促进经济增长，实现宏观经济稳定。重点在于支持进口替代、促进中小企业发展、支持重点产业部门、优化预算支出、提高银行体系稳定性[①]。2月初，经济发展部公布政府"反危机计划"框架内重点扶持企业名单，名单囊括199家大型骨干企业，包括工业、能源、农业、建筑、交通、通信、商业等领域对俄罗斯GDP、居民就业和社会稳定有实质影响的工业集团、控股公司、纵向一体化企业等。上述重点企业利润占俄罗斯国内生产总值的70%以上，就业人数占经济领域就业总人数的20%以上。

四 俄罗斯经济发展面临的主要风险

在乌克兰危机前景不明朗、美欧制裁持续、国际石油价格有可能较长时间处于55～70美元/桶[②]的背景下，尽管俄罗斯采取了一系列措施力图稳定经济，但其经济运行面临的系统性风险仍值得关注。

1. 银行体系风险

一是银行大面积亏损。2014年12月，俄罗斯银行业亏损1920亿卢布，相当于前11个月银行利润的1/4。亏损银行数量达到227家，而且大部分是国家控股和国有公司控股的大型银行。二是资金不足。因吸纳私人储户的存款减少，对外融资能力下降（2014年银行外债减少370亿美元），银行体

---

① http://government.ru/docs/16639/.
② 美国能源信息署、国际能源机构、世界银行、国际货币基金组织对石油价格的预测是2015年55～60美元/桶，2016年60～70美元/桶，The Great Plunge in Oil Prices: Causes, Consequences, and Policy Responses//John Baffes, M. Ayhan Kose, Franziska Ohnsorge, and Marc Stocker. World Bank Group. March 2015。

系对中央银行的融资依赖程度加深，2014年银行体系来自中央银行的贷款已占GDP的10%（2009年金融危机时仅为8%）。截至2014年12月1日，银行体系的资本充足率降至11.9%（2008年10月1日俄银行体系的资本充足率为14.5%）。10家大型银行中的5家资本充足率低于11%（门槛为10%），其中包括天然气工业银行、对外贸易银行。100家最大银行中，有22家资本充足率低于11%，其中3家低于10%。这22家银行占100家最大银行资产的35%，占俄罗斯银行体系总资产的32%。银行盈利能力下降和资本充足率不高，在基础利率提高的情况下，贷款能力必然下降，这将对银行体系构成严重风险。

2. 卢布贬值风险和通胀加剧风险

导致卢布贬值的主要因素：一是资本大量外流；二是在贬值预期下，大部分居民纷纷兑换美元；三是油价下跌对卢布产生贬值压力；四是乌克兰局势的影响。当前虽然因乌克兰局势暂时稳定、石油价格小幅波动，以及央行在外汇市场进行大量的回购业务，卢布汇率暂时出现稳定迹象，但是依旧较为脆弱，对外部因素变化依然较为敏感。俄罗斯通胀率高企则主要是食品价格上涨和卢布贬值所致。根据相关测算，卢布每贬值1个百分点，通胀率就增加0.1~0.2个百分点[①]。2015年1月30日，俄罗斯银行把基准利率从17%下调至15%，3月12日又降至14%，今后还有可能进一步下调。但在当前和将来一段时期，由于基础利率调低后，实际基础利率和存款利率都为负，会造成通胀和卢布贬值的螺旋效应。通胀预期增加，对卢布的信任度下降，引发价格上涨，价格上涨背景下，通胀预期加剧，引致卢布进一步贬值。此外，动用国民财富基金和储备基金以及为银行融资都可能推高通胀水平。

3. 预算风险

2015年3月，俄罗斯政府向国家杜马提交了修改后的联邦预算草案，

---

① Оперативный мониторинг экономической ситуации в России январь 2015 г., Институт экономической политикиимени Е. Т. Гайдара（Института Гайдара）, Российской академии народного хозяйстваи государственной службы при Президенте Российской Федерации（РАНХиГС）и Всероссийской академии внешней торговли（ВАВТ）Минэкономразвития России.

与2014年12月的预算草案相比，预算收入减少2.7万亿卢布，预算支出减少1.1万亿卢布，预算赤字将达2.76万亿卢布，占GDP的3.8%。为弥补预算赤字，2015年必须从储备基金中动用3.07万亿卢布。截至2015年3月1日，储备基金余额为4.72万亿卢布，这意味着到2015年年底，约2/3的储备基金将被用掉。2014年俄罗斯总统普京在国情咨文中提到，2016年联邦预算支出将减少5%。如果2016年削减预算支出的目标能够实现，而国际市场石油价格又一直处于低位，2016年联邦预算收入将为13.4万亿卢布，预算支出达16万亿卢布，预算赤字为2.6万亿卢布，如果还动用储备基金弥补预算赤字，2016年储备基金将被耗尽。2017年如果石油价格仍然在低位徘徊，届时政府可以动用的仅有国民财富基金了。而俄罗斯财政部部长西卢阿诺夫宣称，国民财富基金到2017年仅能剩余5000亿卢布。从地区预算层面看，预算失衡和债务增加是地区预算面临的主要风险。2014年，俄罗斯共有74个联邦主体发生预算赤字。阿穆尔州和乌德穆尔特共和国预算赤字占预算收入的21%~22%，马丹加州、科斯特罗马州、诺夫哥罗德州、科米共和国、犹太人自治州占16%~17%。40%的联邦主体靠大量举债来弥补预算赤字。2014年9月，联邦主体的债务占其预算收入的32%，并且有一半以上联邦主体的债务占到其预算收入的50%~130%。2015年，在居民实际收入减少、利润税收入下滑以及预算间转移支付增速下降的情况下，联邦主体预算收入下降幅度将占GDP的0.7%，而在实际GDP下降和通胀率高企的状况下，联邦主体预算支出增加的幅度将占GDP的0.8%，预算赤字将超过1.6万亿卢布，占GDP的2.1%。

4. 实体经济风险

未来实体经济发展将遭受以下三个方面的不利影响。一是有支付能力的需求缩减。居民实际可支配收入减少将对消费信心产生不良影响。在俄罗斯消费市场上，进口产品所占份额超过40%，卢布贬值会降低居民的购买力，抑制需求。二是成本上升的压力。受卢布贬值效应影响，进口中间产品价格上涨和进口设备价格上涨，造成生产者价格指数攀升，投资成本增加。整体而言，俄罗斯投资品中，进口部分所占份额超过50%，因此，卢布贬值并不

完全意味着可以促进进口替代，在卢布贬值的情况下，本国一部分生产者遭遇成本上升的压力。三是利率居高和国际市场融资困难对投资产生的硬约束。在目前基础利率为14%的情况下，企业的贷款利率高达20%。2014年俄罗斯工业的平均利润率实际为8.5%，加工工业利润率为3%，采掘业利润率是25%。可见，在20%的利率水平下，仅有采掘业或许还有投资价值。而且因外部融资渠道被封堵，2015年银行体系融资额会急剧减少，对投资的影响不言而喻。2015年2月，企业的悲观情绪增加，工业信心指数降至5年半以来的新低。

五 俄罗斯经济发展趋势及宏观经济政策展望

截至2015年3月底，俄罗斯国内对2015年经济发展趋势预测主要有三个来源：一是俄罗斯经济发展部；二是高等经济学校；三是盖达尔经济政策研究所。经济发展部、高等经济学校和盖达尔经济政策研究所的预测基础分别是乌拉尔石油价格为每桶50美元、57美元和54美元，预测结果分别是GDP降幅为4%、3%和6.8%（见表1）。

表1 2015年俄罗斯宏观经济指标预测（同比）

单位：%

主要指标	高等经济学校	经济发展部	盖达尔经济政策研究所
GDP	-4.0	-3.0	-6.8
通胀率（%）	12.7	15.8	17.1
汇率（卢布/美元）	63.7	61.5	64.5
固定资产投资	—	-13.3	-18.8
零售贸易额	—	-6.3	-11.5
居民实际可支配收入	—	-6.3	-8.5
乌拉尔石油价格（美元/桶）	57	50	55

资料来源：作者自制。

俄罗斯国内对2016年经济的预测主要有两个来源，一个来自高等经济学校，另一个来自盖达尔经济政策研究所。高等经济学校预测2016年乌拉尔石油价格为68美元/桶，GDP下降0.1%；盖达尔经济政策研究所预测2016年乌拉尔石油价格为55美元/桶，GDP将下降2.3%（见表2）。

表2　2016年俄罗斯宏观经济指标预测（同比）

单位：%

主要指标	高等经济学校	盖达尔经济政策研究所
GDP	-0.1	-2.3
通胀率(%)	7.6	10.5
汇率(卢布/美元)	62.6	75.3
固定资产投资	—	-0.3
零售贸易额	—	-4.2
居民实际可支配收入	—	-2.8
乌拉尔石油价格(美元/桶)	68	55

资料来源：作者自制。

从预测结论看，经济发展部的预测相对乐观，高等经济学校居中，盖达尔经济政策研究所较为悲观，但GDP连续两年下降为大家所公认。综合如上预测，本文的整体判断是，2015~2016年俄罗斯经济形势可能会比目前最悲观的预测更糟。判断理由除了美欧制裁持续、国际市场石油价格低迷、经济存在巨大系统性风险之外，还在于对未来俄罗斯宏观经济政策选择困境的预估。

从已出台的应对举措来看，俄罗斯政府试图运用2008~2009年应对金融危机的经验来摆脱当前的经济困境，但如今俄罗斯的经济形势与当时相比已大相径庭。首先，2008~2009年金融危机时，俄罗斯还存在剩余劳动力和过剩产能，但是现在情况已完全不同。2014~2017年，20~64岁年龄段的人口正在以年均0.7%的幅度减少。其次，2008~2009年俄罗斯很快走出危机的主要原因是石油下跌时间较短，如今石油价格在低价徘徊或者进一步下挫似乎已"常态化"。再次，2008年国际金融危机爆发后，俄罗斯政府尚能从国外金融机构获得贷款，而现在受制裁影响俄罗斯来自西方的融资渠道受阻。最后，2008~2009年金融危机时，

俄罗斯通过民生政策措施增加居民消费能力，消费对抑制经济下滑起到了一定的作用。但现今的状况是消费已无力拉动经济增长。在实际工资和实际收入缩减、贷款利率高达20%的情况下，居民借贷消费的可能性较小，通过消费拉动经济增长无望。因卢布贬值和对经济前景的担忧，2015年1月，居民购汇支出已占家庭货币收入的8%[1]，用于消费的部分已现缩减苗头。

从未来政策选择看，难题主要体现在三个方面。一是货币政策的两难选择。如何在刺激经济增长和抑制通货膨胀之间做出平衡选择，是货币政策的难题。2014年，俄罗斯央行6次上调基础利率，把基础利率从5.5%调至17%，更多是为了抑制通胀。从2015年开始，针对实体经济部门信贷资源和流动资金不足问题，又两次小幅降息，从17%降至14%。小幅降息说明央行选择的还是中性货币政策，试图在增加经济积极性和防止通胀二者之间找到平衡点，既释放货币政策小幅宽松的信号，也时刻准备降低通胀预期。特别是在对外经济状况恶化可能会引起卢布再次贬值，从而推高通胀水平的情况下，充分反映出央行在货币政策抉择方面的两难：既要促进经济发展，又要防止通胀，更惧怕滞涨。二是财政政策选择的难题。从2015年3月修订后的联邦预算草案看，俄罗斯财政政策需要破解多重难题，即如何平衡在国防、国家安全、民生、国民经济上的支出。与2014年12月的预算草案相比，修改后的预算草案把2015年国民经济项下的支出缩减10.6%，教育、医疗、环保支出分别缩减4.5%、8.1%和16.2%。就连俄罗斯总统普京在总统令中提到不会缩减的国防和国家安全支出也分别下调5.5%和10.4%。但为防止社会动荡和债务风险，社会政策和偿债支出分别增加5.1%和30.3%。尽管此次预算草案修改已极尽所能向民生倾斜，但仍遭到批评，认为其巩固政权的意味明显，不再致力于人力资本发展、保障公民享有应有的生活水平和促进俄罗斯的巩固与繁荣。三是进口替代政策可能遭遇的困境。从目前的反危机计划来看，俄罗斯政府希望通过经济结构改革，即

---

[1] 2012～2014年分别占4.8%、4.2%和5.9%。

通过经济结构多元化来促进经济增长,具体措施是实现进口替代。但根据相关分析,俄罗斯欲实现进口替代,需要投入1.76万亿卢布,相当于2014年全年的进口额。在全额拨款并完成对相关人员的职业培训后,农业实现进口替代需要3~4年时间,机械制造业平均需要5~7年[1]。可见,进口替代任重道远。

---

[1] Л. Кравченко, Импортозамещение: цена и сроки, http://www.ng.ru/ideas/2015-03-20/5_import.html

外 交

Y.9
西方不"亮"东方"亮"
——2014年的俄罗斯外交

柳丰华　李勇慧　韩克敌　刘丹　赵玉明*

摘　要：　2014年俄罗斯外交呈现与西方交恶、与东方交好的局面，其直接原因是俄罗斯在乌克兰危机问题上的对策举措——兼并克里米亚、支持乌东部地区的分离主义活动等，而深层原因仍在于冷战结束以来俄与西方在地缘政治、意识形态、国际体系建构、国际规则等方面难以调和的矛盾。有鉴于此，考虑到俄罗斯的经济抗震能力等因素，可以认为，2015年俄将延续其反西方、亲东方的外交政策。

---

* 均为中国社会科学院俄罗斯东欧中亚研究所研究人员。其中：柳丰华，俄罗斯外交室主任，研究员；李勇慧，俄罗斯外交室副主任；韩克敌，俄罗斯外交室副研究员；赵玉明，俄罗斯外交室博士；刘丹，俄罗斯外交室博士。

关键词： 乌克兰危机 欧亚经济联盟 俄美关系 中俄战略协作伙伴关系

2014年，乌克兰危机的持续发展，特别是克里米亚危机后西方对俄罗斯政治孤立和经济制裁政策的实施，迫使俄罗斯将外交重点"转向东方"，加强与亚太国家的政治经济合作。与此同时，在制裁与反制裁、乌克兰东部地区冲突局势的恶化、俄美加大对各自支持的乌克兰冲突方的军事政治援助等因素的交织作用下，俄罗斯与美欧关系陷入胶着的政治冲突状态。

一 俄罗斯对独联体政策：有"独"有"联"

1. 对乌克兰政策：从经济拉拢到武装对立

2014年2月，在欧盟和俄罗斯的斡旋下，亚努科维奇总统与反对派领导人签订《乌克兰危机调解协议》，但是该协议墨迹未干，反对派就夺取了政权，迫使亚努科维奇流亡俄罗斯。"2月事件"不仅打破了乌克兰国内政治的平衡，而且打破了俄罗斯与欧盟在乌影响力的平衡，内外因素的综合作用导致乌克兰危机愈演愈烈。在俄罗斯族人聚居的乌克兰东部地区相继爆发反对基辅新政权的抗议活动，俄族人占多数的克里米亚自治共和国则走上分离主义道路。2月底，俄罗斯黑海舰队基本控制了克里米亚半岛主要城市的军用机场等战略设施。3月16日，克里米亚举行全民公决，96.77%的投票者支持克里米亚并入俄罗斯。两天后，普京总统与克里米亚、塞瓦斯托波尔市领导人共同签署《关于接受克里米亚共和国加入俄罗斯联邦和建立两个新的联邦主体的条约》，单方面完成了俄兼并克里米亚的法律程序。至此，俄罗斯对乌政策已由经济拉拢转向强力控制，在与欧盟的争夺中再度变被动为主动。

俄罗斯在乌克兰危机调解问题上的基本政策如下：基辅当局履行2月21日签署的《乌克兰危机调解协议》的义务；乌克兰制定新的联邦宪法，以确定联邦制和军事政治中立国地位，赋予俄语以第二国语地位；在新宪法通过之后举行乌克兰总统选举；承认克里米亚自治共和国3月16日的公投结果；由俄罗斯、美国和欧盟保证乌克兰的联邦国家制度、领土完整和军事政治中立国地位。① 这种政策显然不可能被乌克兰过渡政府所接受，反而促使后者加快速度投入欧盟的怀抱。

为迫使乌克兰过渡政府改变向西方"一边倒"的政策，接受俄方提出的联邦化方案，普京政府不断强化对乌施压的政策。从3月20日起，俄罗斯对乌克兰发起新一轮"贸易战"，完全停止从乌进口商品。3月21日，就在基辅当局与欧盟签署联系国协定政治部分的当天，俄罗斯总理梅德韦杰夫提出废除哈尔科夫协议，并建议普京总统向乌克兰追索根据该协议提前支付乌的110亿美元能源优惠款。俄罗斯天然气工业股份公司决定从4月1日起，将对乌克兰天然气的出口价格从每千立方米360美元提高到485美元。3月27日，乌克兰指责俄罗斯在两国边界附近集结10万兵力，企图扰乱乌政局，阻挠即将举行的乌总统选举。②

4月，乌克兰过渡政府对要求获得地区自治权的乌东部顿涅茨克、卢甘斯克两州动用武力，乌东部地区武装冲突爆发。在乌克兰东部冲突问题上，俄罗斯与西方再次站在对立面上，只是这次与俄对峙的是美国，欧盟已经退居次席。根据乌克兰过渡政府方面的信息，乌东部地区武装势力获得了俄罗斯的军事援助，因此乌政府军的围剿行动没能成功。4月17日，美国、欧盟、俄罗斯和乌克兰在日内瓦举行乌克兰问题四方会谈，就缓和乌东部地区紧张形势达成协议，但是日内瓦协议并没有得到执行，不久乌境内又发生武装冲突。

波罗申科执政后，继续实行武力围剿政策，但成效甚微。在这种形势下，9月5日，乌克兰政府与东部地区武装势力在明斯克签署停火协议，但是该协议同样没能长时间维持休战状态。10月乌克兰举行议会选举后，亲西方政党主导新一届议会，乌政府在东部地区问题上态度更加强硬。与此同

---

① 柳丰华：《乌克兰危机：内因、大国博弈因素与前景》，《俄罗斯学刊》2014年第3期。
② СНБО: Россия хочет сорвать президентские выборы и может вторгнуться на материковую Украину, 27 марта 2014 года. http://zn.ua/UKRAINE/snbo-rossiya-hochet-sorvat-prezidentskie-vybory-i-mozhet-vtorgnutsya-na-materikovuyu-ukrainu–142096_.html.

时，俄罗斯虽因西方制裁遭受经济重创，但在乌克兰问题上仍无退让之意。而美国通过"支持乌克兰自由"法案，计划向乌克兰政府军提供非致命性武器的举措，更使政治解决乌危机的可能性进一步降低。

无论乌克兰东部冲突问题以何种方式获得解决，俄乌关系都不可能回到乌危机之前的友好合作状态。如果乌克兰彻底背离俄罗斯主导的欧亚一体化进程，将是俄罗斯心有不甘却又无能为力的外交大失败。

2. 欧亚经济联盟：从设想到逐步实现

2012年普京再度担任俄罗斯总统以来，一直以建立欧亚经济联盟为其主要外交目标之一。俄罗斯试图从经济入手，进而在政治、军事和文化领域重新整合后苏联空间，将其打造成为俄罗斯复兴的战略基石。2014年5月29日，俄罗斯、白俄罗斯和哈萨克斯坦总统在阿斯塔纳签署《欧亚经济联盟条约》，根据该条约，联盟的总目标是在2025年前实现成员国境内商品、服务、资本和劳动力的自由流动，实行协调一致的经济政策。具体目标是：在2016年前建立统一药品市场，2019年前形成统一电力市场，2025年前建立统一的石油天然气和成品油市场，2025年在哈萨克斯坦阿拉木图成立负责协调联盟金融市场的机构。9月，俄罗斯国家杜马批准《欧亚经济联盟条约》。10月10日，亚美尼亚签订加入欧亚经济联盟条约的协定。12月23日，欧亚经济委员会最高理事会会议在俄罗斯首都莫斯科举行，会上签署了同意吉尔吉斯斯坦加入欧亚经济联盟条约的文件。

2015年1月1日，欧亚经济联盟开始运作，也就是说，一个涵盖1.7亿人口的共同市场正在形成。1月2日，亚美尼亚成为联盟正式成员国。5月1日，吉尔吉斯斯坦将成为该联盟正式成员。该组织的成立标志着欧亚国家一体化向着更高的层次前进。

由于北约与欧盟不断紧逼，俄西部战略空间被西方严重挤压，欧亚一体化的前景将直接关系到俄罗斯的复兴前景。从设想到逐步实现，俄罗斯的欧亚一体化计划的确在经济领域不断推进，但在俄罗斯自身实力下降并因西方制裁遭受重创、相关国家"忧俄"情绪上升的情况下，由俄主导的欧亚联盟的发展之路将异常艰难。

俄罗斯黄皮书

二 俄罗斯与欧盟关系大幅倒退

欧盟是乌克兰政治危机的主要外部影响因素之一。欧盟同俄罗斯在乌克兰的外交博弈和乌局势的发展状况直接影响着欧俄关系。2014年,乌克兰危机问题主导了俄罗斯与欧盟关系的总体状态和氛围,双方的斗争从外交领域向政治、经济等领域扩散,严重阻碍了双方在天然气、贸易等领域的合作。

俄罗斯认为,正是在欧盟的纵容下,乌克兰反对派抛弃《乌克兰危机调解协议》,夺取了政权。俄罗斯外交部指出:"基辅市中心局势的恶化是西方政客姑息政策的结果,他们对乌克兰激进势力的挑衅行为视而不见。"[①] 由于欧盟在乌危机问题上失去了俄罗斯的信任,俄罗斯在接受克里米亚的回归请求时毫不理会欧盟的谴责和声讨。为了阻止俄罗斯兼并克里米亚,欧盟配合美国的对俄制裁行动,于3月17日出台首轮制裁措施,包括对破坏乌克兰主权负有责任的21名俄罗斯及乌官员限制旅游、冻结在欧盟资产等。3月20日,作为对俄罗斯兼并克里米亚的反应之一,欧盟宣布抵制原定于6月在索契举行的八国集团峰会。

乌克兰东部地区冲突发生后,欧盟对俄罗斯和乌东部两州实行制裁。欧盟认为俄罗斯对乌克兰东部形势失控负有重要责任,4月28日,将15名俄罗斯人列入制裁名单。5月11日,乌克兰东部两州进行全民公投,宣布"独立"并成立"人民共和国"。次日,欧盟成员国外长会议通过决议,声明欧盟不承认公投结果,并指责俄罗斯在人员、装备、资金上对乌克兰东部武装分子予以支持的行为。但与此同时,欧盟及法德等国试图调停冲突,通过外交途径解决乌东部问题。6月6日,在诺曼底登陆70周年庆祝仪式上,法国总统奥朗德促成普京和波罗申科的简短会谈,但收效甚微。7月17日,MH17航班在乌东部上空被击落,因飞机上有近200名乘客是荷兰人,欧盟

---

① 《俄外交部:基辅的骚乱是西方姑息政策的结果》,http://rusnews.cn/eguoxinwen/eluosi_duiwai/20140218/43986809.html。

同俄罗斯关系因此进一步恶化。进入8月，乌克兰政府军开始对东部武装力量发起总攻，并逐步缩小了包围圈。但是自8月下旬起，东部武装力量突然转入反攻，政府军处境不利。乌克兰政府及西方舆论认定，形势反转的原因在于俄罗斯，其不仅在人力、物资、资金方面支持东部武装分子，还直接派兵参与了武装冲突。9月初，乌克兰冲突双方签署明斯克停火协议，但是该协议没有发挥实际作用，乌政府与东部武装分子很快又陷入武装冲突。

欧盟的经济制裁引起俄罗斯的反制裁，不仅导致双方政治关系的倒退，还极大地影响了双边贸易的开展。7月16日，欧盟禁止俄罗斯金融、能源和军工企业在欧盟市场获取资金和技术，同时要求欧洲投资银行暂停在俄开展新的融资业务。欧盟还规定，自8月1日起，禁止欧盟投资者购买俄罗斯联邦储蓄银行、天然气工业银行、对外贸易银行、外经银行和农业银行发行的期限超过90天的债券及其股票。欧洲资本向来是俄罗斯银行和企业获得融资的关键渠道，限制俄罗斯五大银行在欧盟进行融资，对俄经济发展造成沉重打击。8月7日，俄罗斯宣布了反制裁措施，在未来一年内禁止从欧盟等地进口一系列食品、农产品。9月12日，欧盟宣布对俄罗斯国防、金融和能源行业采取进一步制裁措施，主要包括：禁止向俄罗斯上述五家国有银行、三家防务公司和三家能源公司提供贷款和融资；禁止交易上述俄银行、公司发行的期限超过30天的债券、股权；不再为俄深海和北极石油开发提供钻探、试井、测井服务，等等。① 俄欧双方的制裁与反制裁是一把双刃剑，对于刚刚走出经济衰退的欧盟而言，相互制裁使其对俄贸易受到很大打击，2014年俄罗斯与欧盟贸易为3773亿美元，② 比2013年下降10%。相互制裁当然对俄罗斯经济打击更大，使其获取欧盟技术、资本的途径受限，从而拖累俄经济发展。

"南溪"天然气管道项目的夭折充分反映了2014年俄欧合作的严重倒退。该项目是俄罗斯与欧盟一些成员国已经在建的一个大型合作项目，管道

---

① Ukraine: Reinforced restrictive measures against Russia. http://eeas.europa.eu/top_stories/2014/120914_restrictive_measures_against_russia_en.htm.
② 数据引自俄罗斯海关总署，http://www.customs.ru/。

俄罗斯黄皮书

从俄罗斯经黑海海底到保加利亚上岸，然后通过两条支线分别通向奥地利、意大利等国，全长980公里，年输气量为630亿立方米。为惩罚俄罗斯在乌克兰危机问题上的所作所为，欧洲议会在4月做出了停建"南溪"项目、寻找替代管道的决议，6月，"南溪"管道保加利亚段建设停工。与此同时，欧盟加快其主导的"南方天然气走廊"项目的建设，该管道将阿塞拜疆的天然气经格鲁吉亚和土耳其输往欧洲，可减少欧盟对俄罗斯的能源依赖。在"南溪"项目无法继续实施的情况下，俄罗斯只能另寻合作伙伴，转而加强与土耳其的能源合作。12月1日，普京在访问土耳其时突然宣布，由于欧盟缺乏建设性立场，俄罗斯将终止已准备数年的"南溪"项目建设，改建一条经黑海海底到土耳其的新管道，其年输气量约630亿立方米，相当于"南溪"管道的设计输送量。

与欧盟及其他欧洲国家的关系是影响俄罗斯政治、经济发展的重要因素。乌克兰危机导致的制裁与反制裁已使双方深受其害，现今乌克兰形势仍错综复杂，"擦枪走火""引爆战争"的风险时时存在，这为俄罗斯与欧盟的关系蒙上了一层阴影。

三 俄美关系进入严重政治对抗期

在普京第三届总统任期内，俄美矛盾逐年升级，2013年，双方围绕叙利亚、"斯诺登事件"等问题展开外交斗争，2014年的乌克兰危机则使俄美关系陷入苏联解体以来最为严重的政治对抗。

美国秉持了强硬反俄的立场，支持乌克兰反对派的"倒亚（亚努科维奇）"抗议活动，支持乌加入欧盟一体化进程，同时不断指责和孤立俄罗斯。2014年2月6日，美国助理国务卿纽兰访问乌克兰，向亚努科维奇政府施压，并会见乌三大反对派领袖。乌克兰过渡政府成立后，美国国务卿克里于3月4日访问基辅，表示了对临时政府的支持，并宣布美国对乌提供10亿美元贷款担保及其他财政技术援助。美国指责俄罗斯对克里米亚的行为是"侵略"，克里米亚公投是刺刀下的公投。奥巴马总统多次与普京总统通电话，要求俄罗斯从克里米亚撤军，放弃干预乌克兰危机。普京则表示，俄罗斯有权保卫俄罗斯的侨民和国家利益。3月24日，七国集团决定联合抵制八国集团索契峰会。美国和北约多次谴责俄罗斯将大量的武器装备和军人通过俄乌之间无人看守的边界运入乌克兰，为乌东部武装势力"输血"、撑腰。在澳大利亚二十国集团峰会等国际场合，美国极力联合西方其他国家，孤立俄罗斯。9月，奥巴马总统在联合国大会发言时，甚至将俄罗斯与"伊斯兰国"和"埃博拉"病毒相提并论，同列为当今世界的三大威胁。

克里米亚危机伊始，奥巴马政府虽然排除了美国军事介入的可能，但通过一系列强硬的政治、外交和经济手段，对俄罗斯实施制裁。2014年3月17日，美国对俄罗斯发动第一轮制裁，对7名俄罗斯高官实行资产冻结和签证限制。3月20日，美国宣布对俄罗斯16名官员和俄罗斯银行实施制裁。4月28日，美国以俄罗斯未履行日内瓦协议为由，对俄7名高官或高管和17家企业实施制裁。美国指责俄罗斯持续向俄乌边境派遣军队，向乌克兰东部武装势力提供武器甚至派遣军事人员参战。7月16日，美国将制裁范围扩大到俄罗斯的五家银行、能源和军工企业，冻结这些公司在美国的资产，禁止美国企业和个人向这些企业提供90天以上的贷款。这些措施基本切断了上述企业与美股及美债市场的联系。9月12日，美国将俄罗斯联邦储蓄银行加入制裁名单，禁止美国个人和企业购买六家俄银行发行的超过30天期限的债券，禁止美国公司参与在俄北极地区、深海和页岩油气田的勘探工作。12月19日，美国又出台一系列专门针对克里米亚的经济制裁。

针对美国的制裁，俄罗斯采取了相应措施。2014年3月20日，俄对美发动反制裁，将9名美国政界要人列入制裁名单。7月19日，俄罗斯外交部宣布对12名美国公民限制入境。8月7日，俄罗斯政府宣布，对美国部分农产品和食品实施全面禁运。梅德韦杰夫总理警告，如果西方不改变立场，俄罗斯可能禁止进口飞机、军舰、汽车及其他工业品。

俄美之间的制裁是一场不对称的经济战。无论是经济实力，还是金融、科技实力，美国都拥有绝对的优势，而俄罗斯的经济结构和发展状况严重限制了其反击力度。制裁、国际市场石油价格下跌、俄罗斯卢布大幅贬值、通胀上升、外贸与投资急剧下降等因素的叠加，使俄经济遭遇严重困难。

美国加强对乌克兰的军事援助力度，俄美关系因此更加恶化。2014年9月5日，北约峰会通过《威尔士峰会宣言》，北约将在东欧前沿部署数千人的快速反应部队，以防范可能出现的"入侵"，其锋芒直指俄罗斯。9月，北约与乌克兰分别在黑海和利沃夫举行联合军事演习，表明北约对乌进行军事支持的决心。12月18日，奥巴马总统签署"支持乌克兰自由"法案。根据该法案，美国将给予乌克兰北约之外盟友的地位；在2015财年，划拨3.5亿美元，向乌提供反坦克炮和穿甲弹等武器装备，授权美国政府向乌提供更多的军事装备。俄罗斯对北约保持高度警惕，年内多次试射"白杨""布拉瓦"等系列洲际弹道导弹，派遣战略轰炸机巡航北大西洋和太平洋，对西方进行核威慑。12月通过的俄罗斯新版军事学说将北约军事基础设施接近俄边界视为头号外部军事威胁。① 俄罗斯坚决反对美国武装乌克兰政府军的政策，认为这会激化乌武装冲突，无益于乌危机的政治解决。

尽管俄美矛盾深重，由于美国在防止核扩散、反恐、叙利亚等热点问题上仍然需要俄罗斯的配合，因此两国在这些领域的合作并没有中断。2014年，"伊斯兰国"的迅速崛起也转移了美国的部分注意力，使得美国在压制俄罗斯时留有余地。

四 俄罗斯外交重点转向亚太

1. 作为俄罗斯亚太外交重心的中俄关系得到加强

在10多年的发展历程中，中俄战略协作伙伴关系水平不断提升。2014年，受乌克兰危机影响，俄罗斯对外政治经济政策出现"战略东移"的趋势，给中俄关系带来强大的驱动力，加速了中俄全面战略协作的发展。

在政治方面，两国领导人会晤频繁，在国际问题与双边合作方面达成广泛共识。2014年2月，习近平主席赴俄罗斯出席索契冬奥会开幕式，开创

---

① 《俄罗斯新版军事学说》，http://sputniknews.cn/russia/20141231/1013413287.html。

了中国领导人第一次赴国外出席体育赛事的先例，显示了中国对发展与俄关系的高度重视。5月，普京总统来华访问，两国元首发表《中俄关于全面战略协作伙伴关系新阶段的联合声明》。习近平主席和普京总统还在"亚信"、上海合作组织、亚太经合组织等多边机制框架下举行会晤，就共同关心的国际和地区问题进行了富有成效的交流。10月，李克强总理访问俄罗斯，两国总理签署《中俄总理第十九次定期会晤联合公报》。通过高层会晤，俄中之间关于丝绸之路经济带问题的误解基本消弭。双方都表示，将在丝绸之路经济带和即将建立的欧亚经济联盟之间寻找契合点。俄罗斯尤其对中国在乌克兰危机问题上表现出对俄友好的立场表示感谢。

在经济方面，中俄合作取得显著的成就。据中国海关总署公布的数据，2014年中俄贸易额为952.8亿美元，同比增长6.8%，其中中国自俄罗斯进口的数额为416亿美元，同比增长4.9%，对俄出口额为536.8亿美元，同比增长8.2%，① 中国保持了俄罗斯第一大贸易伙伴地位，俄罗斯是中国第九大贸易伙伴。2013年中国对俄罗斯经济投资约50亿美元，② 截至2014年9月，中国累计对俄罗斯各类投资达到320亿美元，③ 成为俄罗斯第四大投资来源地。俄罗斯对华投资额相对滞后，根据俄罗斯驻华商务处公布的资料，2014年俄罗斯对华投资额约有17亿美元。④ 在俄罗斯对外贸易大幅萎缩、卢布贬值的背景下，中俄经贸合作规模的快速增长表明了双方经济关系的可靠基础和良好前景。

中俄在能源领域的合作取得突破性进展。2014年5月，双方签署总额达4000亿美元的《中俄东线供气购销合同》。根据该合同，从2018年起，俄罗斯将通过中俄天然气管道东线向中国供气，输气量逐年增长，最终达到

---

① 数据引自中国海关总署，http://www.customs.gov.cn。
② 《俄驻华商务代表：在世界整体不稳定的背景下俄中经济合作现增长》，俄罗斯卫星网，http://sputniknews.cn/russia_china_relations/20141229/1013400681.html。
③ 《张高丽与俄第一副总理舒瓦洛夫举行中俄投资合作委员会第一次会议》，新华网，http://news.xinhuanet.com/politics/2014-09/09/c_1112408358.htm。
④ 《俄驻华商务代表：在世界整体不稳定的背景下俄中经济合作现增长》，俄罗斯卫星网，http://sputniknews.cn/russia_china_relations/20141229/1013400681.html。

每年380亿立方米,合同期30年。这是迄今世界能源史上最大的天然气合同,文件的签署为双方修建中俄东线天然气管道和俄罗斯通过该管线向中国出口天然气排除了最后一道障碍。2014年11月,双方签署《关于沿西线管道从俄罗斯向中国供应天然气的框架协议》,协议确定了供气规模为300亿立方米/年,供气期限为30年的合作框架。中俄西线供气项目对于优化我国能源消费结构、促进中西部地区经济发展具有重要意义。中俄天然气合作的启动,将促进中国天然气进口渠道多元化,进一步加强中俄能源合作伙伴关系。可以认为,如果没有乌克兰危机,没有西方的制裁,两国签署《中俄东线供气购销合同》的时间还是未定之数。中俄就东线天然气管道项目谈判已有15年,从2006年签署《俄罗斯向中国供应天然气协议》以来已有8年,之所以一直不能落实,主要是因为在供气价格问题上难以达成共识。但是2014年西方的经济制裁间接地促使俄罗斯在天然气价格问题上松动立场,从而使这个项目得到落实。

在2014年的中俄关系中,军事技术合作也具有突飞猛进的特点。据俄罗斯媒体报道,2014年秋季中俄两国已经签署《S-400"凯旋"防空导弹系统供应合同》,合同规定俄罗斯将向中国供应至少装备6个营、总价值超过30亿美元的S-400防空导弹系统。[①] 这是俄罗斯首次向外国出口S-400防空导弹系统,而且是向独联体集体安全条约组织成员国以外的国家出口——根据俄罗斯武器出口政策,这种先进的防空导弹系统只对其盟国打开供应大门。而在此之前,中俄军事技术合作规模已经处于下降状态,虽然中国仍然是俄罗斯军技出口主要市场之一,也曾从俄进口S-300 PMU2导弹系统。毋庸置疑,乌克兰危机后形势的发展,同样在俄罗斯对华出售S-400防空导弹系统问题上起到了间接的推动作用。俄罗斯对华供应S-400防空导弹系统将为双方军技合作的新一轮发展注入强劲的动力。

联合军演是中俄两国和两军合作的重要内容。2014年5月,中俄两国

---

① 《俄媒体:俄中签署S-400供应合同》,俄罗斯卫星网,http://sputniknews.cn/russia_china_relations/20141126/44207346.html。

海军在东海海空域举行"海上联合-2014"军事演习,演练了锚地防御、联合对海突击、反潜、护航、解救被劫持船舶、搜救、查证识别和防空等课目。8月,上海合作组织"和平使命-2014"联合军演在内蒙古朱日和训练基地举行,中国、俄罗斯和中亚成员国的部队演习了多边联席决策、联合组织指挥、协同反恐等内容。已经常态化的联合军演促进了中俄两军的协同作战能力,展示了两国和上海合作组织维护地区安全的决心和能力。

在人文方面,2014年是中俄青年友好交流年,形式多样的交流活动加深了两国青年的理解和友谊。2014年,中国赴俄游客达120万人,同比增长10%,①中国已经连续第二年成为俄罗斯最大游客来源国;约有200万俄罗斯公民赴华旅游。

2. 深化俄印战略合作

2014年12月,普京总统访问印度,与莫迪总理举行会晤。两国领导人共同发表联合声明,双方签订了25项合作协定,涉及石油开采、核能、投资、军事训练、基础设施和人文合作等领域。俄罗斯外交部部长拉夫罗夫指出,普京总统的访问为俄印战略伙伴关系的长远发展起到了充电作用。② 年内,普京与莫迪还先后在金砖国家峰会和二十国集团峰会期间会晤,频密的首脑会晤反映了俄印间密切的政治关系。长期以来,俄印两国在军事和军事技术领域保持了紧密的合作,近年能源合作步伐加快,2014年12月,双方签署每年供应1000万吨石油并持续10年的协议,俄还计划通过西伯利亚—太平洋管线和海运向印度供应石油。两国在联合国、二十国集团、金砖国家和上海合作组织等国际组织中进行了有效合作。俄印经贸合作相对薄弱,双边贸易额只有100亿美元左右,因此两国领导人提出了在2025年前将双边贸易额提升至300亿美元,投资额各提高到150亿美元的合作计划。

3. 发展俄越全面战略伙伴关系

2014年11月,越共总书记阮富仲访问俄罗斯。双方在联合声明中指出,油

---

① 《中国已连续两年成俄罗斯最大游客来源国》,俄罗斯卫星网,http：//sputniknews.cn/russia_ china_ relations/20150212/1013817843.html.

② Основные внешнеполитические события 2014 года. http：//www.mid.ru/.

气、核能、军事技术、科学、教育和文化是两国合作的优先领域。关于关税同盟成员和越南的自贸区谈判已经进入完成阶段。阮富仲的访问在能源、军技、航天等领域达成一些新的合作项目,推动了俄越关系的进一步发展。2013年,俄罗斯与越南贸易额达到40亿美元,同比增长8.5%,双方贸易发展势头良好。越南积极支持俄罗斯发展与东盟关系,是俄在东南亚的战略合作伙伴。

4. 积极参与亚太经济一体化进程,发展与该地区国际组织的合作

2014年11月,普京总统参加亚太经济合作组织北京峰会,会上他提出在透明、平等和互利的原则上发展亚太经济一体化合作,有利于形成开放的地区市场。为推动亚太地区经济一体化,发展远东西伯利亚,俄罗斯提出将联通欧亚大陆桥,为此,俄将对西伯利亚大铁路进行现代化改造,改造俄远东港口,建立北极航道。俄罗斯欢迎外国投资者参与包括上述项目、能源和通信领域的投资。

俄罗斯与东盟等地区机制的关系发展顺利。作为东盟地区安全论坛框架下维护网络安全的参与者之一,俄罗斯致力于同该论坛在维护信息通信技术安全方面开展合作。俄罗斯和泰国担当东盟国家国防部部长会议军事医学机制专家工作组+对话伙伴的共同主席国,这方面的合作有助于加强俄罗斯与东盟国家军方的相互信任。在这个会议框架下,2014年在俄罗斯举办了"2014年-外国"观摩会。① 俄罗斯参加东亚峰会的活动,主张建立包容、非集团化的地区安全合作机制。②

综上所述,2014年俄罗斯外交呈现与西方交恶、与东方交好的局面。导致这种对外关系的最重要、最直接原因是俄罗斯在乌克兰危机问题上的对策举措——兼并克里米亚、支持乌东部地区的分离主义活动等,而深层原因仍在于冷战结束以来俄与西方在地缘政治、意识形态、国际体系建构、国际规则等方面难以调和的矛盾。有鉴于此,考虑到俄罗斯的经济抗震能力等因素,可以认为,2015年俄将延续其反西方、亲东方的外交政策。

---

① Ракетный крейсер "Варяг" примет участие в контртеррористических учениях в Индонезии. http://itar-tass.com/politika/668269.
② Основные внешнеполитические события 2014 года. http://www.mid.ru/.

Y.10
乌克兰危机形势下的中俄关系

柳丰华*

摘　要： 2014年乌克兰危机的持续发展，特别是克里米亚危机后西方对俄罗斯政治孤立和经济制裁政策的实施，迫使俄罗斯将外交重点"转向东方"，这为中俄关系的发展带来了强劲动力。中俄关系不仅经受住了乌克兰危机的考验，而且在各领域的合作也都取得了丰硕成果，特别是两国在天然气和军事技术领域的合作取得了突破性进展。中俄关系面临美国的军事政治遏制等新形势，两国有必要在维护国际和周边环境、拓展经贸合作等方面加强战略协作。2014年是中俄关系非正常加速发展的年份，2015年有望延续这种发展态势。

关键词： 2014年中俄战略协作伙伴关系　乌克兰危机因素　中俄多领域合作

2014年，乌克兰危机的持续发展，特别是克里米亚危机后西方对俄罗斯政治孤立和经济制裁政策的实施，迫使俄罗斯将外交重点"转向东方"，这为中俄关系的发展带来了强劲动力。

---

* 柳丰华，中国社会科学院俄罗斯东欧中亚研究所研究员，法学博士。

俄罗斯黄皮书

一 中俄关系经受住了乌克兰危机的考验

乌克兰危机最初并没有涉及中俄关系,当它发展到克里米亚危机阶段,并随着俄乌两国冲突的加剧和西方对俄罗斯制裁政策的出台,这场危机就演变成一个具有全球影响的国际热点问题,从而将区域外其他大国包括中国也卷入其中。作为联合国安理会常任理事国之一,中国无法置身于乌克兰危机之外,无论是在安理会范围内还是在其他外交场合,中国都是有关国家竞相争取的重要对象。

由于奉行不干涉内政等外交方针,中国最初对乌克兰危机持不介入立场,只是呼吁亚努科维奇政府与反对派通过协商方式解决冲突局势,共同维护乌克兰社会稳定。2014年2月初,习近平主席与普京总统在索契会晤时,讨论了乌克兰局势,双方共同谴责外部势力干涉乌局势的图谋。2月22日,乌克兰反对派夺取国家政权,2月25日,中国外交部发表声明,表示中国尊重乌克兰人民的选择,准备继续与乌方发展全面合作。这表明了中国愿与乌新政权合作的姿态。但是,国家政权的更迭并未解决乌克兰政治危机,而是引发了俄罗斯族人聚居的东南部地区反对基辅临时政府的新一轮政治斗争,分别作为两方靠山的俄罗斯和西方各自支持一方,乌局势出现更加复杂的局面。3月4日,习近平主席在与普京总统通电话时指出,乌克兰局势发展"偶然中有必然"①,相信俄方能同有关各方沟通协调,推动问题的政治解决。

克里米亚入俄公投问题产生后,中国提议尽快设立由有关各方组成的国际协调机制,探索政治解决乌克兰危机的途径。3月15日,在联合国安理会就美国起草的乌克兰问题决议草案(宣称克里米亚公投非法)进行表决时,俄罗斯投了反对票,中国投了弃权票。之所以投弃权票,是因为中国历

---

① 《习近平同俄罗斯总统普京通电话》,新华网,http://news.xinhuanet.com/politics/2014-03/04/c_119606694.htm。

来尊重各国主权和领土完整。中国同时认为，乌克兰局势有着"复杂的历史经纬和现实因素"①，处理起来需要全面权衡和考量；当务之急是设法推进政治解决，而不是在安理会通过具有对抗性质的决议草案。3月16日，克里米亚举行全民公决，96.77%的投票者支持克里米亚加入俄罗斯。3月17日，美国与欧盟对俄罗斯和亲俄的乌克兰官员实施包括冻结财产和禁止发放签证在内的首轮制裁。同日，中国外交部回应克里米亚公投结果时表示，中方在乌克兰问题上秉持客观公正立场，希望各方尽快通过对话寻求政治解决途径，在尊重各方合理关切和正当权益的基础上，实现克里米亚问题的妥善解决。3月19日，中国外交部就克里米亚并入俄罗斯事件发表评论表示，尊重各国独立、主权和领土完整是中方的一贯立场；克里米亚问题应在法律和秩序框架下寻求政治解决。也就是说，中国对克里米亚危机的立场还是中立的：既尊重乌克兰的领土完整，又对俄罗斯兼并克里米亚的行为表示一定的理解，也不站在西方那一边谴责俄罗斯，同时希望当事国通过对话实现政治解决。

4月14日，乌克兰过渡政府在顿涅茨克州对亲俄武装分子展开"反恐行动"，乌东部地区局势紧张。当天中国外交部发言人在记者招待会上表示，中方希望乌克兰各方在充分考虑和照顾各地区、各民族合法利益和关切的基础上，通过政治对话寻求化解危机的途径；中方支持相关各方继续开展对话和协商，推动政治解决乌克兰危机尽早取得积极进展。此后，乌克兰东部地区武装冲突不断加剧，其间夹杂着冲突双方短暂的停火和欧盟与俄罗斯等外部力量的外交调解，但是至今仍未看到这一问题和平解决的可能性。中国在包括乌克兰东部局势在内的乌危机问题上一直坚持中立立场，并致力于促进该问题的政治解决。

在西方压制俄罗斯的情况下，中国在乌克兰危机问题上的中立立场及其全面看待克里米亚问题的态度为俄罗斯所珍视，普京总统在3月18日关于

---

① 《中国就政治解决乌克兰危机提出三点建议》，新华网，http://news.xinhuanet.com/world/2014-03/16/c_126272117.htm。

克里米亚问题的电视演讲中对中国表示了感谢。中国不仅没有响应美国的对俄制裁号召,拒绝加入西方经济制裁阵营,而且表示随时准备对俄提供援助,帮助俄罗斯渡过经济难关。中国的客观立场和独立自主的外交政策受到俄罗斯政府和多数民众的赞扬,俄社会舆论认为中国是一个可信的战略协作伙伴,主张通过加强与中国的经济政治关系,来缓解因西方制裁所造成的经济困难。

二 乌克兰危机促进中俄全面战略协作

经过10多年的发展,中俄战略协作伙伴关系已经达到两国关系史上的最高水平,即使没有外来动力,也能自我调节,平稳发展。2014年,受乌克兰危机的严重影响,俄罗斯对外政治经济政策"转向东方",给中俄关系带来额外的驱动力,加快了中俄全面战略协作关系的发展。

在政治方面,两国领导人会晤频繁,在国际问题与双边合作方面达成广泛共识。2014年2月,习近平主席赴俄罗斯出席索契冬奥会开幕式,开创了中国领导人第一次赴国外出席体育赛事的先例,显示了中国对发展中俄关系的高度重视。5月,普京总统来华访问,两国元首发表了《中俄关于全面战略协作伙伴关系新阶段的联合声明》。习近平主席和普京总统还在"亚信"、上海合作组织、亚太经合组织等多边机制框架下举行会晤,就共同关心的国际和地区问题进行了富有成效的交流。10月,李克强总理访问俄罗斯,两国总理签署了《中俄总理第十九次定期会晤联合公报》。通过高层会晤,俄罗斯领导人基本消除了对"丝绸之路经济带"问题的误解,中俄双方表示将寻找"丝绸之路经济带"项目和即将建立的欧亚经济联盟之间合作的契合点。俄罗斯颇为满意的是,中国在乌克兰危机问题上表现出对俄罗斯友好中立的立场,没有参加西方组织的对俄经济制裁。

在经济方面,中俄合作取得显著成就。据中国海关总署公布的数据,2014年中俄贸易额为952.8亿美元,同比增长6.8%,其中中国自俄罗斯进口额为 416 亿美元，同比增长 4.9%，对俄出口额为 536.8 亿美元，同比增长 8.2%[1]，中国保持了俄罗斯第一大贸易伙伴地位，俄罗斯是中国第九大贸易伙伴。2013 年中国对俄罗斯经济投资约 50 亿美元[2]，截至 2014 年 9 月，中国累计对俄罗斯各类投资达到 320 亿美元[3]，成为俄罗斯第四大投资来源地。俄罗斯对华投资额相对滞后，根据俄罗斯驻华商务处公布的资料，2014 年俄罗斯对华投资额估计为 17 亿美元[4]。在俄罗斯对外贸易大幅萎缩、卢布贬值背景下，中俄经贸合作规模的快速增长表明双方经济关系具有可靠基础和良好前景。

能源领域合作取得突破性进展。2014 年 5 月，中俄签署了总额为 4000 亿美元的《中俄东线供气购销合同》。根据该合同，从 2018 年起，俄罗斯将通过中俄天然气管道东线向中国供气，输气量逐年增长，最终达到每年 380 亿立方米，合同期为 30 年。这是迄今世界能源史上最大的天然气合同，文件的签署为双方修建中俄东线天然气管道和俄罗斯通过该管线向中国出口天然气排除了最后一道障碍。2014 年 11 月，双方签署《关于沿西线管道从俄罗斯向中国供应天然气的框架协议》，协议确定了供气规模为 300 亿立方米/年，供气期限为 30 年的合作框架。中俄西线供气项目对于优化中国能源消费结构、促进中西部地区经济发展具有重要意义。中俄天然气合作的启动，将促进中国天然气进口渠道多元化，进一步加强中俄能源合作伙伴关系。可以认为，如果没有乌克兰危机，没有西方的制裁，两国签署《中俄东线供气购销合同》的时间还会是未定之数。中俄就东线天然气管道项目谈判已有 15 年，从 2006 年签署《俄罗斯向中国供应天然气协议》以来已有 8 年，之所以一直不能落实，主要是因为在供气价格问题上难以达成共识。但是 2014 年西方的经济制裁间接地促使俄罗斯在天然气价格问题上松

---

[1] 数据引自中国海关总署，http://www.customs.gov.cn。
[2] 《俄驻华商务代表：在世界整体不稳定的背景下俄中经济合作现增长》，俄罗斯卫星网，http://sputniknews.cn/russia_china_relations/20141229/1013400681.html。
[3] 《张高丽与俄第一副总理舒瓦洛夫举行中俄投资合作委员会第一次会议》，新华网，http://news.xinhuanet.com/politics/2014-09/09/c_1112408358.htm。
[4] 《俄驻华商务代表：在世界整体不稳定的背景下俄中经济合作现增长》。

动立场，从而使这个项目得以落实。

在金融领域，2014年10月中俄两国央行签署货币互换协议。协议规定为期3年、规模为1500亿元人民币（8150亿卢布）的货币互换。这一举措旨在便利双边贸易和直接投资，促进两国经济发展。当然，在卢布贬值的背景下，该协议能够缓解市场恐慌情绪，在一定程度上提振市场对卢布的信心。

在2014年的中俄关系中，军事技术合作也具有突飞猛进的特点。据俄罗斯媒体报道，2014年秋季中俄两国已经签署《S-400"凯旋"防空导弹系统供应合同》，合同规定俄罗斯将向中国供应至少6个营，总价值超过30亿美元的S-400防空导弹系统。[①] 这是俄罗斯首次向外国出口S-400防空导弹系统，而且是向独联体集体安全条约组织成员国以外的国家出口。根据俄罗斯武器出口政策，这种先进的防空导弹系统只对其盟国打开供应大门。而在此之前，中俄军事技术合作规模已经处于下降趋势，虽然中国仍然是俄罗斯军技出口主要市场之一，也曾从俄进口S-300 PMU2导弹系统。毋庸置疑，乌克兰危机后形势的发展，同样在俄罗斯对华出售S-400防空导弹系统问题上也起到了间接的推动作用。俄罗斯对华供应S-400防空导弹系统将为双方军技合作的新一轮发展注入强劲动力。

联合军演是中俄两国和两军合作的重要内容。2014年5月，中俄两国海军在东海海空域举行"海上联合-2014"军事演习，演练了锚地防御、联合对海突击、反潜、护航、解救被劫持船舶、搜救、查证识别和防空等科目。8月，上海合作组织"和平使命-2014"联合军演在内蒙古朱日和训练基地举行，中国、俄罗斯和中亚成员国的部队演习了多边联席决策、联合组织指挥、协同反恐等内容。联合军演常态化促进了中俄两军的协同作战能力，展示了两国和上海合作组织维护地区安全的决心和能力。

在人文方面，2014年是中俄青年友好交流年，形式多样的交流活动加深了两国青年的理解和友谊。2014年，中国赴俄游客达120万人，同比增

[①] 《俄媒体：俄中签署S-400供应合同》，俄罗斯卫星网，http：//sputniknews.cn/russia_china_relations/20141126/44207346.html。

长10%，① 中国已经连续第二年成为俄罗斯最大游客来源国；约有200万俄罗斯公民赴华旅游。

无论从哪方面来评价，2014年都是中俄关系与战略合作大幅推进的年份，俄罗斯的两项民意调查证实了这一判断。2005年1月，俄罗斯"列瓦达"中心公布了2014年12月进行的一项民意调查结果：有47%的俄罗斯人认为，未来俄罗斯应当首先加强与中国的关系，换句话说，中国已成为俄罗斯人心目中最重要的外交伙伴。俄罗斯人一向以独联体国家为首要外交方向，但是这一次调查显示，只有12%的人期望加强与独联体国家的关系。同时，赞成加强俄中关系的人数是10年前的10倍。② 2015年1月，全俄舆情研究中心的一项题为"哪些国家与俄罗斯之间关系最友好"的民意调查显示，51%的受访者认为中国对待俄罗斯的态度最友好，其后是白俄罗斯（32%）和哈萨克斯坦（20%）。全俄舆情研究中心专家指出，6年来，认为中国与俄罗斯关系最好的民众的数量增加了2倍，2008年持这种看法的人仅为23%。③ 这些民调说明，在俄罗斯，优先发展中俄关系的社会基础显著增强。

三 中俄关系面临的新形势

1. 中国和俄罗斯都受到美国的军事政治遏制

近年来，随着中国成为世界第二大经济体和继续快速崛起，美国将中国确定为战略遏制的首要对象，在其周边加强军事部署和扩建同盟体系，以图遏制中国崛起进程。其一，实行"重返亚太"、亚太"再平衡"战略，向亚太地区转移和重新部署军事力量。美国国防部实施在2020年前将60%的美国海军和空军力量部署在亚太地区的计划，2014年增加了陆军和海军陆战

---

① 《中国已连续两年成俄罗斯最大游客来源国》，俄罗斯卫星网，http://sputniknews.cn/russia_china_relations/20150212/1013817843.html。
② 《民调：中国是俄罗斯人心目中最重要的外交政策伙伴》，俄罗斯卫星网，http://sputniknews.cn/china/20150113/1013513557.html。
③ 《全俄舆情研究中心调查：俄罗斯人认为主要盟友为中国，头号敌人为美国》，俄罗斯卫星网，http://sputniknews.cn/russia/20150128/1013659762.html。

队在这一地区的力量部署。美国不断将其最先进的武器系统部署在亚太地区，美军除加强在第一岛链和第二岛链的军事力量外，还扩大了在夏威夷和美国太平洋沿岸军事基地的军事部署。其二，强化与日本、韩国、菲律宾、澳大利亚等盟国的双边军事合作，同时推动日澳、日韩、日菲之间的双边及美日澳、美日韩等三边军事安全关系的发展，以重新塑造以美国为核心的多层次的亚太地区同盟体系。通过发展同盟关系和军事安全伙伴关系，提高美国应对亚太地区安全挑战的能力，并在中国周边建立一个防务合作网络。其三，在中国周边地区挑拨领土、领海争端，为少数亚太国家对抗中国提供军事政治支持。2014年4月，奥巴马总统公开支持日本安倍政府解禁集体自卫权，声称钓鱼岛适用于美日安保条约的范围，此举表明，美国不仅在钓鱼岛问题上为日本撑腰打气，还要武装日本，使之成为美国遏制中国的马前卒。美国与菲律宾签署《加强防务合作协议》，发展与越南的军事安全联系，在南海问题上袒护菲、越等国。

在欧洲，美国除了部署欧洲反导系统以确立对俄罗斯战略防御实力优势之外，还利用乌克兰危机，联合盟国共同实施对俄军事政治遏制。一是强化北约功能，加强北约驻东欧前沿军事部署。冷战结束后，北约的敌人——华约崩溃，苏联解体，东欧国家纷纷投奔西方，北约由军事集团逐渐向政治军事组织转型。"9·11"事件后非传统安全问题日益成为国际社会的主要威胁，美国对外政策及干涉行动单边主义化，使北约的存在价值进一步降低，生存焦虑随之增强。2014年，普京在乌克兰以俄罗斯的"硬实力"应对西方的"软实力"，从而促使美国加紧激活北约对抗俄罗斯的功能，以期扭转西方在乌克兰问题上的被动局面。北约加强对波罗的海三国的空中巡逻、在东欧国家前沿部署快速反应部队，一部分北约成员国为乌克兰政府军提供军事援助等，表明北约在遏制俄罗斯的方针下，加强了集体防御职能。二是武装乌克兰，利用乌与俄罗斯进行武力对抗。美欧与俄罗斯的争夺，引发了乌克兰危机，然而在俄兼并克里米亚后，美国的第一反应是宣布其不会因为乌克兰问题与俄开战，而将继续采取外交和经济制裁等手段来解决俄美在这一问题上的对抗。在乌克兰政府军数次围剿东部地区分离主义武装力量均告失利后,美国将对乌援助由一般性军事物资扩大到致命性武器,以提高其防卫能力。美国武装乌克兰的政策,将加剧乌内战的惨烈性,并可能使乌内战升级为美俄代理人战争,但是无助于乌危机的和平解决。

2. 俄罗斯社会对中国崛起怀有战略疑虑

在俄罗斯与西方关系因乌克兰危机而恶化的背景下,在俄国内支持中俄友好与战略协作的社会基础显著增强,这是客观事实。但是,不能不注意到的一个问题是,随着中俄国力和国际地位易位,对中国崛起的战略疑虑成为俄罗斯发展与中国关系的主要心理障碍。这种疑虑包括:中国能否和平崛起,中国崛起后如何定位自身的国际角色,中国将推行什么样的对俄政策,等等。

举例来说,2014年1月21日,在俄罗斯与西方围绕乌克兰危机斗争日益激烈的时刻,俄罗斯著名智库外交与国防政策委员会发布了《21世纪的战略(讨论稿)》,该报告竟然认为,未来俄罗斯安全面临"一软一硬"两个威胁:软威胁是中国的逐渐强大,它以使邻国依附于自己为传统目标;硬威胁是宗教极端主义向俄罗斯势力范围甚至俄国内的蔓延。[①] 众所周知,俄罗斯外交与国防政策委员会的成员都是俄知识界、政界或商界精英,然而这些精英对本国眼前面临的西方地缘政治挤压视而不见,却对未来中国崛起后的邻国政策忧心忡忡,这不能不说明俄罗斯对华战略疑虑之深且远。

这种战略疑虑与此前不同时期在俄罗斯曾经占据一席之地的各种版本的"中国威胁论"还有些不同,其中最根本之处在于,历史上已经习惯于追赶西方而傲视东方的俄罗斯,现在却发现自己在东方的优越感已经不复存在,俄罗斯需要适应中国强大的现实,在这样一种新的基础上发展与中国的关系,探寻双方共同发展之道。因此,从中俄战略协作伙伴关系长远健康发展考虑,应对这一问题给予充分重视。

3. 两国国内社会对中俄个别合作项目的舆论压力问题凸显

2014年12月底,国内一些媒体关于中国与俄罗斯互换货币吃亏的舆论

---

① Совет по внешней и оборонной политике, Стратегия XXI (Версия для обсуждения), http://svop.ru/wp-content/uploads/2014/02/strategy_2new.pdf, 21.01.2014.

引起了社会的关注。俄罗斯也有很多人认为俄方在中俄天然气合作项目中吃了亏,以至于普京总统不得不多次公开做出解释。这两个例子说明,在民众对外交问题兴趣日益增长,网络等新媒体快速传播信息的形势下,两国在中俄合作项目等方面做好公共外交工作是十分必要的。

四 新形势下进一步提升中俄战略协作关系水平的工作思路

1. 加强中俄两国在维护国际和周边环境中的战略协作

这是今后中俄战略协作的首要方面。中俄两国只有维护好和平、稳定的国际和周边环境,才能实现各自发展和共同发展的战略目标。但是,越来越明显的趋势是,美国在中国、俄罗斯的周边地区以及其他一些地区制造不稳定局面,对中俄两国的发展造成干扰,有些干扰还非常严重,比如乌克兰危机。因此,中俄两国有必要在维护国际和周边环境方面加强合作。

应共同抵制美国的战略遏制,携手推进多极化进程,当然,这里的"共同抵制"仅限于外交方面。中俄两国要在维护发展模式的多样性和自主性方面发展合作,反对美国和西方其他国家利用民主等问题干涉他国内政。在亚太地区,中俄两国在平衡美国"重返亚太"战略的消极地缘政治后果,建立开放、平等的亚太地区安全结构方面开展合作。在欧洲地区,中俄两国应继续共同反对北约向独联体地区扩大,反对美国部署欧洲反导系统。

在乌克兰危机问题上,中国可继续反对西方通过政治孤立和经济制裁等方式压制俄罗斯,并加强与俄罗斯在投资、贸易、能源等各个领域的合作,同时促进乌克兰危机问题的政治解决。

2. 提升中俄两国经贸合作水平

笔者不赞成中国应当拯救俄罗斯经济的提法,因为中国没有这样的义务,俄罗斯也不认为其经济已经衰退到需要他国出手相救的地步。但是从外交战略的角度看,作为俄罗斯的战略协作伙伴,中国理应帮俄罗斯一把,不能坐视俄罗斯被西方的经济制裁所打倒,应在互利和市场原则基础上,提升中俄两国经济合作水平。

首先，扩大投资合作。当前，尽管中俄两国的相互投资增长很快，但是规模不大，而且投资领域有限，中国对俄投资主要集中在能源、资源开发、建筑、轻纺、家电、通信领域，俄罗斯对华投资主要分布在纺织、食品、化学等制造业。两国决定发展双方在飞机制造、民航、高新技术、高铁、基础设施等领域的大项目合作，其中共同制造宽体远程飞机等大型合作项目已经启动。中俄投资合作领域的拓展，特别是向高技术领域的拓展，将有力促进双方投资合作的大幅度增长。

其次，继续促进贸易增长。一方面，共同解决贸易结构优化等老问题，另一方面促使俄罗斯取消一些高技术产品对华出口限制，促进两国贸易的全面发展。从目前双边贸易发展情况看，两国元首确定的双边贸易额在2015年前达到1000亿美元的目标能够实现。

最后，加强金融合作，包括本币结算。在当前卢布贬值、西方对俄经济制裁有增无减的情况下，双方可更多地使用人民币来进行贸易结算，以保障贸易结算的安全可靠性。

3. 继续加强沟通协调，不断增信释疑

应当说，中俄互信已经达到相当高的水平。但是，随着国际形势的变化和中俄合作的深化，不时会有新的问题出现，因此，持续地做好增信释疑工作仍然是必要的。比如俄罗斯方面曾经认为中国提出的丝绸之路经济带构想是欧亚经济联盟的竞争方案，担心中国在中亚国家经济影响的扩大将威胁到俄罗斯在该地区的主导地位。中俄两国通过各种级别、各个部门的对话，基本消除或淡化了俄方的这种疑虑。对于俄罗斯社会对中国崛起的战略疑虑等问题，中方仍然需要多做交流，多宣传中国的和平发展理念及中国的发展对俄罗斯来说不是威胁而是机遇等，以便及时地增信释疑，促进中俄战略协作伙伴关系的不断发展。

总的来说，2014年是中俄关系非正常加速发展的一年，2015年有望延续这种发展态势，但是从长期角度看，这种情况不会成为中俄关系的"新常态"。未来两国关系仍将回归平稳发展的状态。

Y.11 乌克兰危机背景下俄罗斯积极推动亚太战略

李勇慧*

摘　要： 在乌克兰危机不断升级、欧美对俄严厉制裁的背景下，俄罗斯更加积极向东看，一是显示了俄罗斯依托亚太地区国家坚定回应西方打压的决心；二是表明乌克兰危机促使俄加速在亚太地区谋篇布局。俄罗斯亚太战略由来已久，绝非权宜之计。俄罗斯力争在能源、军工等合作平台上构建更有利于俄的地缘政治和经济战略格局，其首要目标是维护远东地区安全，确保以俄罗斯为一极构筑亚太新安全格局。其次，通过铺设油气管道，逐步实现以俄罗斯为主导的亚太能源供应新格局。亚洲地区存在的问题以及俄国内部对于国家发展战略方向的亲西方性是制约普京亚太战略的主要因素。

关键词： 乌克兰危机　俄罗斯　亚太　中国

乌克兰危机爆发后，乌克兰不仅面临领土、军事、经济等一系列极为严峻的困局，而且局势的走向已非乌克兰政府所能独立驾驭，美国、欧盟和俄罗斯三方的立场和行动对乌局势具有重大的影响，乌克兰局势未来走向仍然扑朔迷离。俄罗斯与美国、欧盟的关系陷入谷底，出现似冷战时代的对垒，欧洲上空

---

* 李勇慧，中国社科院俄罗斯东欧中亚研究所俄罗斯外交室副主任。

开始笼罩"新冷战"的阴影，北约作为军事组织的地位重新上升。由于克里米亚并入俄罗斯，美国和欧盟在政治、金融、能源、高科技、军事等多个领域对俄罗斯采取严厉制裁，加之国际油价下跌，俄国内资本抽逃，卢布大跌，俄罗斯经济也陷入危机之中。俄罗斯在其西部难以再施展有效的外交，而其东部正在形成的新的力量格局、与亚洲各国良好的政治关系、富有活力的广阔的亚洲市场，促使俄罗斯再一次将目光投向亚洲，并集中外交资源加紧实施其亚太战略布局以弥补在西部与美国、欧盟关系交恶所带来的政治、经济损失。

一 2014年俄罗斯积极推动亚太外交

2014年，俄罗斯总统普京积极向东看，出访中国、蒙古、印度等国家，积极发展与亚太国家的双边关系，扩大合作。如期参加金砖五国、上海合作组织、亚太经合组织、G20等多边会议，不断提升俄罗斯在国际舞台上的地位。普京一系列面向亚太的外交活动，一是显示了俄罗斯依托亚太地区国家坚定回应西方打压的决心；二是表明了乌克兰危机已促使俄加速在亚太地区谋篇布局，这不是权宜之计，而是俄亚太战略的延续。普京总统在2014年12月的国情咨文中指出："近10年来，亚太地区迅速发展，俄罗斯在这一地区有不少真诚的朋友和战略伙伴，俄将全面挖掘作为一个太平洋大国的巨大潜力。"[①]

在乌克兰危机和西方对俄罗斯制裁的背景下，中俄关系迎来了全面发展的机遇，中俄战略协作伙伴关系全面深化，达到历史上最好水平。政治互信进一步加深，能源合作取得重大突破，军事信任与合作不断加强和深入，人文合作全面发展，在国际问题上相互支持。2014年两国元首会晤五次，其中通过普京总统访华，双方分别签署了具有里程碑式的、合同金额达4000亿美元的《中俄东线供气购销合同》以及《中俄关系全面战略协作伙伴关系新阶段的联合声明》、《沿西线管道从俄罗斯向中国供气的框架协议》。李

---

① Послание Президента Федеральному Собранию, 4 декабря 2014 года. http://www.kremlin.ru/news/47173.

克强总理访俄时,双方签署了经贸、投资、能源、金融、高科技等领域近40项重要合作文件。两国在2015年还将共同举办庆祝反法西斯战争胜利70周年的纪念活动。

俄蒙传统关系进一步得到巩固,俄加强了在本地区的影响力。2014年9月,俄罗斯总统普京对蒙古国进行了工作访问。俄蒙两国共签署15个双边合作协议,其中包括蒙古国无偿得到俄罗斯军事技术援助和现代化改造蒙古国铁路等项目。俄罗斯还同意恢复于1995年取消的免签证制度。俄将取消对蒙古国畜牧业产品进入俄罗斯市场的限制,2020年前准备把两国贸易额提高到100亿美元。普京访问期间,提出了俄中蒙三方定期会晤机制的建议。普京这次出访是参加蒙古国在乌兰巴托举行的纪念1939年哈拉哈河战役胜利75周年招待会。普京表示,俄罗斯牢记蒙古国在战争年代给予的帮助,邀请额勒贝格道尔吉总统2015年5月访问莫斯科,出席伟大卫国战争胜利70周年庆典。①

俄越全面战略伙伴关系进一步深化,在能源和军事合作两个轮子的驱动下双方政治经济关系齐头并进,在战略上相互借重。2014年11月23～26日,越共总书记阮富仲访问俄罗斯。双方在联合声明中指出,油气、核能、军事技术、科学、教育和文化领域是两国合作的火车头。关于关税同盟成员国和越南的自贸区谈判已经进入完成阶段。2013年俄罗斯与越南贸易额增长8.5%,达到40亿美元,俄方的投资额已经达到90亿美元。阮此次访俄进一步推动了两国关系全面发展,双方在能源、军技、航天方面的合作将出现新的项目。在俄期间,阮还与俄国家杜马及联邦委员会领导人以及俄联邦政府总理梅德韦杰夫举行了会面。在俄罗斯融入东盟等国际组织的活动中,越南起到主要作用,是俄罗斯在东南亚的战略依托。

在西方对俄罗斯加紧制裁的同时,2014年俄印继续深化在战略领域内的合作。12月11日,普京总统访问印度,这是2014年莫迪就任印度总理以来两人举行的第三次会晤。此前,普京与莫迪曾先后在金砖国家峰会和二

---

① Визит Путина в Монголию. http://ria.ru/trend/Mongolia_Putin_visit_03092014/#ixzz3CJKBPdOL.

十国集团峰会上两次会晤。俄印发表共同声明，面向未来10年签订了25项协定，涉及石油开采、核能、投资、军事训练、基础设施和人文合作等多个领域。能源部分被列入最优先部分，紧随其后的是全面提升的军事和军事技术合作。俄印双边贸易额近年来只有100亿美元，两国在联合声明中提出，到2025年将双边贸易额提升至300亿美元，投资额各提高至150亿美元。声明强调，俄印双方还在联合国、二十国集团、金砖国家和上海合作组织等国际组织中进行了有效合作。普京富有成果的访印进一步拉近了俄印关系，凸显了在国际格局加速调整和演变的大背景下，双方相互借重，不断夯实俄印关系的战略意图。俄罗斯对与印度形成的首要战略伙伴关系非常满意，俄罗斯外长拉夫罗夫在2014年年底的外交总结中指出：普京总统访印为确保俄印更长远的发展进行了充电。①

2014年，普京积极的亚太外交得到朝韩两国的积极响应。2月，朝鲜最高人民会议常务委员会委员长金永南出席俄罗斯索契冬奥会开幕式。此后，俄朝之间高层互访频繁。俄罗斯远东发展部部长加卢什卡、负责远东开发事务的副总理特鲁特涅夫等官员先后访问朝鲜，俄向朝鲜提供粮食、医药品等多种援助。3月，俄朝签署了包括能源合作在内的贸易协定，计划到2020年双边贸易额突破10亿美元，这是两国近年来最大的贸易举动。② 5月，普京又签署了批准取消朝鲜对苏联100亿美元债务的法律，并希望未来能与朝鲜在能源、卫生、教育等领域加强合作，从而将两国合作关系又推进一大步。10月以来，朝鲜外相李洙墉、朝鲜人民武力部部长玄永哲以及朝鲜劳动党中央政治局常委、中央书记崔龙海等3名高官接连访俄。作为金正恩特使，朝鲜劳动党中央政治局常委、中央书记崔龙海11月的访俄之行更被视为是为金正恩访俄"打前站"。普京总统和外长拉夫罗夫分别会见了崔龙海，崔向普京转达了金正恩对普京的问候和亲笔信。俄朝双方重申愿进一步

---

① Основные внешнеполитические события 2014 года. http://www.mid.ru/brp_4.nsf/newsline/76C4E9FF55433787C3257DBB003BCE46.
② ТолораяГ., Торкунов А., Северокорейский фактор и укрепление позиций России в Азии // Международная жизнь，2014，№3，С. 70 – 85.

俄罗斯黄皮书

扩大和发展两国互惠合作,崔龙海向俄外长表示愿意无条件恢复朝鲜半岛核问题六方会谈。① 此外,俄朝还于2014年启动总投资约250亿美元的朝鲜铁路现代化改造项目,俄罗斯的煤炭也在12月首次通过朝鲜的罗津港进入韩国。② 2015年1月,俄罗斯正式邀请金正恩参加2015年5月在莫斯科举行的俄罗斯卫国战争胜利70周年庆典活动并访问俄罗斯。俄朝关系的互动展示了俄罗斯在朝鲜半岛事务上的独特作用,以及其推进半岛铁路、天然气管道联通的经济合作战略意图。

2014年,由于日本参加西方对俄罗斯的经济制裁,普京取消了2014年秋天访日的计划,趋于转暖的俄日关系变冷。为缓和与俄罗斯的关系,日本首相安倍晋三要求在北京APEC会议期间同普京举行会晤,普京深谙日本对俄罗斯的战略需求,同意与安倍在北京会面,为俄日关系继续发展保留了空间。与此同时,俄日地区合作扩大加深。北海道与远东地区的滨海边疆区、阿穆尔州、符拉迪沃斯托克等建立了食品、农业、医疗和旅游合作关系。对于发展远东西伯利亚资金缺口很大的俄罗斯来说,一旦经济制裁被解除,俄日可能进一步扩大合作。

俄罗斯积极参与亚太多边合作,加快融入亚太经济一体化的进程。2014年11月,普京总统在北京参加了亚太经济合作组织元首峰会,会上他提出在透明、平等和互利的原则下参与亚太经济一体化合作,有利于形成开放的公众市场。为推动亚太地区尽快建立起地区经济一体化,以早日发展远东西伯利亚,俄罗斯提出将联通欧亚大陆桥,为此,对贝阿铁路和跨西伯利亚大铁路进行现代化改造,改造俄罗斯远东港口,建立北极航道。俄罗斯欢迎外国投资者参与上述项目,并在能源和通信领域投资。

俄罗斯与东盟的关系发展顺利。2014年,在东盟地区安全论坛框架下

---

① Выступление и ответы на вопросы СМИ Министра иностранных дел России С. В. Лаврова на пресс-конференции по итогам переговоров со спецпредставителем руководителя КНДР Цой Рён Хэ. http://www.mid.ru/brp_4.nsf/newsline/19A0DD08BE0EC2EBC3257D96005856DD.

② Россия помирит две Кореи с помощью железной дороги. http://www.rg.ru/2014/08/04/korei-site-anons.html.

俄罗斯作为主要维护网络安全参与者之一，准备与东盟地区安全论坛合作维护信息通信技术的安全。俄罗斯和泰国担当东盟国家国防部部长会议军事医学机制专家工作组＋对话伙伴的共同主席国，这样的合作有助于加强俄罗斯与东盟国家军方的相互信任。在这个会议框架下，2014年在俄罗斯举办了"2014年－外国"观摩会。① 在东亚峰会的合作平台上俄罗斯赞成建立包容的、非集团化的安全合作的可靠机制。2014年，在俄罗斯圣彼得堡举行的"亚洲－欧洲"国际文化和文明间对话的高级论坛对推动国际和地区间广泛的合作和相互理解非常有意义。②

二 普京积极推动亚太外交的战略目标

（一）普京面向亚洲战略的国内考量

开发和振兴俄远东和西伯利亚地区经济是俄的首要战略目标，以期提振俄远东经济，加快俄罗斯融入亚太经济一体化的进程，强化俄在亚太地区的存在。占俄罗斯国土面积2/3的远东地区目前尚未得到充分开发，一个又一个发展纲要接连出台，但都没有被落实。究其主要原因，还是在于俄国内从思想上对亚洲方面重视不够，没有在基础设施、政府投入等方面下大力气。苏联解体后，俄罗斯独立之初奉行亲西方政策，希望在短时间内将俄罗斯建成法治社会、民主国家，俄国内亲西方派认为，亚洲国家的发展道路对其毫无吸引力，多数国家近乎独裁的发展模式正是俄想要摒弃的。③ 实践证明，亲西方政策并未给俄罗斯带来繁荣，相反使俄政治动荡，经济形势进一步恶化，在国际格局中有沦为二流国家的趋势。俄国内欧亚派逐渐崛起，俄想成

---

① Ракетный крейсер "Варяг" примет участие в контртеррористических учениях в Индонезии. http://itar-tass.com/politika/668269.
② Основные внешнеполитические события 2014 года. http://www.mid.ru/brp_4.nsf/newsline/76C4E9FF55433787C3257DBB003BCE46.
③ БажановЕ. Россия в Азиатско-тихоокеанском регионе//Международная жизнь, 2013, №8.

为世界性的大国,就必须发展其亚洲部分,只有远东和西伯利亚地区得到发展,俄罗斯才能巩固其大国地位,确保俄罗斯东部的安全。20世纪90年代中后期,亚太地区经济开始蓬勃发展,但由于思想上一心向西,俄错过了亚洲经济发展的第一波浪潮,远东和西伯利亚地区也错过了巨大的发展机遇。

2007年,俄罗斯决定承办2012年亚太经合组织非正式会议,准备以此为契机搭乘亚洲经济发展的快车,提振远东和西伯利亚地区经济。2012年普京担任其第三任总统后指出:"俄罗斯的重建时期已经终结,俄罗斯和全世界的后苏联发展阶段已经结束。"① 提出以重振大国地位为核心的战略目标,其中加紧推进俄版"重返亚太"战略是其主要内容之一,变传统上的"欧洲大国"为"欧亚大国""太平洋大国"。"俄罗斯能够也应当发挥应有的作用,这是俄罗斯的文明模式、伟大历史、地理位置和文化基因决定的。俄罗斯文化融合了欧洲文明的基本原则和长期与东方互动的经验,如今,新的经济力量和政治影响力正在东方迅速崛起。"② 普京就职当日就签署命令,为俄罗斯外交政策标章立目,将亚太列为第三优先方向。亚太力量对比变化可改变全球战略秩序,为此俄罗斯加大对亚太地区的重视和投入,促进实现与亚太经济的融合。俄罗斯欲借2012年主办亚太经合组织领导人峰会之机,全面拓展与亚太各经济体的合作。为了对接崛起的亚太经济、加大远东和西伯利亚开发力度,俄罗斯还在当年特别成立俄远东发展部。可以认为,2012年标志着普京版的亚太战略正式启动。然而,从2012年至今,远东发展部制定的发展构想并未得到执行,俄罗斯为举办亚太经合组织非正式会议花费了大量资金,却并未带来远东经济发展的效应。

因乌克兰危机俄罗斯与美国、欧盟交恶,西方对俄罗斯采取严厉的经济制裁,包括能源、金融、高科技等领域,俄罗斯经济陷入衰退,经济危机一触即发。西方对俄罗斯的经济封锁和投资的中断让俄罗斯再次认识到对外经济关系多元化的极端重要性,俄与亚太国家发展关系的迫切性大大增强。可

---

① 普京2012年12月的国情咨文。
② Россия и меняющийся мир: Статья Владимира Путина в ? Московских новостях? . http://www.mn.ru/politics/20120227/312306749.html.

以说，此次乌克兰背景下俄罗斯积极推动亚太外交，是对亚太地区的再次发力，促使亚太地区成为俄罗斯平衡西方的重要战略支点，有助于构建更有利于俄罗斯的地缘政治和经济战略格局。

（二）普京面向亚洲战略的国际考量

1. 维护俄罗斯地缘政治安全，构筑有利于俄的亚太安全格局

俄远东和西伯利亚地区所在的东北亚地区安全形势日益复杂。中国的崛起打破了亚太地区以美国为主导的格局，美国外交战略重心东移亚太，美日、美韩军事同盟强化其存在和影响。与此同时，美国也在日本、韩国开始部署导弹防御体系。美国加强在亚太地区的投入不仅为了遏制中国，而且对俄构成新的战略包围，也意在削弱俄罗斯在亚太地区的影响，亚太地区的力量格局面临重大变化。由于俄美战略矛盾不可调和，乌克兰危机凸显了美国在西部通过欧盟东扩和北约东扩一再挤压俄罗斯战略空间的意图，而且俄美也不可能在亚太一起构筑安全格局。俄罗斯只有通过强化在亚太地区的存在，不断提升亚太在外交全局中的地位，加大对亚太的重视和投入，力争在亚太事务中有更多的发言权，服务其重振大国、平衡西方的全方位外交战略，同时，俄这样做也是致力于实现成为全球独立一极的战略目标。"俄罗斯过去主要注意力都集中在欧洲，甚至直到今天都未能确定自己在变化中的亚太地区的地位和角色。不应该让俄罗斯的亚洲政策只成为其对欧洲政策的补充，相反要利用亚太地区赋予俄的广阔空间，成为一个独立的玩家。"①

2. 联合中国共同构筑亚洲新安全体系

乌克兰危机彻底让俄罗斯清醒，西方是绝不会停止打压、遏制俄罗斯的。俄罗斯唯有解放思想，加快向东看的步伐，联合中国才有可能成为构建地区格局的参与者和主导者。"俄罗斯作为军事大国，不再像冷战时代那样

---

① КаусиканБ. Удастся ли бесконфликтный переход? Восточная Азия в процессе стратегической трансформации. http://www.globalaffairs.ru/number/Udastsya – li – beskonfliktnyi – perekhod – 16930.

建立由其支配的政治、军事势力范围,首次有机会以和平要素参与亚太地区事务,它对亚太地区安全格局的构建起到了均衡器的作用;对其自身而言也将会获得巨大的发展机会。"① 梅德韦杰夫任总统时也曾指出:"没有更为完善的安全架构和稳定发展的机制,该地区就无法战胜这些挑战。"② 俄罗斯2010年就倡议中俄共同建立亚太新安全体系。2012年普京在与时任中国国家主席胡锦涛共同会见记者时指出:"俄中联合倡议加强亚太地区的安全至关重要。俄中主张建立基于国际法原则的、开放与平等的安全与合作体系。"③ 2013年3月,习近平出任国家主席后首访俄罗斯,双方发表联合声明再次指出:"团结地区各国力量,共同应对全球和地区问题,维护地区和平与稳定,促进地区共同发展,在遵循国际法基本原则的基础上,在亚太地区建立开放、透明、平等、包容的安全和合作架构,是当前本地区的首要任务。"④ 2014年5月,亚信会议上中国提出了新安全观:"要有效应对复杂的安全挑战,必须彻底摒弃旧有安全观念,积极倡导共同、综合、合作、可持续的亚洲安全观。"亚信会议期间中俄签订的《中俄关于全面战略协作伙伴关系新阶段的联合声明》更进一步阐明了新安全观的含义。⑤ 俄罗斯驻华大

---

① Т. В. Бордачев, Е. А. Канаев, Успокоить Запад, уравновесить Восток: Новая стратегия России в Азии. http://www.globalaffairs.ru/number/Uspokoit-Zapad-uravnovesit-Vostok-16929.
② 《梅德韦杰夫:巩固亚太地区蓬勃发展的平等伙伴关系》,俄新网,2008年11月21日。
③ 《普京文集》,世界知识出版社,2014,第101页。
④ 《中俄关于全面战略协作伙伴关系新阶段的联合声明》,http://www.fmprc.gov.cn/mfa_chn/ziliao_611306/1179_611310/t1157763.shtml。
⑤ 中俄双方将这些安全合作主张明确写入《中俄关于全面战略协作伙伴关系新阶段的联合声明》中:"在应当尊重各国的历史传承、文化传统和自主选择的社会政治制度、价值观、发展道路,反对干涉他国内政,放弃单边制裁,以及策划、支持、资助或鼓励更改他国宪法制度或吸收他国加入某一多边集团或联盟的行为,维护国际关系稳定和地区及全球和平与安全,化解危机和争端,打击恐怖主义和跨国犯罪,防止大规模杀伤性武器扩散。""双方始终不渝地捍卫国际关系中安全不可分割的原则。单方面在全球范围内发展反导系统不利于国际局势的稳定,只能损害全球战略稳定和国际安全。应通过所有相关国家共同采取政治外交努力,防止弹道导弹和导弹技术扩散,不能试图靠牺牲其他国家的安全来保障本国和某个国家集团的安全。"http://www.fmprc.gov.cn/mfa_chn/ziliao_611306/1179_611310/t1157763.shtml。

使杰尼索夫认为,这与俄方倡导的确保亚太地区和平与安全的观点完全相符。① 中俄在构建亚洲安全格局的道路上迈出重要一步,也使构筑亚太新安全格局进入了新阶段。有美国学者担心中俄在亚太安全事务上增强了发言权,可能会动摇美国的亚太再平衡战略。② 毋庸讳言,中俄两国在亚太地区安全领域的合作将会削弱美国的影响,有助于亚太地区建立更加公平、合理的新安全格局。

3. 通过铺设油气管道逐渐形成以俄罗斯为主导的亚太能源供应新格局

油气出口是俄罗斯振兴经济,实现大国崛起的关键因素,因此俄罗斯能源战略根据世界经济形势和国际能源格局的变化不断调整完善。在2009年推出的《2030年前俄罗斯能源战略》中,确定了能源"向东"发展方向。③ 2013年,俄罗斯对可能遭遇不利外部形势有了新认识,对巩固能源大国地位的危机感和紧迫感增强。一是开始正视欧洲能源市场多元化的不可逆走势。形势已经发展到欧盟不惜运用法律手段阻遏俄天然气公司试图主导欧洲天然气销售市场的地步。二是承认页岩气等能源手段技术对俄造成冲击。2014年以来,西方联手制裁俄罗斯,俄天然气在欧洲供应市场的衰退更为明显。为了强化俄罗斯在世界能源市场中的地位,并力争取得最大的经济利益,俄拟在2020年前将对亚太天然气出口从目前不足亚太市场的3%提高到20%,从以欧洲为重点、以亚太为辅助变为在欧洲守成、在亚太进取。

俄罗斯不仅在2014年5月与中国结束了持续多年的谈判,签署了东线天然气管道合同,还于11月与中国签署了《沿西线管道从俄罗斯向中国供气的框架协议》。除了在中国部署天然气管线外,俄罗斯还将油气管线从远东西伯利亚延伸到蒙古国、朝鲜半岛、印度、东盟国家。普京总统向蒙古国提出"草原之路"倡议,蒙古国将会从俄罗斯建设经蒙古国通往中国的天

---

① 《俄驻华大使:中国"亚洲新安全观"与俄方"完全相符"》,http://world.people.com.cn/n/2014/0527/c1002-25071805.html。
② 《亚信上海峰会如何影响国家格局》,http://column.cankaoxiaoxi.com/2014/0523/392354.shtml。
③ 该战略认为,尽管欧洲仍然是俄罗斯油气出口的主要方向,但是整个油气出口的增长将主要取决于东部方向的发展。俄罗斯将重点开发远东西伯利亚地区以及北极地区的新油气田。

然气管道中获益。俄罗斯已经取得朝鲜的同意,将过境朝鲜向韩国输送俄罗斯天然气。2014年12月,俄罗斯还与印度签署了每年供应1000万吨石油并持续10年的协议,俄计划通过西伯利亚 - 太平洋管线运送石油到印度。俄罗斯还建议与印度一起开发北极的石油,再运往印度。2014年12月,俄天然气工业股份公司和土耳其BOTAS公司签署了经黑海向土耳其方向建设海上输气管道的谅解备忘录,每年可输气630亿立方米,其中140亿立方米是提供给土耳其的,其余近500亿立方米将输送至土耳其和希腊的边境。12月,俄罗斯宣布停止修建"南溪"管线工程,将该工程所需资金转向与土耳其建设管道方向。"南溪"项目是俄罗斯在欧洲重点经营的项目,不仅能有效避开对乌克兰中转站的过度依赖,实现对欧能源供应渠道多样化,而且还有助于俄进一步打开南欧国家的市场。"南溪"项目若能顺利实施,无疑将进一步增强俄罗斯在欧洲的能源话语权。如今,俄罗斯却宣布放弃该项目,可以看出,俄罗斯在天然气供应在欧洲遭受巨大打压的情况下,更加坚定了在亚洲加快部署能源格局的决心。

4. 牢牢占据亚太军工市场

俄罗斯的军工产品同美国相比性价比更高,深得亚太国家的青睐。俄罗斯稳居世界第二武器贸易大国的位置,无论是在签订的合同数量方面,还是在实际交付规模方面。世界上共有60多个国家购买俄军工企业的产品,主要进口国位于亚太地区,占俄武器出口总额的65%,非洲买家约占14%,中东占10%。在印度和中国市场上,俄武器具有无可争议的优势。在中国占其武器进口总额的76%,在印度占80%。俄每年向印度提供约30亿美元的武器装备,目前已经签署的合同总价已高达200亿美元。[①] 1995~2010年,俄对越军售总额超过236亿美元,占越进口武器总额的89%,越南成为俄第五大武器出口国,到2014年越南95%的武器都是来自俄罗斯。此外,马来西亚、印尼、老挝等国也是俄的军售对象。印尼进口的军事装备中

---

① Россия и Индия обсудили сотрудничество от Арктики до космоса. http://www.vedomosti.ru/companies/news/37205321/putin - soobschil - o - planah - sotrudnichestva - rossii - i - indii - v? full#cutПетр Третьяков.

1/3 由俄罗斯提供，俄罗斯是印尼第一大军备供应商。俄罗斯向亚太国家提供各种军事装备，包括潜艇和航母、武装直升机和运输直升机、不同型号的坦克、防空导弹系统、发动机、轻武器和弹药等。

三 俄罗斯亚太外交的前景

当前西方对俄罗斯实施经济制裁和外交孤立政策，这使俄罗斯陷入双重危机。亚太地区对俄罗斯来说从来没有像今天这样重要和关键，这既是俄罗斯重新崛起、摆脱外交孤立的地区，也是俄缓解经济危机、获取投资的地区。但俄罗斯在亚太地区的政策能否取得令人满意的外交成绩、顺利实现其亚太战略仍然面临挑战。

从外部因素来看，"亚洲政治安全和经济发展两轮失衡问题日益突出"[①]，亚太地区存在的大国博弈、地区热点等问题影响俄罗斯亚太战略的实施。首先，中美力量的博弈导致地区力量格局发生变化，美国联合中国周边国家，遏制中国。中国周边的中小国家都被裹挟进地缘政治竞争中，大多数国家愿意维护美国在亚太的领导地位，担心中国崛起损害到其安全利益。俄罗斯与美国存在结构性的矛盾，当然不可能加入到美国阵营，特别是当前美国对俄罗斯加大制裁、打压力度，更加限制了俄罗斯在亚太地区政治、经济的影响力。尽管如此，俄罗斯也不会完全站在中国一边，更不会同中国结盟。在亚太地区处于半边缘化的俄罗斯想要成为影响地区力量格局的独立一极，从目前看还为时尚早。其次，地区热点问题，如朝鲜核问题、领土争端、军备竞赛都将给地区带来紧张和动荡，不仅威胁俄罗斯的地缘安全利益，而且对经济发展而言也是消极因素。况且，俄罗斯对这些问题没有太多的影响力，也就不会起主导作用。

从内部因素看，首先，自独立以来，俄罗斯的发展道路是向东还是向西

---

① 《亚洲的安全与中国的责任——外交部副部长刘振民在亚太安全合作理事会第九次大会午餐会上的演讲》，http://www.fmprc.gov.cn/mfa_chn/wjbxw_602253/t1105032.shtml。

仍然未能确定,导致俄罗斯在制定国家发展战略上一直未能把东部发展战略有效地协调统一在国家大战略中,造成向东发展战略受到向西发展战略的掣肘。时至今日,有关发展东部的纲要、战略和两年前成立的远东发展部都在空转。就在乌克兰危机造成俄罗斯外交孤立,迫使俄罗斯再次向东看的时候,俄国内的欧洲中心主义论者仍然认为,俄罗斯现在向东看是暂时的、战术性的,因为俄罗斯对外贸易额一半以上是与欧盟的贸易,外国在俄罗斯的投资80%来自欧盟。俄罗斯的历史、文化底蕴是属于欧洲的。[1] 思想上的问题不解决,终究会影响俄罗斯亚太外交战略的实施,并将制约俄融入亚太经济一体化进程的速度和程度。

其次,俄远东和西伯利亚地区基础设施落后,行政壁垒重重,投资环境欠佳,市场及开放程度狭小,人口资源短缺,这些问题都掣肘俄罗斯亚太战略的顺利实施。

最后,俄罗斯发展远东和西伯利亚地区经济,无论从地理位置,还是从政治、经济因素考量,都离不开中国。但在俄国"中国威胁论"仍然颇有市场,成为阻碍中俄两国在远东和西伯利亚地区深入合作的主要因素。就在当前西方制裁推动俄罗斯加紧同中国深入和扩大经济合作时,俄国内的"中国威胁论"仍不绝于耳,主要集中在具有国家发展战略意义上的经济合作和移民问题上。一是认为要警惕中国投资及两国经贸合作对俄经济的挑战,称引进中国的合作项目对发展俄罗斯经济助益不大。[2] 二是认为中国将会有人口入侵到落后的远东和西伯利亚地区。2015年1月26日在俄罗斯政府工作会议上普京总统表示,考虑给每个远东居民免费分土地。具体内容包括国家准备将远东地区土地无偿分发给当地居民,每人1公顷,条件是必须为俄罗斯籍公民,并且对如何开发所获得的土地制订了10年规划细则,并

---

[1] Бордачев Т. В., Канаев Е. А., Успокоить Запад, уравновесить Восток: Новая стратегия России в Азии. http://www.globalaffairs.ru/number/Uspokoit-Zapad-uravnovesit-Vostok-16929.

[2] 《为什么要害怕中国人——廉价中国贷款对俄罗斯经济有何风险》,俄罗斯报纸网,2014年10月18日。

需要出具资信证明。俄罗斯国家安全新威胁和新挑战研究中心主任苏哈连科说:"因为经营废弃的农田需要大量资金投入,这是当地居民无力做到的。因此这些土地极有可能转租给中国移民,这是该计划最危险的方面,届时国家将成为输家。"①

总之,伴随着乌克兰危机,俄罗斯亚太战略已不可能再像过去一样被束之高阁,如今实施亚太战略已是刻不容缓,尤为迫切。俄罗斯奉行积极的亚太外交战略能够完成三项任务。一是为了平衡西方,政治安全上加快与亚太主要国家巩固政治互信的关系,加紧构建新的亚太安全体系;经济上减少因与西方关系破裂而给俄罗斯带来的经济损失,尽力从亚太国家得到因制裁而无法从西方获得的技术和投资。二是加强同亚太各地区组织的经济合作,加快融入亚洲经济一体化的进程。三是巩固和扩大能源和军工两个领域在亚太地区的市场份额。乌克兰危机为俄罗斯外交摆脱欧洲中心主义思想的束缚,全面实现亚太战略提供了机遇。

---

① 《俄远东"任性"闲置大量沃土吸引中国人耕种》,http://world.huanqiu.com/photo/2015-01/2761062.html。

Y.12
俄罗斯如何看待丝绸之路经济带

赵会荣*

摘　要： 俄罗斯官方明确支持建设丝绸之路经济带，希望能够为己所用。俄学界对于丝绸之路经济带看法多样，一些学者建议中俄双方利用好丝绸之路经济带的契机，加强在交通、能源、制造业、高科技、人文等领域的合作，另一些学者对丝绸之路经济带存在很多顾虑。中方有必要组织专家认真研究俄方学者的建议，推动双方人文交流和经济合作，促进双方关系发展。

关键词： 俄罗斯　中国　丝绸之路经济带　欧亚联盟　上合组织

2013 年 9 月，中国国家主席习近平在访问哈萨克斯坦期间提出建设丝绸之路经济带的倡议。习主席的倡议引起俄罗斯政界和学界的高度关注。俄罗斯如何看待丝绸之路经济带？ 对此提出了哪些建议？ 又有哪些顾虑？ 这对于中国意味着什么？ 搞清楚这些问题对于促进中俄关系发展以及推动丝绸之路经济带建设无疑是有意义的。

一　俄罗斯对于丝绸之路经济带的认知

习近平主席在纳扎尔巴耶夫大学发表有关建设丝绸之路经济带的讲话以

---

* 赵会荣，中国社会科学院俄罗斯东欧中亚研究所乌克兰研究室主任，博士。

后，中国官方没有出台任何文件，俄罗斯不清楚丝绸之路经济带的内涵，政界和学界最初的反应都比较谨慎，基本保持观望态度，但这并不表示俄罗斯对此不重视。俄方智库和学者，特别是中国问题专家，对于习主席的讲话进行了认真的研究。主流观点认为，俄罗斯没有必要反对建设丝绸之路经济带，要利用中方建设丝绸之路经济带的契机，为俄罗斯的利益服务。这种观点促使俄罗斯官方对于丝绸之路经济带做出积极回应。

俄罗斯总统普京的两次讲话以及中俄双方签署的联合声明都明确传递出俄罗斯支持建设丝绸之路经济带的信息，俄方的兴趣点主要是在交通和基础设施方面。2014年2月6日，习近平主席在俄罗斯索契与俄罗斯总统普京举行会谈。普京表示："俄方积极响应中方建设丝绸之路经济带和21世纪海上丝绸之路的倡议，愿将俄方跨欧亚铁路与'一带一路'对接，创造出更大效益。"① 2014年5月20日，习近平主席在中国上海与普京总统举行了会谈。普京总统表示"俄方支持建设丝绸之路经济带，促进交通基础设施互联互通，欢迎中方参与俄罗斯远东地区开发"。② 双方会晤后发表的《中华人民共和国与俄罗斯联邦关于全面战略协作伙伴关系新阶段的联合声明》指出，"俄方认为，中方提出的建设丝绸之路经济带倡议非常重要，高度评价中方愿在制定和实施过程中考虑俄方利益。双方将寻找丝绸之路经济带项目和将建立的欧亚经济联盟之间可行的契合点。为此，双方将继续深化两国主管部门的合作，包括在地区发展交通和基础设施方面实施共同项目。"③

实际上，俄罗斯政界和学界对于丝绸之路经济带的看法要比上述表态复杂得多。2014年9~11月，笔者在俄罗斯走访了很多俄方的智库和学者。当时乌克兰危机正酣，有关乌克兰的消息占据了各大媒体的头条或显要位

---

① 《习近平会见俄罗斯总统普京》，新华网，http://news.xinhuanet.com/world/2014-02/07/c_119220650.htm。
② 《习近平同俄罗斯总统普京会谈强调扩大和深化务实合作，把中俄全面战略协作伙伴关系推向更高水平》，人民网，http://politics.people.com.cn/n/2014/0521/c1024-25042790.html。
③ 《中华人民共和国与俄罗斯联邦关于全面战略协作伙伴关系新阶段的联合声明》，人民网，http://politics.people.com.cn/n/2014/0521/c1024-25042806.html。

置。相比之下，对丝绸之路经济带的关注度非常有限。笔者主要通过访谈、参加俄智库举办的学术研讨会以及阅读俄方学者的科研成果来了解俄方（主要是学界）对于丝绸之路经济带的认知和态度。

谈到丝绸之路经济带，俄罗斯研究中国问题的学者都非常熟悉，不研究中国问题的学者则比较陌生。总的印象是，俄罗斯的中国问题专家对于中国国情和政策的理解相对比较客观，对于促进中俄合作提出了很多建设性意见，而非中国问题专家对于中国国情和政策的理解则比较片面，观点也较偏激。两类学者都认为，俄罗斯是建设丝绸之路经济带能否取得成绩的关键国家。以下从四个方面介绍俄方学者对于丝绸之路经济带的认知和态度。

（一）关于建设丝绸之路经济带的动机

关于中方提出建设丝绸之路经济带的动机，俄方存在以下五种看法。第一种认为，中国提出建设丝绸之路经济带是为了应对近年来中国国内遇到的经济挑战。全球经济危机以及之后发生的社会经济问题导致以出口和外国直接投资为基础的中国经济模式效率下降。为了应对这种挑战，中国领导人需要找到新的出口市场或者维持现有出口市场，减少日益拉大的东部沿海地区与内地落后地区之间的经济社会发展差距，促进国内和边境地区稳定。① 第二种认为，中国建设丝绸之路经济带的目的是进口能源和资源，输出商品和劳务，开拓从中国经过欧亚大陆直通欧洲的商品市场。第三种认为，中国提出建设丝绸之路经济带是为了应对在上合组织内遇到的问题。这些问题包括：一是上合组织成员国利用中俄之间的矛盾，从中渔利；二是中俄两国在建设上合组织自贸区问题上存在矛盾，俄罗斯认为，与中国最大限度的贸易自由化和从中国大规模进口商品将对俄罗斯本土生产的产品产生消极影响；三是上合组织一体化发展缓慢。中国借助建设丝绸之路经济带可以绕开上合组织内的这些矛盾，在发展与中亚国家以及后苏联地区国家的关系方面占据

---

① Панов А. М., Социально-экономическое развитие государств евразии // Проблемы современной экономики, N 3 (51), 2014. http://www.m-economy.ru/art.php?nArtId = 5104.

主导地位。第四种认为，中国对于中亚的兴趣点主要不在经济层面，而在战略层面，不是形成控制，而是要消除针对中国的动荡和恐怖主义威胁。第五种认为，在后苏联地区，中方未必顾及俄罗斯的利益，未必支持关税同盟和欧亚联盟；有的学者甚至直接指出，中国反对关税同盟和欧亚联盟，中国建设丝绸之路经济带是为了削弱俄罗斯在后苏联地区的影响。①

（二）关于建设丝绸之路经济带的目标

俄方很多学者都倾向于从地缘政治的角度看待丝绸之路经济带，认为经济计划的背后不可能没有政治目的。有一个会议细节可以佐证这一点：中方学者在有关"一带一路"的国际会议上强调中国致力于互利共赢，没有政治野心，包括俄方学者在内的外国同行往往正襟危坐，好像无动于衷；而一旦有中方学者大谈中国的全球地缘政治战略，外国学者马上聚精会神，提笔记录。俄罗斯科学院远东所中国问题专家别尔杰尔指出，尽管中国宣称不追求霸权，但中国已经成为世界第二大经济体，经济利益从来都与政治利益紧密相关。中国关于建立和谐世界的表态并不能让周边国家放心。俄联邦总统上合组织问题特使瓦罗比耶夫指出，中国国际经济地位的上升促使中国思考如何维护自身海外利益的问题。中国目前推行的政策特点是：更坚实基础之上的独立性和自主性；在加强市场手段和更深入地融入世界经济交流体系的同时，通过持续的经济发展积聚内部潜力；作为全球战略利益玩家，而不是地区大国，全方位扩大对外活动的积极性。在南海问题上，中国既提出21世纪海上丝绸之路，又展示了辽宁号航空母舰和发布《国防白皮书》。与南海问题相关国家一样，中国也在"秀肌肉"。②

俄方学者依据习主席提出的"五通"（政策沟通、道路联通、贸易畅

---

① Сергеев М., Пекин дипломатично подвинул Путинский проект Евразийского экономического союза//Независимая газета. 14. 10. 2013. http：//www. ng. ru/economics/ 2013 – 10 –14/1_ pekin. html.

② ВоробьевВ. Я., Новый шелковый курс, о китайской идее построения экономического пространства "Великого шелкового пути"//Россия в глобальной политике, 2 июля 2014. http：//www. globalaffairs. ru/number/Novyi – shelkovyi – kurs – 16776.

通、货币流通、民心相通)认为丝绸之路经济带有五大目标：一是通过政治接触推动沿丝绸之路经济带的国家协调彼此的经济战略，从财政上支持丝绸之路经济带建设；二是建设从太平洋到波罗的海的交通走廊，形成连接东亚、西亚和南亚的交通网络，从而促成连接太平洋、印度洋、波罗的海、黑海和地中海的交通和贸易网络；三是协调丝绸之路经济带国家简化贸易投资条件，建设自由贸易区；四是吸引更多的丝绸之路经济带国家开展货币互换和本币结算，建立有效保护地区金融体系的机制，提高地区经济国际竞争力，中国的目标是成为发展中国家的金融领袖，借此增加在二十国集团中的分量，与七国集团进行直接谈判；五是加强文化联系。①

(三) 对丝绸之路经济带的定性

俄方学者认为，丝绸之路经济带是中国新一届领导人习近平主席提出的倡议，也是习主席提出的首个中国的地缘政治经济战略，具有重要意义。也有学者认为，丝绸之路经济带是中国对外经济战略的重要组成部分，目前该战略尚处于制定过程中。俄方关注中国官方随后提出的关于建设丝路基金以及亚洲基础设施投资银行等举措。还有学者指出，丝绸之路经济带是综合性计划，不仅涉及经济合作，而且涉及文化和教育等领域的合作。俄方学者非常关注后苏联地区国家孔子学院的发展态势以及中国提供给该地区国家公费留学名额的数量变化。俄罗斯联邦外交部外交学院副院长亚历山大·卢金认为，建设丝绸之路经济带是深化中国、中亚国家和俄罗斯合作的新形式。②

(四) 关于丝绸之路经济带的前景

俄方学者指出，近期内中国将把主要的外交资源投入丝绸之路经济带战

---

① Панов А. М., Социально - экономическое развитие государств евразии//Проблемы современной экономики, N 3 (51), 2014. http：//www. m - economy. ru/art. php? nArtId = 5104.

② Лукин А. В., Идея "экономического пояса Шелкового пути" и евразийская интеграция//Международная жизнь, №7 - 2014.

略。中国将依靠经济和金融方面的能力,尽量弥补在全球和地区安全领域最尖锐问题上表现出来的不足。未来,建设丝绸之路经济带将面临以下挑战。一是美、俄、中三国在丝绸之路经济带的利益交叉。为了应对这一挑战,中国设定的主要任务是不损害与俄罗斯的关系,主要思想是使丝绸之路经济带不与后苏联空间的一体化进程产生矛盾,而是形成相互补充的关系。二是中国与中亚国家之间存在的文化差异。中国在民主化方面走在中亚国家前面,经济总量远远超过中亚国家。中国人的世界观与中亚国家居民的世界观不同。为了应对这一挑战,中国坚持不把经济计划与政治要求捆绑在一起,不干涉主权国家的内部事务。三是中亚地区不稳定。中国的应对方式是通过投资和加强经济合作提高中亚地区居民的生活水平和促进中亚地区稳定。四是建设丝绸之路经济带需要中国中小企业积极参与,但是这些企业缺乏经验和资金,不愿意到境外开展投资经营活动。中国的应对方式是从政府层面加大对中小企业的支持力度,首先是帮助它们在国内发展,然后再鼓励它们走出去。五是中亚国家经济发展水平不同。中国主要通过投资和经济合作克服这方面的困难。六是非传统安全威胁,首先是恐怖主义、分裂主义和贩毒。2014年美军从阿富汗撤出后这些问题变得更加棘手。中国主要通过加强在上合组织内的合作来应对非传统安全威胁,但中国不打算为阿富汗问题埋单。

俄罗斯联邦外交部外交学院副院长亚历山大·卢金指出,建设丝绸之路经济带面临两大障碍:一是中国内部的安全,首先是新疆维吾尔自治区的安全,近期当地的形势不断恶化;二是中国和邻国积极合作的努力与其表现出来的在领土争端上的强硬立场之间的矛盾。中方的强硬立场令邻国担心。中国要推进丝绸之路经济带建设,必须重新认真思考解决这两个问题的方式。① 关于上述两大障碍,俄罗斯很多中国问题专家都表达过类似的观点,认为中国的外交政策比以往更加自信和具有进攻性。一些学者指出,未来中国面临的最大挑战是美国对中国的遏制。美国可能利用中国转型期面临的各

---

① Лукин А. В., Идея "экономического пояса Шелкового пути" и евразийская интеграция// Международная жизнь, №7 – 2014.

种困难和危机,搞信息战,丑化中国政府的形象,夸大中国内部存在的问题,拉大西藏、新疆、台湾和香港居民与中央政府之间的距离,激化南海领土争端,在中国内部和周边给中国政府制造各种麻烦,试图将中国拖入各种冲突中,以削弱中国的实力。其次是中国内部的问题,包括生态平衡遭到破坏,人口老龄化,腐败,价值观冲突,新疆、西藏等问题。①

二 俄方对于建设丝绸之路经济带的建议和顾虑

丝绸之路经济带对俄方至少在心理上造成了一定的冲击。俄罗斯内部针对丝绸之路经济带存在不同的声音,一些人认为应该利用建设丝绸之路经济带的契机加强中俄合作;另一些人认为建设丝绸之路经济带对俄罗斯不利,与欧亚联盟几乎不存在合作的可能性。

(一)俄方学者对于建设丝绸之路经济带的建议

1. 在交通和基础设施领域的合作

正如普京总统所强调的那样,俄方学者认为,交通合作是中俄在丝绸之路经济带框架下合作的首选方向。俄罗斯可以依靠中国的资本对俄国内的交通网络进行现代化改造,获得经济好处。俄方学者建议,中俄两国可以在西伯利亚铁路现代化、亚欧大陆桥和北方海上运输线三条线路上进行合作。

俄罗斯政府重视发展交通。俄政府于2000年制订了《俄联邦交通运输系统现代化(2002~2010年)》的联邦专项计划,2008年批准了《俄联邦至2030年铁路运输发展战略》和《俄联邦至2030年交通发展战略》,2010年批准了《至2030年俄联邦港口基础设施建设发展战略》。然而时至今日,俄罗斯的交通运输仍处于落后的水平,在世界银行2014年各国物流绩效指

---

① ВиноградовА. В., ГоловачевВ. Ц., КобзеваА. И., ЛомановА. В., Чудодеев Ю. В., Сценарии развития Китая до 2050 г. //Восточная аналитика, Сценарии и тренды развития стран Востока, Ежегодник 2013, Главный редактор В. В. Наумкин, Российская академия наук, Институт востоковедения, Москва. 2014.

数报告中排名第 90 位。① 主要原因是，现有交通运输体系老化严重，政府缺乏资金对其进行现代化改造。以跨西伯利亚铁路为例，该铁路在俄罗斯交通运输体系中地位重要，是连接东西向铁路交通的主动脉，承载了俄罗斯超过50%的出口货物运输。② 然而，该铁路在亚太地区到欧洲的货运体系中处于边缘地位，仅承担了西欧与亚洲国家之间不足1%的货运量③，还不如苏联时期。主要原因是，跨西伯利亚铁路在价格、运力和服务方面缺乏竞争力。贝阿铁路的情况还不如跨西伯利亚铁路。因此，在交通运输现代化方面，俄罗斯首推这两条铁路的现代化改造。这是俄罗斯实施远东发展战略以及亚太战略的重要步骤之一，以交通为突破口促进远东经济发展，扩大对亚太地区出口，以远东为链条参与亚太事务，使远东成为亚太与欧洲之间的贸易桥梁。世界银行的专家认为，西伯利亚铁路的现代化需要 400 亿~600 亿美元。俄罗斯明确表示希望通过引资和开展国际合作来解决资金问题。

从中国出发，经过哈萨克斯坦、俄罗斯、白俄罗斯到达欧洲的亚欧大陆桥在欧亚大陆陆路运输中发挥着重要作用。一直以来俄方都把亚欧大陆桥以及从中国经过马六甲海峡到达欧洲的海路运输看作跨西伯利亚铁路的竞争方，对于合作推动亚欧大陆桥发展不够积极。然而，近期俄方的态度有所变化，俄方学者提出可以与中国合作推进亚欧大陆桥的发展。导致俄方态度变化的主要原因估计有三：一是俄罗斯认识到仅发展跨西伯利亚铁路不够，发展亚欧大陆桥有利于改善俄罗斯的交通运输状况，而且亚欧大陆桥相对于跨西伯利亚铁路对于中国投资的吸引力更大；二是俄罗斯需要通过发展亚欧大陆桥来推动欧亚联盟战略的实施，俄白哈三国在欧亚经济共同体框架下就交通运输一体化问题谈论了很多年，其中哈萨克斯坦尤其积极，三方签署了关

---

① http://lpi.worldbank.org/report.
② Сазонов С. Л., Россия и Китай: сотрудничество в области транспорта. ИДВ РАН. М.: Круг 2012.
③ Якунин В., Нам нужны решительные преобразования. 16.10.2014. http://www.kommersant.ru/doc/2585049.

于建立统一交通空间的文件,① 也有意通过建立联合海关物流公司促进交通一体化,② 但始终得不到落实,主要原因是三方在投资来源和方式以及让渡主权方面存在分歧;三是俄方认识到,与其坐视中国与中亚国家快速发展相互关系,不如主动参与其中,维护俄罗斯的利益。俄科学院远东所交通问题专家萨宗诺夫指出,如果俄罗斯不与中国和中亚国家在上合组织框架下开展交通合作,那么俄罗斯很快就会迟到。③ 俄方学者提议,中俄在修建莫斯科至喀山的高铁后,可以考虑多方合作修建向东延伸到叶卡捷琳堡、奥伦堡、阿斯塔纳、乌鲁木齐的高铁以及向西延伸到白俄罗斯的高铁,形成贯穿欧亚大陆的高铁通道。

俄罗斯重视发展北方海上运输线。2013 年,俄罗斯对有关北方海上运输线的法规进行了修订和补充,划定了航道和水域范围,取消了有争议的内容,放宽了外国船舶通过北方海上航道的条件,目的是吸引更多的客户使用北方海上运输线。发展北方海上运输线是俄罗斯北冰洋战略的重要组成部分,涉及俄罗斯的主权、安全和经济利益。俄罗斯是北冰洋理事会成员国,在北冰洋资源归属以及航道控制等问题上与其他成员国存在纷争。俄罗斯希望开发北冰洋资源和能源,推动太平洋港口和北冰洋港口基础设施现代化,吸引更多的船舶使用北方海上航道以及在太平洋和北冰洋的港口,通过提供破冰船、引航服务、海上安全保障和气象导航服务、港口基础设施等获得经济利益。

2. 在能源、制造业、高科技、人文等领域的合作

俄罗斯、哈萨克斯坦、土库曼斯坦和乌兹别克斯坦都是中国重要的能源合作伙伴。2014 年,中国从土库曼斯坦和乌兹别克斯坦进口的天然气数量占总进口量的 47.89%,中国从俄罗斯和哈萨克斯坦进口的原油数量占总进

---

① ЧуфринГ. И., Очерки евразийской интеграции. М. Издательство "Весь Мир", 2013. С. 73.
② Рымжанова Ж. (Советник президента ОАО РЖД), На вырост. 10.04.2013. http://www.loglink.ru/massmedia/analytics/record/? id=1478.
③ СазоновС. Л., Россия и Китай: сотрудничество в области транспорта. ИДВ РАН. М.: Круг 2012.

口量的14.56%。根据中国与俄罗斯和中亚国家签署的协议，未来双方的能源贸易还将增长，这些国家在中国能源战略中的地位还将上升。俄罗斯和中亚国家希望在能源开发、能源加工、化工等领域与中方扩大合作。目前，俄罗斯和中亚国家都存在有待开发的能源区块。这些区块的开采难度较大，投入成本较高，利润有限。它们都希望吸引外资开发这些区块。在乌克兰经历危机、俄罗斯经济遭受制裁、国际能源市场供大于求、页岩气革命冲击以及新能源开发加速发展的背景下，俄罗斯和中亚国家都希望扩大对华能源出口。俄方学者认为，中俄哈之间的原油贸易还有很大的增长空间，中俄可以共同合作，在中亚开采油气资源，建立石油加工厂和化工厂。

俄罗斯和中亚国家的经济结构都是以出口资源、能源和原材料为主，加工制造业发展缓慢。它们都提出转变经济结构的目标，都把发展制造业、科技和创新经济作为国家发展战略的优先方向。俄方学者基本都认可中国拥有较强的对外投资能力，但认为中国拥有俄罗斯缺乏的高新技术。俄方学者指出，如果中国能够帮助中亚国家发展加工制造业，向中亚国家转移高新技术，帮助它们发展创新经济，可以有效改善当地的就业状况，提升当地居民购买力，造福中亚国家民众，有利于中亚地区的安全与稳定，也有利于俄罗斯扩大对中亚市场的出口，缓解来自中亚国家移民压力和减轻对于南部安全的担忧。

俄方学者还提出希望加强中俄两国在人文领域的合作，促进双方在文化、教育、科技、卫生、体育、妇女、青年等领域的交流，加深两国人民之间的相互了解，促进相互信任，为两国关系长远、健康和良性发展奠定坚实的人文基础。

（二）俄方学者对于建设丝绸之路经济带的顾虑

俄方学者对于建设丝绸之路经济带有顾虑，归根到底是担心损害到俄罗斯的利益。

在俄方看来，建设丝绸之路经济带触碰了俄罗斯的特殊利益区——后苏联地区，俄罗斯从来都不愿意其他国家在该地区的影响超过俄罗斯，也不希望其他机制在该地区的影响超过欧亚联盟。因此，无论丝绸之路经济带本身定位如何，对于俄罗斯来说，它触碰到俄罗斯的排他性区域，自然不受欢迎。俄罗斯联邦外交部外交学院副院长亚历山大·卢金坦言，俄方不愿意接受丝绸之路经济带的概念，而是倾向于使用欧亚一体化的概念。① 难怪很多俄罗斯学者在回答对于建设丝绸之路经济带的看法时顾左右而言他。俄罗斯铁路股份公司总裁 В. И. 亚库宁在一次有关丝绸之路经济带的国际会议上提出宏伟的跨欧亚发展带的概念。据他所说，跨欧亚发展带包括单纯的国家层次、欧亚地区层次、跨大陆层次和全球层次。②

俄方学者怀疑中国在后苏联地区削弱俄罗斯的影响，对欧亚联盟构成挑战。有俄罗斯学者指出，习近平主席发表有关丝绸之路经济带讲话的地点选在哈萨克斯坦，而不是在俄罗斯圣彼得堡举行的二十国集团峰会，表明该战略针对的主要对象是中亚国家，或者说，中亚国家对于中国来说更为重要。很多俄罗斯学者在回答对于丝绸之路经济带的看法前反问中方学者，中国在中亚是否会顾及俄罗斯的利益，以及中国是否反对欧亚联盟。俄罗斯中亚问题专家亚历山大·科尼亚耶夫认为，丝绸之路经济带是把俄罗斯排除在外的另一个版本的上合组织。③ 俄方学者还担心中方把上合组织看作实施建设丝绸之路经济带的工具。俄罗斯联邦上海合作组织问题特使瓦罗比耶夫将丝绸之路经济带的提出与上合组织正在制定的中期发展战略联系起来，提出上合组织中期发展战略是否要全力支持丝绸之路经济带的建设，或者中国利用上合组织来推动丝绸之路经济带建设的问题。④

俄方学者希望用上合组织来回应丝绸之路经济带。卢金指出，丝绸之路

---

① Лукин А. В. , Идея "экономического пояса Шелкового пути" и евразийская интеграция// Международная жизнь，№7，2014.
② 〔俄〕亚库宁：《跨欧亚发展带——在"实现丝绸之路经济带与跨欧亚发展带的有效对接"研讨会上的发言》，钟建平译，《俄罗斯学刊》2014 年第 5 期。
③ Эксперт: Великий шелковый путь – это версия ШОС без России, 25 – июн – 2014. http: // www. notum. info/news/politika/ekspert – velikij – shelkovyij – put – eto – versiya – shos – bez – rossii.
④ ВоробьевВ. Я. Новый шелковый курс, о китайской идее построения экономического пространства "Великого шелкового пути"//Россия в глобальной политике，2 июля 2014. http: //www. globalaffairs. ru/number/Novyi – shelkovyi – kurs – 16776.

经济带计划可以在上合组织的领导下，成为该组织成员国多边经济合作的催化剂，但要与其他国际组织的类似项目相协调。①

此外，俄方学者还希望中方能够对丝绸之路经济带的建设明确回答一些具体问题，以打消他们的顾虑：过去后苏联地区国家与中国之间的贸易结构大多以向中方出口能源、资源和原材料，以及从中方进口机械、设备、服装鞋帽等商品为特点，他们担心长此以往这些国家可能最终沦为中国的经济附庸。他们想知道，在丝绸之路经济带框架下中国是否准备为改善目前的贸易结构做出努力，比如投资非资源领域、发展加工业、帮助它们扩大对华出口。另外，中方企业在实施采矿和建设基础设施过程中，往往输出本国的设备和劳务。他们想知道，中方企业是否准备转移先进技术，减少本国劳务输出，大量雇用当地劳动力，并在环境保护方面承担更多责任。其实，包括俄罗斯和西方国家在内，外国在后苏联地区的投资和贸易都存在类似的情况，这与该地区的客观条件和经济合作的趋利性有直接关系。中方在改善贸易结构、投资非资源领域、增加雇工、承担社会责任等方面已经做出了很大努力。俄方学者之所以还提出这样的问题，与俄本国利益有很大关系。

俄方对于建设丝绸之路经济带的上述顾虑主要源于如下因素。第一，俄罗斯不愿意失去对后苏联地区事务的主导地位。俄罗斯针对后苏联地区的主要战略是依靠欧亚经济联盟和独联体集体安全条约组织巩固俄罗斯在该地区的影响。这两个机制以外的任何俄罗斯未主导的机制都会受到俄方的怀疑和排挤。第二，俄方反对后苏联地区国家与中国搞经济一体化。有俄罗斯学者指出，俄罗斯经济学界普遍认为没有中国参与的欧亚经济一体化将更有前景。原因是，中国的经济实力远远超过俄罗斯和中亚国家。俄罗斯和中亚国家在经济多元化方面落后，在财政收入结构上都是依赖能源。传统上常说的一方面俄罗斯与中亚一体化，另一方面中国与中亚一体化是不可能的。但是俄罗斯与中亚国家的一体化离不开中国的资金和技术。因此避免中国在中亚

---

① 《丝绸之路经济带：俄罗斯的态度并非雾里看花》，环球时报－环球网，2014－06－28，http://money.163.com/14/0628/21/9VRV4VUV00254TI5.html。

称霸的途径是先发展欧亚经济共同体①，然后使欧亚经济共同体与上合组织在某些领域合作，吸收上合组织（而不是中国）到地区一体化进程中。第三，后苏联地区的碎片化趋势愈演愈烈，而俄罗斯缺乏足够的意愿和能力满足后苏联地区国家在政治支持、经济援助和安全保障等方面的迫切需求。第四，俄方有观点认为，美军从阿富汗撤出以及美国在中亚地区的战略收缩态势可能导致中国在中亚的影响快速上升。中国建设丝绸之路经济带的投资能力强，合作模式对于后苏联地区国家具有很大吸引力，俄罗斯需要对此保持警惕并做出预案。第五，很多俄方学者对于中国不了解，看法片面。

三 俄方的立场对于中方意味着什么

换位思考，如果站在俄罗斯的角度看待世界，那么就比较容易理解俄罗斯对于建设丝绸之路经济带的反应是再正常不过的。

俄方希望利用丝绸之路经济带，不仅表态支持，还提出很多合作建议。这对于促进中俄务实合作关系发展是利好消息，但也不必对俄方有过高的期待。多年来，中俄关系的发展总是受到内外因素的双重刺激而不断发生变化，时快时缓。在乌克兰危机的背景下，似乎外部刺激又一次被激活，俄罗斯对于与中国开展务实合作有了更多的动力。中方需要抓住合作机遇。不过，俄罗斯的外交还远谈不上全面转向东方。因为，俄罗斯看待外部世界大国关系中的关键是俄美关系，关键地区是欧洲，后苏联地区是其排他的特殊利益区。俄罗斯精英中还是以持欧洲中心主义的人居多，主张向东看、加强对华关系的精英人数还不占多数，对华态度消极、不友善的人还不少。

俄方提出的合作建议需要组织专家认真研究，并与俄方共同探讨合作的可能性与合作方式。对于中方来说，单纯投资西伯利亚铁路现代化至少目前来说意义不大。不过，从外交全盘考虑，如果需要与俄罗斯的交通发展战略实现对接的话，那么可以考虑把中国东北交通体系与俄罗斯远东交通体系衔

---

① 2014年欧亚经济共同体自动停止存在，欧亚经济联盟取而代之。

接起来，建设经过中俄口岸的高速铁路，带动双边经贸和人文交流的发展。2009年中俄两国政府曾签署《中国东北地区同俄罗斯远东及东西伯利亚地区合作规划纲要（2009~2018）》，该文件涵盖的交通和口岸合作项目高达200多项，但至今多数没有落实。为了避免这种情况重复发生，特别需要加强与俄方（中央和地方）的沟通，真正找到双方都满意且可以落实的具体项目，并签署具有法律效力的合作协议。

对于中方来说，发展亚欧大陆桥的意义比实现中俄地区交通体系的衔接更为重要，难度也更大。意义主要在于可以带动中国中西部地区经济对外开放，促进我国东、中、西部平衡发展，为中国经哈萨克斯坦开拓向西、北、南进入欧洲和中东市场的多元物流通道提供有利条件，为未来与欧亚联盟合作提供可能，也有利于大陆桥沿线国家和地区的经济发展和社会稳定。困难之一是融资问题、风险屏蔽、投资保障问题难以解决；困难之二是中哈俄白四国的交通运输政策和服务不统一，协调不易；困难之三是中哈之间铁路轨距不同严重拖累了亚欧大陆桥的货运能力和速度。阿拉山口口岸的换装通货能力有限，目前处于饱和状态，亟待扩容。

2013年中国成为北冰洋理事会观察员国，并配合俄罗斯实现了中国船舶利用北方海上航道的首航。北冰洋对于中国具有战略意义，合作开发这里的资源有利于促进资源和能源进口多元化。北方海上航线与穿越苏伊士运河的海上航线相比费用差不多，但路程更短，可以节约40%的航程。海盗风险低，未来运输潜力大。因此，有必要考虑把北方海上运输线纳入"一带一路"战略中。中俄可以在北冰洋科考、资源和能源开发以及联合发展和利用北方海上运输线、环境保护等方面开展合作。需要指出的是，中俄在北冰洋主权归属等问题上的立场存在差异，中方没有必要介入北冰洋国家的主权和资源纷争。

至于能源、制造业、高科技、人文等领域，中俄双方的合作热情都很高，前景看好。目前存在的主要障碍在于文化差异，信息互通不便，相互了解和信任都不够，造成一些偏见和误解。因此，中俄双方政府还需要在加强人文交流方面做出更多努力，特别是在专家沟通、科研合作方面，有必要推动具体合作项目的实施，使人文交流与经济合作相互促进，形成良性循环。

Y.13
踽踽前行,任重道远
——乌克兰危机下的独联体地区一体化进程

刘 丹*

摘 要: 2014年3月克里米亚公投入俄直接导致乌克兰放弃该年度独联体轮值主席国身份,继而与欧盟签订准成员国协定,独联体地区出现逆一体化现象。尽管如此,独联体其他各国在政治、经济、安全等方面的合作仍向前推进,其中《欧亚经济联盟条约》的签订是2014年独联体地区一体化进程中最大的成果。欧亚经济联盟的成立是关税同盟的逻辑结果,它将成为欧亚国家联合的里程碑。乌克兰身处危机,做出西向选择;俄罗斯遭受制裁,与西方关系交恶;美国、欧盟、北约对乌克兰事务深度介入,独联体地区一体化的内外环境变得极为复杂。发展本国经济,处理好独联体内部关系,加强与外部世界联系,是俄罗斯面临的重要任务。

关键词: 乌克兰危机 独联体 一体化 欧亚经济联盟

始发于2013年年末的乌克兰危机在2014年愈演愈烈。继2014年3月16日克里米亚公投入俄,3月18日普京与克里米亚和塞瓦斯托波尔代表签署条约,两地区以联邦主体身份加入俄罗斯之后,乌克兰外交部于3月19

---

* 刘丹,中国社会科学院俄罗斯东欧中亚研究所俄罗斯外交室博士。

日宣布放弃该年度的独联体轮值主席国身份。3月21日，乌克兰与欧盟在布鲁塞尔签署了准成员国协定的政治章节，6月27日，签署了经济部分，该部分规定同欧盟建立自由贸易区。危机的白热化使乌克兰终于在俄罗斯与欧盟之间选择了后者。独联体第二大国乌克兰的"西向选择"，以及西方对俄制裁的加深，导致独联体主导国俄罗斯与西方关系跌入低谷，独联体地区一体化进程受到冲击。虽面临危机，独联体成员国在政治、经济和安全等方面的合作仍在继续，但很多项目缺少了乌克兰的参与。

一 面临危机，踯躅前行

1月15日，俄罗斯外交部部长拉夫罗夫会见独联体各国大使，讨论了国际局势，商讨在经济、政治、人文等方面的合作，以及独联体空间一体化前景问题。以此为基调，独联体成员国之间的各项合作继续向前推进。

（一）经济方面

尽管在乌克兰危机背景下，出现了逆一体化的现象，但独联体地区的经济合作与欧亚经济一体化计划仍有序推进。5月，独联体国家政府首脑理事会在明斯克举行，会议期间签署了2020年前独联体国家创新合作计划。5月30日，白俄罗斯总理米亚斯尼科维奇表示，独联体国家政府今年将向创新合作试点项目注资1.9亿美元。[①] 2014年5月29日，俄罗斯、白俄罗斯和哈萨克斯坦三国总统在哈首都阿斯塔纳签署《欧亚经济联盟条约》，规定欧亚经济联盟是国际性组织，是三国继关税同盟和统一经济空间之后向下一阶段过渡的一体化形式。条约涉及能源、交通、工业、农业、关税、贸易、税收和政府采购等诸多领域。规定欧亚经济联盟建立在互相尊重和互利互惠的原则基础上，所有成员国都享有平等的权利和义务。[②] 条约规

---

① 《独联体国家今年将向11个创新合作项目注资1.9亿美元》，俄罗斯新闻网，2014年5月30日，http：//www.rusnews.cn/guojiyaowen/guoji_cis/20140530/44080068.html。

② Договор о Евразийскомэкономическомсоюзе. http：//economy.gov.ru.

定最高欧亚经济委员会为联盟最高机构,最高委员会由成员国首脑组成。①联盟的总目标是:为成员国经济稳定发展创造条件,提高居民的生活水平;在联盟框架下力求形成统一的商品、服务、资本和劳动力市场;全面现代化,全面合作,在全球化经济的背景下提高国家经济竞争力。② 具体目标是2025年前逐步建立统一药品市场、电力市场、石油天然气和成品油市场。《欧亚经济联盟条约》的签订是独联体地区2014年最大的成果,欧亚经济联盟的成立是关税同盟的逻辑结果,它将成为欧亚国家联合的里程碑。③

2014年9月26日,俄罗斯国家杜马批准了《欧亚经济联盟条约》。独联体空间涵盖1.7亿人口的最大共同市场的组建接近尾声,它将成为新型强有力的经济发展中心。已有五个独联体国家做出了欧亚一体化的选择,这是该年度独联体地区一体化的重大事件。一方面,在独联体地区建立统一的经济空间和共同的海关有助于加强经济联系,促进贸易往来;另一方面,在欧美加大对俄制裁的背景下,各国互利合作有利于帮助俄罗斯走出危机。

12月23日,欧亚经济委员会最高理事会会议在俄罗斯首都莫斯科举行。欧亚经济委员会最高理事会成员国包括俄罗斯、哈萨克斯坦、白俄罗斯、亚美尼亚和吉尔吉斯斯坦。本次会议签署了同意吉尔吉斯斯坦加入欧亚经济联盟的条约,它将于2015年5月1日正式成为联盟成员国。欧亚经济委员会开始运作,标志着独联体地区的经济合作向更高的一体化阶段推进。

(二)政治方面

俄白联盟是独联体地区一体化框架下的重要组织,加强俄白联盟是俄罗斯外交政策的优先方向。④ 俄白两国具有较高政治互信关系。克里米亚公投

---

① Договор о Евразийскомэкономическомсоюзе. http://economy.gov.ru.
② Там же.
③ Владимир Клавдин, Необратимость евразийской интеграции. http://www.soyuz.by/news/expert/9872.html.
④ Укрепление белорусско - российского союза является одним из основных приоритетов внешней политики России - МИД Российской Федерации. http://www.cis.minsk.by/news.php?id=3301.

入俄后，乌克兰单方面决定不再继续担任2014年独联体轮值主席国。俄外长拉夫罗夫认为乌克兰拟退出独联体的声明系又一次反俄宣传活动。白俄罗斯总统卢卡申科认为乌克兰退出独联体将是一个没有经过深思熟虑的草率行为。①3月23日，卢卡申科发表声明，事实上承认克里米亚加入俄联邦，并表示白俄罗斯会与俄罗斯持相同立场，永远与俄罗斯共进退。②同时他还表示乌克兰仍然应当是一个完整不可分割的中立国家，如果乌克兰打算与北约建立关系并加入北约，俄白国家理所应当做出激烈回应。③由于西方对俄罗斯金融、能源、国防等关乎经济命脉的领域进行制裁，俄罗斯经济下行风险不断加大，哈萨克斯坦和白俄罗斯领导人都表示会帮助俄罗斯走出经济困境。10月31日，独联体执行委员会在独联体框架内举行了题为《独联体与欧盟相互关系》的磋商，参加国有亚美尼亚、白俄罗斯、哈萨克斯坦、吉尔吉斯斯坦、摩尔多瓦、俄罗斯、乌克兰和独联体执行委员会。与会者讨论了两方面的内容，一是独联体成员国与乌克兰、摩尔多瓦建立深入全面的自贸区的议题；二是探讨与欧盟合作的议题。④

（三）安全方面

在集体安全条约组织的框架内，加强成员国在安全方面的合作。2014年6月17日，在莫斯科举行题为"独联体国家应对新威胁与挑战"的部长级磋商，讨论了独联体国家应该加强持续反恐合作的问题。7月15日，来自俄罗斯、哈萨克斯坦、吉尔吉斯斯坦和塔吉克斯坦的官兵以及集体安全条约组织联合参谋部和秘书处的代表与中亚地区集体快速反应部队一起参与在车里雅宾斯克州举行的"边界－2014"演习。7月29日至8月1日代号为

---

① 《俄外长：乌克兰退出独联体的声明系又一次反俄行动》，俄罗斯新闻网，http：//rusnews. cn/eguoxinwen/eluosi_ duiwai/20140320/44014224. html。
② 《白俄罗斯事实上承认克里米亚入俄》，俄罗斯新闻网，http：//rusnews. cn/guojiyaowen/guoji_ cis/20140323/44016803. html。
③ 同上。
④ Прошли межмидовские консультации СНГ о взаимодействии с ЕС. http：//www. cis. minsk. by/news. php？ id＝3872。

"牢不可破的兄弟情-2014"独联体集安组织成员国联合维和演习在吉尔吉斯斯坦举行。8月18日,独联体集安组织快速反应部队开始在哈萨克斯坦卡拉干达州的斯帕斯克靶场举行名为"协作-2014"联合军事演习。军事演习加强了集安组织成员国的维和力量,增进了指挥官、维和部队之间的互动性与合作,通过实操练习,改善集安组织维和队伍在作战方面的管理水平,并使队伍的编制更加合理化。

此外,鉴于乌克兰东南部局势急剧恶化,8月29日,集体安全条约组织秘书长尼古拉·博尔久扎表示,集安组织维和部队已做好应对任何复杂行动的准备,包括在乌克兰等该组织成员国以外的他国境内实施行动。① 10月22~24日,在明斯克举行了独联体军事领域合作文件项目协调专家组会议。② 独联体国防部长理事会是保障多方面军事合作的有效集体安全机制,是军事一体化的火车头。11月11日,在莫斯科举行了旨在进一步提高独联体内部多边相互军事合作制度的独联体国家国防部长理事会会议。会议期间,国防部长理事会成员审查了超过20个问题,特别是讨论了2020年前独联体国家之间军事合作的草案。12月23日,集体安全条约组织成员国领导人通过联合声明主张尽快恢复乌克兰和平并理顺冲突各方的谈判进程。③ 12月23日,集安组织管理机构集体安全委员会在莫斯科举行会议期间,普京表示,当今世界的复杂局势要求独联体集体安全条约组织成员国采取协调行动以应对挑战。④

哈萨克斯坦总统纳扎尔巴耶夫认为独联体国家必须保持紧密联系,其中包括在军事领域。在集体安全组织框架下形成联盟关系,拥有共同的防空,

---

① 《集安组织表示可能在乌承担维和任务:已准备好应对任何行动》,俄罗斯卫星网,http://sputniknews.cn。
② Эксперты СНГ согласовали проекты документов по сотрудничеству в военной сфере. http://www.cis.minsk.by/news.php?id=3842.
③ 《俄媒:集安组织发表声明主张尽快恢复乌克兰和平》,中国新闻网,http://www.chinanews.com/gj/2014/12-23/6904825.shtml。
④ 《普京说世界局势要求独联体集安组织协调行动》,新华网,http://news.xinhuanet.com/2014-12/24/c_1113752396.htm。

相互保护，并相互信任。① 独联体地区的军事安全是深化地区一体化和实现各领域合作任务的必要条件。②

二　内忧外困，挑战重重

乌克兰危机同时也导致了世界秩序的危机，③ 俄罗斯与西方的关系进一步恶化，独联体框架下的欧亚经济一体化进程受到挑战。

（一）从内部进程来看

在布鲁塞尔与莫斯科长期的地缘政治对峙中，乌克兰弃俄入欧使独联体地区一体化进程暂时受挫，俄罗斯的主导地位经受考验。2014年对俄罗斯来说是转折的一年，乌克兰冲突、克里米亚入俄、西方制裁以及与西方关系冷却，迫使俄罗斯重新看待世界格局。克里米亚入俄后，俄罗斯在克里米亚实施政治经济改革也并非易事。克里米亚作为乌克兰的一部分已经存在了23年，其政治经济精英已经形成了自己的价值体系，新成长起来的一辈也认为，俄罗斯是他们父辈的而不是他们自己的精神家园。④为此俄罗斯加大了对克里米亚文化领域的控制。4月23日，俄罗斯总统普京表示，营造统一的文化空间很重要，国家应实施新政，在俄罗斯营造统一的文化空间。他认为："文化是民族的主要联系纽带，至于'民族'一栏写的是什么并不那么重要，重要的是一个人对自己的身份认同，从童年开始给他灌输了哪些主要原则，他在什么环境下受教育，他在伦理道德层面侧

---

① Н. Назарбаев: Странам СНГ необходимо сохранять тесные связи, в том числе в военной сфере. http://eurasiancenter.ru/news/20140704/1003573685.html.
② 11 ноября в Москве прошло заседание Совета министров обороны стран СНГ. http://www.cis.minsk.by/news.php?id=3916.
③ Виталий Наумкин, Многомерный кризис, 27 апреля 2014. http://www.globalaffairs.ru/number/Mnogomernyi-krizis-16580.
④ Андрей Мальгин, Что привело к "русской весне" – 2014, http://www.globalaffairs.ru/number/Krymskii-uzel-Chto-privelo-k-russkoi-vesne-2014-16591.

重于什么。"①同时他也表示,需要创造良好条件发展文化机构,及时为这个领域的活动拨款。

受乌克兰危机和西方国家制裁影响,国际油价暴跌,拥有单一经济结构的俄罗斯出现严重的经济困难,国内通货膨胀严重。2014 年俄罗斯国内生产总值为 70.975 万亿卢布,仅比上一年增长 0.6%。② 作为经济一体化组织的主导国家来说,俄罗斯恢复经济是其目前面临的重要课题。

(二)从外部因素来看

乌克兰危机导致俄乌关系恶化,以美国为首的西方国家深度介入乌克兰事务,独联体地区一体化的外部环境变得极为复杂。

1. 欧盟成为俄罗斯在独联体地区的竞争对手

一直以来,欧盟与独联体框架下的经济组织存在竞争。2009 年欧盟出台了针对原苏联地区国家的"东方伙伴关系计划",以经济援助为诱饵试图把部分原苏联地区国家纳入其政治经济势力范围。欧盟与独联体地区主导者俄罗斯都不惜重金拉拢乌克兰。历经反复,乌克兰终于倾向了欧盟一边。作为回报,欧盟向乌克兰提供了 2.5 亿欧元无偿援助,这是欧盟委员会主席 2014 年 3 月 5 日宣布的总额为 110 亿欧元的援助计划的一部分。③ 除欧盟预算以外,欧洲投资银行和欧洲复兴开发银行将在 2014~2016 年间向乌克兰提供总计约为 80 亿欧元的援助投资。其中约 30 亿欧元来自欧洲投资银行,将主要投向乌克兰的私营企业和基础设施建设领域;其余 50 亿欧元将主要由欧洲复兴开发银行提供,主要用于帮助乌克兰完善经济结构和推动宏观经济改革。④

2. 美国插手乌克兰

美国的介入几乎切断了乌克兰与俄罗斯的和解之路,主要表现在以下方面。

---

① 《俄罗斯应营造统一的政治空间》,俄罗斯新闻网,http://rusnews.cn/eguoxinwen/eluosi_wenhua/20140423/44045288.html。
② 俄联邦国家统计局,http://www.gks.ru。
③ 《欧盟宣布援乌 110 亿美元》,新浪网,http://news.sina.com.cn。
④ 《欧盟公布对乌克兰援助计划》,新华网,http://finance.chinanews.com/cj/2014/03-06/5920374.shtml。

首先，美国支持乌克兰国内反对派。鉴于乌克兰重要的地缘战略位置，美国从未放弃过对乌事务的干涉。美国将其作为欧亚大陆大棋局中最重要的战略支点，试图扶植一个亲西方的乌克兰，使其成为"民主、自由国家"，成为反俄前哨。2004年乌克兰发生"橙色革命"、2008年乌申请加入北约、2009年欧盟启动"东部伙伴关系计划"，到其后阻挠俄罗斯主导的欧亚一体化方案，其中都有美国和西方的影子。2013年11月21日，乌克兰政府宣布"暂停有关与欧盟签署联系国协定的准备工作"，美国便深陷乌克兰事务，甚至不惜走到台前进行赤裸裸的干涉。当基辅抗议者在2013年年底不断扩大声势的时候，美国参议员约翰·麦凯恩和墨菲参加在基辅独立广场的反对派集会并发表演讲，表达对抗议者的支持；2014年11月21日，乌克兰庆祝"广场革命"一周年之际，美国副总统约瑟夫·拜登又前来"庆贺"。

其次，提供大量资金支持。2014年4月1日，俄罗斯开始停止对乌克兰天然气的优惠价格政策，天然气价格上涨了0.8倍，每千立方米达到了485.5美元。4月4日，乌克兰能源部部长普罗丹表示，乌克兰现正就从欧洲反向购气进行谈判，但暂时不可能全面拒绝俄罗斯天然气，乌没有能力使能源进口多元化来满足经济发展需要。4月22日，美国副总统拜登在基辅举行的新闻发布会上许诺美国计划帮助乌克兰减少对俄罗斯天然气供应的依赖。6月，美国表示向乌克兰追加4800万美元援款，用于其进行改革及支持边防机构。从3月初至此，美国累计向乌克兰提供了1.84亿美元的援款。① 俄罗斯把乌克兰危机归结于美国的步步紧逼。俄罗斯常驻联合国代表维塔利·丘尔金认为，美国拨出50亿美元"支持乌克兰民主建设"，在解决乌克兰危机事务上比欧洲政客更加激进，从而促使乌克兰发生政权更迭。②

---

① 《美国向乌克兰追加4800万美元援款》，俄罗斯新闻网，2014年6月8日，http://www.rusnews.cn/guojiyaowen/guoji_ shizheng/20140608/44087478.html。
② 《丘尔金：资助乌克兰的美国系有目的地推进政权更迭》，2014年4月23日，http://rusnews.cn/eguoxinwen/eluosi_ duiwai/20140423/44044421.html。

最后,美国加强在独联体境内的军事存在。美国一贯试图阻止后苏联空间一体化进程,这一方针是任何一届华盛顿政府永恒不变的对外政策,其中包括在独联体亲西方国家中加强军事存在。6月9日,美国参议员麦凯恩在接受罗马尼亚《Gandul》日报采访时说,美国国会将建议北约加强在东欧成员国境内的军事存在。此前奥巴马表示美国打算不仅仅保障北约成员国的安全,也保障盟友的安全,包括乌克兰、格鲁吉亚和摩尔多瓦。俄罗斯外交部副部长谢尔盖·里亚布科夫认为:"根据不同国家领导人的首要发展方向和追逐目标,一点点地攫取地缘空间才是华盛顿奉行的唯一标准。"① 俄罗斯国家杜马主席纳雷什金认为美国厚颜无耻且不负责任的政策正将世界推向新"冷战"边缘。② 在该年度的国情咨文中,普京直言,美国直接或者间接地影响了俄罗斯同邻国之间的关系,关于和邻国的关系,有的时候还不如直接和美国政府沟通。③

3. 北约插手乌克兰,独联体国家面临艰难的地缘政治环境

2002年,时任乌克兰总统库奇马曾经首次声明打算加入北约;尤先科担任总统期间,基辅向北约递交了加入北约成员国行动计划的申请,但是2008年4月,乌克兰的申请在北约布加勒斯特峰会上被拒绝了。亚努科维奇当选乌克兰总统后的2010年,乌克兰正式宣布国家的不结盟地位,并放弃加入北约的计划。2014年3月5日,乌克兰"祖国党"议员向乌克兰最高拉达递交了一份法律草案,建议乌克兰加入北约。其后,北约秘书长拉斯姆森表示,北约打算帮助乌克兰提高国防能力,与乌克兰的合作完全具有实际意义,并可以让乌克兰参加北约军事演习。④ 普京认为由西方挑起的乌克

---

① 《俄副外长:美国一直在阻止后苏联空间一体化进程》,俄罗斯新闻网,http://rusnews.cn/eguoxinwen/eluosi_duiwai/20140729/44127803.html。
② 《俄议长:美国不负责任政策将世界推向新"冷战"边缘》,中国新闻网,http://www.chinanews.com/gj/2014/09-16/6597642.shtml。
③ Послание Президента Федеральному Собранию,http://www.kremlin.ru/news/47173.
④ 《拉斯姆森:北约拟定一揽子措施提高乌克兰国防能力》,俄罗斯新闻网,http://www.rusnews.cn/guojiyaowen/guoji_anquan/20140615/44092651.html。

兰危机被利用来复苏北约这一军事组织，① 乌克兰已沦为他人利益的"人质"。② 9月，俄罗斯外长拉夫罗夫接受西班牙《国家报》采访时表示，北约在乌克兰危机中起到了破坏作用，实际上是在怂恿基辅以武力解决冲突。③

北约对乌克兰危机的关注不是从乌克兰的稳定出发，而是出于地缘政治考量，北约希望以乌克兰危机为砝码打压俄罗斯，实现地缘政治转折。俄罗斯学者认为，美国及其欧洲盟友如果选择继续加剧俄罗斯和乌克兰敌对的政策，那么会失去一切；如果它们致力于恢复一个繁荣和中立的乌克兰，并且不威胁俄罗斯，同时和俄罗斯建立起建设性关系，这样各方都是赢家。④

三 谋求发展，任重道远

2014年在乌克兰危机的背景下，独联体地区一体化在艰难的环境中踯躅前行。为谋求更大发展，要处理好以下几方面关系。

首先，处理好独联体框架下的俄乌双边关系。受乌克兰危机影响，两国关系在今后较长一个时期会处在冷淡状态。但两国在一些重大现实问题上还要坐在谈判桌前。在乌实现停火、俄乌两国天然气合作、对乌克兰东部人道主义援助、处理乌俄欧三方关系等问题的解决都需要俄乌双方通力合作。

就长远来看，乌俄恢复睦邻关系取决于两方面的因素。第一，以共同文化为纽带的根基是双边关系的黏合剂。虽然乌克兰独立了，但在俄罗斯，它仍然被认为是俄历史空间的一部分，是俄罗斯立国之滥觞、文明之摇篮。10

---

① 《乌危机被用于复苏北约，俄不会投入军备竞赛》，环球网，http：//world.huanqiu.com/exclusive/2014-09/5134056.html。
② 《乌克兰已沦为他人利益的人质》，俄罗斯卫星网，http：//sputniknews.cn/china/20140912/44161761.html。
③ 《俄外长：北约在乌克兰危机中起到破坏作用》，俄罗斯卫星网，http：//sputniknews.cn/russia/20140917/44146188.html。
④ Джон Миршаймер, Почему Запад повинен в кризисе на Украине. http：//www.globalaffairs.ru/number/Pochemu-Zapad-povinen-v-krizise-na-Ukraine-16921.

月28日,俄罗斯总统普京在给乌克兰反法西斯战争胜利70周年贺电中指出,两国人民的父辈曾在同一个战壕里为祖国自由和独立而战,应该珍惜父辈留下的兄弟般友谊和美好的互助传统,最重要的是在成长的一代中培养高尚的爱国价值观,积极抵制法西斯意识形态的复苏以及煽动种族仇恨和篡改两国共同历史的企图。① 第二,乌克兰对俄罗斯的技术和经济依赖程度依然很高,在天然气需求方面也对俄罗斯高度依赖,经济上的紧密联系使双方无法彻底分离。

其次,处理好独联体成员国之间的关系。在经济合作的基础上,保持政治上的独立是独联体成员国最为关心的问题,即使加入欧亚经济联盟的国家也是如此。现阶段独联体已经有五个国家签署了《欧亚经济联盟条约》,吉尔吉斯斯坦成为正式成员国后,按照一体化的既定路线,其他国家如塔吉克斯坦的入盟问题也将被提上议程。哈萨克斯坦总统纳扎尔巴耶夫在各种场合多次表示,推进一体化必须建立在各成员国平等、协商一致的基础上,前提是保障各成员国的独立和主权不受侵犯。② 在签订《欧亚经济联盟条约》时,俄罗斯和白俄罗斯曾试图将国际合作、共同国籍、移民政策、签证、出口监管、边界安全等内容加入条约,但遭到哈方拒绝。纳扎尔巴耶夫称如果欧亚经济联盟条约中的规则没有得到执行,哈萨克斯坦有充分权利退出欧亚经济联盟,哈任何时候不会加入损害哈独立的组织,哈萨克斯坦的独立是最尊贵的财富,哈人民将采取一切措施维护哈独立。③

因此,俄罗斯在主导欧亚经济联盟的同时,要处理好联盟内部关系,在经济合作的基础上,保持各国政治的独立,在平等互利的原则下进行合作。俄总统普京在2014年的国情咨文中提到:"构建欧亚经济联盟的基础原则是平等、实

---

① 《普京呼吁俄罗斯和乌克兰珍惜兄弟般友谊传统》,中国新闻网,http://www.chinanews.com/gj/2014/10-28/6726126.shtml。
② 《俄白哈组建欧亚经济联盟 西方担心"重建苏联"》,环球网,http://world.huanqiu.com/exclusive/2014-05/5008679.html。
③ 《哈总统称哈有权退出欧亚经济联盟》,http://kz.mofcom.gov.cn/article/jmxw/201409/20140900717905.shtml。

用主义和互相尊重，是保护所有成员国的独立性和主权。"① 乌克兰危机创造了新的政治环境，它不仅仅在后苏联历史上画了一道线，也在冷战后的世界政治中画了一道线。② 克里米亚并入俄罗斯引起独联体国家的高度关切，部分独联体国家难以消除对俄的警惕和忧虑，甚至有些国家担心被"芬兰化"③。西方的目的在于分化和瓦解独联体，只有加强内部团结，独联体国家才能真正实现主权独立和经济繁荣。

最后，处理好与欧盟的关系。目前来看，既然乌克兰脱俄入欧已成为不争之事实，发展与欧盟的关系就成为俄主导下的欧亚经济联盟的重要问题，为此俄罗斯外长拉夫罗夫多次表达了希望欧亚经济联盟与欧盟合作的意愿。6月16日，他表示莫斯科期望欧盟不"回避现实"，为了一体化联盟成员国的利益能与欧亚经济联盟合作。11月22日，他又表示俄罗斯计划在欧安组织外长会议上提出欧盟与关税同盟建立自由贸易区的建议。2015年伊始，俄外长拉夫罗夫表示："消除摩擦，而不是加固分界线；不是隔离，而是和谐的一体化，更符合当前的现实，只有这样我们才能致力于发展欧亚经济联盟的一体化项目，我们的一体化项目对所有伙伴开发，首先是自贸区成员。"④

俄罗斯学者认为，俄罗斯消除了欧洲延伸到整个欧洲大陆的梦想，欧盟应该集中精力改造自己的欧洲大陆政治空间（它现在包括乌克兰、摩尔多瓦），并承认自己边界外的真实世界。⑤ 现阶段欧洲不能觊觎改造俄罗斯，

---

① Послание Президента Федеральному Собранию，http：//www. kremlin. ru/news/47173.
② Сергей Минасян，"Финляндизация" постсоветского пространства. http：//www. globalaffairs. ru/number/Finlyandizatciya - postsovetskogo - prostranstva - 16590.
③ "芬兰化"指的是一个弱小的国家近乎无底线的听命于强大邻国的政策决定，类似冷战时芬兰和苏联两国之间的关系，第二次世界大战之前的丹麦对纳粹德国也是如此。此词出现于20世纪60年代后期的联邦德国，为当时联邦德国的保守派批评重视同共产主义诸国对话的时任联邦德国总理勃兰特所新造的词。
④ Сергей Лавров，Интеграционные проекты СНГ открыты для других партнеров. http：//mir24. tv/news/community/9712395.
⑤ Евгений Винокуров，Мегасделка на фоне кризиса. http：//www. globalaffairs. ru/number/Megasdelka - na - fone - krizisa - 17113.

它应该意识到改造俄罗斯的代价,就是在欧洲的心脏地带出现一个烂摊子。欧盟和欧亚经济联盟整合的思想今天看起来很奇怪,合作建立在制裁的情况下,但是新的基础往往建立于危机之时。虽然欧亚经济联盟与欧盟两个国际组织之间存在激烈竞争,但至关重要的是对话而不是对抗,建立合作关系可能是它们最好的选择。

历 史

Y.14
中国学者对抗日战争期间苏联对华援助问题的研究

刘显忠*

摘　要：	中国改革开放后，学术界对很多问题开始重新认识、重新评价。抗日战争期间苏联对华援助问题是备受关注的重要问题之一。对抗日战争期间苏联对华援助问题，中苏关系史专家不仅揭示了很多新史料，纠正了以前研究中的一些错误，还对抗日战争期间的苏联援华做出了各种不同的评价。本文试就改革开放后中国学者对抗日战争期间苏联对华援助的研究情况加以介绍，以增进学界对该问题的理解。
关键词：	抗日战争　中苏关系　对华援助

---

* 刘显忠，中国社会科学院俄罗斯东欧中亚研究所苏联室主任，研究员。

中华人民共和国的中苏关系史研究大致可以分成改革开放前和改革开放后两个主要阶段。改革开放前的中苏关系史研究受两国关系变化的影响极大，政治色彩浓重。中国政府奉行对苏"一边倒"战略时，社会各界隐恶扬善，大谈中苏友谊，讳言苏联的缺点和问题；中苏关系交恶后，又走向了另一个极端，隐善扬恶，大谈双方关系中的恶事，对积极的因素避而不谈，这都不是实事求是的学术态度。中国改革开放后，这种情况有所改变，学术界对很多问题开始重新认识，重新评价。抗日战争期间苏联对华援助问题就是改革开放后备受关注的问题之一。学者们推出了一批有关该问题的论文和专著①，对抗日战争期间苏联对华援助问题，不仅揭示了很多新史料，纠正了以前研究中的一些错误，还对抗日战争期间的苏联援华做出了各种不同的

---

① 罗志刚：《中苏外交关系研究（1931~1945）》，武汉大学出版社，1999；王真：《动荡中的同盟：抗战时期的中苏关系》，广西师范大学出版社，1993；李嘉谷：《合作与冲突：1931~1945年的中苏关系》，广西师范大学出版社，1996；汪金国：《战时苏联对华政策》，武汉大学出版社，2010；陈英昊、胡充寒：《抗战初期苏联援华政策的几个问题》，《文史哲》1991年第5期；刘建德：《抗日战争时期的苏联援华借款到底是多少?》，《教学与研究》1986年第4期；王真：《抗日战争初期苏联援华政策的性质》，《中共党史研究》1993年第5期；李嘉谷：《中苏关系史二题》，《抗日战争研究》1995年第1期；李嘉谷：《抗日战争时期苏联对华贷款与军火物资援助》，《近代史研究》1988年第3期；李嘉谷：《关于抗日战争时期苏联援华贷款问题》，《近代史研究》1992年第3期；李嘉谷：《抗战时期苏联援华飞机等军火物资数量问题的探讨》，《近代史研究》1993年第6期；孙才顺：《如何评判抗战期间中苏关系中的是与非——论抗战期间中苏关系恶化的原因》，《抗日战争研究》2001年第3期；王真：《实事求是，尊重历史——怎样以科学的态度研究抗战时期中苏关系的是与非》，《抗日战争研究》2001年第4期；陆亚玲：《抗日战争时期苏联对华政策评析》，《扬州教育学院学报》2002年第1期；陈九如：《苏联援华抗日政策评析》，《民国档案》2001年第4期；王林涛：《略论抗战初期中苏蜜月般关系——苏联援华抗日述评》，《浙江学刊》1995年第4期；张雪梅：《试论抗日战争时期苏联援华政策》，《四川教育学院学报》2005年第3期。另外，一些有关中苏关系和抗战时期中国外交史的著作中也都有专门的内容涉及该问题，如吴东之主编《中国外交史：中华民国时期（1911~1949）》，河南人民出版社，1990；薛衔天、金东吉：《民国时期中苏关系史》，中共党史出版社，2009；黄定天：《中俄关系通史》，黑龙江人民出版社，2007；陶文钊等：《抗日战争时期中国对外关系》，中国社会科学出版社，2009；骆晓会：《近代中苏关系史述论》，延边人民出版社，2001；田保国：《民国时期中苏关系（1917~1949）》，济南出版社，1999；刘志清：《恩怨历尽后的反思——中苏关系七十年》，黄河出版社，1998；沈志华主编《中苏关系史纲》，新华出版社，2007；石源华：《中华民国外交史》，上海人民出版社，1994，等等。

评价。本文试就改革开放后中国学者对抗日战争期间苏联对华援助的研究做一介绍。

一 承认苏联是太平洋战争爆发前援助中国最积极的大国

中国的中苏关系史专家都承认，苏联是太平洋战争爆发前援助中国的唯一大国。吴东之主编的《中国外交史》指出："从卢沟桥事变到武汉陷落甚至直到太平洋战争爆发，在军事上、经济上、政治上援华最有力的国家是苏联。在相当长的一段时期内，苏联曾是向中国提供军火援助的唯一国家，也是向中国提供直接军事援助的唯一国家。"[①] 刘志青也认为："抗日战争爆发后，世界舆论同情中国抗战。但是，给予中国抗战以实际帮助的，在很长时期内只有苏联。只是在苏德战争爆发后，苏联无暇东顾，援助才逐渐减少，直至完全停止。"[②] 沈志华也指出："在1941年太平洋战争爆发之前，中国的抗日战争几乎处于孤立无缘的状态。是苏联的援助，给中国早期的抗战提供了一股重要的支撑力量。"[③] 石源华也承认，"七七事变"后，与对日本侵华采取绥靖政策的英、美、法诸国不同，苏联是太平洋战争爆发前在军事上、财政上积极援助中国的唯一大国。[④] 罗志刚列举了一些数字以说明苏联对华援助的力度。他指出，在太平洋战争爆发之前，中国从世界大国总共获得5.135亿美元的贷款，其中苏联2.5亿美元的贷款几乎占去一半，美国、英国和法国共提供2.635亿美元。除贷款之外，1941年美国根据租借法还为中国提供了0.26亿美元。抗日战争的头两年里，中国利用苏联贷款的规模几乎是西方国家贷款的3倍。而且，苏联的贷款可用于购买武器和军用物资，贷款的条件也较优惠，年息仅为3%，而不是西方贷款所要求的4%、

---

① 吴东之主编《中国外交史：中华民国时期（1911～1949）》，河南人民出版社，1990，第424页。
② 刘志青：《恩怨历尽后的反思——中苏关系七十年》，黄河出版社，1998，第238页。
③ 沈志华主编《中苏关系史纲》，新华出版社，2007，第59页。
④ 石源华：《中华民国外交史》，上海人民出版社，1994，第524页。

5%甚至6.5%。相形之下,抗日战争爆发后美国对日本却更为慷慨。1938年,日本从美国得到1.25亿美元的贷款,以及机床、军事装备和武器。1937年美国输往日本的军用物资占其总数的58%,1938年增长到66%;英国也向日本输送大批机器、铅、锡等战略物资。①

二 关于苏联志愿者在中国抗日战争中的作用问题

1937年12月初,苏联向中国派出首批航空志愿人员;1938年年中,派出首批军事顾问和军事技术专家;1937~1942年期间来华工作的苏联军事顾问、专家、技术人员(包括志愿飞行员)等总数有5000多人。②至于苏联志愿者在中国抗战中的作用,中国学者在以下几方面达成了共识。第一,苏联协助中国培训军队官兵,提高了中国军队的作战技能和作战信心。苏联军事顾问与专家先后帮助中国培训空军、炮兵与坦克部队等各类军事人员达9万多名。③例如,苏联顾问在湘潭建立了专门训练坦克手的训练基地,以及中国军队的第一个机械化师,后来该师扩展为第五机械化军。为训练中国飞行员,苏联向中国陆续派遣了总数为89人的苏联航空专家组。苏联专家协助中方在伊犁、兰州、绥宁、成都等地建立了一批航校。以伊犁航校为例,到1940年中期,该校在苏联教练的指导下培训了328名中国飞行员。另外,大批中国受训人员还被送到苏联国内培训。至1939年夏,在苏联受训的计有1045名飞行员、81名领航员、198名报务员、8354名航空机械师,这补充并加强了中国空军的作战能力。④

第二,苏联顾问参与拟订和实施重大的作战计划,改变了国民政府军消极防御的态势。抗战时期,很多重大战役的作战计划拟订和实施都有苏联顾问的参与。比如德拉特文抵华后,建议中国军队由消极防御转为积极防御。

---

① 罗志刚:《中苏外交关系研究(1931~1945)》,武汉大学出版社,1999,第134~135页。
② 李嘉谷:《合作与冲突:1931~1945年的中苏关系》,广西师范大学出版社,1996,第132页。
③ 同上,第138页。
④ 王真:《动荡中的同盟:抗战时期的中苏关系》,广西师范大学出版社,1993,第119页。

根据苏联顾问的建议，国民党军队在台儿庄战役中获得了巨大胜利。武汉、南昌、长沙和宜昌等重大战役的作战计划都由苏联顾问制订，切列潘诺夫、崔可夫分别参与了武汉战役、宜昌和长沙会战作战计划的制订。这些重大作战计划的实施，延缓了日本在中国境内推进的速度，使日本迅速灭亡中国的企图失败。

第三，苏联的航空志愿者在空战中发挥了重要作用。1937～1941年，苏联共向中国提供各型飞机1250架，先后在中国战斗过的苏联飞行员达700多人，他们除了远征台湾和进行武汉空战外，还参加了在粤北、归德、广州、南海、南昌、重庆、成都、兰州和西安等地的重要空战。① 1937～1941年期间，苏联飞行员与中国飞行员协同作战，击毁日机1049架，其中苏联志愿飞行队击落炸毁539架，同时苏联志愿飞行队也付出了牺牲200多人的重大代价。② 日本轰炸机的基地原都设在离前线50公里以内，当苏联志愿飞行队的飞机出现后不得不后撤500～600公里。

第四，苏联在协调国共两党行动，遏制蒋介石的反共政策等方面也起了一定作用。苏联国防人民委员布置给崔可夫的赴华任务中，包括遏制蒋介石的反共野心，防止国民党以武力夺取共产党人控制的区域，在中国红军和蒋介石军队之间存在分歧的情况下协调双方的抗日行动，等等。皖南事变后，崔可夫及苏联驻华大使潘友新多次约谈蒋介石、何应钦、白崇禧等国民党军政显要，向他们指明打内战的后果。崔可夫在约见何应钦时指出："现在正在和侵略者打仗，为了赢得这场战争，人民应该团结一致。何以要打自己人，要屠杀自己的士兵和军官呢？"在约见白崇禧时他也表示：对于皖南事

---

① 王真：《动荡中的同盟：抗战时期的中苏关系》，第124页；汪金国：《战时苏联对华政策》，第87、88页。按：有的书中的数字与这里的数字有出入，认为截至1939年秋，苏联已经供给中国飞机1000架，并派航空志愿队共达2000人。航空志愿队中共有211名在作战中献出了他们宝贵的生命。1941年年初，中国空军力量十分薄弱，总共不到70架飞机，且都过时。就在这时，苏联又供给中国200架飞机，其中战斗机和轰炸机各半。苏联还派来军事顾问及工程技术人员500人，他们当中一些人一直留到1944年夏天才回国。吴东之主编《中国外交史：中华民国时期（1911～1949）》，第426页。

② 薛衔天、金东吉：《民国时期中苏关系史》，济南出版社，1999，第120页。

变"我无论如何也无法接受。大敌当前,政府同人民发生任何的武装冲突都是咄咄怪事"①。与此同时,苏联政府有意冷落了刚到任不久的中国驻苏大使邵力子。这些行动使蒋介石有所顾忌。

三 关于抗日战争时期苏联援华贷款和军火物资问题

改革开放后,中国学者根据新的材料对抗日战争时期苏联援华贷款的数额进行了研究,对过去一些著作中流行的 4.5 亿美元的数额提出了质疑。有学者通过对比各种材料,得出一个观点,即抗日战争时期苏联的援华贷款,"2.5 亿美元"这一数额最为可靠,约"3 亿美元"或"3.06385 亿美元"也有一定依据,但"4.5 亿美元"则是不确切的。② 李嘉谷针对"苏联自 1937～1942 年之对华借款计共 8 笔,总额为 55638.58 万美元"③ 的错误说法指出,苏联在中国抗日战争时期自 1938～1939 年先后只有三次易货贷款(1938 年 3 月 1 日第一笔 5000 万美元,1938 年 7 月 1 日第二笔 5000 万美元,1939 年 6 月 13 日第三笔 1.5 亿美元)支援中国,总数达 2.5 亿美元。在抗日战争中,中国实际使用苏联的信用借款共计 173175810.36 美元。④ 这种观点目前为大多数研究者接受。关于苏联援华军火物资的数量,李嘉谷针对各种不同的数据指出,只能根据中方实际动用苏联信用借款向中国输送的飞机与其他军火物资数统计才是精确的。他认为抗日战争时期苏联援华飞机与其他军火物质的情况为:各类飞机 904 架,其中轻重轰炸机 318 架;坦克 82 辆、汽车 1526 辆、牵引车 24 辆;各类大炮 1190 门、轻重机关枪 9720 挺、步枪 5 万支、步枪子弹 16700 多万发、机枪子弹 1700 多万发、炸弹 31100 颗、炮弹 187 万多发;飞机发动机 221 台,以及飞机全套备用零件、

---

① 刘志青:《恩怨历尽后的反思——中苏关系七十年》,第 249 页。
② 刘德德:《抗日战争时期的苏联援华借款到底是多少》,《教学与研究》1986 年第 4 期。
③ 孔庆泰:《太平洋战争爆发前苏联对华军事援助述略》,《历史档案》1991 年第 1 期。
④ 李嘉谷:《抗日战争时期苏联对华贷款与军火物资援助》、《关于抗日战争时期苏联援华贷款问题》,《近代史研究》1988 年第 3 期、1992 年第 3 期。

汽油等军火物资。① 对苏联的这种援助，有的学者指出："苏联当时也在积极备战，它的军事装备确实并不宽裕，对中国的出口意味着对自己军备的一定程度的牺牲。"②

另外，过去关于苏联援华贷款不要利息和中国全部用农副产品偿还贷款的说法也被新研究成果所推翻。学者们一致认为，苏联援华贷款依照的是3%的低利息，中国偿还苏联易货贷款的货单包括一部分战略物资。

四 抗战初期苏联为何不出兵参战的问题

抗日战争初期，在争取苏联物资援助的同时，中国还多次提出希望苏联出兵参战的要求。对苏联为什么不出兵参战的问题，国内学者也有研究。有学者认为苏联不出兵援华主要是由苏联国内局势、远东苏军的实力有限、担心陷入两线作战的不利境地、对西方国家一向持不信任态度等因素造成的。苏联出于其远东战略考虑，对华援助不仅有一定的限度，还遵循以下原则：它既要有效地支援中国抗战，又要防止苏联单独卷入战争；援华不能影响苏联的军备建设；援华不能导致日本过分紧张。③ 陶文钊等指出："在对中国的援助上，苏联始终注意把握一定的分寸，即一方面不能使中国的抵抗力量趋于崩溃，以始终保持中国对日本的牵制能力；另一方面又不能超过日本所能容忍的限度，防止日本孤注一掷对苏联发动进攻。苏联对援华武器种类的严格控制反映了它的这一考虑。"④ 罗志刚也认为苏联不出兵支援主要有两种考虑，一是担心刺激德国，陷入两线作战的困境；二是鉴于英美等西方大国一直对中日冲突袖手旁观，国民政府对日求和之心不死，缺乏坚定的抗战决心，苏联唯恐自己在远东的参战会从中日战争演变为苏日战争，造成引火烧身、孤军作战的被动局面。在上述因素的作用下，苏联领导人虽然答应接

---

① 李嘉谷：《抗战时期苏联援华飞机等军火物资数量问题的探讨》，《近代史研究》1993年第6期。
② 陶文钊等：《抗日战争时期中国对外关系》，中国社会科学出版社，2009，第80页。
③ 陈英昊、胡充寒：《抗战初期苏联援华政策的几个问题》，《文史哲》1991年第5期。
④ 陶文钊等：《抗日战争时期中国对外关系》，第89页。

济中国抗战,但坚持"以不妨碍苏联对东西两方作战之准备为限"。① 对此问题,李嘉谷、王真也有类似的看法。②

五 对抗日战争期间苏联援华的评价问题

对抗日战争期间苏联援华的评价,在中国学者中分歧比较大。有些学者援引斯大林在崔可夫来华前对其指示中的一段话为据,说明苏联援华的动机和目的主要从本国民族利益和外交政策的需要出发,是为民族私利而不是出于国际主义的考虑。有的学者甚至认为抗战时期"苏联的对华政策从本质上讲只能是大国沙文主义和民族利己主义","苏联远东战略的本质"是严重的民族利己主义和大国沙文主义,抗战期间导致中苏关系恶化的主要原因在于苏联方面。③

针对这种观点,一些学者认为,评价抗战期间苏联对华政策,应当搞清楚的一个问题,就是不能把民族利益同民族利己主义混为一谈。苏联援华,无疑是有其民族利益或国家利益的考虑,这就是希望中国能够牵制日本,以避免其与德国、日本在两线作战。这是完全正当的。援助别人,同时也是为维护自身利益,这实质上就是国际主义与爱国主义的统一。民族利益与民族利己主义的区别,不在于是否强调本民族的利益,而在于是否损害其他民族的利益。民族利己主义是把本民族利益置于其他民族利益之上,牺牲其他民族利益来获取本民族利益。从抗战初期苏联对华政策来看,它虽然强调了援华对苏联自身利益的重要性,把考虑自身利益作为对华政策的一个出发点,但并没有损害中国的利益。相反,苏方的支援有助于中国进行抗日战争,特别是在西方大国对日本的侵略行为见危不救、袖手旁观的背景下,苏联的援助尤显珍贵。苏联考虑通过援华抗战来解决自己国家的安全问题,以避免两

---

① 罗志刚:《中苏外交关系研究(1931~1945)》,第184~185页。
② 详见王真《动荡中的同盟:抗战时期的中苏关系》、李嘉谷《合作与冲突:1931~1945年的中苏关系》的相关章节。
③ 详见孙才顺《如何评判抗战时期中苏关系的是与非》,《抗日战争研究》2001年第3期。

线作战，是无可非议的，这是把本国利益同中国民族解放利益统一起来的具体表现。因此，这一时期苏联对华政策的本质无论如何是不能定性为"严重的民族利己主义"。即使是蒋介石，对这一时期的苏联援华行动也给予了肯定。苏联抗战初期的援华与抗战后期不同。抗日战争后期，斯大林以恢复沙俄在中国失去的权益作为出兵中国的条件，并迫使中国方面去莫斯科参加中苏谈判，接受苏联提出的条件。这种做法确实严重损害了中国的利益，有民族利己主义的一面。①

罗志刚也认为，战时的中苏合作是一种互利关系，双方都从相互合作中获益匪浅。认为抗日战争时期的苏联援华制日行动不仅是一种国际主义援助行动，也是一种自助性质的战略措施。而抗战后期苏联的一些行为损害了中国主权。②

最新的《民国时期中苏关系史》认为："自抗战爆发到《苏日中立条约》签订，从武器、志愿人员到交通运输，苏联给予中国全方位的援助。在国共合作出现破裂危险的关键时刻，苏联对国共双方施加了积极影响。这几个方面的援助是互相衔接、缺一不可的。没有苏联志愿人员帮助中国军队掌握有关军事技术，中国购买的苏联武器在短时间内难以发挥效用；没有西北交通线畅通的运输，苏联的人员和武器也难以到达亟待外援的中国战场。正是这三位一体的援助，大大地减轻了处于绝对优势的日军给中国造成的强大压力。"该书也认为从《苏日中立条约》开始，苏联为自身的利益开始损害中国的利益，也使中苏关系疏远了。③

总之，中国改革开放后，中国的中苏关系史研究取得了不小的成就。中国学者对抗日战争期间苏联对华援助问题的研究进一步深化，学者们不仅根据新的档案资料纠正了以前著作中的一些错误，还就苏联提供援助而不直接

---

① 详见王真《实事求是，尊重历史——怎样以科学的态度研究抗战时期中苏关系的是与非》。
② 罗志刚：《中苏外交关系研究（1931~1945）》；田保国的《民国时期中苏关系》也持类似看法。
③ 薛衔天、金东吉：《民国时期中苏关系史（1917~1949）》（中），中国党史出版社，2009，第131页。

参战的原因、抗日战争期间苏联援华的动机和目的提出了一些值得深思的见解。从学者的研究中可以看出，太平洋战争爆发前，在中国几乎孤立无援的情况下苏联对中国抗战的援助是巨大的，但抗战中苏联用中国领土和主权与日本做交易、以恢复沙俄在中国失去的权益作为出兵中国的条件等有损中国主权的行为，又有其民族利己主义的一面。这是影响两国关系健康发展的因素。"前事不忘，后事之师"，只有更好地吸取历史教训，才能使国与国关系更健康地向前发展。

Y.15
解读赫鲁晓夫诞辰120周年档案展

王桂香*

摘 要： 赫鲁晓夫是苏联历史上富有争议的传奇人物，在其执政期间发生了一系列重大事件，如反对个人崇拜、建造柏林墙、镇压匈牙利反抗、挑起加勒比海危机、排挤知识分子等。对赫鲁晓夫的评价，无论在俄罗斯本国历史中，还是在世界历史中，都没有达成共识。"赫鲁晓夫诞辰120周年档案文献展"公布了一些珍贵的档案文献，为赫鲁晓夫的研究提供了很好的机会。

关键词： 赫鲁晓夫　贝利亚　苏联历史　俄罗斯

2014年11月14日，俄罗斯著名电台"莫斯科之声"报道了正在展出的"赫鲁晓夫诞辰120周年历史档案文献展"，该展览系"苏联时期领袖系列展（第二期）"（2014年夏季曾举办了第一期展览即"安德罗波夫诞辰100周年历史档案文献展"）的一部分。本次展览由俄罗斯联邦档案协会、俄罗斯国立社会政治史档案馆、俄罗斯历史协会联合举办，地点在俄罗斯联邦国家档案馆，展出为期2个多月（自2014年11月10日至2015年1月25日）。

主持展览开幕式的是俄罗斯联邦社会政治史档案馆馆长索罗金，出席开幕式并发表讲话的有：俄罗斯联邦国家杜马主席、俄罗斯历史协会主席纳雷

---

* 王桂香，中国社会科学院俄罗斯东欧中亚研究所副研究员，博士。

什金，俄罗斯联邦档案协会会长阿尔季佐夫，俄罗斯外交部下属的莫斯科国际关系学院院长托尔库诺夫。纳雷什金在致辞中自豪地表示："当前我们拥有丰富的档案文献，来确保我们举办有关苏联历史上政治家、社会活动家的档案文献展。赫鲁晓夫执政时期被生动地称为'解冻'时期，对他的评价具有复杂性和矛盾性，对他执政期间所做决定的意义和正确性还有待继续争论，政治家们、历史学家们往往责备其文化水平不高，但其主要功绩是使苏联社会摆脱恐惧，解放了创造力。"①

除了俄联邦总统办公厅、俄联邦政府、联邦委员会、国家杜马派代表参会外，参会的还有各界代表，如俄罗斯历史协会主席团成员，各联邦档案馆代表，以及文化界、学术团体的代表，如俄罗斯科学院世界通史研究所所长丘巴里扬院士、俄罗斯国立人文大学校长皮沃瓦尔等。

"赫鲁晓夫诞辰120周年历史档案文献展"对那个时代的重大事件进行了回顾，有助于我们了解那个时代。它有以下几个方面的特点。

首先，历史真实性更强。

参展的展品很丰富，约有600多件，安排了3个展厅。展览根据各个不同时期和主题设有十几个专题，一些专题以赫鲁晓夫的言论为题，诸如"闹革命是为了生活得更好""投身党的工作吧，这最重要""我们需要下定决心彻底铲除个人崇拜""权力斗争""与知识分子们的关系""解冻不只是我们的口号"，还有农业经济、航天成就、国际关系等方面。总之，自赫鲁晓夫入党参加工作直至其去世，各个时期的有关档案文献以及个人赠品、用品、信件、收藏品等都有展出；其亲属也提供了一些珍贵的展品，如赫鲁晓夫的儿子谢尔盖提供了其收藏的封面为赫鲁晓夫的《TIME》《LIFE》等西方杂志，足足有五六十本。

展品中不仅有赫鲁晓夫当年入党的党证，还有20世纪30年代大清洗时期赫鲁晓夫作为联共（布）莫斯科市委书记签署的一些同意镇压的文件。赫鲁晓夫是在苏联20世纪30年代大清洗时期得到不断升迁的政治新星，对

---

① http：//www.rgaspi.su/about/vystavki/hrush.

这一时期的莫斯科镇压活动、乌克兰的大清洗活动在相当大程度上是负有主要责任的。纳雷什金说:"只有一少部分人还记得,赫鲁晓夫20世纪30年代曾担任莫斯科联共(布)市委第一书记。"此专题的设立体现了尊重历史真实的态度,客观地展现那一时期的材料,让参观者了解历史真相。

展览不仅展出赫鲁晓夫时期苏联取得的主要成就,如:加加林第一次进入太空,苏联在国民经济领域的成就,国内外赠送赫鲁晓夫的挂毯等礼品,还展出了珍贵的文献手稿——苏共二十大"秘密报告"的手写稿,直观地展现了"秘密报告"准备的仓促情况。富有强烈对比的是,此栏目中还展出了当年政治局成员为纪念斯大林诞辰70周年曾提议并签名的文件《致联共(布)中央委员会、苏联部长会议函》:政治局委员们一致同意称斯大林同志为"伟大领袖和导师、列宁未竟事业的继承者",在上面签名的不仅有贝利亚、布尔加宁、伏罗希洛夫、卡冈诺维奇、柯西金、马林科夫、米高扬,也有赫鲁晓夫。函件上没有日期,按文件上标注推测应不晚于1949年12月20日。

一同展出的还有1961年苏共中央委员会主席团会议决议文件(绝密),关于将斯大林遗体从列宁墓中移至克里姆林宫城墙下的决议案。

其次,展览取材广泛,不局限于赫鲁晓夫本人的文献,写给他的珍贵文献也一起展出。

最令人惊讶的是,贝利亚死前最后一封信的原件也被展出来了,归为20世纪50年代的权力斗争专题中(《贝利亚事件》《1957年反党集团》《1957年罢免朱可夫国防部部长一职》)。

贝利亚狱中的书信,字迹颇有些潦草,可以反映出他当时的处境和心境。此信没标日期,文献标注中推测为1953年7月2日苏共七月全会开幕的当天。这是一封致苏共中央主席团的亲笔信,潦草的字迹表明贝利亚当时可能已获知苏共召开七月全会而自己没被允许参会后的慌乱心境,也许他已意识到自己凶多吉少。信的开头——列出主席团所有成员的名字,向主席团所有成员发出请求,陈述被关押5天却没有一次提审(原手稿中可见是写后又补充的句子),指出有人想不通过司法程序对其进行处理。他委屈地表示:"作为主席团成员,面对指控请求予以调查和申辩、提审证人,这么做对中央委员会也是有利的，为什么要像现在这样把我关到地下室不闻不问，难道将中央委员会成员关押在地下室里5昼夜，不通过司法程序就处决是唯一正确的方式吗？"他似乎已经预见到自己的结局。

贝利亚在信中向莫洛托夫、伏罗希洛夫、卡冈诺维奇、米高扬（也许贝利亚已意识到无法指望马林科夫帮他，或许他猜出是赫鲁晓夫欲置他于死地）提出请求对他予以关注，信中写道："我向列宁同志保证、向斯大林同志保证，我恳求你们予以介入，速速介入，你们会看到我是清白的，我是你们的诚实的忠诚的朋友，是我党忠诚的党员。"在信的结尾，贝利亚表白说："除了增强我们的国家、我们伟大的党的团结一致，我别无他念。对中央委员会和部长会议工作的支持，我自信不比任何一位同志做得少。我恳请你们相信，如果肯调查的话，所有对我的指控都会被解除的。如此仓促是非常令人怀疑的。"信的最后两句话耐人寻味："马林科夫同志、赫鲁晓夫同志，我恳求你们不要固执，难道给人们平反不好吗？""我一次又一次地恳求你们进行干预，不要杀害自己无罪的老朋友，您的拉·贝利亚。"全信使用"恳求"一词有5次之多，几近哀求。信的下面还附有一张小便条："请速速电话通知马林科夫同志、赫鲁晓夫同志，贝利亚写给苏共中央委员会主席团的亲笔信"，并且在"电话通知马林科夫同志、赫鲁晓夫同志"下加了双重着重线，可见他已意识到时间对他来说已经非常紧迫。但这封信最终并没有在苏共中央委员会主席团上宣读，也没有被传阅。之后贝利亚的纸笔被没收，他申诉的权利被剥夺了。

引人注目的是，在信的上方选用了一幅很有深意的贝利亚的照片。这张照片既不是贝利亚穿元帅服的正冠照片，也不是苏联时期所能见到的略带些"蜜蜂眼"的照片，而是一幅手搭帽前眺望远方的照片，似乎表明不做褒贬提示，尽可能客观地展示历史原貌。

贝利亚曾是苏联时期高层领导集团的核心人物之一，大清洗后从地方调入内务部，战时进入国防委员会，负责飞机、坦克、武器、弹药的生产，荣获苏联元帅称号和一系列勋章、奖章。他在战前曾整肃过外交部，逮捕了2000多人，为苏德合作排除"干扰"；参与"卡廷事件"；指挥强制性的民族迁徙行动；成功地领导苏联原子弹、氢弹的研制工作。斯大林逝世后，贝利亚担任部长会议副主席兼任内务部部长，提出了一系列纠正以往错误的大胆举措，主动进行冤假错案的平反工作，实行大赦，释放上百万犯人，秘密谋划苏联和南斯拉夫关系正常化，主张在民主德国放弃移植斯大林模式，推行中立的对德方针。1953年6月26日，贝利亚被当局秘密逮捕，不久即被秘密处决。"贝利亚事件"是斯大林逝世后苏联高层权力斗争的产物，是苏联集权政治的产物。

最后，有关少数民族问题、克里米亚问题等文献也得到了展出。

一同展出的还有"苏共中央主席团关于取消特殊居民活动限制的决议"的文献，主要涉及被强制迁移的少数民族——车臣人、印古什人、克里米亚的鞑靼人、卡尔梅克人等。阅读这些文件可以发现，当时对问题的解决不够彻底，只是简单地取消对他们外出活动的限制，但没有允许他们返回原住地，也没有归还以前被罚没充公的个人财产。少数民族问题埋下了积怨，在苏联解体后成为这一地区动荡不安的重要原因。

对于克里米亚问题，展览中特设了专题，展出了1954年最高苏维埃签署的相关文件，以此证实克里米亚半岛当年是从俄罗斯苏维埃联邦社会主义共和国移交给乌克兰苏维埃社会主义共和国的，相关地图的展示更为直接。纳雷什金指出："在当前的克里米亚危机、乌克兰危机中，赫鲁晓夫的名字常常被提及，对他在1954年把克里米亚转交给乌克兰的决定是有不同评价的，是富有争议的。"①

综观展览，主要部分是赫鲁晓夫时期国家重大决定的有关文件，既有国内问题的处理，也有国际危机的处理。这一时期的国际关系是展览的重要主题，如赫鲁晓夫访华、访美、出席联合国会议、组建华沙条约组织等。此外，还设有介绍赫鲁晓夫与知识分子之间关系的专栏。赫鲁晓夫的卸职专题采用"我离开，不再争斗"的标题。3号厅还展出了赫鲁晓夫个人用品及家族谱。

---

① 参见http：//www.rgaspi.su/about/vystavki/hrush。

赫鲁晓夫时期作为"解冻时期"载入史册,这一时期的国家政策和一系列重大事件,诸如反对个人崇拜、在民主德国建造柏林墙、镇压匈牙利反抗、爆发加勒比海危机、压制迫害知识分子等,无论是在俄罗斯本国历史中,还是在世界历史中,在评价上都存在争议。索罗金指出,赫鲁晓夫确实是一位富有争议的矛盾人物,一些人记住了赫鲁晓夫执政时期苏联航天事业的发展、住房困难的改善、"古拉格"劳改犯的释放,以及对斯大林时期被迫害者大规模地平反工作;当然也有人将其把克里米亚半岛移交给乌克兰视为不可原谅的错误,不肯原谅他对知识分子的排挤和打压,以及大清洗期间所负有的责任[1]。纳雷什金指出:"历史不仅仅是对逝去时光的知识记录,它对我们来说就是整整一代人、一些人的经验总结,牢记历史教训能够帮助我们对未来做出正确的决定。"[2] 这种"以史为鉴"的态度,也许正是这次展览的目的。

---

[1] 参见 http://www.rgaspi.su/about/vystavki/hrush。

[2] 参见 http://www.russia-today.ru/new.php?i=1091。

乌克兰问题

Y.16
俄美在乌克兰的博弈

韩克敌*

摘　要： 2014年，围绕乌克兰，俄美展开激烈争夺。危机一步步地从政治战演变成军事战，从军事战变成经济战，从经济战变成威慑战。乌克兰危机恶化了俄美两国的政治氛围，破坏了两国关系的基础。俄美新冷战正日益成为一种现实。

关键词： 乌克兰危机　俄美关系　克里米亚　经济制裁　军事威慑

2014年，乌克兰危机的突然爆发和剧烈演变让世界震惊。这个以前很少为人所注意的东欧大国吸引了所有人的目光。乌克兰危机爆发有其必然

---

* 韩克敌，中国社会科学院俄罗斯东欧中亚研究所俄罗斯外交室副研究员。

性。冷战结束以来，这一直是东西方拉锯的地区。乌克兰危机主要源自乌内部长期存在的问题，即国内东西部之间文化、历史和种族的差异，但也源于外部大国的干涉和渗透。没有外来的介入和干涉，乌克兰的事件不至于演变到这样的程度、这样的局面。

总的来看，俄罗斯赢得了危机的第一轮（亚努科维奇拒签欧盟联系国协定）和第三轮（夺取克里米亚），美国赢得了第二轮（推翻亚努科维奇，建立亲西方的乌克兰新政府）和第四轮（乌克兰新政府签署欧盟联系国协定）。现在进入第五轮，即对乌东部乃至整个乌克兰的争夺。乌克兰作为一个国家，能不能存在，能不能发展，不只取决于乌克兰人民，也取决于外部世界，尤其是两个大国：俄罗斯和美国。

一　介入与反介入

长期以来，俄美两国采取多种方式，在乌克兰投入了大量的人力、物力、财力。俄美两国对乌克兰的介入也许手段有别，但力度是同样的。

在俄罗斯上层精英中，很多人不甘心接受苏联解体后的俄乌分治局面。他们一直在努力，试图至少维持乌克兰处于俄罗斯的影响之下，留在俄罗斯的战略轨道中。普京上台后，加强了这种努力。而在美国看来，乌克兰是遏制俄罗斯重新成为帝国的重要阵地，这种看法从冷战时期一直延续到现在，从没有改变。与此同时，1991年独立后，对国家走什么样的发展道路，乌克兰政坛存在两种截然不同的力量。尤先科、季莫申科等人代表倾向西方的政治势力，而亚努科维奇则代表倾向俄罗斯的力量。2010年亚努科维奇上台后，他强调维护国家团结，一直在乌东西部之间、俄罗斯和欧美之间，小心地维持着平衡。直到2013年年底，亚努科维奇突然拒签与欧盟的联系国协定，从而引爆了这场危机，导致大规模的群众示威和抗议，最终引起政权更迭。乌克兰国内不断的纷争，给了外部介入干涉的最好机会。

2013年11月28～29日，在立陶宛首都维尔纽斯举行的欧盟峰会上，亚努科维奇正式拒签与欧盟联系国协定。在该决定前后，俄罗斯加强了对乌的工作。此前两年，俄对一系列乌克兰商品颁布进口禁令，俄乌两国不断就供乌天然气价格和供气量等问题产生摩擦。俄向乌东部民众发放了大量的俄罗斯护照，这也成为后来俄声称要保护俄罗斯公民的一个借口。欧盟峰会前夕，俄罗斯领导人多次威胁，如果乌签署与欧盟的联系国协定，俄及其领导的关税联盟将采取保护性措施。乌拒签与欧盟的联系国协定后，12月17日，俄罗斯总统普京和来访的亚努科维奇在克里姆林宫签署协议，降低俄天然气出口价格，以原来价格的2/3向乌提供天然气（从每千立方米约400美元降至268.5美元），同时许诺购买150亿美元的乌克兰国债。按普京的说法，最近几年，俄总共向乌提供了价值约325亿～335亿美元的贷款、援助和折扣。① 而这种努力没有换来乌政局的稳定，这是亚努科维奇本人和俄罗斯政府所没有想到的。

美国的态度非常明朗，与俄罗斯的立场截然不同。政府官员、国会议员、各种民间组织纷纷访问基辅，向在独立广场上反亚努科维奇政府的示威群众表示支持。2013年12月15日，共和党参议员麦凯恩和民主党参议员墨菲到访基辅独立广场并发表演讲，对示威者表示支持。2014年2月6日，美国国务院负责欧亚事务的助理国务卿纽兰到访乌克兰，向亚努科维奇政府施压，并会见了乌三大反对派领袖。2月22日，亚努科维奇政府倒台，临时政府成立。

乌政局的急剧变化导致俄采取激烈措施。2014年2月26日，普京下令对俄罗斯西部和中部军区的部队进行突击战备检查，俄部分军队进入战备状态。27日，不明武装人员突然占领了克里米亚自治共和国议会。3月1日，俄罗斯联邦委员会召开特别会议，通过决议，授权俄总统在乌克兰领土动用俄罗斯军事力量。到3月2日，更多的武装人员出现在克里米亚，占领边境设施，控制交通枢纽，在海陆空军事基地外巡逻。

3月4日，美国国务卿克里访问基辅，表示对乌临时政府的支持。他专门抵达独立广场，向遇难示威者纪念坛献花。同日，美国宣布对乌提供10亿美元贷款担保及其他财政技术援助。3月12日，乌临时政府总理亚采纽

---

① Послание Президента Федеральному Собранию, 4декабря 2014 года, http://kremlin.ru/transcripts/47173.

克应邀访问美国，会晤了奥巴马和其他美国高级官员。4月，中央情报局局长布伦南秘密访问了基辅。6月4日，奥巴马利用访问华沙的机会专门会晤了乌新当选总统波罗申科。6月7日，美国副总统拜登专程前往基辅参加波罗申科的总统就职典礼。9月，波罗申科访问美国，并在国会发表演讲，受到热烈欢迎。2015年2月5日，在乌东部战事升级时，克里放弃了访问莫斯科的安排，再次访问基辅。

对待乌克兰危机，俄美有截然不同的解读。美国指责俄罗斯公然入侵并占领克里米亚，克里米亚公投是刺刀下的公投；俄罗斯支持的东部反政府武装或就是俄罗斯人应为MH17航班的坠毁负责；美国和北约多次宣称，大量的武器装备和人员，通过俄乌之间无人看守的边界，源源不断地进入乌克兰。俄罗斯则表示，克里米亚公投是当地人民合法愿望的表达，克里米亚加入俄罗斯存在历史和法理依据；MH17航班的坠毁责任在乌克兰政府方面；俄罗斯没有介入乌东部的冲突。

2014年2月乌克兰危机升级后，美国总统奥巴马与普京曾多次通过电话交谈，但每次均无果而终。3月1日，奥巴马与普京通电话，要求俄罗斯撤回在克里米亚的部队，停止在乌克兰其他地区的干预。普京则表示，其有权利保卫俄罗斯的公民和利益。3月2日，克里对俄罗斯政府的行为表示公开谴责，称此举是"难以置信的侵略行为"。他通过美国哥伦比亚广播公司《面对全国》节目表示："你不能在21世纪以19世纪的方式行事，以纯粹捏造的借口侵略其他国家。"3月3日，奥巴马指责俄罗斯侵犯乌克兰主权，违反了国际法，"站到了历史的对立面"。3月24日，七国集团在荷兰海牙召开特别会议，决定联合抵制原定6月在俄罗斯索契举行的八国集团峰会，改在布鲁塞尔举行七国集团峰会。整个2014年，俄美两国领导人没有举行任何正式会晤，只有几次在国际场合短暂的非正式交谈（6月6日，奥巴马与普京同在法国出席诺曼底登陆70周年纪念活动时交谈约15分钟）。在2014年11月举行的两场重大的国际峰会上——北京APEC会议和澳大利亚二十国集团会议，两国元首几乎没有交流。

一个奇怪的现象是，在2014年的大部分时间里，莫斯科没有美国大使。

2014年2月21日,美国驻俄大使麦克福尔离开莫斯科时,正值乌克兰国内动荡、克里米亚危机爆发前夕。从2012年1月履职莫斯科始,他和克里姆林宫的关系一直非常紧张。确定新任驻俄大使让奥巴马政府颇费踌躇。直到7月31日,奥巴马政府提名的新任美驻俄大使特夫特获得参议院批准。特夫特曾任美驻立陶宛、格鲁吉亚(2005~2009)和乌克兰(2009~2013)大使;2008年俄格5天战争期间,他正在格鲁吉亚;他也曾任职美驻俄使馆公使(1996~1999);离开国务院后,曾任职于兰德公司。特夫特和格鲁吉亚前领导人萨卡什维利有着良好的私人关系。11月19日,俄罗斯总统普京接受了新任美国驻俄大使约翰·特夫特递交的国书。而俄驻美大使基斯雅克一直留在华盛顿。这种不正常的状况反映了两国关系的紧张与冷淡。

二 制裁与反制裁

乌克兰危机伊始,奥巴马政府就明确排除了在乌克兰使用军事手段,侧重通过政治、外交和经济手段对俄罗斯实施反制。迄今为止,美国发动了6轮制裁,制裁的力度一次比一次大。制裁的法律基础是奥巴马签署的4个行政命令(3月6日、17日、20日和12月19日)以及2014年12月美国国会通过的"支持乌克兰自由"法案。

2014年3月16日,克里米亚举行公投,俄方宣称96.6%的票数支持克里米亚加入俄罗斯。3月17日,美国对俄罗斯发动第一轮制裁。制裁名单里有7名俄罗斯人,4名乌克兰人。制裁内容包括冻结资产,限制签证。7名俄罗斯人是:俄罗斯联邦委员会主席马特维延科,主管军事工业的副总理罗戈津,前副总理、普京总统顾问、俄罗斯总统的乌克兰非官方特使苏尔科夫,普京的经济顾问、"欧亚经济联盟"计划的主要设计者之一格拉济耶夫,国家杜马独联体事务、欧亚一体化、(海外)同胞关系委员会主席斯鲁茨基,俄罗斯联邦委员会宪法、司法和法律事务委员会主席克利夏,国家杜马家庭、妇女和儿童事务委员会主席米祖丽娜。4名乌克兰人是:克里米亚总理阿克肖诺夫、克里米亚议会议长康斯坦丁诺夫、亲俄的"乌克兰选择党"领导人梅德韦丘克、前总统亚努科维奇。①

3月20日,俄国家杜马(议会下院)正式批准克里米亚加入俄罗斯的条约。3月20日上午,奥巴马在白宫就乌克兰局势发表讲话,宣布美国新一轮制裁措施。制裁对象包括:俄铁路公司总裁亚库宁等16名官员和一家实体——俄罗斯银行。冻结他们在美国的资产,停发美国签证。这轮制裁的特点是,除政治制裁外,美国首度发起金融制裁,将为俄罗斯领导层提供实际支持的4名富商——季姆琴科、阿尔卡季·罗滕贝格、鲍里斯·罗滕贝格、被誉为普京私人银行家的科瓦尔丘克和"俄罗斯银行"列为制裁对象。②

4月2日,美国政府宣布暂停美国宇航局和俄罗斯航天机构及政府代表之间的所有合作,包括相互访问、邮件、视频和电话会议等。只有涉及国际空间站的项目允许继续。

4月28日,美国实施第三轮制裁,理由是俄罗斯未履行4月17日的俄、美、欧、乌四方日内瓦联合声明。制裁对象包括7名个人和17家企业。其中包括一些重要的政治人物,如:俄罗斯石油公司董事、国有的俄罗斯技术公司总裁切梅佐夫,政府副总理科扎克,俄罗斯联邦保卫局局长穆罗夫,国家杜马国际事务委员会主席普什科夫,俄罗斯石油公司总裁谢钦,俄总统办公厅第一副主任沃罗金。③

7月16日,为应对乌克兰东部局势的升级,美国发动第四轮制裁。美国指责俄罗斯持续向俄乌边境派遣军队,向乌克兰境内的亲俄罗斯武装人员提供武器甚至派遣军事人员参战。新制裁的对象主要针对俄罗斯的大型银行、能源和国防企业三大领域。制裁对象包括:5家银行——俄罗斯天然气工业银行、俄罗斯外贸银行、莫斯科银行、俄罗斯外经银行和俄罗斯农业银行;能

---

① Fact Sheet: Ukraine – Related Sanctions. http://www.whitehouse.gov/the – press – office/2014/03/17/fact – sheet – ukraine – related – sanctions.
② Treasury Sanctions Russian Officials, Members of the Russian Leadership's Inner Circle, and An Entity For Involvement in the Situation in Ukraine. http://www.state.gov/e/eb/tfs/spi/ukrainerussia/.
③ Announcement of Additional Treasury Sanctions on Russian Government Officials and Entities. http://www.treasury.gov/press – center/press – releases/Pages/jl2369.aspx.

源企业——俄罗斯石油公司和诺瓦泰克公司；8家军工企业；4名俄罗斯政府官员；乌克兰境内自行宣布独立的"顿涅茨克人民共和国"。冻结这些公司和个人在美国司法管辖范围内的资产，禁止美国企业和个人向这些企业提供90天以上的贷款。这些措施基本切断了这些企业与美股及美债市场的联系。

俄罗斯石油公司是俄罗斯最大的石油集团、第三大天然气生产商。俄罗斯天然气工业银行股份公司和俄罗斯发展及对外经济银行是两家俄罗斯大银行。后者是一家国有银行，由俄总理任监事会主席，董事会主席由总统任免。诺瓦泰克公司是俄罗斯最大的独立天然气公司。8家军工企业都是一些核心军事工厂，包括制造地空导弹系统的"金刚石－安泰"中央设计局（代表产品S－300和S－400防空导弹）、俄罗斯最大的枪支生产商卡拉什尼科夫公司（代表产品AK－47突击步枪）和专门生产坦克的乌拉尔机车厂（代表产品T－72、T－90坦克）。①

9月12日，美国发动第五轮制裁。奥巴马在白宫发布的一份声明中表示："鉴于俄罗斯在过去一个月进一步动摇乌克兰主权完整的行为，包括俄罗斯武装部队出现在乌克兰东部地区，我们将实施这些新制裁。"措施包括：将俄罗斯最大的国有商业银行俄罗斯联邦储蓄银行（Sberbank）加入制裁名单，收紧与6家俄罗斯银行的金融活动，不容许美国个人和企业处理这6家俄罗斯银行发行的任何超过30天期限的债券。禁止美国公司与俄罗斯企业合作，支持或参与在北极地区、深海和页岩油气储藏地点的勘探工作。这些俄罗斯企业包括俄罗斯卢克石油公司、俄罗斯天然气工业股份公司、俄罗斯石油公司、俄罗斯苏尔古特石油天然气股份公司等俄国内能源巨头。

12月19日，奥巴马签署行政命令，专门针对克里米亚进行制裁。这是第六轮制裁。禁止美国公民在克里米亚进行新的投资；禁止从克里米亚向美国直接或间接进口任何商品、服务和技术；禁止从美国向克里米亚出口、再出口、销售或供应任何商品、服务和技术；（如果）外国人从事与克里米亚

---

① Announcement of Treasury Sanctions on Entities Within the Financial Services and Energy Sectors of Russia, Against Arms or Related Materiel Entities, and those Undermining Ukraine's Sovereignty. http://www.state.gov/e/eb/tfs/spi/ukrainerussia/.

的相关交易，禁止任何美国人对其提供融资、便利和担保。①

12月11日，美国国会参议院全票通过"支持乌克兰自由"法案。根据该法案，美国将给予乌克兰、格鲁吉亚、摩尔多瓦北约之外盟友的地位；对俄天然气工业股份公司、俄国防产品出口公司等大型公司施加新的制裁措施；在2015财年，划拨3.5亿美元，向乌提供反坦克炮和穿甲弹等武器装备，并授权美国总统向乌提供更多的军事装备；划拨5000万美元专项基金，向乌提供紧急能源支持，帮助乌克兰维修能源基础设施；从法案生效日起至2017年年底，扩大美国在原苏联加盟共和国中的俄语宣传力度。12月18日，奥巴马签署了该法案。但是，他表示，暂时不会加大对俄制裁，签署法案只是备不时之需。

针对美国的制裁，俄罗斯针锋相对。2014年3月20日，俄对美发动反制裁，将9名美国政界要人列入制裁名单。包括：众议长博纳、参议院多数党领袖里德、参议员麦凯恩、参议院外交关系委员会主席梅内德斯、参议院情报委员会成员考茨、参议院能源和资源委员会主席兰德蕾、负责总统国际交流和讲稿撰写的副国家安全事务助理罗兹、负责总统国际经济事务的副国家安全事务助理阿特金森、奥巴马顾问费福尔。7月19日，俄罗斯外交部宣布，对12位美国公民限制入境，以回应华盛顿扩大制裁名单。

5月13日，俄副总理罗戈津表示，莫斯科将拒绝美国要求在2020年后继续使用轨道空间站的请求。目前，美国完全依靠俄罗斯的"联盟"号飞船向国际空间站运送宇航员，美国需要为每次搭乘"联盟"号飞行的美国宇航员支付约6000万美元。罗戈津声称，俄罗斯还将考虑，从6月开始在其领土范围内暂停美国全球卫星定位系统地面站的运作，除非在9月之前达成协议，允许俄罗斯在美国开设对应其"格洛纳斯"系统的地面站。如果美国将俄制火箭发动机NK-33和RD-180用于军事目的，俄罗斯将停止向美国供应这两个型号的火箭发动机。

---

① Executive Order 13685 of December 19, 2014. http：//www.treasury.gov/resource - center/sanctions/Programs/Documents/ukraine_ eo4. pdf.

8月6日,普京签署总统令,要求俄联邦各国家机关及法人实体在未来一年内禁止或限制从对俄制裁国家进口部分农产品、原材料及食品。8月7日,俄政府宣布,对从欧盟、美国、澳大利亚、加拿大和挪威进口的牛肉、猪肉、水果、蔬菜、禽肉、鱼、奶酪、牛奶和奶制品实施全面禁运。总理梅德韦杰夫警告,如果西方不改变立场,俄罗斯还可能采取其他限制措施,包括禁止进口飞机、海军舰只、汽车以及其他工业产品。俄方也可能禁止西方航空公司经过俄罗斯领空飞往亚太地区。

美欧联合发起的制裁,加上油价下跌,对俄罗斯造成了严重影响。卢布贬值,通货膨胀。俄罗斯是美国第20位的贸易伙伴,而美国是俄罗斯第5大贸易伙伴。在国际金融和高技术领域,美国对俄具有绝对的优势。俄罗斯本身的经济状况和结构决定了其反制手段有限。在经济领域,必须承认,这是一场不对称的战争。在经济制裁方面,美国政府仍然留有余地。例如,有人提出,将俄罗斯排除出环球银行金融电信协会(SWIFT)网络,该网络是世界各大银行之间进行金融结算交易的平台。作为最后的手段,美国还可以进一步采取措施,制裁世界上任何与莫斯科做生意的公司,包括外国公司。

此次经济制裁的一个特点是,美国实施制裁精确打击,专门针对普京亲近的人士,也就是所谓小圈子的人物。美国财政部公告曝光了他们和普京的密切关系,公开了相关公司的电话、地址、网址、别名、注册号码等。两国互相制裁,特别是针对个人的制裁对两国关系的伤害非常严重。实际上,除了总统普京、总理梅德韦杰夫和外长拉夫罗夫,几乎所有的俄罗斯政府高层都在制裁名单上。而俄方制裁名单中的许多人在美国具有同样的地位。他们中很多人都是两国外交政策的制定者和影响者。这种情况在冷战最激烈的时期也未曾有过,严重恶化了两国关系的氛围。

三 威慑与反威慑

乌克兰危机期间,调整和强化军事部署是美国危机应对的一个重要方面。而美国的军事行动导致俄罗斯的反制行动,威慑不断升级,所涉及领域越来越广,程度越来越烈。

危机伊始,美国就开始加强在乌克兰周边的军事部署。2014年3月,美国派遣10架F-15C战斗机和1架KC-135空中加油机抵达立陶宛,帮助波罗的海三国执行空中巡逻。美舰多次进入黑海,并与沿岸国家进行联合军事演习,与俄黑海舰队上演舰机对峙。8月,驻扎在美国得克萨斯州的第一骑兵师派出600名士兵,前往波罗的海三国与波兰,轮换原先驻扎在这里的美军。此前这四国的美军来自驻意大利的173空降旅。这实际上相当于向欧洲增派了600名军人。东欧反导计划也在稳步推进,美国加强了在罗马尼亚和波兰的基地建设。5月20日,美国在夏威夷首次测试陆基宙斯盾反导系统,未来该系统可能将部署在东欧。

2014年6月3日,美国总统奥巴马专门抵达波兰首都华沙,会见参加联合军演的美波两国F-16战机飞行员。2015年2月5日,北约国防部长会议同意采取措施加强东欧防务。将快速反应部队兵力由1.3万人增至3万人,并设立5000人的先遣部队,部分部队最快可在48小时内出动。部队总部设在波兰,设立6处指挥控制中心,分别位于爱沙尼亚、拉脱维亚、立陶宛、波兰、罗马尼亚和保加利亚6国。2015年2月24日,在俄爱边境小镇纳尔瓦,美军参加了爱沙尼亚举行的独立日阅兵,140多件北约军事装备参加阅兵。阅兵地点离俄爱边界不足300米。

俄罗斯的威慑行为由三部分组成:战略导弹发射、战略轰炸机和海军舰艇贴近巡航、军事演习。俄军的导弹测试、军事演习频率和力度明显高于往年。

2014年3月4日,俄军战略导弹部队试射了一枚白杨RS-12M洲际弹道导弹。3月14日,又成功试射了一枚RS-24"亚尔斯"固体燃料洲际弹道导弹。4月,俄战略火箭部队在南部的阿斯特拉罕地区发射了一枚RS-12M白杨型洲际弹道导弹,导弹击中哈萨克斯坦试验场的目标。9月10日,从白海海域的潜艇试射了一枚"布拉瓦"洲际导弹。10月29日,"北风之神"级战略核潜艇首艇"尤里·多尔戈鲁基"号从巴伦支海向远东地区堪察加半岛库拉试验场发射了一枚"布拉瓦"洲际弹道导弹。11月1日,俄军从普列谢茨克发射场试射了一枚RS-12M"白杨"洲际弹道导弹。11月28日,俄"北风之神"级战略核潜艇"亚历山大·涅夫斯基"号从巴伦支海成功试射了一枚"布拉瓦"洲际导弹。据报道,此次发射,是"北风之神"核潜艇第一次在满载16枚"布拉瓦"导弹的状态下进行的发射。而此前的多次试射,均只搭载一枚导弹。12月26日,俄罗斯从西北部的普列谢茨克发射场试射RS-24"亚尔斯"洲际弹道导弹,成功击中了位于俄罗斯库拉试验场上试验的目标。12月10日,俄罗斯第三艘"北风之神"级战略核潜艇"弗拉基米尔·莫诺马赫"号交付俄罗斯海军。

2014年7月底至8月初,俄战略轰炸机多次抵近或飞入美国防空识别区,试探美方防空反应能力。俄轰炸机还多次沿日本列岛周边飞行。11月14日,4架可携带核武器和远程巡航导弹的图-95H战略轰炸机靠近关岛,进行环绕飞行。俄军机多次接近英国、波罗的海三国、波兰领空,与北约国家军机形成对峙。10月28~29日,在24小时内,26架俄罗斯军机分成5组在波罗的海、北海、大西洋和黑海上空飞行演练,其中包括远程轰炸机、攻击机、战斗机和加油机。8个国家的战斗机紧急出动,拦截和监视俄罗斯空军编队。

俄罗斯不断采取措施,巩固其在克里米亚的军事地位。2014年3月,俄国防部声明,可能在克里米亚部署核武器。11月26日,俄向克里米亚增派14架战斗机,包括10架改进型苏-27SM战机和4架苏-30战机。此前,俄已向这一地区派驻了苏-24轰炸机、苏-24MR侦察机和苏-25SM攻击机等。俄国防部决定,2016年前,还将在克里米亚半岛地区部署一个图-22M3轰炸机团。俄也不断加强克里米亚的黑海舰队,补充潜艇和舰只。俄在克里米亚实际已经组成一个集团军级别的部队。

俄罗斯不断向外界提醒,注意俄罗斯的核潜力。8月29日,俄罗斯总统普京在"2014年塞利格全俄青年论坛"上表示:"我想提醒一句,俄罗斯是最强的核大国之一,这不是危言耸听,而是事实。"普京强调,俄罗斯将继续加强核威慑力,推动武器装备系统现代化。2014年12月26日,普京签署俄新版军事学说,再次将北约列为俄主要的外部威胁。

军备控制曾经是俄美关系永恒的主题。今年值得关注的是,俄频频展示自己的战略力量,曝光威慑能力。俄自豪于其是能够威胁美国的唯一国家。美国则紧盯俄罗斯发展战略力量的行为,2014年7月底,美国指责俄罗斯违反了1987年美苏签署的中程导弹条约,发展新型导弹。该条约规定,双方不试验、生产和部署射程为500公里至5500公里的陆基导弹。俄美军备竞赛不断升级,双方各自增加部队前沿部署,推进核武器现代化,两国正处于重返核武器竞赛边缘。

四 结语

从乌克兰危机的演变发展来看,俄罗斯的行为暴露了其一些思维定式:乌克兰对美国只是无关紧要的一个棋子,而对俄罗斯来说则性命攸关,美国不可能强力对抗;奥巴马政府转向亚太的战略,将使美国在欧洲采取守势,俄罗斯则可加以利用;美国和欧盟有不同的利益,不可能在对俄问题上结成统一战线,俄罗斯可以分而治之;美国在世界上的声誉已经因伊拉克和阿富汗战争而一落千丈,全世界都反对美帝国主义;美国的经济制裁不会剧烈也不会长久,因为经济制裁将损害美国和欧洲自己的利益。现在看来,俄罗斯的这些想法和事实并不完全相符。

美国在乌克兰危机中,同样存在一些战略误判。例如,忽略了俄在克里米亚采取非常措施的可能性;对俄在乌东部的战略意图把握不准;危机初期反应犹豫迟缓,力度不够,没有形成有效威慑;对乌克兰政府处理危机的能力估计过高;对乌克兰危机疲于应对,至今没有形成新的有效战略;对西太平洋、中东、欧洲何为美国的战略重点,出现某种动摇。

乌克兰危机最重要的后果之一,就是俄美合作的基础和俄美领导人之间的互信已经被完全破坏。两国的国内政治气氛日益恶化。在乌克兰危机的处理上,美国国内对奥巴马的批评甚嚣尘上;而在俄罗斯,对普京的支持铺天盖地。两国领导人对乌克兰危机,对当前的世界局势,有着迥然不同的解读。

2014年9月24日，在联合国大会上，奥巴马将俄罗斯列为世界面临的三大威胁之一，甚至高于"伊斯兰国"。"俄罗斯在欧洲的侵略行径让人想起，过去大国欺凌小国，追求领土野心的行为……俄罗斯在乌克兰的所作所为对战后世界秩序构成了挑战。这些是事实。俄罗斯无视基辅政府的意愿，吞并克里米亚。俄罗斯输出大量武器到乌克兰东部，支持野蛮的分离主义分子和冲突，杀死了数千人。当一架民航客机被从这些（俄罗斯的）代理人控制的区域所击落时，有几天时间，他们拒绝（调查人员和救援人员）接近坠机地点。当乌克兰开始重建对自己领土的控制时，俄罗斯撕下了仅仅支持分离主义的伪装，派出军队越过了边界。"① 美国领导人指责俄罗斯领导人的讲话充满谎言，不可信赖。2015年2月7日，美国副总统拜登在慕尼黑安全会议上指责："经常是（这样），普京总统许诺和平，却输出坦克、部队和武器。"②

在2014年12月4日发表的国情咨文中，普京指出，即使没有克里米亚之春，没有乌克兰危机，美国和其盟国也会寻找其他的借口，举起制裁的大棒，遏制俄罗斯日益增长的实力，影响这个国家，从中渔利。"遏制政策不是昨天才发明出来的。这项针对我们国家的政策执行了很多年，几十年，如果说不是几百年的话。简而言之，每当一些人认为俄罗斯变得太强大或者太独立了，这些工具就会被迅速的使用。""他们很高兴在俄罗斯上演南斯拉夫剧本，让这个国家分崩离析，让俄罗斯人民承受苦难。"③ 在瓦尔代俱乐部的讲话中，普京强调，当前美国主导的国际体系存在严重缺陷。"国际关系体系需要合理的重构，以适应新的现实。但是美国，宣称自己是冷战的胜

---

① Remarks by President Obama in Address to the United Nations General Assembly. http://www.whitehouse.gov/the-press-office/2014/09/24/remarks-president-obama-address-united-nations-general-assembly.

② Urgency Increases from World Leaders Trying to Broker Moscow-Ukraine Cease-Fire. http://www.washingtonpost.com/world/us-european-leaders-to-try-again-with-moscow-for-cease-fire-in-ukraine/2015/02/07/652ef282-aeb7-11e4-9c91-e9d2f9fde644_story.html?hpid=z1.

③ Послание Президента Федеральному Собранию, 4декабря 2014 года. http://kremlin.ru/transcripts/47173.

利者，看不到这种需要。一个新的（大国）权力平衡（机制），对维持（世界）稳定和秩序是十分重要的。美国不是去构建这样一个新平衡，相反，而是采取各种措施，加剧这个体系的深度不平衡。"①

无论我们承认与否，俄美新冷战正日益成为一个现实。地缘政治、军备竞赛、宣传和欺骗、战争边缘策略、联盟体系、渗透和颠覆、制裁和反制裁，这样一些传统的做法将重新高频率地出现在国际舞台上。乌克兰危机就是这样一场传统而经典的大国政治博弈。在乌克兰，我们看到的只是开始，而不是结尾。

---

① Заседание Международного дискуссионного клуба "Валдай", 24 октября 2014 года. http：//kremlin.ru/transcripts/46860.

Y.17
乌克兰危机背景下的俄罗斯与欧盟

赵玉明*

摘　要： 俄罗斯与欧盟的地缘政治争夺导致乌克兰国内矛盾激化，政治危机爆发，进而引发地缘政治局势动荡。乌克兰危机是影响2014年俄罗斯与欧盟关系走势的核心因素之一，随着乌克兰局势持续恶化，俄欧关系也龃龉不断。近期内，乌克兰危机难以解决，俄欧关系也不会得到实质改善。

关键词： 乌克兰危机　克里米亚公投　东部冲突　制裁　北约

俄罗斯与欧盟关系错综复杂，双方既有相互合作的一面，也有矛盾难以调和的一面。乌克兰构成近期内俄欧矛盾的爆发点。在乌克兰危机进程中，俄欧双方在政治上相互指责，经济上相互制裁，军事上强硬对峙。主要表现在如下五个方面。

一　在克里米亚公投问题上相互指责

2013年乌克兰国内政治危机爆发后，俄罗斯与欧盟双方便不断相互指责，都认为对方试图掌控乌克兰政治局势走向。时间进入2014年，俄欧双方的指责声仍不绝于耳。2月底，亚努科维奇被最高拉达解除总统职务，俄罗斯认为此举是欧美策划的"政变"，俄外交部指出："基辅市中心局势的

---

* 赵玉明，中国社会科学院俄罗斯东欧中亚研究所助理研究员，历史学博士。

恶化是西方政客姑息政策的结果,他们对乌克兰激进势力的挑衅行为视而不见。"①

亚努科维奇下台之后,乌克兰克里米亚自治共和国谋求以全民公投的形式独立并加入俄罗斯,将公投日期定在3月16日。七国集团对此发表声明,称克里米亚公投不具备法律效力,将不会承认公投结果。针对克里米亚邀请欧安组织派观察员监督公投一事,欧安组织主席伯克哈尔特表态,不会接受监督全民公投的邀请,并认为公投不合法。北约秘书长拉斯姆森在3月14日表示,公投不具备政治合法性和法律效力,直接侵犯了乌克兰的宪法和国际法。拉斯姆森还敦促俄罗斯承担国际法的义务,在乌克兰问题上采取负责任的行动。

3月16日,公投如期举行。结果显示,超过95%的选票赞成克里米亚与俄罗斯合并。之后,双方立即启动了合并程序。针对克里米亚公投,欧洲理事会主席范龙佩和欧盟委员会主席巴罗佐发表联合声明,称公投违反了乌克兰宪法和国际法,侵犯了乌克兰主权和领土完整,欧盟不承认公投结果。俄罗斯总统普京则表示,公投完全符合国际法准则和联合国宪章,俄罗斯将尊重克里米亚人民的选择。俄外交部也发表声明,称克里米亚公投完全合法,并对欧安组织关于克里米亚公投违反乌克兰宪法的声明感到失望。

3月17日,欧盟以制裁俄罗斯作为对克里米亚公投的回应,决定对破坏乌克兰主权负有责任的21名俄罗斯(包括克里米亚)人实施限制旅游、冻结其在欧盟资产等制裁措施。3月20日,针对俄罗斯与克里米亚合并一事,又增加了12名制裁对象,并取消原定于6月在索契举行的八国集团峰会,冻结俄罗斯的成员资格。针对欧盟的这一举动,俄罗斯外长拉夫罗夫在24日举行的核安全峰会上表示,退出八国集团对俄罗斯来说称不上是悲剧。

---

① 《俄外交部:基辅的骚乱是西方姑息政策的结果》,http://rusnews.cn/eguoxinwen/eluosi_duiwai/20140218/43986809.html。

二 乌克兰东部局势恶化导致俄欧对立加剧

受到克里米亚并入俄罗斯的鼓舞,乌克兰东部的顿涅茨克和卢甘斯克两州分离活动加剧,局势逐渐失控。4月,"顿涅茨克人民共和国"与"卢甘斯克人民共和国"相继成立。欧盟认为俄罗斯对乌克兰东部形势失控负有直接责任,宣布制裁俄罗斯。4月28日,欧盟将15名俄罗斯人列入制裁名单。

5月11日,东部两个"人民共和国"从而进行了全民公投,宣布"独立"并成立联盟国家。对此,英国外交部发表声明,对两州举行的公投表示遗憾。法国总统奥朗德则表示,两州公投完全无效,无任何意义。12日,欧盟成员国外长会议通过决议,声明欧盟不承认公投结果,未来也不会承认类似的公投。与欧盟明确反对的态度不同,俄罗斯总统新闻局在5月12日发表声明说,俄罗斯注意到公投两州的高投票率,尊重其人民在公投中表达的意志。声明同时指出,公投结果需要通过乌政府与东部两州对话来实现,并应避免任何暴力行为的发生。同日,俄外长拉夫罗夫也呼吁乌政府与两州展开有成效的对话。

乌东部两州在政治上加强分离的同时,军事分离活动也不断加强,其武装组织与政府军之间的冲突不断升级。欧盟一方面指责俄罗斯在人员、装备、资金上支持东部武装的分离活动,借此对俄罗斯施加压力,迫使其减少对乌克兰局势的干预;另一方面,法德等国试图调停局势,解决冲突问题。6月6日,在诺曼底登陆成功70周年庆祝仪式上,法国总统奥朗德促成了普京和波罗申科的简短会面,试图通过对话缓解东部冲突问题。但此后的局势非但未能好转,乌克兰政府军与东部武装的冲突规模还越来越大。

7月17日,马来西亚航空公司MH17航班在乌东部上空被击落,震惊世界。乌克兰宣称该事件为俄罗斯支持的东部武装所为,并指责俄方阻挠乌政府和欧安组织成员对事件展开详细调查。东部武装和俄罗斯则予以回击,通过公布一些数据,认为乌克兰政府应对坠机事件负责。

8月8日，北约秘书长拉斯姆森在基辅出席新闻发布会时称，俄罗斯在乌克兰问题上的做法已使局势陷入不断动荡之中，北约将坚定支持乌克兰，并及时采取应对性措施，以维持局势稳定。拉斯姆森指出："乌克兰的自由及未来正受到外部威胁，俄罗斯的行为非但没有缓和危机，反而使局势继续恶化，并在规模和类型上加大了对分离分子的支持，马航MH17被击落事件是由俄罗斯肆意支持的分离分子所制造的。"① 对此，俄罗斯反唇相讥，指责乌克兰和北约公布的"证据"属于伪造，北约的行为是在公然袒护乌克兰政府。

进入8月，乌政府军开始对东部武装发起总攻，并逐步缩小了包围圈。战况持续到下旬，东部战局形势发生逆转，东部武装突然转入反攻，政府军处境不利。乌克兰政府及西方舆论认定，俄罗斯不仅在人力、物资、资金方面对东部武装给予支持，还直接派兵介入东部冲突，挽救了即将崩溃的东部武装。欧洲国家指责俄罗斯利用"人道救援车队"为东部武装输送武器装备和相关物资。欧盟外交代表莫盖里尼发表声明，称欧盟对俄罗斯在未得到乌克兰政府许可，且在无红十字国际委员会代表陪同的情况下，派遣人道主义援助车队进入乌克兰境内的行为表示遗憾。他认为此举不但侵犯了乌克兰国界，也违反了乌、俄和红十字国际委员会三方在此前达成的协议。拉斯姆森也对此表示谴责，呼吁俄撤出车队，否则将面临国际社会更严厉的制裁。

8月23日，德国总理默克尔飞赴基辅与波罗申科举行会谈，要求乌政府在缓和东部局势的行动中做出努力，并表示将提供数亿欧元贷款帮助乌克兰稳定经济。面对糟糕的经济形势和节节失利的战况，波罗申科表态愿意进行和谈。9月初，俄罗斯、乌克兰、白俄罗斯三国首脑在明斯克举行会谈，波罗申科与乌东部代表签订了停火协议。协议规定，乌克兰政府将赋予两州自治权，双方立即停火，并接受欧安组织的停火监督和核查。

但停火协议并没有发挥实际作用，乌政府与东部武装很快又陷入冲突之

---

① Press pointby NATO Secretary General Anders Fogh Rasmussen following his visit to Kiev. http：//www. nato. int/cps/en/natohq/opinions_ 111937. htm? selectedLocale = en.

中。围绕乌克兰东部局势，俄欧双方的相互指责持续不断。12月3日，北约外长会议又一次发表声明，宣称俄罗斯仍持续向东部武装提供武器和军事人员，指责俄罗斯应为地区局势动荡负责。俄方对此进行了驳斥，否认向乌克兰东部地区派遣军队以及运送武器装备，并称基辅是导致乌东部局势失控的罪魁祸首。

三 双方在天然气供应问题上的斗争

2014年俄欧双方"斗气"不断，主要集中在欧洲国家对乌克兰进行反向供气和"南溪"天然气管道建设这两个问题上。

2014年4月，俄罗斯上调了供应乌克兰的天然气价格，上涨幅度达到44%。财政窘迫的乌克兰为了解决能源问题，向德国、波兰、匈牙利、斯洛伐克等国提出反向供气请求。针对反向供气一事，俄罗斯态度明确。俄罗斯天然气工业股份公司总裁米勒于6月27日表示，正在监控乌克兰反向购气线路，一旦出现反向供气记录，将对相关输气线路实行限制供气。

俄罗斯主导的"南溪"天然气管道项目，是近期俄欧天然气争斗中的焦点之一。欧盟以"南溪"项目不符合其第三次能源改革方案中规定的能源生产和运输分离原则为由，坚决反对俄罗斯与欧盟相关国家合作建设该管道。虽然2月俄天然气工业股份公司曾表示，正在落实通过黑海海域向南欧和中欧铺设该管道，以便使天然气出口路线多样化[1]。但欧洲议会在4月做出了反对"南溪"项目、寻找替代管道的决议。6月，"南溪"保加利亚段建设停工。与此同时，欧盟加强了对其主导的"南方天然气走廊"项目的建设。9月20日，在阿塞拜疆巴库举行了项目开工仪式。该国沙阿德尼兹气田的天然气管道借此可进入格鲁吉亚和土耳其，然后再输往欧洲，将极大

---

[1] 《俄常驻欧盟代表："蓝流"首条支线2015年年底投入使用》，http://rusnews.cn/eguoxinwen/eluosi_caijing/20140210/43978628.html。

地减少欧盟对俄罗斯的能源依赖。

面对欧盟的阻挠,俄罗斯不得不搁置"南溪"项目而另辟蹊径。2014年12月1日,普京在对土耳其进行国事访问时突然宣布,由于欧盟缺乏建设性立场,俄罗斯将终止已准备数年的"南溪"项目建设;作为替代,俄罗斯将加强与土耳其的能源合作,俄气可能从2016年开始经由土、俄和意大利联合修建的"蓝流"海底天然气管道,以优惠价格增加对土耳其的天然气供应。普京此举引起了"南溪"管道项目沿线国家的强烈震动和恐慌,各国表示欧盟迫使俄罗斯放弃该项目的做法损人并不利己。

四 双方进行制裁与反制裁

从克里米亚并入俄罗斯开始,俄欧双方围绕乌克兰局势进行的制裁战不断升级。除了禁止人员入境以外,欧盟对俄罗斯的制裁以禁止其能源、国防、军工行业从欧洲获取资金和技术为主,俄罗斯则回报以禁止欧盟农产品入境的反制措施。

7月16日,欧盟以俄罗斯在乌克兰国内冲突中负有主要责任为由,与美国一道大幅提升对俄罗斯的经济制裁规模。制裁规定,禁止金融、能源和军工领域的俄罗斯企业在欧盟市场获取资金和技术,同时要求欧洲投资银行暂停在俄开展新的融资业务。欧盟还规定,自8月1日起,禁止欧盟投资者购买俄罗斯联邦储蓄银行、俄罗斯天然气工业银行、俄罗斯对外贸易银行、俄罗斯发展及对外经济事务银行和俄罗斯农业银行发行的期限超过90天的债券及其股票。欧洲资本向来是俄罗斯银行和企业获得融资的关键渠道,限制俄罗斯这五大银行在欧盟进行融资,必然对其经济发展造成沉重打击。

7月17日,针对欧盟的制裁措施,俄罗斯总理梅德韦杰夫在政府工作会议上表示,将增大国防支出,2017年国防和国家安全预算支出将由目前的17.7%增加到21%,同时社会性开支将由2015年的27.3%缩减至26.5%。加大国防开支的主要原因是划拨资金发展本国军工产业,以取代进口产品。① 7月30日，俄罗斯央行表示，将对被欧盟制裁的银行提供资金支持。7月31日，俄罗斯国家杜马副主席谢尔盖·涅韦罗夫认为，西方宣布对俄罗斯实施制裁，实际上等于宣布"冷战"。② 8月5日，俄罗斯总统普京下达新命令，要求该国各政府部门采取行动，应对来自西方国家的新一轮强化制裁措施。8月7日，俄罗斯宣布了反制裁措施，公布了一份食品进口禁令清单，在未来一年内禁止从欧盟等地进口清单上的食品。

8月底，乌克兰东部形势逆转之后，欧盟考虑加大对俄制裁措施。9月12日，欧盟与美国共同宣布对俄罗斯国防、金融和能源行业采取进一步制裁。新制裁方案首先加强了对俄罗斯企业进入欧盟资本市场的限制：第一，欧盟公民和公司不能向上文中提及的五家俄罗斯主要国有银行提供贷款；第二，进一步禁止交易这五家银行发行的期限超过30天的债券、股权或其他金融衍生产品；第三，禁止对三家俄罗斯防务公司和三家能源公司提供债务融资，同时禁止交易以上公司发行的期限超过30天的债券和股权；第四，禁止对上述金融工具的发行提供相关服务。此外，在深海石油开发、北极石油勘探、俄罗斯页岩油项目上，欧盟不再提供有关钻探、试井、测井等服务。此外，欧盟还颁布了禁止向俄罗斯提供军民两用产品和军事用途技术的禁令。同时，在禁止入境欧盟名单上再次增加24人，并冻结其在欧盟的资产。③

俄欧双方的制裁与反制裁是一把双刃剑。对于尚未从经济衰退中恢复元气的欧盟而言，制裁与反制裁对其贸易出口是一大打击；相互制裁对俄罗斯打击更大，能源与军工行业在俄罗斯国民经济中占比较大，制裁导致其获取西方技术、资本的途径受限，必然拖累俄罗斯的经济发展。2014年俄罗斯与欧盟的贸易往来数据见表1。

---

① 《俄拟扩大国防开支》，http：//ru.mofcom.gov.cn/article/jmxw/201407/20140700670464.shtml。
② 《杜马副主席：西方对俄实施制裁实际上等于发起冷战》，http：//rusnews.cn/eguoxinwen/eluosi_caijing/20140731/44129862.html。
③ Ukraine：Reinforced restrictive measures against Russia. http：//eeas.europa.eu/top_stories/2014/120914_restrictive_measures_against_russia_en.htm。

表 1　俄罗斯与欧盟贸易往来数据

单位：亿美元

年份	俄欧贸易总额	俄出口	俄进口
2013	4176	2834	1342
2014	3773	2587	1185

资料来源：俄罗斯海关总署统计数据，http://www.customs.ru/index2.php?option=com_content&view=article&id=20488&Itemid=1977。

如表 1 所示，与 2013 年相比，俄罗斯与欧盟的贸易总额下降 10%。不仅如此，俄罗斯境内资本呈现出加速外逃态势。据俄罗斯央行 1 月 16 日发布的报告显示，2014 年俄罗斯资本净流出额为 1515 亿美元，为 2013 年 610 亿美元的近 2.5 倍。雪上加霜的是，2014 年国际原油价格暴跌，造成俄罗斯石油收入大幅减少。原油价格下跌导致卢布汇率大跌，为了稳定汇率，尽管俄罗斯动用了 800 亿美元的外汇储备，占其外汇储备总额的 20%，但卢布全年仍贬值 50%。

五　俄欧在军事领域的对峙

2014 年，俄欧双方在军事领域的合作被冻结，围绕乌克兰局势，双方军事对峙气氛浓烈，俄欧军事演习次数大幅攀升。

8 月底，乌克兰东部形势逆转之后，乌克兰意欲放弃不结盟地位，以谋求加入北约。面对越走越近的乌克兰与北约，普京在全俄青年论坛上表示："没有人想和我们发生大规模冲突，俄罗斯是核大国之一。"[①] 普京这番带有"核威慑"色彩的表态，在欧洲舆论界引起了强烈反响。

9 月 5 日，北约峰会在英国威尔士召开，与往年不同，俄罗斯并未受邀参会。会议通过的《威尔士峰会宣言》显示，北约将会建立数千人的快速

---

① Всероссийский молодёжный форум？Селигер – 2014？. http://www.kremlin.ru/news/46507.

反应部队以应对地区局势恶化,防范可能出现的"入侵"。同时,各成员国应把国防开支提高到占国内生产总值的2%。乌克兰局势以及俄罗斯与北约的关系问题取代前些年的阿富汗问题,成为本次会议的焦点,这表明北约今后将会把注意力集中到俄罗斯方向。可以预见,在近期内俄罗斯与北约的关系将继续维持在紧张状态。

在峰会召开之前,北约在东欧和波罗的海地区举行多场军事演习,一方面为显示其保卫成员国的信心,解除它们对俄罗斯军事实力的忧虑;另一方面在于向俄罗斯示威,阻止其对乌克兰主权的"侵犯"。这引起了俄罗斯的强烈不满。9月,北约开始与乌克兰举行联合军演。8日,针对北约与乌克兰在黑海举行"海上微风-2014"联合军事演习一事,俄罗斯宣布黑海舰队将举行相应的演习,同时派遣"莫斯科号"导弹巡洋舰前往地中海水域,展示其海军军力。从9月15日开始,北约与乌克兰在其西部城市利沃夫举行代号为"迅疾三叉戟"的联合军事演习,以展示北约对乌克兰的军事支持。更具象征意义的是,据美国国务院公布的文件显示,截至2014年9月1日,俄罗斯部署的核弹头数量为1643枚,美国为1642枚,这是自苏联解体以来俄罗斯首次在该领域超过美国。① 此举表明俄罗斯为了抵消北约常规军力优势,正在不断强化核武库。为了应对北约不断举行的军事演习,俄罗斯除了举行演习作为回应之外,不断派出军用飞机抵近侦查或闯进北约空域,以显示决心和实力。北约表示,截至11月,共出动了400架次军用飞机应对俄罗斯空军的活动,与去年相比数量增加50%,其中拦截了100多架次进入其领空的俄罗斯军机,这一次数是去年的3倍。②

此外,备受关注的法国向俄罗斯交付西北风级直升机航母一事,在2014年未得到解决。按照合同,法方应于年内交付该直升机航母,但随着乌克兰局势的不断恶化,法国面对盟国与俄罗斯两方的正反压力,最终决定

---

① New START Treaty Aggregate Numbers of Strategic Offensive Arms. http://www.state.gov/documents/organization/235818.pdf.
② With NATO Secretary General Jens Stoltenberg and the Minister of Foreign Affairs of Greece, Evangelos Venizelos. http://www.nato.int/cps/en/natohq/opinions_114266.htm?selectedLocale=en.

暂停交付。俄罗斯对此极为不满,多次指责法方不遵守合同规定,要求其对此进行巨额赔偿。

12月23日,乌克兰议会通过了波罗申科提交的放弃不结盟地位的法案,这为乌克兰寻求加入北约扫清了法律障碍。法案附带的说明指出,乌克兰的不结盟地位在保障国家安全和抵御外来侵略方面没有发挥作用。俄罗斯对乌克兰不断施加压力,企图迫使乌克兰就范。北约表示,其大门始终敞开,只要乌克兰满足标准并遵守必要原则,可以成为北约成员。俄罗斯总理梅德韦杰夫则表示,乌克兰议会此举将使其变成俄罗斯潜在的军事对手。俄罗斯外长拉夫罗夫也表示,乌方的投票"适得其反",此举只会激化东部冲突,对解决乌克兰东部危机不利。乌克兰此举导致俄罗斯与北约的相互不信任和戒备程度加深,双方在未来必然会围绕此问题争执不断。

2014年,乌克兰东部陷入内战,俄罗斯与北约军事对抗加剧,使得俄罗斯对自身国家安全更加重视。12月30日,普京签署了俄罗斯新版军事学说,该学说认为"北约军事基础设施增加并接近俄罗斯边界"是俄面临的头号威胁。① 对此,北约表示,不会对俄罗斯或任何国家构成威胁,北约支持与俄罗斯发展建设性关系,但前提是俄罗斯必须遵守国际准则,其中包括尊重他国自由选择未来的权利。

六 结语

毫无疑问,乌克兰危机是影响2014年俄欧关系走势的核心因素,但前者只是后者近期矛盾的爆发点,俄欧之间的矛盾不是结构性的,而是全局性的。这种全局性的矛盾主要表现为两点:一是欧盟扩员与普京打造欧亚经济联盟之间的对立;二是北约东扩与俄罗斯维护自身安全利益之间的冲突。将时间轴放大来看,乌克兰政治危机爆发、克里米亚并入俄罗斯、乌东部陷入内战,是苏联解体的后遗症在发挥作用,导致近期内欧亚大陆之间的政治动

---

① 《俄罗斯新版军事学说》,http://sputniknews.cn/russia/20141231/1013413287.html。

荡和地缘冲突加剧。乌克兰危机背景下的俄欧关系走势说明了几个问题：第一，乌克兰问题是近期俄欧之间斗争的核心问题，是决定双方关系好坏的核心问题；第二，乌克兰危机爆发后，欧盟大国之间、大国与小国之间、创始国与新成员国之间、西欧国家与东欧国家之间，不仅在对俄态度上有较大分歧，在利益诉求上也不一致；第三，乌克兰危机表明了俄罗斯对自身安全极为敏感，为追求安全而不惜牺牲经济利益的战略底线；第四，欧盟将通过能源进口多元化、能源分配优化及清洁能源替代等手段，逐步降低对俄罗斯的能源依赖。

可以预判，在近期内乌克兰危机难以解决，俄欧关系也将得不到实质性改善，双方将处在冷和平状态中。北约与俄罗斯双方强大的军事实力，欧盟与俄罗斯之间庞大的经贸往来，欧洲对俄罗斯天然气的依赖，地缘上的相互接近，是双方避免军事冲突，努力在政治、外交框架下解决乌克兰危机，维持双边关系基本稳定的内在动因。

Y.18
白俄罗斯对乌克兰危机的应对

梁 强*

摘　要： 白俄罗斯在乌克兰危机后，根据形势变化积极调整策略，奉行严格中立立场，与俄罗斯拉开距离。这一做法为卢卡申科强化民族独立意识、巩固政权、改善与俄美欧等世界主要力量关系提供了机会，得到国内的普遍支持。随着危机更多恶性效应向白俄罗斯的传导，明斯克谈判平台的红利逐渐消失，俄经济财政恶化对白俄的影响更是无法规避，新形势下白俄对欧亚一体化态度趋于谨慎和实用主义，卢卡申科未来的应对也面临更多挑战。

关键词： 乌克兰危机　明斯克谈判　白俄罗斯应对

2014年8月26日，俄罗斯总统普京和乌克兰总统波罗申科首度在白俄罗斯首都明斯克举行正式会晤。之后波罗申科宣布"永久停火"，普京也发出了以停火为核心的解决危机的七点建议。这是2013年乌克兰危机发生后，俄乌两国领导人首次步调一致的行动。9月5日，在俄欧共同调停下，乌交战双方在明斯克签署停火和政治解决冲突议定书并开始交换战俘。之后成立的俄罗斯、欧盟、乌克兰交战双方四方明斯克谈判小组也展开多轮谈判，成为国际社会化解乌危机最主要的平台和渠道。谈判期间乌交战双方仍有激烈交火，停火协定也未得到完全履行，乌东部破坏停火事件时有发生。各国纷

---

* 梁强，中国社会科学院俄罗斯东欧中亚研究所乌克兰室副主任，助理研究员，博士。

纷提出了自己的谈判建议和危机化解方案。比如哈萨克斯坦总统纳扎尔巴耶夫在2014年12月访问乌克兰后提出，哈一直是欧亚地域内不偏不倚的冲突调节者，在首都阿斯塔纳成功举行过欧安组织峰会等国际会议，远离冲突地带，非常适合各方静下心来谈判。哈愿意在2015年新年过后安排俄罗斯、法国、德国、乌克兰四国领导人在阿斯塔纳举行"诺曼兄弟"式会晤。不过该倡议并未实现。基辅也未必期望由哈萨克斯坦另起炉灶，担任调停角色，至少从地图上看，白俄罗斯才是欧盟与俄罗斯真正的桥梁。2015年2月11日，俄、法、德、乌四国领导人齐赴明斯克，在16个小时的艰难谈判后，于12日签署新版明斯克协议。乌克兰危机经过一年的激烈演进后，进入停火重建的新阶段，危机的发展也呈现出僵持中稳定的新态势，特别是在明斯克签署的两个协定，一定程度上为危机的最终化解指明了方向。明斯克举行的多方多轮会晤能否就此成为危机化解的新起点，白俄罗斯在危机调解中所起作用及其对危机的应对，也引发国际社会普遍关注。

一　危机后的初步应对

和大部分独联体国家一样，危机伊始，白俄罗斯和俄罗斯一样支持亚努科维奇的现政权，指责"欧洲麦当"（Euromaidan）的组织者发动街头革命，以非法方式夺取政权。2月23日亚努科维奇被"罢免"后两天，卢卡申科公开表明了对自己老友的支持，比普京3月4日声称亚努科维奇是乌克兰唯一的毋庸置疑的合法总统的讲话还早。在俄白两国领导人的力挺下，亚努科维奇3月11日发表声明，坚持自己才是乌克兰合法总统和国家武装力量最高司令。3月18日克里米亚公投两天后，卢卡申科与普京通电话，称克里米亚公投"具有重大历史意义"，"是克里米亚人民意愿的表达"。3月23日，卢卡申科发表声明，表示克里米亚已经"事实上成为俄罗斯联邦的一部分"，这与是否承认这一行动的合法性"无关"，实际上对克里米亚加入俄罗斯表示认同。3月27日，在联大有关克里米亚的68/39号决议中白俄也投了反对票，坚定地和俄罗斯站在一起。上述举措引发乌克兰方面的强

烈反应，乌宣布召回驻白俄大使以示抗议。乌白关系陷入恶化。

乌克兰危机上升为俄乌两国间的直接冲突，严重拖累乌白双边关系，这迫使白俄对之前的立场做出修正。3月28日，白俄驻乌克兰大使表明愿与乌克兰新政权合作，之前普京已宣布重启与乌克兰新政权的部长级联系。当天卢卡申科接受乌克兰媒体专访，澄清了白俄在相关问题上的立场，主动与俄拉开距离。主要内容有以下几点。

第一，强调在乌克兰新政权的合法性问题上，白俄更看重其行动能力和有效性，而非政权更迭的合法性基础。采访中卢卡申科以如下措辞轻而易举地消解了之前对亚努科维奇合法性的力挺："我们看看亚努科维奇最近的声明，他说我很好，并且仍然是国家武装力量最高司令。但你的军队在哪里？无论发生什么，总统都应该和自己的人民在一起，就算第二天要被枪毙或杀害……作为总统不珍视自己的权力，不坐镇指挥，而是在事态艰难时逃跑……这样当他们在最高拉达宣称亚努科维奇弃职，他又怎能对此加以辩驳……真正的总统不会像他这样行事。"[①] 卢卡申科还特意提到了2010年吉尔吉斯斯坦的政变，为自己现在对乌克兰新政权的立场辩护，"在吉尔吉斯斯坦，那些人以同样的方式上台，与现在乌克兰的情形又有什么不同？""在我们承认或不承认乌克兰政权的问题上，如下价值高于一切：乌克兰人民和白俄罗斯人民的利益。"[②] 2010年吉尔吉斯斯坦发生政变后，独联体国家领导人很快承认新政权变更，并与新的领导人建立了正式联系，只有卢卡申科庇护被推翻的巴基耶夫，直到最后迫于各方压力才接受吉尔吉斯斯坦新政权。卢卡申科的做法一度引发俄白关系紧张。乌克兰政权更迭中，卢卡申科一改之前的保守做法，应该说是汲取了2010年在吉尔吉斯斯坦事件中的教训。3月29日，卢卡申科在官邸会见了乌克兰临时总统图尔奇诺夫。6月

---

① Интервью Президента Республики Беларусь А. Г. Лукашенко программе "Шустер Live" // Официальный интернет-портал Президента Республики Беларусь，28 марта 2014 года. http：//president. gov. by/ru/news_ ru/view/intervjju-prezidenta-respubliki-belarus-aglukashenko-programme-shuster-live-8387/，Интервью Лукашенко украинской программе "Шустер Live" //Newsland，29.03.2014，http：//newsland. com/news/detail/id/1347165/.

② Там же.

7日，卢卡申科又亲自出席了波罗申科的总统就职仪式。普京则指派俄驻乌大使出席。

第二，指出白俄罗斯始终支持乌克兰领土完整不容侵犯，白俄在克里米亚问题上的立场源于乌政府在俄军夺取乌克兰海空军基地时不作为，俄占领克里米亚半岛后乌军又迅速从这里撤出的客观事实。鉴于"乌克兰人没有为其领土而战"，"没有对其进行捍卫"，乌克兰"事实上"承认了克里米亚是俄罗斯联邦的一部分。为本国立场辩护的同时，卢卡申科也警告说，克里米亚以这种方式从乌克兰脱离并加入俄罗斯，可能引发克里米亚的鞑靼人以同样方式从克里米亚脱离并加入乌克兰。①

第三，为了配合夺取克里米亚的行动，俄军在克里米亚公投前后向乌俄边境调动了大批军队，声称乌克兰军队一旦进入克里米亚必将遭到俄军的相应打击。卢卡申科对此未予置评，但表示白俄军队绝不会进入乌克兰。② 对于欧美谴责俄吞并克里米亚和对俄做出的首轮制裁，白俄罗斯方面也以沉默应对，未做任何评价。

白俄罗斯关注乌克兰危机的原因有三：一是乌克兰与白俄罗斯地理上相邻，两国有共同边界；二是乌克兰是白俄罗斯最重要的经贸伙伴之一，陷入冲突的地区——基辅、顿涅茨克、哈尔科夫、沃伦州都是白俄罗斯商品的主要出口市场；三是白俄罗斯国内担心与俄罗斯的紧密一体化（俄白哈关税同盟、集体安全条约组织、联盟国家）会把自己也卷入冲突之中。经过最初的应急性表态后，卢卡申科通过此次采访表明了白俄罗斯官方在乌克兰危机上的基本立场。白俄罗斯国立大学国际关系教研室主任季霍米洛夫将之概括为：其一，清楚明确地表明无意卷入冲突，努力保持对危机的中立立场；其二，不承认危机后乌克兰领土变更的合法性（包括克里米亚），不赞成乌

---

① Интервью Президента Республики Беларусь А. Г. Лукашенко программе "Шустер Live" // Официальный интернет-портал Президента Республики Беларусь, 28 марта 2014 года. http：//president. gov. by/ru/news_ ru/view/intervjju-prezidenta-respubliki-belarus-aglukashenko-programme-shuster-live-8387/，Интервью Лукашенко украинской программе " Шустер Live"//Newsland，29. 03. 2014，http： //newsland. com/news/detail/id/1347165/.

② Там же.

克兰联邦化方案；其三，努力保持与乌克兰高水平的经贸联系；其四，努力维系与基辅官方的联系。① 原则问题上支持基辅官方的同时，白俄罗斯在实践中奉行极为谨慎的政策，全力避免破坏与俄罗斯的关系，绝对禁止使用俄罗斯"侵略""占领""吞并"乌克兰领土这些乌克兰政治家惯用的词语。涉及危机爆发和迟迟得不到化解的原因时，也更多归咎于西方（特别是美国），而不是俄罗斯。白俄罗斯的上述立场得到了各方，尤其是乌克兰的积极评价，最大限度地避免了危机后乌白关系的进一步恶化。

2014年8月乌克兰内战激战正酣时，卢卡申科和纳扎尔巴耶夫一起前往明斯克会晤波罗申科，和欧盟一起对俄乌关系进行调解，推动乌交战双方签署停火和政治解决冲突议定书。两国在乌克兰危机上表现出的克制和谨慎，以及严格中立的立场，是会晤得以举行并达成停火协议的基础。② 12月21日，卢卡申科访问基辅并会晤波罗申科，这是乌克兰危机后独联体国家领导人首访基辅，也从一个侧面说明了乌克兰危机后白俄罗斯的影响力。波罗申科盛赞访问是及时、重要和具有象征意义的，乌克兰媒体也大造舆论，称这是独联体国家尝试与克里姆林宫的侵略政策拉开距离的表现。东部顿巴斯地区宣布独立后乌克兰失去了主要煤炭来源，导致境内火电厂无法生产，许多地区暂停甚至中断电力供应。因此乌急需白俄石油产品，以确保本国经济的基本运行。白俄有30%的出口靠从俄罗斯低价进入口原油后制成石油产品转手高价售出，主要市场就是乌克兰，这也构成了白俄政府预算的主要收入。因此卢卡申科在会晤中亲口对波罗申科承诺："无论需要什么，白俄罗斯都会不分昼夜满足你们的需求。"③ 2013年前8个月，白俄对乌石油制成品出口约16亿美元，2014年，白俄罗斯对乌克兰的燃料和石油制成品出口

---

① А. Тихомиров, УкраинскийкризисиБеларусь：Итоги года. 2014年12月17日中国社会科学院代表团与白俄罗斯国立大学学者在国立国际关系大学共同举办圆桌会议，该文为季霍米洛夫在会议上提交的论文。
② 哈萨克斯坦对乌克兰危机的应对参见梁强：《中亚国家对乌克兰危机的应对和思考》，《中亚国家发展报告（2014）》，社科文献出版社，2014。
③ Назарбаев и Лукашенко в Киеве — попытка дистанцироваться от Кремля？ // Свободная Зона，Декабрь 22, 2014.

扩大了将近1.5倍，达到21亿美元。白俄石油制成品在乌零售市场占有率已达到60%。①

二 强化民族独立意识巩固政权

2014年4月22日，卢卡申科在国情咨文中指出，白俄罗斯民族的主要任务是"运用所有手段捍卫我们的主要财富——国家独立，在我们的国土上生活和自主做出决定的权利"。他认为实现此任务有三大条件："白俄罗斯人民的团结；从我们和我们的邻国所犯的错误中汲取教训；白俄对未来发展的清晰目标，能够激励和团结新老两代人。"② 白俄罗斯人口中有8%是俄罗斯族，白俄从乌克兰危机中汲取到的第一个教训就是妥善处理境内俄族人口的政经需求。卢卡申科发布命令，要求白俄罗斯国家安全委员会加大对国内亲俄势力的监管，特别是那些宣称白俄罗斯境内俄族人口权利遭到持续侵犯的社会活动家和政治运动。白俄罗斯斯拉夫委员会也因为宣扬泛斯拉夫学说被禁止注册为政党组织。5月21日接受俄罗斯一家独立电视台采访时，卢卡申科表示，他准备不惜战争对抗那些敢于对白俄罗斯的领土提出要求的人，包括普京。后者在乌克兰已经"失去威信"，在白俄罗斯也没人"期盼"他的到来。俄国不应老是想着如何"收集俄国的领土"，而应"深耕自己已经拥有的土地"。③ 2014年年底，卢卡申科对多个中央部委和地方一把

---

① Беларусь собирает урожай с кризиса в Украине//Newsland, 19.11.2014. http://newsland.com/news/detail/id/1460863/.
② Послание Президента белорусскому народу и Национальному собранию//Официальный интернет-портал Президента Республики Беларусь, 22 апреля 2014 года. http://president.gov.by/ru/news_ru/view/aleksandr-lukashenko-obraschaetsja-s-ezhegodnym-poslaniem-k-belorusskomu-narodu-i-natsionalnomu-sobraniju-8549/.
③ Александр Лукашенко - Ксении Собчак：《Кто бы ни пришел на белорусскую землю, я буду воевать. Даже если это будет Путин》//ДОЖДЬтелеканал, 21 мая 2014. http://tvrain.ru/articles/aleksandr_lukashenko_ksenii_sobchak_kto_by_ni_prishel_na_belorusskuju_zemlju_ja_budu_voevat_dazhe_esli_eto_budet_putin_efirnaja_versija-368769/.

手职位做出调整,不动声色地清除了国内政治中宣扬"俄罗斯世界"的力量,保持了对政局的牢固控制。同时积极与委内瑞拉、伊朗、卡塔尔、阿拉伯联合酋长国展开经济合作,尽可能降低对俄罗斯石油的依赖。

乌克兰危机刚开始时,白俄罗斯国内对如何应对危机分歧严重。白俄官方立场一度遭到国内亲俄和亲欧两派力量的共同指责。前者认为这背叛了俄罗斯的利益,是对"俄罗斯世界"理想的后退;亲欧政党则持反俄立场。3月2日,白俄联合公民党政治委员会要求白俄罗斯立即退出集体安全条约组织,认为白俄继续留在该组织将强化对俄依赖,威胁到白俄的国家安全。3月16日,白俄"争取自由"运动也发表声明称:"白俄国家和民族的命运面临巨大威胁。对东部邻国的依赖是一场巨大灾难,这将使白俄陷入严重的经济危机。会有越来越多的俄国士兵踏上白俄国土,会让我们越来越远离文明世界。白俄不应成为克里姆林宫的附庸国。白俄的国家利益在于从现实出发贯彻宪法有关本国中立的规定,为此应退出集体安全条约组织和关税同盟,封锁俄国在白俄罗斯的宣传,与欧盟开始合作和一体化。"① 3月25日庆祝白俄建国96周年的集会中,反对派将抨击的重点从白俄罗斯当局变成了俄罗斯,集会中打出了"光荣属于乌克兰!""克里姆林宫的侵略者去死吧!""不要战争!"等标语,并散发克里米亚鞑靼人的反俄声明。白俄罗斯还有人志愿赴乌克兰参加对俄战斗。

不过,上述都未成为白俄社会观点和舆论的主流。2014年7月5日白俄罗斯社会经济和政治独立研究所的民调显示,有一半的被调查者认为基辅现在的政权是"法西斯性质的",62.2%的人认为俄罗斯吞并克里米亚具有"历史正当性",对俄国的行动表示赞同,反对的只有27.2%。2014年9月该所的民调显示,51.5%的人不会在乌克兰危机后改变对俄态度,21.3%的人对俄态度改善,只有24.3%的人对俄态度恶化。67.4%的人反对西方对

---

① ОГП призывает Беларусь выйти из ОДКБ в связи с событиями в Украине//FreeSmi. by,02.03.2014,http://freesmi.by/politika/135640#.U9hCYEBqNIs;《За свободу》призывает к выходу Беларуси из ОДКБ и ТС из-занеоимперского реванша России // AFN,16.03.2014,http://afn.by/news/i/190902.

俄的制裁，20%的人赞成。危机后卢卡申科的应对也得到了国内大部分民众的支持。在如何看待和评价卢卡申科在乌克兰危机问题上采取的政策方面，18.2%的人认为"他完全支持俄官方的政策"，2.7%的人认为"他完全支持乌官方的政策"，35.5%的人认为"他在冲突双方中间左右逢源"，36.3%的人认为"他保持中立"。民调结果显示，绝大多数人认为卢卡申科奉行的是不倒向任何一方的中立政策。14.8%的人对此政策持"一般正面评价"，44.7%的人持"积极正面评价"，17.2%的人持"积极负面评价"，9.6%的人持"一般负面评价"。白俄领导人努力从乌克兰危机及俄罗斯与西方的冲突中获取红利的做法，也得到了52.5%的被调查者的赞同，无所谓的有30.8%，反对的只有12.7%。对于白俄罗斯在明斯克为各方谈判提供平台，60%的人表示赞赏，12.4%的人认为"不应该与恐怖分子谈判（即顿巴斯分裂地区的代表——引者注）"，11.6%的人则坚决反对与"基辅暴乱上台的法西斯分子谈判"。① 基于民意的支持，10月2日，白俄国家安全委员会明确宣告，白俄罗斯公民参与乌克兰的冲突将被追究刑事责任，无论其站在哪一边。

卢卡申科在应对乌克兰危机上的明智做法帮助其进一步巩固了政治地位。其个人支持率从6月的39.8%提高到45.2%，而反对派所有领导人的支持率加起来也未超过20%，而且其中12.6%是支持亲俄立场的反对派领导人，只有4.3%是支持亲西方立场的反对派领导人。33.3%的人认为卢卡申科现在下台会让国家局势变糟，持相反观点的只有17.7%。民众支持卢卡申科的主要动机是担心乌克兰的事态在白俄罗斯重演。在3月的民调中，针对"流血换取更好的未来是否值得"的问题上，78%的人的回答是不值得，回答值得的只有14.1%。2014年12月的民调显示，白俄愿意参与公开

---

① Украинский компас для геополитических полюсов Беларуси // НИСЭПИ. 04.10.2014. http://www.iiseps.org/analitica/808；ЦЕНЫ НА СВИНИНУ ПРОТИВ РОССИЙСКОЙ ПРОПАГАНДЫ//НИСЭПИ，05.07.2014，http://www.iiseps.org/analitica/583；Пресс-релиз по результатам национального опроса в сентябре 2014 //НИСЭПИ，07.09.2014. http://www.iiseps.org/reliz/28.

抗议行动的人降到了 15 年来的最低。2001 年愿意参加集会游行的人比例是 16.7%，愿意参加罢工的人是 12.9%，参加绝食行动的人是 4%；2014 年分别降到了 9.3%、1.6%、0.8%。针对"如果 2015 年总统选举造假"，23.9% 的人认为反对派应该号召人民前往广场举行抗议活动，反对这样做的人达到 61.7%，准备参加这种抗议活动的人有 13.4%，接近 80% 人表示不愿意参加。[1]

三 利用危机改善与俄美欧等世界主要力量关系

在国内政治中利用乌克兰危机深化治国理政理念、巩固执政地位同时，卢卡申科还积极利用危机后白俄罗斯在国际舞台上的有利地位，主动采取外交举措，积极改善与主要大国关系。

（一）保持与俄罗斯的一体化合作

1. 深化军事同盟

乌克兰危机后，美国派出更多战机增强北约空军在立陶宛、波兰的存在，英国皇家空军也增加了对乌克兰边境的巡航和空中预警。3 月 12 日，卢卡申科在白俄国家安全委员会上表示，鉴于北约加大在白俄边境的活动，他将请求俄国领导人向白俄增派战机。3 月，俄同意向白俄莫吉廖夫州的"博布鲁伊斯克"军用机场增派 6 架苏－27 歼击机和 3 架军事运输机，其中可携带战术核武器的苏－27CM 战机将从 2016 年起进入战备。3 月 23 日，卢卡申科称，俄罗斯飞机在白俄空军基地需要多久即可停留多久。10 月，俄罗斯空军总司令邦达列夫上将表示，俄罗斯将于 2016 年在白俄罗斯建立苏－27 战机空军基地。12 月 10 日，俄苏－27 战斗机分队开始在白俄罗斯战斗值勤。俄不仅向白俄增派战机，还打算在 2014 年年底

---

[1] Пресс-релиз по результатам национального опроса в сентябре 2014 //НИСЭПИ，07. 09. 2014. http：// www. iiseps. org/reliz/28；Важнейшие результаты национального опроса в декабре 2014 г. //НИСЭПИ，02. 01. 2015. http：// www. iiseps. org/reliz/30.

增加部署导弹和防空体系,包括免费提供4套S-300防空导弹系统。7月3日,白俄罗斯国庆日阅兵时部分俄罗斯军事装备出现在阅兵方阵中,显示俄白联盟军事关系的巩固。乌克兰危机后白俄参加了集安组织的所有活动。在5月8日莫斯科举行的集安组织非正式峰会上,卢卡申科公开表示,俄罗斯的军援对捍卫白俄利益十分重要,希望巩固与俄在集安组织责任区的合作。① 白俄伞兵部队还不顾乌克兰的指责,多次参加俄白两国在俄西部边界的联合战术演习。

2. 争取更多实际的经济利益

乌克兰危机后俄罗斯为了拉拢白俄,采取了新的信贷和能源优惠举措。2014年7月,白俄总理宣布,将从俄获得20亿美元的优惠信贷以充实白俄黄金外汇储备。12月25日,俄财政部披露了相关细节:2014年起俄将向白俄提供近20亿美元期限约10年的国家贷款,年息4%;首次拨款4.5亿美元将从2014年联邦预算中列支,在明年返还基础上将继续给白俄提供金融援助;资金来源并非国家福利基金,而是国家预算。9月,俄白双方达成协议,将在接下来的3年里继续以优惠价向白俄供应天然气,年供气量220亿立方米;在接下来的20年里继续向白俄供应石油,年供油量2300万~2400万吨,并减免其石油出口税,仅此一项就能使白俄每年的财政预算增加到15亿美元。10月3日,俄罗斯政府下令履行双方2011年签署的协议,向白俄罗斯发放贷款100亿美元,用于修建新的核电站。新的核电站将由两个发电机组组成,总装机容量240万千瓦。预计2016年第一个发电机组投入使用。俄在2015年还将取代乌成为白俄唯一电力供给国,年供电量28亿千瓦时。

俄乌关系的恶化还使白俄罗斯看到了取代乌克兰在俄罗斯对外经济战略中地位的机会。4月1日,俄罗斯副总理兼军工委员会主席罗格津访问白俄,宣布由于乌克兰国防工业公司冻结向俄罗斯出口武器和军事技术设备,

---

① Александр Лукашенко совершил рабочий визит в Российскую Федерацию,08.05.2014. http://president.gov.by/ru/news_ru/view/aleksandr-lukashenko-vstretilsja-s-vladimirom-putinym-8729/.

俄方将把原来在乌克兰的军工采购转向白俄罗斯,首批订单为1500件军事设备。4月2日,卢卡申科视察白俄"第558航空修理厂"时指出:"乌克兰现在事实上已经崩溃,不过那里还有体面的国防工业……要试着与乌克兰人达成协议合作生产,避免乌克兰的工程师、技术中心、模型流失。"① 在4月3日卡塔尔国际武器展上,白俄罗斯展出了与乌克兰联合生产的新式单兵反坦克系统。白俄罗斯科学院经济所学者布尔克也向笔者透露,经过白俄罗斯向欧洲输送油气的友谊管线已进入满负荷运作,最近几年俄还准备修建第二条经过白俄罗斯的管线并扩大在白俄的地下存储枢纽,俄还在积极建设经过波罗的海的北溪管线。未来乌克兰在俄能源出口中的战略地位将大幅下降,白俄在对欧洲转运能源上将发挥更加重要的作用。②

(二)推动与欧美关系转圜

1. 继续参与欧盟"东方伙伴关系"

2013年年底,白俄开始对欧盟采取更积极的政策,支持欧盟提出的"为了一体化的一体化",双方关系复苏。白俄外长参加了2013年11月在维尔纽斯举行的第三次欧盟"东方伙伴关系"峰会、2014年7月在布鲁塞尔举行的第四次欧盟"东方伙伴关系"峰会。欧盟外事行动署的代表也于2014年2月、6月两次访问白俄罗斯。2014年3月27日,欧盟委员会发布的"东方伙伴关系"备忘录中,称欧盟与白俄罗斯已开启合作,以便就"改善对话的可能性"达成共识。③ 5月28日,在明斯克举行了白俄罗斯与欧盟就现代化问题的首次磋商。6月,白俄释放了政治异见人士、著名人权活动家贝阿里奥茨基,以及在2010年12月白俄总统选举后被逮捕的反对派人士。欧盟则解除了对包括白俄高官在内的260人的个人制裁,启动了签证

---

① Грыль Я. Беспилотный полет фантазии// Белгазета, 07.04.2014.
② 2014年12月17日中国社会科学院代表团与白俄罗斯科学院经济所的会谈,会谈的详细记录参见俄罗斯东欧中亚所内部资料。
③ European Commission, "Memo: ENP Package - Belarus", 27 March 2014. http://europa.eu/rapid/pressrelease_ MEMO-14-222_ en.htm.

便利化进程。8月26日，在明斯克组织了"关税同盟—乌克兰—欧盟"对话会，欧盟外交与安全政策高级代表阿什顿首次访问明斯克。9月，欧盟驻白俄罗斯代表公开呼吁白俄罗斯公民支持卢卡申科在乌克兰问题上的立场，引发白俄自由派哗然，指责其背叛了白俄的自由理想。危机未对双方的经贸关系造成大的影响，2014年，白俄罗斯与欧盟国家贸易总额204亿美元，同比下降2.9%，占到了全部贸易额的26.6%。其中出口107亿美元，同比增加2.3%，进口97亿美元，同比下降8.1%。贸易顺差120亿美元。①

2. 与美国关系有所转圜

白俄罗斯在乌克兰危机后主动与俄拉开距离的做法也得到了美国的认同，双边关系出现改善迹象。2014年6月，白俄与美国在华盛顿举行了双方就国家安全问题的首次磋商，内容涉及全球和地区安全、防止大规模杀伤性武器扩散、裁军、加强军火出口监管和销毁化学武器等。双方还讨论了在核安全、信息安全、反恐领域的战术性协作。9月，包括美国国际发展署、国防部、国务院成员在内的美国政府跨部门代表团访问白俄。美方对白俄在克里米亚问题上的立场予以赞赏，称美国对白俄的立场会有所改变，双边关系有望改善。之后白俄同意美国增加驻白俄使馆人员，美国也相应地减少了对白俄的签证限制，将签证费降到160美元的最低标准。9月23日，首届白俄罗斯—美国投资论坛在纽约举行。美国国务院还取消了2011年3月起对白俄罗斯石油公司实施的制裁。

四 评价

总体来看，乌克兰危机发生后，白俄罗斯领导人能够最大限度地规避危机的消极影响，较为成功地应对了危机给白俄带来的挑战。白俄罗斯"战略分析中心"2014年的调查中，国民认可度最高的国家部委是外交部。原因是：在欧亚经济联盟框架内的富有质量的谈判中维护了白俄罗斯的利益；

---

① ИТОГИ ВНЕШНЕЙ ТОРГОВЛИ РЕСПУБЛИКИ БЕЛАРУСЬ ЗА ЯНВАРЬ-ДЕКАБРЬ 2014 ГОДА. http：//gtk. gov. by/ru/stats/itogi_ vnesh_ torgovli2014/dec_ 2014.

为恢复与欧盟和美国的全面关系奠定了基础；推行了一系列举措改善白俄市场；维护了与乌克兰的睦邻友好关系。① 与乌克兰、俄罗斯和欧盟相比，危机给白俄罗斯带来的红利大于损失，这也是卢卡申科在乌克兰危机中的立场得到大多数白俄民众支持的原因。白俄罗斯之所以这样做，是由其在俄欧乌之间的特殊位置决定的，同时也是其中立平衡的国策所要求的。乌克兰危机后白俄屈从于任何一方都对自己不利，成为各方沟通的桥梁反而可以实现利益最大化。但危机仍未化解，白俄面对的挑战依旧存在。

（一）平台红利逐渐消失

卢卡申科虽然一再声称准备担当乌克兰危机的和平调节者，但实际上白俄只是组织者，提供了一个各方都能参与的平台而已，并无自己的具体方案。白俄罗斯学者也透露，在明斯克进行的四方会谈本身就是俄罗斯的建议，白俄"既不是维和者也不是调解者"，危机的解决主要取决于当事方，而不是白俄。下一步白俄罗斯还会竭尽全力推动谈判进程，积极促成明斯克小组达成更多协议。但未来乌克兰危机的真正化解者只能是俄罗斯，当然白俄罗斯和哈萨克斯坦作为俄罗斯与乌克兰、欧盟沟通的另一条渠道未尝不可使用。就像俄罗斯杜马独联体事务委员会主席斯卢茨基所说，俄实际上对所有调节举措都予以欢迎，"越多思想健全的人与基辅官方交往，就有越多机会推动局势以健康方式解决"。② 白俄罗斯国内绝大多数人也反对白俄超出现在和平谈判的框架去调节危机。卢卡申科称："既然俄罗斯不信任西方、美国，后者也不信任俄罗斯，交战双方也互不信任，我准备使用自己的全部力量劝和冲突各方。"对此讲话持正面评价的只有18.7%，反对的达到64.1%。③ 民调中白俄66%的人认为乌克兰的内战是东部人民对非法中央政权的自发性抵抗，但对于冲突一

---

① Итоги социально-экономического развития Беларуси в 2014г.//Аналитический центр 《Стратегия》, Научно-исследовательский центр Мизеса. http：//liberty-belarus. info/ekonomika-belarusi/tendentsii/10607-itogi-sotsialno-ekonomicheskogo-razvitiya-belarusi-v-2014g.
② Нурсултан Назарбаев вживается в роль посредника//Коммерсантъ , 23. 12. 2014.
③ Важнейшие результаты национального опроса в декабре 2014 г. http：//www. iiseps. org/reliz/30.

旦演变为俄乌间的战争，白俄被迫必须选择支持其中一方的问题，则只有14%的人选择支持俄罗斯，反对支持俄罗斯的人则达到53.6%。①

（二）俄经济财政恶化对白俄经济的恶性传导无法规避

乌克兰是白俄罗斯第二大贸易伙伴，白俄对乌克兰的出口占到了出口总额的11%。危机的持续显然会削弱乌克兰的购买力，降低白俄罗斯对乌克兰的出口。2014年与乌克兰贸易总额58亿美元，同比下降7.7%。其中出口同比下降2.8%，进口同比下降17.7%。俄罗斯是白俄最大经贸伙伴，对俄出口占到了白俄出口总额的43%。② 俄宣布对西方和乌克兰的反制裁措施后，8月，白俄农业和粮食部部长发表声明，对俄罗斯限制欧盟农产品出口俄的政策表示赞赏，并称将加大对俄食品出口，仅此一项就能在2014年为白俄带来21亿美元的额外收入。之前白俄在西方宣布对俄制裁后已经从波兰和其他欧盟国家囤积了大量对俄禁运产品，转手卖给俄国大赚差价。但俄罗斯农业监管局很快就提出抗议，称已掌握确凿证据，白俄把从波兰、西班牙和荷兰进口的蔬菜水果贴上白俄生产的标签后出口俄罗斯，俄渔业公司也注意到近期白俄对俄鱼类产品出口数量剧增。俄方甚至对白俄大量从加拿大进口肉类感到不满。白俄坚决反对俄方的走私指控，卢卡申科10月17日对俄罗斯媒体表示，制造这些谣言的都是俄国相关企业的利益代言人，其目的无非是想减少俄国内市场的产品供应，造成短缺后大幅提价。他强调白俄完全有权从欧盟进口农产品，也有权对这些产品进行再加工或作为对俄出口的替代品重新包装后出口俄罗斯。③ 但俄罗斯卢布大幅贬值，卢卡申科不赚反

---

① ЦЕНЫ НА СВИНИНУ ПРОТИВ РОССИЙСКОЙ ПРОПАГАНДЫ//НИСЭПИ，05.07.2014. http：//www.iiseps.org/analitica/583.
② ИТОГИ ВНЕШНЕЙ ТОРГОВЛИ РЕСПУБЛИКИ БЕЛАРУСЬ ЗА ЯНВАРЬ-ДЕКАБРЬ 2014 ГОДА. http：//gtk.gov.by/ru/stats/itogi_ vnesh_ torgovli2014/dec_ 2014.
③ Пресс-конференция Президента Республики Беларусь А. Г. Лукашенко журналистам российских региональных средств массовой информации //Официальный интернет-портал Президента Республики Беларусь, 17.10.2014，http：//president.gov.by/ru/news_ ru/view/press-konferentsija-prezidenta-respubliki-belarus-aglukashenko-zhurnalistamrossijskix-regionalnyx-sredstv-10025.

赔，仅此一项白俄对俄出口损失就达到10亿美元。此外，白俄今年有40亿美元的外债即将到期，债务总额已达到70亿美元。沉重债务负担下，卢卡申科要维护其政治体系稳定，确保2015年总统选举顺利进行，急需大笔流动资金。2014年年底，白俄采取了极其严苛的外汇管制，除了根据卢布变化随时调整白俄罗斯卢布对美元汇率外，还强行要求白俄罗斯卢布换回美元时须交纳30%的手续费。这样闻所未闻近似于"明抢"的举措，说明其国内硬通货币的储备已面临危机。

（三）新形势下白俄对欧亚一体化态度趋于谨慎和实用主义

白俄在欧亚一体化进程中并不十分积极，实际上一直是被俄哈拖着走。俄杜马主席2012年建议建立类似欧盟的欧亚委员会或者欧亚议会，遭到白俄坚决反对。2014年5月29日欧亚经济联盟条约签署前，白俄与俄在建设共同能源市场问题上产生严重分歧。白俄希望这是通向建立共同能源市场的第一步，俄则希望将能源共同市场的建立拖延至2025年。白俄对此十分不满，指出如果共同能源市场要等10年后才能建成的话，白俄就要考虑是否开始一体化的新阶段。[①] 2014年5月，俄白哈三国领导人签署了欧亚经济联盟条约，10月，三国议会批准条约后欧亚经济联盟正式生效。12月23日三国总统与亚美尼亚、吉尔吉斯斯坦、塔吉克斯坦总统的峰会，确认2015年1月1日关税同盟将升级为欧亚经济联盟。但卢卡申科和纳扎尔巴耶夫都对欧亚经济联盟的前景极不乐观，认为在西方制裁、乌克兰内战、石油价格暴跌、卢布贬值四个重拳的打击下，新生的欧亚经济联盟面临极大风险，并直言不讳地指出这一切与乌克兰危机的发生紧密相关。而欧亚经济联盟未来主要的问题就是，卢布一年内两次贬值急剧提高了俄国产品在这一共同市场内的竞争

---

① BBC Ukraine, "Lukashenko suggests postponing the creation of the Eurasian Union", 14 April 2014, http://www.bbc.co.uk/ukrainian/rolling_news_russian/2014/04/140430_ru_n_lukashenko_statement_eurasian_union.shtml.

力。① 2014年笔者随同中国社会科学院代表团访问白俄罗斯期间,白俄罗斯一些学者坦陈白俄在该问题上的真实想法:俄国主导的欧亚经济一体化还将继续,白俄也将继续参与,但却是另外一种逻辑:一个国家之所以会放弃部分主权加入一项一体化进程,是综合考虑这样做对自己有利后才做出的决定。这种有利不只体现在经济利益上,而是多方面的。与欧盟只有经济一体化不同,欧亚经济一体化是政治、军事、经济全方位的一体化,这是白俄罗斯加入的主要原因。乌克兰的例子也表明,欧盟的门槛很高,独联体国家单个加入要付出重大代价。②

---

① Закон сообщающихся рублей//Коммерсантъ, 22.12.2014, http://www.kommersant.ru/doc/2638549.
② 2014年12月17~19日中国社会科学院代表团与白俄罗斯科学院、白俄罗斯国立大学学者的会谈,会谈的详细记录参见俄罗斯东欧中亚所内部资料。

Y.19 乌克兰危机对集体安全条约组织及其成员国的影响

牛义臣*

摘　要：	集体安全条约组织是俄罗斯主导下的地区安全组织，在乌克兰危机中给俄罗斯提供了一定的声援和支持。但是由于各成员国的差异，集安组织在立场上无法与俄罗斯实现一致。乌克兰危机对俄罗斯和其他集安组织成员国的安全造成了严重影响。目前，乌克兰危机虽然没有对集安组织的运行形成明显冲击，但仍然是对其一次无法躲避的考验。
关键词：	乌克兰危机　集体安全条约组织　地区安全　俄罗斯

乌克兰危机已持续一年有余，尤其自2014年4月武装冲突爆发之后，形势一直没有得到好转。2014年9月5日就有关停火问题达成的明斯克协议，并没得到有效执行。2015年2月12日，再次达成明斯克协议，但会不会再次成为一纸空文还有待观察，因为在德国和法国主张通过和平方式解决乌克兰问题，积极与俄罗斯展开对话的同时，美国则在考虑向乌克兰提供军事援助，甚至提供杀伤性武器。在西方各国围绕乌克兰问题产生意见分歧的时候，俄罗斯主导的联盟体系，其立场和态度也值得关注。集体安全条约组织（以下简称集安组织）作为俄罗斯寻求声援和支持的重要依托，在乌克兰危机过程中有所表现，虽不明显却

---

* 牛义臣，中国社会科学院俄罗斯东欧中亚研究所博士后。

也发挥了客观作用。当前,乌克兰危机不仅是影响集安组织成员国的重要因素,也是集安组织必须面对的严峻考验。乌克兰危机造成的影响广泛而深刻,我们从安全层面考察一下乌克兰危机对集体安全条约组织及其成员国的影响。

一 集安组织及其成员国对乌克兰危机的反应

集安组织是在独联体《集体安全条约》机制的基础上发展而来,现在其成员国包括亚美尼亚、白俄罗斯、哈萨克斯坦、吉尔吉斯斯坦、塔吉克斯坦和俄罗斯。近年来,集安组织的组织机制和功能建设不断发展,活动能力也有所增强。乌克兰局势发生动荡之后,集安组织给予了关注,并相继表达了自己的态度。总体来看,集安组织在乌克兰问题上的态度有一个转变的过程,大体可分为三个阶段。

第一阶段:观察和讨论。这一阶段,集安组织对乌克兰问题主要是观察和讨论,并没有将乌克兰问题与自身相联系。2013年12月16日,集安组织秘书长博尔久扎在接受采访时说,"我们关注着乌克兰现在所发生的事情。"① 在之后的数月里,集安组织框架内进行了多次会晤,讨论乌克兰局势问题,但未做评判和表态。

第二阶段:警觉和呼吁。此时,集安组织认为乌克兰局势已事关成员国安全,并呼吁各方克制,尤其指出北约不应插手乌克兰问题。2014年4月22日,即乌克兰军队4月15日在顿涅茨克州北部采取武力行动数日之后,集安组织秘书长博尔久扎称,乌克兰局势使极端主义蔓延,威胁集安组织国家。② 5月15日,博尔久扎表示,北约和集安组织都不应试图以某种形式去影响

---

① Возможности ОДКБ ни при каких обстоятельствах не будут использованы для разрешения конфликта на Украине. Об этом в интервью телеканалу "России 24" 16 декабря рассказал генеральный секретарь ОДКБ Николай Бордюжа. http://www.odkb-csto.org/news/detail.php?ELEMENT_ID=3133&SECTION_ID=91.

② События на Украине грозят распространением экстремизма на страны ОДКБ: в Россию уже пытаются 《забросить》 представителей 《Правого сектора》 - Генеральный секретарь Николай Бордюжа. http://www.odkb-csto.org/news/detail.php?ELEMENT_ID=3343&SECTION_ID=91.

乌克兰冲突,那只会使紧张程度加剧。① 6月4日,他发表声明:"我们呼吁尽快停止在乌克兰东南部的军事行动,并努力向顿巴斯平民提供人道主义援助;我们坚决支持缓和乌克兰的紧张局势,不干预其事务并拒绝武力对抗,防止破坏整个地区的安全。"②

第三阶段:放弃不参与的论调。8月29日,集安组织秘书长博尔久扎在回答"是否会动用集安组织维和部队以终结乌东部冲突"的问题时表示,集安组织维和部队已做好应对任何复杂行动的准备,包括在乌克兰等非成员国境内,同时也指出,做出此决定的权利属于由集安组织成员国领导人组成的理事会。③ 这表明,集安组织已经放弃不参与乌克兰问题的论调,如果成员国领导人做出决定,则可以向乌克兰派驻维和部队。然而,集安组织在放弃了不参与论调之后,却并没有采取实际动作。

集安组织在乌克兰问题上的态度经历了一个转变过程,总体上是向俄罗斯的立场靠近,但却难以与俄罗斯达到同步或一致。这主要是因为框架内各成员国对乌克兰危机的态度不尽相同。俄罗斯作为涉及乌克兰危机的重要一方,一直表现出强硬的态度和立场,其在克里米亚问题上的举动震动了国际社会。3月16日,克里米亚举行公投,3月17日,普京签署了承认克里米亚共和国的法令④,次日,俄罗斯和克里米亚签订了"将克里米亚纳入俄联邦成为俄联邦新主体的条约"。将克里米亚和塞瓦斯托波尔纳入俄罗斯的法令,分别于3月20日和3月21日在俄罗斯国家杜马和联邦议会获得批准。⑤

---

① Вмешательство НАТО или ОДКБ в конфликт на Украине привело бы к эскалации напряженности в этой стране, считает Генеральный секретарь ОДКБ Николай – Бордюжа. http://www.odkb-csto.org/news/detail.php?ELEMENT_ID=3423&SECTION_ID=91.
② Комментарий Генерального секретаря ОДКБ Николая Бордюжи в связи с трагическими событиями в Луганске. http://www.odkb-csto.org/news/detail.php?ELEMENT_ID=3443&SECTION_ID=91.
③ http://rusnews.cn/eguoxinwen/eluosi_anquan/20140829/44149600.html.
④ УКАЗ Президента РФ от 17.03.2014 N 147 "О ПРИЗНАНИИ РЕСПУБЛИКИ КРЫМ". http://kremlin.ru/acts/20596.
⑤ Подписаны законы о принятии Крыма и Севастополя в состав России. http://kremlin.ru/acts/20625.

乌克兰危机对集体安全条约组织及其成员国的影响

即使遭到西方国家的指责和制裁,俄罗斯也没有软化在乌克兰危机问题上的态度,并且与西方针锋相对地展开较量。

集安组织其他成员国对乌克兰危机的反应,在两个节点有相对明显的表现:一个节点是俄罗斯接收克里米亚,另一个节点是乌克兰武装冲突骤然加剧。面对克里米亚事件,白俄罗斯总统卢卡申科3月23日称:"失去克里米亚是乌克兰政府咎由自取……我们承认或不承认都改变不了事实。"① 哈萨克斯坦3月18日发表声明称:"哈萨克斯坦认可克里米亚进行的全民公投,并对俄罗斯在复杂条件下的决定表示理解。"② 纳扎尔巴耶夫3月25日又称:"发生的已经发生,现在应该寻找摆脱困境的和平途径……对抗没有出路。"③ 亚美尼亚总统萨尔基相称:"在我们看来,克里米亚公投是通过自由意志实现民族自决权的又一范例。"④

面对乌克兰境内武装冲突的升级和乌克兰危机的持续发展,集安组织成员国表现不一。5月8日即"胜利日"前夕,普京总统观看了俄武装力量指挥训练。⑤ 除了哈萨克斯坦总统纳扎尔巴耶夫之外,其他所有集安组织成员国总统共同观看了训练并在克里姆林宫进行会晤。在庆祝"胜利日"的氛围中,五国总统对乌克兰问题交换了意见。⑥ 他们在会上发表的意见反映了

---

① Лукашенко обвинил новые власти Украины в потере Крыма. http://lenta.ru/news/2014/03/23/selfie/.
② Казахстан оценивает референдум в Крыму как свободное волеизъявление населения республики. http://www.inform.kz/rus/article/2640270.
③ Экономические санкции Запада в отношении России вряд ли будут приняты - Н. Назарбаев. http://www.inform.kz/rus/article/2642052.
④ 8 мая 2014 года Кремле состоялась встреча Владимира Путина с Президентом Белоруссии Александром Лукашенко, Президентом Армении Сержем Саргсяном, Президентом Таджикистана Эмомали Рахмоном и Президентом Киргизии Алмазбеком Атамбаевым. http://www.odkb-csto.org/news/detail.php?ELEMENT_ID=3419&SECTION_ID=92.
⑤ 《普京:俄罗斯战略力量战备和协调水平很高》, http://rusnews.cn/eguoxinwen/eluosi_anquan/20140508/44057951.html。
⑥ 8 мая 2014 года Кремле состоялась встреча Владимира Путина с Президентом Белоруссии Александром Лукашенко, Президентом Армении Сержем Саргсяном, Президентом Таджикистана Эмомали Рахмоном и Президентом Киргизии Алмазбеком Атамбаевым. http://www.odkb-csto.org/news/detail.php?ELEMENT_ID=3419&SECTION_ID=92.

各国对乌克兰危机的基本态度。普京强调：我们的军队是我国主权、领土完整的可靠保证，在保障全球和地区安全中起到重要作用。普京还指出，乌克兰的例子表明，不负责任的政策会带来很多灾难和损失。卢卡申科表示，"不能对乌克兰发生的事情坐视不理，尤其是发生在敖德萨的事件"。萨尔基相表示，我们非常担忧暴力在乌克兰的蔓延，包括在敖德萨、斯拉维扬斯克、克拉马托尔斯克和其他地区发生的事件，这样的局势令我们不安。塔吉克斯坦总统拉赫蒙说："乌克兰危机、中东北非和集安组织邻近地区的局势，毋庸置疑，对地区和全球安全有不良影响。乌克兰发生的事件令我们深感不安。我们支持通过对话和谈判的和平途径解决复杂的乌克兰危机。"吉尔吉斯斯坦总统阿坦巴耶夫则对发生第三次世界大战表示担忧，希望俄罗斯这样的大国应该谨慎对待。他认为，任何负责任的政治家的首要任务应该是避免战争，不仅与自己的邻居，而且首先是在本国内部避免对抗。哈萨克斯坦在重大节日和俄罗斯急需支持的时刻缺席，这本身已经表达了某种态度。而5月7日纳扎尔巴耶夫的发言则更有深意。当天在纪念"保卫祖国日"的阅兵仪式上，纳扎尔巴耶夫称哈萨克斯坦国家将为军队创造一切条件，本国的军事力量有能力完成面临的所有任务。① 5月18日，哈萨克斯坦安全委员会会议关注的是乌克兰事件对哈萨克斯坦经济的影响。②

在乌克兰危机僵持的过程中，除俄罗斯以外的其他集安组织成员国基本维持着既有的立场，没有明显的态度变化和其他行动表现。相比之下，只有白俄罗斯相对活跃，在乌克兰危机进程中积极扮演中间人的角色，为俄罗斯与德法及乌克兰之间的对话提供平台。包括乌克兰和俄罗斯双方参与的多次重要会谈在明斯克举行，2014年9月5日和2015年2月12日，乌克兰政府军和民兵武装的两次停火协议都是在明斯克达成的。

在成员国态度和立场不一致情况下，集安组织在乌克兰危机中的主要

---

① Наши Вооруженные силы достойно выполняют все поставленные перед ними задачи - Н. Назарбаев.
② Ситуацию на Украине обсудили на заседании Совбеза Казахстана. http：//www.inform.kz/rus/article/2640249.

作用表现在以下几点：第一，集安组织在乌克兰问题上给俄罗斯提供了声援和支持，缓和了西方施压给俄罗斯造成的孤立氛围；第二，集安组织及成员国的态度很大程度上减轻了俄罗斯与盟友发生隔阂和矛盾的担心，使俄罗斯能集中精力在乌克兰问题上与西方较量；第三，集安组织在乌克兰危机中可以起到一定程度的调节作用，一方面其态度和立场与俄罗斯相近，对西方构成一定的制衡，另一方面集安组织与俄罗斯存在的差异，也对俄罗斯形成一定的牵制。总体来看，在乌克兰危机中，俄罗斯可以获得集安组织的声援，却很难使集安组织成为得心应手的工具；集安组织对乌克兰危机态度的转变，是其成员国协调立场的结果；而集安组织成员国对乌克兰危机的反应并不一致，则是因为各自在乌克兰危机中所受的影响存在差异。

二 乌克兰危机对俄罗斯的影响

美国正是在此轮乌克兰危机中利用俄罗斯与欧盟的矛盾，实现阻止俄罗斯欧亚经济联盟进一步扩大的战略意图。① 乌克兰危机背后是俄罗斯和西方大国的地缘政治争夺，这对俄罗斯来说是战略性问题，所以乌克兰危机对俄罗斯的影响不仅是直接和广泛的，而且也是深刻和持久的。西方的经济制裁使本就乏力的俄罗斯经济雪上加霜；克里米亚问题导致俄罗斯在外交上一度陷入被动甚至孤立；随着乌克兰局势的持续发展，俄罗斯国内反战呼声也在上涨。总之，乌克兰危机对俄罗斯的影响正通过各种形式相继呈现。从军事安全角度看，乌克兰危机对俄罗斯的影响有以下几个方面。

其一，乌克兰危机使俄罗斯与北约及美国的安全关系进一步紧张。多年来，俄罗斯一直对北约东扩高度警惕，随着乌克兰军事冲突的升级，以及乌克兰一再表达加入北约的意愿，俄罗斯和北约之间的较量也在加剧。2014

---

① 郑羽：《重启的消亡：普京重新执政后的俄美关系》，《俄罗斯东欧中亚研究》2014 年第 5 期。

年 6 月 25 日，北约秘书长拉斯姆森表示，北约计划成立新的目标基金以长期援助乌克兰。拉斯姆森主张商定长期援助乌克兰的一揽子措施，内容涉及帮助乌克兰改革国防领域和实现武力量现代化，包括建立更多军事力量。围绕乌克兰的局势，北约一面以确保盟友的安全为由采取一系列措施，比如加强在波罗的海国家的空中巡逻，向波罗的海和地中海增派北约军舰；一面又指责俄罗斯支持乌克兰东部地区的武装分子，并呼吁俄罗斯利用自身对乌东部地区民兵的影响力，在和平解决乌克兰冲突方面做出真正努力。而面对来自北约的指责，俄罗斯外长谢尔盖·拉夫罗夫曾表示，指责俄罗斯导致乌克兰南部和东南部局势复杂化的根据不存在。俄也一直表示，未向民兵组织提供军事装备、弹药和其他援助。8月底，针对北约在东欧建造新基地以巩固东部地区防御的消息，俄罗斯称，北约加强在欧洲东部的军事存在，将有损于欧洲大西洋的稳定，俄罗斯将采取对应措施以保护自己的安全。双方围绕乌克兰问题你来我往，在军事层面动作频频，使双方关系的紧张程度不断攀升。与此同时，俄罗斯和北约也都不止一次地表示，不希望因乌克兰局势爆发军事冲突。在俄罗斯的强硬态度和北约内部成员意见分歧共同作用下，北约表现出相对谨慎的态度。关于乌克兰加入北约的问题，北约一方面表示不向任何人保证杜绝乌克兰加入北约的可能，另一方面称乌克兰不具备加入北约的条件。关于向乌克兰提供军事援助的问题，北约多次发表声明说，该组织不会向乌克兰供应武器和军事设备；而同时又表示，北约不会干涉一些成员国向乌克兰供应武器的决定。① 与此相应，以美国为首的部分北约国家则表现出向乌克兰提供军事援助的意向。美国在乌克兰危机的演进过程中扮演了重要角色。② 随着乌克兰危机的不断发展，俄美关系不仅整体呈现恶化倾向，甚至存在军事对抗的风险。

其二，乌克兰危机使俄罗斯感到自身军事安全形势更加严峻。这在

---

① 《乌克兰防长：北约国家开始向乌克兰供应武器》，http://rusnews.cn/guojiyaowen/guoji_anquan/20140914/44162227.html。

② 郑羽：《重启的消亡：普京重新执政后的俄美关系》，《俄罗斯东欧中亚研究》2014 年第 5 期。

乌克兰危机对集体安全条约组织及其成员国的影响

2014年12月26日发布的新版《俄罗斯联邦军事学说》中有所体现（详见表1）。2014年的《俄罗斯联邦军事学说》认为，不仅曾经潜在的一些安全危险已经成为现实，而且还增加了新的危险因素。

表1　2010年版和2014年版《俄罗斯联邦军事学说》关于外部军事危险的表述

2010年版①	2014年版②
北大西洋公约组织试图扩展军事能力及其全球功能扩散对国际法规范的破坏，北约成员国军事设施向俄罗斯边境推进，包括进一步向外扩张	北大西洋公约组织军事扩展及其全球功能扩散对国际法规范的破坏，北约成员国军事设施向俄罗斯边境推进，包括进一步向外扩张
扰乱个别国家和地区的局势及破坏战略稳定的企图	扰乱个别国家和地区局势的动荡，及全球和区域稳定的破坏
外国（国家集团）的军事力量在与俄罗斯联邦接壤的国家和俄罗斯盟国境内以及邻近地区的扩散	外国（国家集团）的军事力量在与俄罗斯联邦接壤的国家和俄罗斯盟国境内以及邻近地区的扩散，包括向俄罗斯联邦施加政治和军事压力
破坏全球稳定及核导弹力量平衡的国防战略反导系统的建设和部署，"全球打击"构想的实施，以及太空军事化，部署高精度战略非核武器系统	破坏全球稳定及核导弹力量平衡的国防战略反导系统建设和部署，"全球打击"构想的实施，在太空部署武器，以及部署高精度战略非核武器系统
对俄罗斯及其盟国的领土要求，干预其内政	对俄罗斯及其盟国的领土要求，干预其内政
大规模杀伤武器、导弹和导弹技术的扩散，拥核国家增加	大规模杀伤武器、导弹和导弹技术的扩散
个别国家违反国际协定，以及不遵守已签订的禁止、限制和削减武器领域的国际条约	个别国家违反国际协定，以及不遵守已签订的禁止、限制和削减武器领域的国际条约
在俄罗斯的邻国和盟国领土上动用武力，违反联合国宪章和其他国际法准则	在俄罗斯的邻国和盟国领土上动用武力，违反联合国宪章和其他国际法准则
在俄罗斯邻国和盟国领土上存在（出现）武装冲突的焦点和升级	在俄罗斯邻国和盟国领土上存在（出现）武装冲突的焦点和升级
国际恐怖主义的扩散	在国际反恐合作不足的条件下，全球极端主义（恐怖主义）威胁扩散及其新影响，使用放射性和有毒化学品的恐怖袭击事件的现实威胁，跨国有组织犯罪尤其是武器和毒品非法贩运的加剧
出现跨民族和跨宗教的紧张焦点，国际武装激进团伙的活动，地区内临近俄罗斯及其盟国边境的外国私人武装团伙，以及存在的领土争端，世界局部地区分裂主义和极端主义的增长	存在（出现）跨民族和跨宗教的紧张焦点，国际武装激进团伙的活动，地区内临近俄罗斯及其盟国边境的外国私人武装团伙，以及存在的领土争端，世界局部地区分裂主义和极端主义的增长
	利用信息和通信技术实现军事政治目的，违反国际法，破坏国家主权、政治独立、领土完整和威胁国际和平、全球安全和地区稳定的行为

续表

2010 年版①	2014 年版②
	在俄罗斯的邻国建立威胁俄罗斯利益的制度,包括通过推翻国家政权合法机关的手段
	国外特务机构和组织及其联盟针对俄罗斯联邦的颠覆活动

① Военная доктрина Российской Федерации, 5 февраля 2010 года. http：//www.mid.ru/bdomp/ns-osndoc.nsf/e2f289bea62097f9c325787a0034c255/2a959a74cd7ed01f432569fb004872a3！OpenDocument．

② Военная доктрина Российской Федерации．http：//news.kremlin.ru/media/events/files/41d527556bec8deb3530.pdf．

其三,乌克兰危机给俄罗斯的军事发展计划造成麻烦。安全形势的变化促使俄罗斯更加注重军事发展及装备的更新和现代化。2014 年 7 月 22 日,普京在俄联邦安全委员会会议上表示,由于北约在边境加强兵力部署,俄罗斯必须完全如期落实提高国防能力的措施,而且要在克里米亚和塞瓦斯托波尔重新建造军事基础设施。① 2014 年俄罗斯的征兵规模与之前两年相比,又有扩大：2014 年 10～12 月间征召 154100 人入伍。② 2012 年和 2013 年征召入伍的人数分别是 140140 人和 150030 人。③ 虽然增幅不大,但在当前的形势下,也在一定程度上反映出俄罗斯在军事建设方面的态度。而乌克兰危机导致西方对俄罗斯的经济制裁,这对本就处于下行趋势的俄罗斯经济来说无疑是雪上加霜。俄罗斯曾有人估计,由于经济状况艰难,正在执行的 2020 年前国家武装计划中的一系列国防采购项目可能推迟实施。但俄罗斯并没有

① 《普京：因北约加强边境兵力俄应如期提高国防能力》, http：//rusnews.cn/eguoxinwen/eluosi_anquan/20140722/44123572.html．

② Президент подписал Указ 《О призыве в октябре – декабре 2014 г. граждан Российской Федерации на военную службу и об увольнении с военной службы граждан, проходящих военную службу по призыву》, http：//www.kremlin.ru/acts/46703．

③ Президент подписал Указ 《О призыве в октябре – декабре 2012 г. граждан Российской Федерации на военную службу и об увольнении с военной службы граждан, проходящих военную службу по призыву》, http：//www.kremlin.ru/acts/16553；Владимир Путин подписал Указ 《О призыве в октябре – декабре 2013 г. граждан Российской Федерации на военную службу и об увольнении с военной службы граждан, проходящих военную службу по призыву》, http：//www.kremlin.ru/news/19291．

就此削减对军事建设方面的投入。为保障军事计划的实施,2014年12月制定的俄国防部2015年预算将增加至500亿美元。① 进入2015年3月,俄罗斯优化预算,仍坚持不会影响国防采购与武器计划项目。② 乌克兰危机给俄罗斯军队现代化和武器装备升级带来的麻烦,还在于技术装备更新升级的渠道受限。2011年,俄罗斯向法国采购两艘西北风级航母,按计划第一艘应于2014年9月交付,后延迟至11月14日,最后到2015年3月,也未完成第一艘的交货。法方一方面声称将履行与俄罗斯的合同,另一方面将交付军舰与解决乌克兰危机的进程联系起来。③ 除此之外,俄罗斯需要从西方进口电子元件,还需要从乌克兰进口零件用于对20世纪80年代研发的产品进行维修和养护,俄罗斯迫于形势,正在努力寻求替代方案。④ 如果俄罗斯的军费投入通过优化预算还可以维持,那么技术装备升级渠道受阻的问题则一时难以解决。

三 乌克兰危机对集安组织其他成员国的影响

乌克兰危机对集安组织其他成员国的影响,虽不像对俄罗斯的影响那样直接,却也广泛而深刻。从安全角度看,乌克兰危机对集安组织其他成员国造成的影响包括以下三个方面。

第一,乌克兰危机导致的安全环境恶化造成了严重的安全恐慌。乌克兰危机不仅使乌克兰本国的政局动荡不安,东部地区武装冲突不断,还使整个周边地区安全形势在俄罗斯和美国及北约的较量下变得十分紧张。俄罗斯面

---

① 《普京:俄国防部明年预算为500亿美元》,http://sputniknews.cn/russia/20141218/44221619.html。
② 《普京:优化预算将不会影响国防采购与武器计划项目》,http://sputniknews.cn/russia/20150306/1014028065.html。
③ 《第二艘"西北风"将于3月进行海试》,http://sputniknews.cn/military/20150303/1013993218.html。
④ 《俄国防部:俄军军备和武器中有近200个型号依赖乌克兰零件》,http://sputniknews.cn/russia/20150114/1013517231.html。

俄罗斯黄皮书

临严重的安全压力,作为俄罗斯盟友的集安组织其他成员国也不安宁。吉尔吉斯斯坦总统阿坦巴耶夫的态度比较典型,他在 2014 年 5 月 8 日观摩俄罗斯武装力量演习后,称赞俄罗斯在演习中不首先实施核打击而只是进行回击,并希望任何拥有核武器的一方不要挑起战争,因为第三次世界大战之后将没有胜利者。① 白俄罗斯也对集安组织周边复杂的军事政治环境表示担忧,并提出利用一切组织机制保障国家安全。②

第二,乌克兰危机背景下的大国地缘政治争夺带来安全忧虑。一方面,西方为实现地缘政治目的在一个主权国家鼓动动乱,让集安组织成员国深感担忧。西方在独联体地区惯用"颜色革命"干涉别国内政已经不是秘密,集安组织成员国对之已经十分重视。但在此次乌克兰危机中,西方为实现地缘政治目的,不惜在一个主权国家支持动乱,还是让集安组织成员国深感担忧。另一方面,俄罗斯在乌克兰问题上的表现,尤其是对克里米亚的处理方式,很容易引起邻国的不安,特别是哈萨克斯坦。因为哈萨克斯坦与俄罗斯不仅有着 7500 公里长的边界线,而且哈北部各州的居民近 70% 是俄罗斯族,一直存在较强的分离主义倾向,所以哈萨克斯坦很担心遭遇与乌克兰类似的情况。在乌克兰危机背景下,哈萨克斯坦面对俄罗斯时的紧张、敏感和不安,通过对普京一句话的反应便可见一斑。2014 年 8 月 29 日普京在"谢利格尔青年论坛"发言时指出,纳扎尔巴耶夫做了一件独一无二的事——在从来不曾有过国家的土地上建立起了一个国家。这句带有对纳扎尔巴耶夫称赞之意的话,被认为是普京在"质疑"哈萨克斯坦的独立性。③ 其他几国虽没有哈萨克斯坦的反应强烈,但它们对本国的独立主权和国家安全同样极

---

① 8 мая 2014 года Кремле состоялась встреча Владимира Путина с Президентом Белоруссии Александром Лукашенко, Президентом Армении Сержем Саргсяном, Президентом Таджикистана Эмомали Рахмоном и Президентом Киргизии Алмазбеком Атамбаевым. http://www.odkb-csto.org/news/detail.php? ELEMENT_ID = 3419&SECTION_ID = 92.

② Государственный Совет Безопасности Белоруссии обеспокоен непростой военно-политической обстановкой вблизи зоны ОДКБ. http://www.odkb-csto.org/news/detail.php? ELEMENT_ID = 4078&SECTION_ID = 91.

③ 《普京:哈萨克斯坦总统在不曾有过国家的土地上建国》,http://news.ifeng.com/a/20140901/41807415_0.shtml.

度重视。

第三，乌克兰危机一定程度上冲淡了国际社会对其他热点问题的关注，却无法从事实上改变其他地区的安全局势。乌克兰危机成为国际热点的同时，叙利亚问题、伊拉克问题、阿富汗问题等热点问题并未降温。其中，阿富汗问题对集安组织成员国造成的影响最直接。2014年，国际安全援助部队撤离阿富汗，对该国局势产生不利影响，阿富汗境内的恐怖主义和毒品威胁上升并有外溢趋势，与阿富汗相邻的塔吉克斯坦首当其冲。针对这种情况，早在2013年9月23日，集安组织峰会就决定向塔吉克斯坦国家安全委员会边防军提供无偿的军事援助。① 按照集安组织的决定，在索契会议后的三个月里实施军事援助计划的第一阶段，但直到2014年5月，该项决定也没有得到落实。② 如果塔阿边境得不到有效防卫，来自阿富汗的威胁就会向集安组织地区进一步扩散。

总体来说，乌克兰危机对集安组织其他成员国造成负面的影响，不仅带来安全心理上的担忧和恐惧，而且造成现实安全压力的增加。成员国的安全压力必然对集安组织本身产生直接影响。在乌克兰危机背景下，无论是俄罗斯还是其他成员国，都希望从集安组织获得安全保障。

四 结语

乌克兰危机对集安组织成员国造成的影响，不仅作用于集安组织成员国自身，同时也形成了对集安组织的考验。

一方面，乌克兰危机对集安组织成员国的影响考验集安组织的运行能力。俄罗斯在集安组织中占据着主导地位，在集安组织的建设和发展过程中

---

① Совет коллективной безопасности ОДКБ принял решение оказать военно-техническую помощь. http://www.odkb-csto.org/news/detail.php?ELEMENT_ID=2701&SECTION_ID=.
② 8 мая 2014 года Кремле состоялась встреча Владимира Путина с Президентом Белоруссии Александром Лукашенко, Президентом Армении Сержем Саргсяном, Президентом Таджикистана Эмомали Рахмоном и Президентом Киргизии Алмазбеком Атамбаевым. http://www.odkb-csto.org/news/detail.php?ELEMENT_ID=3419&SECTION_ID=92.

发挥着关键甚至决定性作用。随着乌克兰危机的持续发展,俄罗斯面临着重大压力和困难,其他成员国都受到不同程度的影响和冲击,集安组织正常运行必然受到考验。事实上,2014年里,集安组织各部门和机构运行基本正常,集安组织框架内的"边界-2014""牢不可破的兄弟-2014""协作-2014",以及"通道""非法"等多场演习和联合行动也照例举行。① 集安组织在错综复杂的形势下能做到这些,得益于近年来其多边机制发展所取得的成果。

另一方面,乌克兰危机对集安组织成员国的影响考验集安组织的凝聚力。集安组织的凝聚力来源于各成员国对集安组织的诉求和依赖。集安组织各成员国的利益诉求并不完全一致:俄罗斯希望集安组织能够成为俄在该地区保持主导地位和影响力的工具;其他成员国则希望借助集安组织来抵御内外威胁和不稳定因素的过度冲击,以维护国家的独立自主和政治稳定。这些并不一致的诉求和依赖在集安组织框架内达成一种平衡,作为核心推动力贯穿于集安组织的整个发展历程。在乌克兰危机背景下,其他成员国对集安组织的需求和依赖没有变化,而急需集安组织支持的俄罗斯,对集安组织的依赖程度陡增。在此情况下,其他成员国的担忧只能是有增无减,除了担心本国的独立和主权受到侵蚀,还担忧被卷入乌克兰危机。集安组织框架内成员国诉求和依赖的平衡受到挑战,这也意味着集安组织的凝聚力受到考验。

综上所述,乌克兰危机还没有出现明显的转折,俄罗斯和西方之间围绕乌克兰问题的较量仍在继续。作为由俄罗斯主导、成员国诉求和依赖不对等的集安组织,无法回避乌克兰危机带来的影响和考验。虽然乌克兰危机并未对集安组织运行形成明显障碍,但如何处理这一问题仍然是摆在集安组织及其成员国面前的一道难题。乌克兰危机在影响集安组织及其成员国的同时,也对集安组织的危机应对能力形成挑战,更会对集安组织未来发展及其成员国的安全处境造成影响。

---

① Об итогах председательства России в Организации Договора о коллективной безопасности. http://www.odkb-csto.org/news/detail.php?ELEMENT_ID=4308&SECTION_ID=91.

Y.20
战外之战：乌克兰危机中的国际传播博弈

许 华*

摘　要： 在全球竞争中，胜利既需要雄厚的经济实力作为基础，也需要强大的舆论力量作为保证。增强国际传播力，争夺话语权，不仅仅是危机处理时的权宜之计，也是从战略层面提升国家软实力的一种方式。在围绕乌克兰危机进行的宣传战中，俄罗斯的国际传播能力较前有所提升，其传播技术、传播工具得到极大改善，一定程度上影响了乌克兰危机的媒体议程设定。但其宣传仍只是一种防御性而非进攻性的手段，且其效果停留在解释政策和丑化对手的层次上，只能算是一种阶段性的、战术上的成功。西方民众对乌克兰危机的判断和责任归因，虽然在俄罗斯前期的宣传攻势中偏向俄方，但随着宣传战的持续发展，尤其是 MH17 航班事件后，俄罗斯在国际舆论领域明显不敌西方。由此可见，真正有效的国际传播不仅仅是一时的舆论攻势，也是国家软实力和硬实力综合运用能力的体现。

关键词： 俄罗斯　乌克兰危机　舆论战

2014 年，乌克兰危机备受瞩目。在这场以地缘政治为背景的对抗中，伴随着俄罗斯与西方矛盾的不断深化，经济、金融、军事、宣传领域发生的

---

* 许华，中国社会科学院俄罗斯东欧中亚研究所副研究员。

各种冲突和较量日趋激烈。在广受关注的经济战和金融战中，俄罗斯的短板暴露无遗，但在另一个隐蔽、无形而且贯穿于各种对抗之中的舆论战场上，俄罗斯的表现可圈可点。多年来，俄罗斯在与西方的宣传较量中一直处于下风，而在此次乌克兰危机中，俄罗斯终于打了一场防守反击战。

危机期间，尽管俄罗斯没有在宣传战中抢得先机，但后期亮点频出，传统媒体、新媒体交互作用；公开媒体宣传、秘密情报手段结合使用，成功发动了一场立体的宣传对抗战。西方媒体虽然优势仍在，但已经不再具有压倒性的影响力，尤其在"克里米亚入俄"问题上，俄罗斯媒体打破了美国CNN、英国BBC等媒体对全球新闻议程的垄断，带有RT（今日俄罗斯电视台）标志的视频被世界各国媒体大量转载，很大程度上消解了西方国家关于乌克兰危机的话语优势，为俄罗斯争取到不少国际受众的理解和认同，取得了令西方政要和媒体同行不能小觑的成绩。

一 国际软实力较量中的"话语权"之争

一个国家要想在激烈的国际竞争中胜出，必须在发展经济、科技和军事力量的同时，从战略层面增强本国的软实力，以对抗信息时代的"软打击"和"软轰炸"。利用现代信息传播技术进行舆论渗透和思想渗透，向对手发动舆论战、宣传战和信息战，为政治斗争创造条件，已成为当前国际较量的"新常态"。因此，一国的国际传播（International Communication）能力就成为新形势下一种重要的软实力来源。在信息全球化的背景中，国际传播的目的不仅仅是传递信息，更重要的是在国际社会上争取支持、认同和创造合作，以维护国家利益。一个国家的影响力既取决于其文化和政治价值观所具有的吸引力，也取决于传播手段和传播能力。李普曼关于"现代政治最重要的问题是如何控制公众舆论"的论断在当下仍然具有现实意义；新闻能影响舆论，舆论能引导民众，强大的国际传播能力可以增强一国的政治和社会影响力。

国际传播能力来自何处？有学者认为，国际传播是"特定的国家或社会集团通过大众传播媒介面向其他国家或地区受众所进行的跨国传播或全球范围传播"①，或者也可理解为"通过大众传播媒体并以民族国家和国际组织为主体的跨越民族国家界限的国际信息传播及过程。这里的国际信息包括新闻性信息和非新闻性信息，但以新闻性信息为主"②。更有学者强调"国际传播奉行国家主权至上原则，把跨国界的信息传播行为更多地当作穿越政治意识形态的传播行为，因而带有强烈的政治色彩"③。本文赞同"国际传播最主要的工具是大众传媒"的观点，认为国际传播是一种以国家或国际性组织为主体，具有权威性、主动性、高度政治性等特征，以及浓厚的意识形态色彩的信息交流方式。当然，广义的国际传播还包含以教育进修、观光旅游、会展等形式进行的跨国界、跨民族、跨文化的信息交流与分享活动，但本文的讨论重点不在于此，而是侧重于政府主导下的、发生在大众传播领域的国际传播能力。④

国与国之间的软实力竞争，经常表现为国际传播能力的较量，尤其是当各种危机和冲突发生的时候，能否把本国的政治议程转化为国际社会的议程，在国际上形成对本国有利的舆论态势，直接影响到国家利益的实现。

当前，俄罗斯的国际传播战略面临着多重挑战：如何突破西方的信息垄断、拓宽传播渠道、打造国际一流媒体，如何在维护国家利益的同时提高本国媒体在国际传播中的吸引力、可信度，不仅关系到俄罗斯能否改善国家形象和增强软实力，也影响到国际舆论生态和国际信息新秩序的构建。本文拟以乌克兰危机为切入点，梳理俄罗斯国际传播的发展脉络，解析俄应对西方

---

① 刘继南、周积华、段鹏等：《国际传播与国家形象——国际关系的新视角》，北京广播学院出版社，2002，第 2 页。
② 郭可：《国际传播学导论》，复旦大学出版社，2004，第 6 页。
③ 李智：《全球传播学引论》，新华出版社，2010，第 5 页。
④ 这种政府主导的国际传播，在中国有个颇具特色的名称——"对外宣传"。中国最重要的对外宣传机构"中共中央对外宣传办公室"既是中共中央直属机构，也是国务院下属的"国务院新闻办公室"，同一机构，两块招牌，充分体现了中国的国际传播以"国家"为传播主体的特性和意识形态色彩。

俄罗斯黄皮书

舆论攻势的传播策略，评估国际传播对俄软实力的影响，并探讨国际传播在国际政治博弈中的性质、作用，以及传播领域新动向的国际影响等问题。

二 跌宕起伏的俄罗斯国际传播发展历程

俄罗斯曾经在世界传媒发展史上占有重要一席。苏联在第二次世界大战中具有丰富的宣传战经验，与敌方斗智伐谋、攻心夺志，既激发了本国人民的抵抗意志和必胜信心，也瓦解了纳粹德国的军心士气。冷战期间，面对西方国家的宣传，苏联凭借塔斯社和莫斯科广播电台等传播工具，始终保持着强大的对外宣传实力，并在这场较量中取得了阶段性的胜利，树立了一个能与美国分庭抗礼的超级大国形象。①

苏联解体后，寡头控制下的俄传媒格局混乱无序，外国资本加紧向俄传媒业渗透，电台、电视台、报纸和杂志均积极与西方媒体联合运作。此时的俄罗斯已经完全失却了当年宣传大国的雄风，不仅丧失了在国际上的影响力，甚至在独联体国家的影响也日渐衰落。

在俄罗斯传媒业衰落的同时，西方新闻媒体发生了深刻变革，大型跨国传媒公司迅速发展，基本上主宰了全球国际新闻的报道。进入21世纪，尽管俄罗斯国力有所恢复，但在国际传播格局中的发言权却没有相应增加。在"西强东弱""美欧统治"的国际传播格局中，世界范围内70%的国际新闻依然由发达国家的国际一流媒体提供，俄罗斯没有一家媒体能对全世界舆论起作用，俄罗斯在国际话语权的争夺中处于不利地位。②

冷战虽然结束，但以美国为首的西方国家并未放弃冷战思维，西方媒体仍一直以先入为主的偏见观察俄罗斯。西方媒体有关俄罗斯的报道，无论标题、关键词、图片和议程设置基本都以负面为主，对其国际形象产生了严重的消极影响；有些问题甚至被大加炒作，成为国外势力对俄罗斯事务进行干

---

① 当时的莫斯科广播电台的实力位居世界第一，塔斯社也跻身世界主要通讯社之列。
② 李舒东等：《国际一流媒体研究》，世界知识出版社，2013，第111页。

预的借口。在第一次车臣战争、"库尔斯克"号沉没、莫斯科地铁爆炸等事件中,俄罗斯由于政治、资源、技术等原因,不但不能对西方的"妖魔化"宣传给予有效回击,而且也无力掌控国内的宣传导向,导致社会思想分裂,国家凝聚力弱化。尤其是2003~2005年,在部分独联体国家发生"颜色革命"的过程中,俄与西方宣传力量对比悬殊,既缺乏有效的传播策略,也缺乏传播技巧。西方媒体始终处于攻势,而俄罗斯的话语权严重不足,只能任由西方和反对派挟舆论之力在这些国家实现政权更迭。之后,俄罗斯不仅势力范围遭遇重创,其自身也面临着"白桦革命"的风险。①

在此背景下,俄罗斯对媒体建设工作日益重视。普京上台后,一方面以铁腕作风遏制金融寡头对媒体的影响,修订《新闻法》,整合传媒机构,逐步恢复国家对传媒的控制和管理;另一方面,加强对外传播,启动俄媒体的全球化进程,加强控制境外媒体在俄活动,向西方展开宣传反攻。2005年3月,俄罗斯外宣的主力军"Russian Today"(今日俄罗斯)英语频道开播,其主要任务是加强克里姆林宫内外政策的对外宣传,使俄罗斯能够在国外,特别是在西方树立一个良好形象。在建立自己的国际频道的同时,俄罗斯政府也努力对国外媒体施加影响,试图通过与国外媒体的交流和合作,有意识地影响国际知名媒体的报道倾向和报道重点。

但是,加强国际传播不是一朝一夕之功,俄罗斯的努力并未立竿见影,在2008年的俄格战争舆论战中,俄罗斯依然遭受了失败。格鲁吉亚不仅首先出兵,在宣传战中也抢先行动,宣传俄罗斯是"侵略者"。由于俄罗斯的宣传机器未能像战争机器一样迅速反应,在事件爆发的初期处于失声状况,错失了在宣传战场为自己辩护的黄金时机,只能坐视格鲁吉亚在西方媒体的协助下获得舆论控制权,以"视听现实"取代"真实现实"。直至今日,在网络上仍然可以搜索到大量关于"俄罗斯侵略格鲁吉亚"的信息。时任俄

---

① 许华:《"颜色革命"背景下的媒体之争与俄罗斯形象问题》,《俄罗斯东欧中亚研究》2005年第6期。

俄罗斯黄皮书

罗斯驻北约代表罗戈津在总结教训时认为，俄罗斯军事胜利、宣传失利的重要原因就是缺少一个在关键时候能为俄罗斯发声的强有力"喉舌"。① 此后，俄政府增加投资，加速媒体国际化的进程，着力打造一批针对国际受众的现代化媒体。在 2013～2014 年的乌克兰危机中，这些媒体机器开始显示出能够与西方宣传相抗衡的力量。

三 对抗与渗透：俄罗斯的舆论攻防战

乌克兰危机前期，局势的发展几乎是"颜色革命"的翻版，面对西方的舆论攻势，俄罗斯为了维持冬奥会的友好氛围，表现得比较克制，基本上处于守势。但是，2 月底，随着索契冬奥会的结束，尤其是乌克兰街头政治势力抢夺大权，表现出与俄罗斯彻底"决裂"的架势之后，俄罗斯舆论出现大的转向。而克里米亚归属问题的出现，更导致俄罗斯与西方进行了一场自冷战结束以来最为激烈的宣传战。

（一）争夺传播渠道

1. 积极发挥电视的传统影响力

俄罗斯在后苏联空间拥有天然的语言、文化和地缘优势，技术上又能保证极高的电视信号覆盖率，所以俄罗斯电视台的俄语节目在这一地区颇具影响力。冬奥会结束后，俄罗斯一面进行军事准备，一面展开舆论攻势，通过宣传，尤其是电视宣传为武装干预克里米亚打掩护，争取俄罗斯和独联体地区民众对俄政府的支持。俄罗斯电视台围绕"俄裔受到威胁""乌克兰存在人道主义危机""乌克兰临时政府不合法""俄方行动符合国际法""基辅被法西斯分子控制""克里米亚入俄的好处"等内容进行了声势浩大的宣传。新闻报道中，来自乌克兰东部城市顿涅茨克和哈尔科夫的人群高呼

---

① Александр Габуев，Павел Тарасенко，Пиарова победа，Коммерсантъ，9 апреля 2012. http：//www.kommersant.ru/doc/1907006？isSearch = True.

"俄罗斯、俄罗斯"口号,挥舞俄罗斯国旗的画面给电视观众留下了深刻印象。① 对此,乌克兰当局不得不紧急下令停止转播俄罗斯台、第一频道和独立电视台的节目。②

俄语节目对独联体地区的影响只是俄罗斯国际传播实力的部分体现,在这次乌克兰危机中,RT③电视台的英语节目发挥了更重要的媒体武器作用。如果说1998年的伊拉克战争让半岛电视台异军突起,那么,2013年的乌克兰危机则成为RT在国际上大显身手的最佳舞台。凭借在北美和欧洲地区极高的收视率,RT拥有足够的能力在全球范围内传播有利于俄罗斯的信息。与5年前的俄格战争相比较,俄罗斯这次终于拥有了能够为本国发声的国际媒体。

俄乌争夺克里米亚期间,RT推出了一系列关于克里米亚的节目:"你需要了解的关于克里米亚的事实""克里米亚不会与'非法'的基辅政府共事""'克里米亚在枪口下公投'的说法是臆想""克里米亚公投符合国际

---

① Москва готова выступить посредником между оппозицией и правительством Украины 2014.1.21. http://www.ntv.ru/video/721282. На Украине революционеры бьют и унижают бойцов 《Беркута》 2014.2.25. http://www.ntv.ru/video/733783. Янукович назвал события на Украине государственным переворотом 2014.2.22. Глава парламента: Крым может отделиться от Украины 2014.2.20. http://www.ntv.ru/video/731730. Владимир Жириновский: большая часть Украины - это русские люди 2014.3.31. http://www.vesti.ru/videos? vid = 588601. Политика двойных стандартов привела к всплеску неофашизма в Европе 2014.3.30. http://www.vesti.ru/videos? vid = 588357. Запад не смог 《приручить》 украинскую оппозицию печеньем и перчатками 2014.2.23. http://russian.rt.com/article/22829 # ixzz363k9FDXg. Дмитрий Медведев: Легитимность ряда органов власти на Украине вызывает большие сомнения 2014.2.24. http://russian.rt.com/article/22970#ixzz363igY1g4. 《Правый сектор》 запугивает мирных жителей 2014.2.28. http://russian.rt.com/articl/23309. Эксперт: Очевидно, что большинство жителей Крыма хотят быть частью РФ 2014.3.24. http://russian.rt.com/article/25201 # ixzz362qikhcX. Эксперт: СМИ замалчивают информацию о подъёме фашизма на Украине 2014.3.24, http://russian.rt.com/article/25244#ixzz362q6HXUn.

② Сколько Кремль тратит на PR в западных СМИ? Finance.ua, 3 марта, 2014, http://news.finance.ua/ru/~/1/0/all/2014/03/04/320495.

③ 2009年,Russian Today(今日俄罗斯)电视台更名为RT,以淡化俄罗斯官方色彩,突出国际定位。

准则""任何具有正义感的人都应该接受克里米亚人的选择""西方应该接受克里米亚现在是俄罗斯的一部分的事实",等等。节目的内容以一个与大多数西方媒体不同的视角来解读克里米亚问题,宣扬克里米亚并入俄罗斯的历史根据、合法性以及给当地民众带来的种种益处,呼吁西方国家对此予以理解和承认。RT 对乌克兰极端分子的行为的曝光和对克里米亚历史文化根源的报道一直是西方媒体回避的内容,一经播出,立刻吸引了观众,有力地维护了俄罗斯政府的立场。

2. 借力新媒体,实现非传统形式的全球传播

随着信息技术的不断升级,传播渠道、方式和向度都发生了重大变革,人们获取资讯的方式不再局限于电视、广播、纸媒等传统媒体,而是分流到受众深度参与、共享体验的互联网。信息传播渠道的变革为俄罗斯媒体提供了超越传统权威媒体的良机。正是在新技术条件下,RT 得以绕开传统的信号"落地"谈判,实现了不受卫星信号覆盖范围限制的新型全球传播。2013 年,RT 超越美国最大的新闻电视网福克斯、半岛电视台、英国天空卫视,一跃成为 YouTube 上第一个拥有 10 亿点击率的新闻频道。同时,RT 成功实现了从"电视节目制作者"到"视频内容提供商"的转型。包括美国广播公司(ABC)和福克斯电视网在内的来自 155 个国家的两千多家媒体成为 RT 免费视频网站的客户,转载其视频内容。克里米亚入俄事件中,俄罗斯之所以能在欧美民众中获得较高的支持率,网络传播功不可没。

(二)传播内容为王

宣传战中,各种信息铺天盖地,用常规方式进行的报道和节目制作已经不足以赢得关注,往往需要利用一些具有冲突性、视觉冲击力,甚至大众娱乐性质的内容才能实现信息的快速传播。在俄罗斯与西方的传播力量还不对等的情况下,俄媒体利用普京独具特色的犀利言辞、欧美政要被窃听的电话录音、克里米亚检察官的"致命的美貌和智慧"等非常规性质的信息,避实就虚,出奇制胜,在吸引全球观众的同时给对手施加心理压力,在一定程度上消减了西方针对克里米亚入俄问题的宣传攻势。

1. 以领袖形象吸引媒体关注

俄罗斯总统普京的执政风格和领袖形象一直是俄罗斯国家形象中引人注目的焦点，他不仅受到俄罗斯民众的拥戴，也是国际传媒追逐的焦点。在对外传播中，普京常常利用其"超凡魅力"，结合现代媒体工具与传播手段，来放大俄罗斯的政治传播和影响力。在乌克兰危机中，普京几次就克里米亚问题的表态都引起了国际上的强烈关注，有利于俄罗斯政府宣传其态度和立场。

2014年3月4日，普京首次就乌克兰局势发表公开谈话，嘲笑西方的双重标准，回击欧美的制裁威胁。① 3月18日，普京在克里姆林宫向议会上下两院发表演讲，就克里米亚问题阐述俄方立场。普京的演讲言辞诚恳，充满理性又不失强势，现场听众数次起立鼓掌，表现出强烈的民族自信心和社会凝聚力。② 最具戏剧性的是2015年4月，普京在全球视野中消失10天，引发各种媒体的报道热潮，有效消减了国际舆论对俄罗斯反对派涅姆佐夫被暗杀、克里米亚入俄合法性等问题的关注。随后普京的强势出镜被各国传媒集中报道，成功传达出俄罗斯在军事上欲与西方对抗和经济上谋求深化欧亚经济联盟的决心。

2. 利用特殊情报信息反击对手、引发舆论震动

2014年2月，一段记录美国助理国务卿维多利亚·纽兰和美国驻乌克兰大使派亚特的谈话录音在互联网上引发广泛关注。录音的标题是《广场木偶》，暗讽在基辅各大广场牵头示威的乌克兰反对派领导人像被美国操纵的木偶。录音中，纽兰对欧盟出言不逊，甚至爆出粗口。从2月6日到2月10日，短短5天，在YouTube上纽兰大爆粗口的视频已经出现了10多个版本，累计点击观看次数超过50万。这样大范围的传播，让美国和欧盟颇为尴尬。

---

① Владимир Путин ответил на вопросы журналистов о ситуации на Украине, 4 марта 2014 г. http://www.kremlin.ru/news/20366.
② Обращение Президента Российской Федерации, 18 марта 2014 г., http://www.kremlin.ru/video/1733.

类似的报道此后在继续。爱沙尼亚外长凯特告诉欧盟外交事务高级代表阿什顿:"现在有一种越来越强的理解是,狙击手背后不是亚努科维奇,而是新联盟政府中的某个人。"德国高级外交官黑尔加·施密特抱怨"美国对欧洲外交政策的指责不公平",以及季莫申科建议将乌克兰的800万俄罗斯人"直接用核武器弄死算了"的电话录音都掀起了轩然大波。①

上述内容已经不是普通意义上的信息,因为只有通过专业的监听、收集、窃取和分析等手段才能获得,媒体缺乏足够能力去掌握这些材料,显然这是一种由某些政府部门特意泄露出来的情报。取得情报优势,是军事斗争胜利的重要保证,它通过获取敌人的情报,掌握敌人的作战能力、意图和行动;在宣传战中,情报同样重要。有目的地收集甚至是窃取对方的有关信息,在关键时候通过媒体渠道曝光,使得丑化对手的信息最大限度扩散,陷对手于被动状态,这种手法在信息社会具有极大的杀伤力。美国在"颜色革命"中经常使用此类手法,例如通过突然公布某些政要的财产和敏感隐私的信息,鼓动民众的反对情绪,支持采取暴力行动,最终达到推翻现政权的目的。乌克兰危机中,俄罗斯也显示了出色的情报工作能力和对信息的综合使用能力。上述电话录音在关键时刻经由大众传媒曝光,既挑拨了美国与盟友的关系,抹黑对手,又为俄罗斯的行为进行了辩解。英国驻北约代表亚当·汤姆森表示,俄罗斯对克里米亚半岛的吞并以及随后在乌克兰东部的一系列活动,都伴随着有组织的互联网宣传活动,这令北约深受震动。"俄罗斯的信息网络活动已经成为与其军事、政治及经济活动密切配合的精密宣传机器。"②

3. 用娱乐性信息转移媒体焦点

在信息社会,媒体不能屏蔽掉事件,但可以通过议程设置决定受众的关

---

① Roman Olearchyk in Kiev, Jan Cienski in Kharkiv, and Neil Buckley, Russia wages propaganda war over Ukraine, Financial Times, March 3, 2014, http://www.ft.com/intl/cms/s/0/0b88656a-a2fb-11e3-9685-00144feab7de.html#axzz30pPNjy9S.

② Sam Jones, Nato leaders plot cyber fightback, Financial Timens, July 13, 2014. http://www.ft.com/intl/cms/s/0/0208cd24-0aa0-11e4-be06-00144feabdc0.html#axzz37RgFfYTj.

注点,甚至通过迎合受众的某些趣味来吸引和争取受众。克里米亚危机中,俄罗斯一直是西方媒体大力抨击的目标,但3月11日之后,全球媒体却出现了戏剧性的转向。克里米亚总检察长纳塔莉娅·波克洛恩斯卡娅凭借其"致命的美貌和智慧"被全球网民热捧,成为克里米亚的标志性人物。这位美女检察长对媒体,尤其是网民的吸引力超过了各国政要。她对2014年2月上台的乌克兰政府的尖锐批评,对克里米亚回归俄罗斯的强烈认同,以及她在俄罗斯胜利日阅兵前夕,身着新式俄罗斯制服,宣誓效忠俄罗斯宪法的形象轻松登上各路媒体的头条,成为俄罗斯宣传战中的亮点。

俄罗斯出资组建"网络水军"并非新闻。在借助网络攻击反对派和美国、宣扬俄政府立场等事件中,"网络水军"显示出强大的策划能力。例如,俄罗斯曾侵入乌克兰"右区"领导人雅罗什的社交网络账号,揭发其与车臣恐怖分子头目乌马罗夫进行联络的情况。在对纳塔莉娅形象的宣传中,网络推手的力量也显而易见。俄罗斯官方通过暗中引导网上舆论,吸引传媒跟风报道,把纳塔莉娅从一个地区检察官塑造为克里米亚的标志性人物,成功转移了媒体的关注焦点,为剑拔弩张的国际政局缓和了气氛,改善了克里米亚入俄公投给俄罗斯带来的强硬、蛮横的负面形象。西方媒体在报道纳塔莉娅的生平时,不可避免地会提到其家人与苏联和俄罗斯的紧密联系,以及打击具有纳粹色彩和暴力倾向的极端组织的工作成绩。这对于俄罗斯而言是一种成功,因为关于俄罗斯与克里米亚的紧密联系、原乌克兰反对派中存在极端右倾力量等内容一直被西方媒体有意忽略,纳塔莉娅的出现迫使西方媒体在一定程度上改变了叙述乌克兰事件的视角。

(三)舆论战中的潜伏与渗透

雇用美国的公关公司,利用美国的游戏规则进行游说和代理媒体关系,是许多国家改善形象的常用手法。外国政府利用美国的公关公司有"以其人之矛攻其人之盾"的意味,这是对美国的国际"信息垄断"行为的一种反击。虽然西方媒体集团仍然主宰着国际信息秩序,但这种反向流动的"逆袭"有时也会发挥出重要作用。俄罗斯与全球知名的美国凯旋公关公司

(Ketchum)的合作就是一例。

俄罗斯与凯旋公关公司的合作从2006年开始,起因是俄罗斯需要公关公司协助筹备圣彼得堡八国集团峰会。峰会结束后,双方的合作关系继续保持。凯旋公司根据局势变化,综合考虑各种因素,为俄罗斯制定各种宣传发展战略,帮助俄罗斯策划了多次令人瞩目的公关事件,如2007年普京入选《时代》周刊年度人物,2013年《纽约时报》刊登普京的题为《俄罗斯恳求谨慎》的公开信等。由于媒体关系是当今公共关系的重要内容,凯旋公司常常鼓励媒体记者撰写关于俄罗斯经济贸易情况、科技公司发展动向方面的报道,或是直接向媒体提供信息材料,希望通过媒体的发布,使这些信息影响美国的舆论和政治决策。同时,凯旋公司还通过其管理的名为"ThinkRussia"的英文网站和推特账号发布一些对俄罗斯有利的信息。①

俄格战争期间,凯旋公司为俄罗斯在美国国会进行了相关"院外"游说活动。在此次乌克兰危机中,凯旋公司虽然迫于舆论压力,声明其为克里姆林宫提供的顾问服务主要侧重于经济发展,而非外交政策,但是实际上仍然积极为俄罗斯出谋划策。凯旋公司将在俄罗斯的一些业务分包给其他美国公司,资料显示,这些公司在乌克兰危机期间组织商界人士、律师和学者在美国深具影响的CNBC电视台②、《赫芬顿邮报》等媒体上推出系列节目和专栏,为俄罗斯的行为辩解,缓和美国民众对俄罗斯的敌意。③《乌克兰和俄罗斯注定要在一起》《俄罗斯力劝西方避免"乌克兰灾难"》《不管是否愿意,俄美始终存在着能源依赖》《俄罗斯:我们将支持乌克兰局势恢复正常》《俄罗斯:制裁并不是解决方案》《尽管存在乌克兰危机,但美国很快

---

① Andy Sullivan, Russia's U. S. PR firm distances itself from Ukraine dispute, reuters, Washington, March 6. http://www.reuters.com/article/2014/03/06/ukraine-crisis-ketchum-idUSL1N0M22BB20140306.

② CNBC为美国NBC环球集团所持有的全球性财经有线电视卫星新闻台,CNBC和旗下各地分部的电视台报道各地财经头条新闻以及金融市场的即时动态。CNBC的观众被称为全球最富有、最具影响力的精英,他们大多是具有影响力的人士和企业界高层。

③ Сколько Кремль тратит на PR в западных СМИ? Finance.ua, 3 марта, 2014, http://news.finance.ua/ru/~/1/0/all/2014/03/04/320495.

就会需要俄罗斯》《俄罗斯在克里米亚不是 1938 年慕尼黑历史的重演》等文章频频出现在美国重要媒体上。① 面对俄罗斯的公关攻势，美国著名的公关专家罗恩·托罗西安不得不感慨："普京正在赢得媒体战，美国领导人很难抵制他。"②

国际媒体公关是"软实力"的重要内容，这在媒体的国际影响日益强大的时代显得更为重要。从美国媒体的反应来看，俄罗斯政府的公关可以说具有一定的效果，因为俄政府的声音多次成功地出现在美国媒体中，对美国政要和媒体的指责也得到了报道，起到了一定的"平衡"作用，避免出现俄罗斯的声音被西方媒体压倒，甚至被淹没的情况。由于反俄意识形态已经成为影响美国媒体选择和报道的重要因素，尤其是在俄罗斯与西方的关系存在结构性矛盾的情况下，俄罗斯根本不可能扭转在西方舆论中的不利影响，所以，俄罗斯的公关只要能够"中和"或者"灰色化"对己不利的舆论，就算达到了目的。

（四）俄罗斯在乌克兰危机中的传播效果

虽然西方主流媒体一直以"反俄"为基调，但社会调查显示，2014 年上半年（MH17 航班事件之前），欧美等国的民意并未紧跟媒体的导向，这与伊拉克战争、利比亚战争和叙利亚危机时大不相同。在德国，民意在俄罗斯问题上一度出现了与媒体报道背道而驰的现象，多数德国民众发出了同情和理解俄罗斯的声音。"德国之声"曾发出了这样的疑问："针对俄罗斯在

---

① Ukraine, Russia 'doomed to be together': Fin Min 2014.5.22. http://www.cnbc.com/id/101697425. Russia urges West to avert Ukraine 'catastrophe' 2014.5.29. http://www.cnbc.com/id/101714609. Like it or not: Russia-US energy interdependence 2014.5.4. http://www.cnbc.com/id/101465570. Russia: We will support Ukraine's return to normality 2014.2.23. http://www.cnbc.com/id/101437813. Russia: Sanctions Are Not a Solution! 2014.5.1 http://www.huffingtonpost.com/elena-ulansky/russia-sanction-are-not-a_b_5237036.htmlDespite the Crisis Over Ukraine, America Will Likely Need Russia Soon 2014.4.29. http://www.huffingtonpost.com/ivan-eland/despite-the-crisis-over-u_b_5226435.htmlRussia in Crimea not 'Munich 1938' yet again 2014.4.8 http://www.huffingtonpost.com/ivan-eland/russia-in-crimeanot-munic_b_5105086.html.

② Ronn Torossian: Putin's Obama Game, Frontpage Mag, April 23, 2014, http://www.frontpagemag.com/2014/ronn-torossian/putins-obama-game/.

乌克兰的行动，德国民众与政治人物和媒体宣传的看法为何不同？"①《柏林镜报》所做的在线民调显示，12000名读者中有80%的人认为德国政府对莫斯科的批评很"虚伪"，只有4%的人赞成"北约对此进行干预"和"把俄罗斯开除出 G8"。根据德国影响力最大的媒体集团"德国公共广播联盟（ARD）"的调查结果，82%的受访者反对与俄罗斯进行军事对抗，2/3 的人拒绝对俄罗斯进行经济制裁。②

类似的情况在英国也有发生。英国网络电视频道"市民电视"（Citizen. TV）于2014年4月在伦敦进行的调查显示，大部分受访者认为英国媒体的报道具有明显的倾向性，认为政客们口头宣扬自由和民主，实际上又和用非民主手段上台的乌克兰反对派进行对话的行为很虚伪；最令人意外的是，没有受访者指责"侵略了乌克兰"的普京，反而认为媒体对普京进行妖魔化报道有失公正，克里米亚人的要求值得理解，等等。③ 在法国进行的一份民调显示，只有30%的受访者赞同西方对俄乌冲突进行干涉，66.4%的受访者认为法国应该向俄罗斯交付西北风级航母。④

克里米亚入俄，有军事威慑的因素，更有俄罗斯在该地区长期进行"亲俄"宣传的功劳。以 RT 为代表的俄罗斯媒体初步打破了西方媒体对国际话语权的垄断，展现出令媒体同行和西方政要震动的实力。乌克兰媒体形容他们在俄罗斯的宣传攻势面前就像"一个水滴对抗俄罗斯在全球掀起的反乌宣传洪流"。⑤ 有评论认为，RT 电视台已经成为继能源出口和武器贸易之后，俄罗斯又一个强有力的外交工具。美国国务卿克里因此在国务院记者

---

① Почему немцы иначе оценивают действия России на Украине, чем политики и СМИ ФРГ（《DeutscheWelle》, Германия）. http: //inosmi. ru/.
② Anna Rombach, Popular Discontent Grows with German Media Lies in Ukraine Crisis, Global Research, April 4, 2014. http: //www. globalresearch. ca/.
③ Западные СМИ незаслуженно демонизируют РФ из-за Украины, РИА Новости, 16 апреля 2014. http: //ria. ru/.
④ William Jordan, Russia Sanctions: Public Support Weaker in France and Germany, April 1, 2014. https: //yougov. co. uk/.
⑤ Сколько Кремль тратит на PR в западных СМИ? Finance. ua, 3 марта, 2014. http: //news. finance. ua/.

招待会上特别批评RT，认为它扮演了俄罗斯政府传声筒的角色，是在"为将来的侵略制造借口"。① 其实，早在2011年RT就引起克里前任希拉里的重视，她认为这个"俄罗斯人的英语频道"对美国的国际传播工作确实具有"警示意义"。②

当然，发挥宣传作用的并非只有RT。乌克兰危机舆论战显示，俄罗斯政府主导的国家宣传体制联动运作，其对外宣传在争取国际支持、消解西方民众的敌意方面发挥了很大作用。《卫报》有文章评论，莫斯科一手推动的宣传活动不仅对西方媒体产生了影响，还按照俄罗斯的好恶重新定义了克里米亚入俄事件。③ 类似的观点也出现在《纽约时报》上，纽约大学研究全球事务的教授马克·加莱奥蒂认为："俄罗斯的宣传在克里米亚极其有效，西方被打乱了阵脚，而俄罗斯部队则赢得了足够的时间来巩固对该半岛的控制。"④

四 "新冷战"背景下的国际传播政治化

全球化背景下，大国之间的较量集中在综合实力的竞争，往往表现为以经济实力为基础，军事力量为后盾，政治外交为主战场，思想舆论为先锋。从2013年年底至2015年，围绕乌克兰危机上演了一场自冷战结束以来俄罗斯与西方大国的全面较量和对抗，至今仍在持续，影响之深还有待观察和总结。

在这场较量中，政治情势跌宕起伏，且与传播转换密切相关。自2013年年底乌克兰政局突变至今，对立阵营的国际传播较量经历了多个回合，相

---

① Керри назвал RussiaToday рупором российской пропаганды, 25 апреля 2014. http://lenta.ru/.
② Ishaan Tharoor, Clinton Applauds Al Jazeera, Rolls Eyes at U.S. Media, Time, March 03, 2011. http://world.time.com/.
③ Russian propaganda over Crimea and the Ukraine: how does it work? 17 March 2014. http://www.theguardian.com/.
④ David M. Herszenhorn, Russia Is Quick to Bend Truth About Ukraine. http://www.nytimes.com/; В России нет почвы для《цветной революции》— Матвиенко, Аргументы и факты, 21/03/2015. http://www.aif.ru/.

应的国际舆情演变可以分出如下几个节点：乌克兰政治动荡与索契冬奥会、广场暴动与政权更迭、克里米亚入俄、东部冲突与MH17航班失事、新明斯克协议签署等。前期俄罗斯与西方的博弈主要表现为借助媒体攻势，利用舆论来展开的外交和政治较量。俄罗斯通过冬奥会这一议程设置获得良好声誉，然后在克里米亚问题上积极出击，占据道义高地，迅速反败为胜，最终兵不血刃攫取克里米亚。2014年7月，MH17航班失事，俄罗斯被贴上"肇事者"标签，西方重获道义优势，国际舆情出现转折。借助舆情之变，美欧趁势扩大经济战和金融战，全面制裁和打压俄罗斯。此后，双方的传播和舆论较量渐退后台，经济战和代理人的武装对抗成为主角。2015年伊始，新明斯克协议签署之后，武装冲突虽被暂时遏制，但在大战阴云日益浓厚的形势下，宣传战波澜再起，西方利用涅姆佐夫被谋杀、普京隐身等事件丑化俄国家形象，分化俄民众，而俄罗斯政要频频发声，指责西方要发动"颜色革命"攻势。①

可见，乌克兰危机是一场全方位的大国博弈，我们除了关注各种硬实力的比拼，也应该看到其中以"国际传播"为代表的软实力竞争。在国际关系中，一个强大有效的国际传播体系是一国软实力的重要体现。借媒体之力设置国际议程，从符合本国利益的角度阐述和解释事件，为本国的政治行为披上"正义""合法"的外衣，赢取国内外舆论的理解和支持，正是国际传播作为一种软实力的影响之所在。

什么样的国际传播算是成功的？我们可能无法对其进行简单的道德伦理的判断。国际传播与国际政治一样，国家利益至上是其核心原则。在一国的政治框架内，虽然新闻界一直把客观和公正作为一种职业准则，但事实证明这终究只是一种职业理想，尤其在国际新闻报道中，当面对国家利益冲突的问题时，各国的国际传播内容会有意识地迎合本国主流意识形态的要求，为追求"政治正确"而不得不放弃对客观和公正的追求。

---

① В России нет почвы для 《цветной революции》— Матвиенко, Аргументы и факты, 21/03/2015 http：//www.aif.ru/politics/russia/1472200.

所有的宣传战、舆论战，最重要的目的在于占据道义制高点，为本国的行为寻求合法性和合理性的证明。在美国进行的历次干涉中，"人权""人道主义干涉""国际法准则"一直扮演美化战争行为的作用，而在这次的乌克兰危机中，以子之矛攻子之盾，轮到俄罗斯鼓吹"人权"和"国际法"，并以此掩盖攫取克里米亚之实了。

在全球竞争中，胜利不仅需要雄厚的经济实力为基础，也需要强大的舆论力量为保证。增强国际传播力、争夺话语权，不仅仅是危机处理时的权宜之计，也是从战略层面提升国家软实力的一种方式。在围绕乌克兰危机进行的宣传战中，我们看到，俄罗斯的国际传播能力的确有了提升，传播技术、传播工具得到极大改善，一定程度上影响了乌克兰危机的媒体议程设定，但其宣传仍带有防御性的而非更高水平的进攻性的特点，且其效果停留在解释政策和丑化对手的层次上，只能算是一种阶段性的、战术上的成功。西方民众对乌克兰危机的判断和责任归因，虽然在俄罗斯前期的宣传攻势中偏向了俄一方，但随着宣传战的持续发展，尤其是MH17航班事件后发生了不利于俄罗斯的转变。由此可见，真正有效的国际传播不仅仅是一时的舆论攻势，也是国家软实力和硬实力综合运用能力的体现。

鉴于俄罗斯与美欧博弈呈现出结构性和长期性特点，双方的国际传播较量不断加码，双方阵营的投入也在递增。2014年7月，美国众议院一致通过关于改革美国广播理事会（The Broadcasting Board of Governors，BBG），建立国际传播署（The United States International Communications Agency）的法案，以加强美国的"对外宣传"。众议院外交事务委员会主席罗伊斯称，最近发生的乌克兰危机表明，对抗俄罗斯"无休止的宣传战"是何等重要，"在这场宣传战中，我们最好的武器是美国广播理事会，但是它无用了……当政治强人、暴君和恐怖分子加班加点发动虚假信息战时，掌控美国对外宣传工作的广播理事会却每月才开一次会"[①]。与此相对应的是，2014年年底，

---

① Chairman Royce Statement on Letter to President Obama Urging Support for Legislation to Reform U. S. International Broadcasting，JUL 28，2014. http：//foreignaffairs. house. gov/.

俄罗斯大幅度提高了对对外宣机构的资助力度。在2015～2017年度预算中,对RT电视台2015年的拨款为153.8亿卢布,比2014年增加29.5%,而对"今日俄罗斯"国际通讯社2015年的拨款为64.8亿卢布,比2014年增加142.3%。①

乌克兰危机是大国关系的一个重要转折点,对今后的国际政治、经济和地缘格局将产生重大影响。同样,乌克兰危机也为国际政治博弈过程中的传播和国际舆情分析提供了独一无二的研究案例。我们认为,俄罗斯在此次宣传战中的最大的胜利不在于是否驳倒了对手,而是挑战甚至一度成功突破了以西方主导的国际舆论格局和话语霸权。在当今世界,尽管美国目前仍是唯一掌握军事、经济、金融和舆论信息强权的政治主体,但乌克兰危机显示出其进行地区性军事干预的可能性和能力正在下降,而且其曾经无比强大的舆论宣传能力也面临着来自俄罗斯的挑战。乌克兰危机是否能成为世界传播格局和国际舆情的一个重要转折点?世界迎来的是一场"新冷战",还是一个"大国竞争的新时代"?也许我们还难以就这些重大问题得出结论,但无论如何,在这个日益媒体化的世界,如何争取人心,如何通过国际传播来协调与他国关系,建构、重塑国家形象以维护本国的利益,增强抵抗国际舆论攻击的能力,是每个追求复兴的国家必须要全力迎接的挑战。

---

① Нина Куриленко, Роман Баданин, Дарья Луганская, Россия создаст новый интернет-проект для пропаганды за границей, РБК, 5 ноября 2014г. http://daily.rbc.ru/.

Y.21 乌克兰危机的历史文化因素

刘显忠[*]

摘　要： 对于已经持续一年多的乌克兰危机，人们更多地从俄乌关系或俄美关系的角度进行解读，而对其中的历史文化因素涉入不深。实际上，正是由于乌克兰各部分之间存在历史文化差异，大国才得以在不同的居民和社会阶级集团中扩大影响，企图推行自己的经济和政治制度。本文尝试从历史文化的角度出发，对乌克兰危机进行探讨，以加深对乌克兰危机的认识。

关键词： 乌克兰　乌克兰危机　俄罗斯　历史因素

作为一个真正独立的主权国家，乌克兰是在苏联解体之后才出现在世界版图上的。乌克兰领土面积为603700平方公里，在欧洲仅次于俄罗斯，居第二位，其人口按2013年的统计是4500多万。人们通常以第聂伯河为界，把乌克兰分成历史文化不同的两部分。实际情况远非这么简单。在当今的乌克兰存在几个大的地区，它们之间不仅存在地理或经济上的差别，也具有不同的历史、文化和民族特点。这是导致当今乌克兰危机的重要因素之一。

一　乌克兰不同地区的历史特点

乌克兰各地区之间存在的历史文化差异问题，一直被许多政治家所关

---

[*] 刘显忠，中国社会科学院俄罗斯东欧中亚研究所研究员。

注。亚努科维奇认为，乌克兰是兼备"欧洲的、欧亚的和内陆海的文化经济区域"。这三个区域指的是西乌克兰、东乌克兰以及国家的南部地区（克里米亚和黑海的北部沿岸地区）。① 库奇马在其撰写的《乌克兰不是俄罗斯》一书中指出："乌克兰就像由轮廓很清晰的平等的历史地区编织成的，每个地区都有自己的面貌，你无法把它们纠缠在一起。对于漠不关心的人和仇敌来说，这是用布头拼凑的被子；对爱乌克兰的人而言，这是充满了深刻含义和美的图案。"②

乌克兰的核心，是以基辅为中心的"鲍格丹·赫梅利尼茨基的乌克兰"，或称"小俄罗斯"的地区③。罗伊·麦德维杰夫认为这一地区包括第聂伯河右岸的日托米尔州、文尼察州、基辅州和基洛沃格勒州，以及第聂伯河左岸的契尔尼哥夫州和波尔塔瓦州。其中，基辅、契尔尼哥夫、佩列亚斯拉夫都是古罗斯的历史中心，作为一个地区、民族及国家的乌克兰正是在右岸和左岸的范围内逐渐形成的④。库奇马称这一地区是"传统的乌克兰母体"，认为无论是作为立陶宛的组成部分时，还是后来作为波兰的组成部分时，中部乌克兰都是保存独特的乌克兰制度的中心。⑤

"小俄罗斯"之所以被视为乌克兰最重要的地区，是因为乌历史上的重大事件都发生在这一区域。1648~1653年，反对波兰统治的民族解放战争运动在此展开，佩列亚斯拉夫乌俄合并条约也在这里签订。在1667年的《安德鲁索沃停战协定》、1686年的《永久和约》及三次瓜分波兰后，"小俄罗斯"成

---

① Рой Медеведев, Расколотая Украина. Москва, 2007, C. 11~12.
② Там же, C. 12~13.
③ "小俄罗斯"是14~15世纪初加利奇都主教辖区的名称。在14世纪初君士坦丁堡宗主教确立加利奇都主教辖区的文书中首次提到。加利奇—沃伦公国灭亡后，该称呼很长一段时间不被使用。16世纪末在乌克兰神职人员和书籍爱好者中又开始重新使用。用来指称波兰—立陶宛共和国东正教居民居住的地区。该词并不具有歧视含义。列昂尼德·库奇马在自己的书中不否认这一事实："我们的祖先不反对'小俄罗斯'这个称呼。甚至扎波罗热人在自己的文件中也写'我们的小俄罗斯故乡'"。舍甫琴科也曾多次使用过"小俄罗斯"这个称呼。
④ Рой Медведев, Расколотая Украина. C. 16.
⑤〔乌〕列昂尼德·库奇马：《乌克兰：政治、经济与外交》，路晓军等译，东方出版社，2001，第88页。

为俄国的组成部分，成立了被称为"盖特曼"的自治政权。其后的 100 多年间，该地区的历史充斥着哥萨克头目之间、左岸和右岸盖特曼之间争夺盖特曼领导权，以及哥萨克与土耳其人、鞑靼人、波兰人和俄罗斯军队之间的斗争。1917 年俄国革命及内战期间，由 M. 格鲁舍夫斯基、B. 温尼琴科、C. 彼得留拉及他们的拥护者在 1917~1918 年建立的中央拉达、乌克兰国、乌克兰人民共和国等国家机关和国家组织，也都产生于这一地区。

"斯洛博达乌克兰"是乌克兰的重要部分，它包括哈尔科夫州、苏梅州、顿涅茨克州的一部分（到巴赫穆特卡河）和卢甘斯克州的一部分（到艾达尔河），以及俄罗斯的库尔斯克州和沃罗涅日州的南部。按罗伊·麦德维杰夫的观点，"斯洛博达乌克兰"在历史上归属于俄国。17 世纪初，顿涅茨河的整个流域都在俄国境内，沃尔斯克拉河、普肖尔河和苏拉河的上游也属于俄罗斯。早在 17 世纪中期，这里就建起了奥斯特罗戈日斯克团、阿赫特尔卡团、苏梅团和哈尔科夫团，后来又建了伊久姆团。这些军团构成了别尔哥罗德防线，从南部保卫俄罗斯甚至波兰免遭克里米亚汗国军队的袭击。① 沙皇俄国进行省制改革时期，在"斯洛博达乌克兰"地区设立了"斯洛博达乌克兰"省。19 世纪中叶，哈尔科夫被划为独立的城市，但与上述城市和地区一起被归入南俄地区，而不是乌克兰的范围。1805 年，在哈尔科夫成立了俄国第四所大学。20 世纪初，哈尔科夫成为该地区的工商业中心和铁路枢纽。1917 年，在哈尔科夫成立了乌克兰第一个苏维埃政府。1934 年之前，哈尔科夫一直是乌克兰的首府。哈尔科夫在乌克兰的所有城市中"最具俄罗斯特色"，是俄罗斯文化的中心，其地理位置也非常接近俄罗斯，距俄罗斯边界仅 30 公里。

"新俄罗斯"地区也是乌克兰的重要地区。"新俄罗斯"主要指并入俄国的黑海北岸地区。根据 1739 年、1774 年、1791 年和 1812 年与土耳其签订的和约，赫尔松省、叶卡捷琳诺斯拉夫（现在的第聂伯罗彼得罗夫斯克）省、塔夫利达省（包括克里米亚半岛和黑海北岸的部分地区）、比萨拉比亚

---

① Рой Медведев, Расколотая Украина. С. 28~29.

省以及库班地区并入俄国。当地移民的主要来源是乌克兰人及俄罗斯人、希腊人、犹太人和德意志人。

克里米亚半岛属于"新俄罗斯",但它与"新俄罗斯"其他部分的不同之处在于,其他地区在十月革命后归入了乌克兰苏维埃社会主义共和国,而克里米亚半岛于 1921 年 10 月 18 日根据俄罗斯苏维埃联邦社会主义共和国全俄中央执行委员会的决议,组建了以辛菲罗波尔为首府的克里米亚苏维埃社会主义自治共和国,属于俄罗斯苏维埃联邦社会主义共和国。这是苏联少有的几个不是以民族名称而是以地名建立的自治体①。1944 年 5 月,俄联邦最高苏维埃以克里米亚鞑靼人在战争中同德国纳粹合作为借口,将克里米亚原住的鞑靼人整体迁往中亚等地,还强迁了一些其他民族。1945 年 6 月 25 日,俄罗斯联邦苏维埃社会主义共和国最高苏维埃通过法律,将原克里米亚苏维埃社会主义自治共和国改成克里米亚州。至于塞瓦斯托波尔,1948 年 10 月 29 日,根据俄罗斯苏维埃联邦社会主义共和国最高苏维埃主席团令改成独立的行政经济中心,成为俄罗斯苏维埃联邦社会主义共和国的直辖市。②

1954 年,为了纪念乌克兰同俄罗斯合并三百周年,赫鲁晓夫下令把克里米亚州并入乌克兰。转让克里米亚州的手续包括俄乌两国最高苏维埃的联合决议、苏联最高苏维埃主席团会议通过的把俄罗斯联邦组成部分的克里米亚州转让给乌克兰的决议,以及联盟议会代表的表决结果。苏联时期,克里米亚属于乌克兰在很大程度上具有象征意义,但从 1992 年起克里米亚在乌克兰的地位问题就成为不小的问题。1991 年 9 月 4 日,克里米亚苏维埃社会主义自治共和国最高苏维埃通过了国家主权宣言,从 1991 年 12 月 1 日起成为独立乌克兰的组成部分。1992 年 2 月 26 日克里米亚苏维埃社会主义自治共和国改名为克里米亚共和国,1992 年 5 月 5 日宣布国家的独立地位。1992 年 5 月 6

---

① 纳戈尔诺—卡拉巴赫也不是以民族名称命名的自治体。
② 由于塞瓦斯托波尔在克里米亚州转归乌克兰时不属于克里米亚州,因此在苏联解体后,在俄罗斯就塞瓦斯托波尔的地位问题上出现了争议。1993 年俄罗斯联邦会议两院曾通过决议,宣布苏联时期在行政上不属于克里米亚州的塞瓦斯托波尔是俄罗斯城市。日里诺夫斯基、卢日科夫等俄罗斯著名政治家也曾有过类似的言论。

日，克里米亚共和国通过了自己的宪法，宣布克里米亚为"乌克兰疆域内法治的、民主的和世俗的国家"。根据这个文件，它与乌克兰中央政权的关系应当建立在分权法的基础上。1993年10月14日，克里米亚共和国设立克里米亚共和国总统之职。1995年3月17日，乌克兰最高拉达废除了克里米亚共和国宪法和总统职位。1998年12月23日，克里米亚新宪法生效，克里米亚共和国改称克里米亚自治共和国，是乌克兰的组成部分。

顿涅茨克地区即"顿巴斯"，顿巴斯是顿涅茨克盆地（Донецкий бассейн）的复合词。顿涅茨克地区包括顿涅茨克州、卢甘斯克州[①]和扎波罗热州的一部分。该地区在很长一段时期一直是个人烟稀少的边疆区，19世纪中期后随着铁路的修建，煤炭的开采量急剧上升，这里才逐渐发展起来。仅1870~1879年10年间，煤炭开采量增长了一倍——从每年50万吨增加到100万吨。克里沃罗格铁矿区的发现为整个地区的发展提供了强大的推动力。这里对铁矿石的首次开采始于1881年，而1884年连接克里沃罗日耶和顿巴斯的第一条铁路通车。这些地区逐渐成为俄罗斯最大的冶金中心，开采量超过了俄罗斯冶金业的发祥地——乌拉尔。到1913年，顿巴斯每年开采大约2500万吨煤和600多万吨铁矿石，冶炼出300万吨生铁，占当时俄国煤和生铁总产量的70%左右。[②]

顿巴斯在苏联及当今乌克兰的经济和政治生活中具有极其重要的影响。乌克兰的国内生产总值不少于70%是东部各州创造的，其中大约40%来自顿涅茨克州和第聂伯罗彼得罗夫斯克州。[③] 有历史学家认为，在人均收入

---

① 顿涅茨克州和市及卢甘斯克州和市的名称曾发生过几次变化。顿涅茨克市1924年前叫尤佐夫卡，是当时以卢甘斯克为中心的顿涅茨克省的尤佐夫卡区的中心，1924年改为斯大林诺，尤佐夫卡区也改称斯大林斯克区。1932年顿涅茨克市成为新建立的顿涅茨克州的中心，当时的顿涅茨克州包括现在的顿涅茨克州和卢甘斯克州。1938年顿涅茨克州被划分成伏罗希洛夫格勒州和斯大林斯克州，州中心分别为伏罗希洛夫格勒市和斯大林诺市。1961年斯大林斯克州改称顿涅茨克州，斯大林诺市改称顿涅茨克。而伏罗希洛夫格勒州和市1958年改回卢甘斯克的名称，1970年又改称伏罗希洛夫州和市直到1990年。

② Рой Медеведев, Расколотая Украина. С. 46~47.

③ Под ред. А. Б. Зубова, История России. XX век: 1939~2007. Москва, 2009, С. 750.

上，顿涅茨克等区域是乌克兰最富有的区域，远胜加里西亚。① 在政治上，1989～1991年的矿工罢工极大地促进了苏联的解体，而1993年波及顿巴斯的大罢工则是导致德·克拉夫丘克在1994年大选中失败的主要原因之一。

顿巴斯作为老工业区的主要问题，本质上并不是民族问题，而是经济问题，是如何改善工人状况的问题。1989～1991年顿巴斯矿工的罢工，实际上是对煤炭领域危机的一种反应，并未提出独立地位的诉求。20世纪90年代初矿工骚动期间，很多著名的社会活动家访问顿巴斯，其中包括苏联最高苏维埃民族院副主席、乌克兰作家协会书记鲍里斯·奥列伊尼克。奥列伊尼克发现，顿巴斯的大多数矿工不会使用乌克兰语。奥列伊尼克指责道："你们是乌克兰公民，为什么你们不懂也不学乌克兰语？"一位矿工尖刻地回答道："如果学乌克兰语能给我们涨工资，那我们很乐意学。"他的发言得到了全体集会者的支持。这次罢工与当时的民族运动结合在一起，最终促成了苏联的解体。乌克兰获得独立后，由于与原苏联加盟共和国旧有的经济联系中断，矿工的状况持续恶化。20世纪90年代初，顿巴斯矿井事故造成的人员死亡率为欧洲最高：开采100万吨煤有4.7人死亡。② 按库奇马的说法，"50年代末建的矿井在前不久还是顿巴斯矿井中'最新的'"，不仅设备陈旧，而且从矿井"下岗"的人们根本就无处可去，顿巴斯的土地根本就不够用来养活城市居民，去国家的其他地方又不容易被接纳。所以他认为顿巴斯是整个国家的痛处。③ 一位西方记者当时曾去过顿巴斯，亲自下过矿井。后来他在一篇文章中写道："顿巴斯的矿工在对大多数人来讲异常困难的条件下工作，他们不太珍惜人的生命。如果他们什么时候发怒并团结起来，那可能是极其危险的。"④ 苏联解体前后，顿巴斯的抗议在很大程度上体现出的是矿工们对当局无能的不满情绪。矿工曾对苏联当局失望，但对独立后的几个政府总理都出现腐败丑闻的乌克兰更加失望，这是他们要加入俄罗斯的

---

① 保罗·库比塞克：《乌克兰史》，中国大百科全书出版社，颜震译，2009，第173页。
② Рой Медеведев, Расколотая Украина. C. 51.
③ 〔乌〕列昂尼德·库奇马：《乌克兰：政治、经济与外交》，第92页。
④ Рой Медеведев, Расколотая Украина. C. 51.

一个重要原因。

西乌克兰也是乌克兰的重要地区。它与顿涅茨克地区是乌克兰的东西两极。西乌克兰历史上叫加利奇（或加利奇纳、加里西亚），面积近 15 万平方公里①，主要包括现在的沃伦州、伊万诺·弗兰科夫斯克州、利沃夫州、罗夫诺州和捷尔诺波尔州，从广义上讲还包括曾属于捷克斯洛伐克的外喀尔巴阡州和曾属于罗马尼亚的切尔诺夫策州。加利奇几百年来一直都脱离乌克兰的其他地区而独立存在，与乌克兰核心区域的联系较弱。18 世纪末，俄国通过三次瓜分波兰把白俄罗斯的全部和乌克兰的大部分据为己有。而加利奇的大部分（包括利沃夫和波多利亚②、沃伦的一部分）为奥地利所有。在 1815 年的维也纳会议上，东加利奇，即西乌克兰土地被分给奥地利作为补偿。西乌克兰的大部分都处于波兰境内。外喀尔巴阡州，即特兰斯卡帕提亚地区，自中世纪便在匈牙利的统治之下，后来成为哈布斯堡帝国匈牙利部分的领地，第一次世界大战后成为捷克斯洛伐克的一部分。而在曾隶属于哈布斯堡帝国的布科维纳地区，北部较为乌克兰化，南部偏罗马尼亚化，乌克兰族人占有优势。第一次世界大战后，布科维纳地区被整个划入罗马尼亚境内。西乌克兰，除沃伦部分地区外，其他地区从来都没有成为俄罗斯帝国的组成部分，只是在 1939~1945 年间，这些地区才与乌克兰的其他部分合并到一起。

西乌克兰也是城市人口占优势，但这里工业不发达，无论是在波兰—立陶宛共和国、奥匈帝国还是在波兰、捷克斯洛伐克或罗马尼亚境内时，它都不是这些国家的经济发达地区。如今这个地区仍是乌克兰经济最落后、最萧条的地区。在乌克兰工业总量中，西乌克兰的份额勉强超过 6%。西乌克兰每个州的外资仅为外资总额的 1%。如果整个乌克兰每个城市居民工业生产总量指数为 100，那么 2003~2005 年这个指数在扎波罗热州为 184，在顿涅茨克州和第聂伯罗彼得罗夫斯克州各为 172，而在利沃夫州为 47，外喀尔巴

---

① ПодредакциейВ. А. Смолия, ИсторияУкраины: научно-популярныеочерки. Москва, 2008, С. 670.
② 乌克兰西部的赫梅利ｖ茨基州中南部和¿ｖ察州。

阡州为43，捷尔诺波尔州为32，切尔诺夫策州则为24。①

总之，乌克兰各个地区由于在历史上长期分属于不同的国家，导致乌克兰各个地区历史面貌差别很大，不仅东西乌克兰的历史面貌存在差别，就是西乌克兰、"小俄罗斯"的各个地区的历史面貌也不尽相同。乌克兰各个地区的不同历史特点使得乌克兰很难形成统一的历史认同，因为乌克兰根本就不曾有统一的历史。用库奇马的话说："目前公民往往不是把国家看成自己的家，而只是把自己的城市、自己的州、自己的地区看成自己的家，因为那里居住着像自己一样的人，他们有相似的问题和生存方式。"②

二 乌克兰各个地区的民族文化宗教特点和政治取向

乌克兰的各个部分曾长期分属于不同的国家，各地区都有不同的历史特点，历史面貌差别很大，这也导致乌克兰各个地区民族文化成分不纯，缺少民族文化上的真正认同。正如有的学者所说的："如果说在俄罗斯的俄族人形成了明显居优势的民族文化群体，那么在乌克兰任何一个群体都没有形成这种优势。"③

实际上，从民族文化角度来看，乌克兰可以清晰地划分为三个人数大致相等的国家公民群体。第一个群体，是母语为乌克兰语、在乌克兰文化观念和价值观熏陶下成长起来的乌克兰族人，西乌克兰的所有居民以及乌中部地区的大多数农业居民都属于这一群体。第二个群体，是从童年就说俄语、接受俄罗斯文化教育的乌克兰族人，他们居住在第聂伯河沿岸的城市，以及"斯洛博达乌克兰"（Слободская Украина）和波列西耶的村镇。第三个群体是俄语是母语，世界观在俄罗斯文化基础上形成的俄罗斯族人。④

就政治取向来看，笼统地讲，西乌克兰居民支持乌克兰融入包括北约在

---

① Рой Медеведев, Расколотая Украина. С. 72.
② 〔乌〕列昂尼德·库奇马：《乌克兰：政治、经济与外交》，第94页。
③ Альтернативы. 2014, No3. С. 41.
④ Рой Медеведев, Расколотая Украина. С. 14～15.

内的欧洲和西方组织，反对乌克兰和俄罗斯的一体化，支持自由市场经济和政治改革，主张限制国家对经济的干涉。而东部和部分南部居民保留了苏联政治文化的特点，坚决反对乌克兰加入北约，普遍赞同与俄罗斯紧密合作或一体化，主张确立俄语的"第二国语"地位，反对市场改革，支持国家对大工业集团进行监督。

具体地说，在哈尔科夫市，20世纪80年代末人口约150多万，几乎全是操俄语的居民。整个哈尔科夫州的人口当时大约300万，而"斯洛博达乌克兰"大约有550万~600万人。根据"斯洛博达乌克兰"1989年的人口普查资料，几乎30%的人是俄罗斯族人，65%的人为乌克兰族人，还有5%~6%是其他民族的人。无论在苏联解体期间还是在解体后，"斯洛博达乌克兰"的选民都不欢迎民族运动。虽然亲俄情绪在此地占有优势，俄语是绝大多数当地居民的母语，但无论"斯洛博达乌克兰"，还是哈尔科夫，都不是分立主义的中心。① 2014年乌克兰危机发生后哈尔科夫的表现也表明了这一特性。

顿涅茨克地区的人口密度为乌克兰最高，45%的居民为俄罗斯族人，65%的居民视俄语为母语。正因为如此，乌克兰民族主义在这里没有市场。苏俄内战期间，顿巴斯和克里沃罗格站在红军和布尔什维克一方，不支持乌克兰民族主义者及其军队。1918年1月，首都设在哈尔科夫的顿涅茨克·克里沃罗格苏维埃共和国宣布成立，成为俄罗斯苏维埃联邦社会主义共和国的一部分。当时，列宁担心这会削弱刚成立不久的乌克兰苏维埃共和国的无产阶级专政的社会基础，反对该共和国成立。1918年3月，根据在叶卡捷琳诺斯拉夫举行的第二次全乌克兰苏维埃代表大会的决议，顿涅茨克·克里沃罗格苏维埃共和国成为乌克兰共和国的组成部分。1918年5月，顿涅茨克州和卢甘斯克州一度被划入顿河哥萨克共和国。

"新俄罗斯"地区由乌克兰族及俄罗斯族、希腊族、犹太族和德意志族的移民发展起来，因此这里民族混杂，民族主义思想并不是主流。俄国内战期间，在乌克兰的"新俄罗斯"部分最著名的人物不是彼得留拉或邓尼金

---

① Рой Медеведев, Расколотая Украина. С. 31~32.

将军，而是在乌克兰南部草原建立了无政府主义共和国的涅斯托尔·马赫诺①。敖德萨也有类似情况，这是一个乌克兰族人不太多的人口混杂的城市，其主要语言是俄语。在敖德萨诞生了一批犹太族的杰出作家、作曲家、演员。今天的敖德萨约有120万人。他们认为自己既不是俄罗斯的，也不是乌克兰的爱国主义者，而是敖德萨人。一位外国观察家曾说："尽管在敖德萨有一些人数不多的俄罗斯民族主义团体，但他们没有明显的影响力。总体来讲，彼此交织在一起的政治和商业精英与城市的大多数居民一样，非常平静地看待乌克兰当局，谈不上特别的爱和尊敬。敖德萨港口的交易额在缩减，但这是根据官方统计的货物。谁都不知道这里的非法交易有多少。苏联解体给城市带来了很大的损失，但增加了私人致富的机会，当然，不是所有人。根据当地记者的话，敖德萨是商业中心，对这里的大多数人来说，第一位的是钱，第二位的是钱，第三位的还是钱。始终都是如此，在苏联时期也是这样。人们可能也不喜欢乌克兰政府，但他们从来都不会如此不理智和冒险地去进行反对它的任何革命。"②

"新俄罗斯"的克里米亚在1783年并入俄国时，半岛上的主要居民是克里米亚鞑靼人。后来由于沙皇政府的排挤政策，大量鞑靼人迁移到了土耳其。俄罗斯族、乌克兰族及其他民族的人口开始大量涌入，十月革命前俄罗斯人已处于多数地位。根据1897年的人口普查资料，在塔夫利达省1447790名居民中，70.8%是俄罗斯人（不过，当时乌克兰人与俄罗斯人都被称为俄罗斯人），13%是鞑靼人，16.2%是其他民族的人。③ 根据1939年人口普查的资料，在克里米亚俄罗斯族占49.6%，鞑靼族占19.4%，乌克兰族占13.7%，犹太族占5.8%，德意志族占4.6%，希腊族占1.8%，保

---

① Нестор Иванович Махно（1888～1934），乌克兰的政治和军事活动家、无政府主义者，1918～1922年俄国内战期间是乌克兰南部革命和解放运动的组织者和领导人。1919～1920年在第聂伯罗彼得罗夫斯克地区和扎波罗热州的草原地区成立了无政府主义的共和国，所谓的涅斯托尔·马赫诺的"没有权力的国家"，其中心在古利亚伊波列。

② Рой Медведев, Расколотая Украина. С. 44.

③ Там же, С. 59.

加利亚族占1.4%，其他民族占3.7%。鞑靼族在共和国中占1/5。① 克里米亚鞑靼人及其他民族被迁出后，有大量俄罗斯族人迁入克里米亚，使这里俄罗斯族人的比重进一步增大。根据1954年的资料，克里米亚总共有120万居民，其中71.4%是俄罗斯族人。克里米亚的民族情况极为复杂，根据乌克兰国家民族和移民事务委员会的资料，在该地区居住的民族超过125个，民族群体有80多个，其中俄罗斯族占58.5%，乌克兰族占24.4%，克里米亚鞑靼族为12.1%。在克里米亚共有29200名白俄罗斯族人，11000名西伯利亚和伏尔加流域的鞑靼人，8700名亚美尼亚人，4500名犹太人，3700名阿塞拜疆人；希腊人和朝鲜人分别是2800名，德意志人2500名，保加利亚人1800名，卡拉伊姆人670名。② 克里米亚是乌克兰民族问题和地缘政治问题的交汇处。这里存在强烈的亲俄情绪，基辅依靠克里米亚鞑靼人对抗亲俄情绪，但也导致了克里米亚鞑靼人的不合法联合、建立大国民议会、要求承认克里米亚为鞑靼人的共和国、擅自侵占土地等新问题。

在"小俄罗斯"境内，不同地区的居民各有其珍视的历史进程。按罗伊·麦德维杰夫的说法，波尔塔瓦居民仍然铭记着北方战争，把盖特曼马泽帕视为叛徒。这里有纪念波尔塔瓦战役的博物馆和英雄纪念碑，关于为盖特曼马泽帕建纪念碑的要求则遭到了大多数居民的反对。

乌克兰的加利奇地区，从文化传统上看处于欧洲文化和价值体系中，该地区受俄罗斯和乌克兰文化的影响都不大。罗伊·麦德维杰夫认为，加利奇实际上不仅不了解普希金，也不了解塔拉斯·舍甫琴科的作品。③ 这一地区由于纳入苏联的时间晚，受苏联的共产主义影响也不是很大，也"并不像其他地区那样很乐意、很投入地建设共产主义"④。在这里乌克兰民族主义比较受欢迎，特别是在利沃夫或伊万诺—弗兰科夫斯克。

就乌克兰的宗教信仰来看，乌克兰88%以上的居民都信基督教。而大

---

① См.: Н. Ф. Бугай Депортация народов Крыма. Москва, 2002, С. 55.
② Прохоров Д., Храпунов Н. Краткая история Крыма. Симферополь, 2013, С. 391.
③ Рой Медведев, Расколотая Украина. С. 27.
④ 〔乌〕列昂尼德·库奇马：《乌克兰：政治、经济与外交》，第99页。

部分又都是基督教的东正教信徒。① 不过，乌克兰的东正教会是不统一的，它分为三支：第一，属于莫斯科大牧首辖区的乌克兰东正教会（Украинская православная церковь Московского Патриархата，缩写为УПЦ МП），这是俄罗斯东正教会乌克兰分会的继承者，得到了其他东正教团体的承认。教会活动使用俄语，因此在俄裔居民众多的东部较为流行，大约70%的东正教信徒和教区都属于这一支；第二，属于基辅大牧首辖区的乌克兰东正教会（Украинская православная церковь Киевского Патриархата，缩写为УПЦ КП），该教会成立于1992年，绝大多数教区居民居住在西乌克兰。这一支的合法地位不被东正教团体承认，信徒和教区规模不足30%；第三，乌克兰自主东正教会（Украинская Автокефальная православная церковь 缩写为УАПЦ），该教会1919年成立于西乌克兰，苏联时期被取缔，1989年开始在乌克兰西部地区重建，其主要教区居民集中在西乌克兰，尽管它得到了一部分具有民族主义情绪的乌克兰知识分子的支持，但在西乌克兰之外仍没有明显的影响，该支也没有得到东正教团体的承认。

除了东正教外，还有乌克兰希腊天主教会（Украинская Греко-католическая Церковь），也称合并天主教会（Униатская Церковь）或东仪天主教会。该教会于1596年由布列斯特教会合并而成。在这次合并之后，当时还是波兰—立陶宛共和国组成部分的乌克兰和白俄罗斯的东正教会一方面承认罗马教皇的领导地位及天主教的基本教条；另一方面，仍坚持用东正教仪式和古斯拉夫语做礼拜。目的是要使16世纪末乌克兰土地上的东正教居民更为认同天主教的波兰—立陶宛，并摆脱莫斯科大牧首的宗教权威。1839年根据波洛茨克宗教会议的决议，俄罗斯境内的合并教派被取缔，但西乌克兰的合并教会被保留了下来。1939年9月，西乌克兰被并入乌克兰苏维埃社会主义共和国，乌克兰的希腊天主教会被禁，它的很多主教遭到了镇压或转入地下。德国法西斯占领期间，该教派又恢复活动。战胜德国法西斯后，该教派再次被禁。教派的大多数神职人员或逃到西方，或被逮捕。

---

① https://ru.wikipedia.org.

1946年不多的教徒参加了利沃夫的合并教派神职人员会议。在会议上，布列斯特合并教派被正式取缔。乌克兰东仪天主教会的总部——利沃夫的圣尤里教堂转归俄罗斯东正教会管理。随后所有其他的合并教派的教堂都改造成了东正教会的教堂。

除了上述主要宗教派别外，乌克兰还有一些其他宗教信仰。在西乌克兰有不少天主教协会，在东乌克兰有不少新教团体，主要是传统的新教（浸礼宗、路德派、福音教派、耶和华见证人等）。在乌克兰也存在一些信仰犹太教的团体（在南部特别多）和信仰伊斯兰教（克里米亚鞑靼人）以及其他宗教的团体。罗马教廷支持天主教徒和希腊天主教徒，而土耳其的穆斯林会支持克里米亚的穆斯林。

仅就克里米亚而言，截至2011年1月1日，克里米亚自治共和国共有1368个宗教组织，50个宗教流派，其中包括1333个宗教团体，2个宗教中心，7个宗教管理机构，6个修道院和6个传教士团，5个宗教兄弟会和9所宗教学校。与2000年相比，宗教组织的数目增长了84%。[①] 在克里米亚，东正教和伊斯兰教占主导地位，在各种宗教组织中分别占43%和30%。在克里米亚还有46个宗教组织是按民族特征登记的：9个德意志路德派福音教会团体、13个犹太教团体（正统派和改革派）、7个亚美尼亚人福音教会、9个卡拉伊姆人的团体、1个克里米亚犹太人团体、5个信东正教的希腊人团体（它们是乌克兰东正教会辛菲罗波尔和克里米亚教区的成员）和2个朝鲜人浸礼宗教会。[②]

宗教信仰差别对人的分化要比某种民族属性更为深刻，因此乌克兰民族宗教的复杂性严重阻碍了当今乌克兰民族认同的形成。

三 乌克兰政治家及当局对乌克兰历史文化特点的态度

乌克兰获得独立后，并没有形成一种统一的民族思想。有研究者指出：

---

① Прохоров Д., Храпунов Н. Краткая история Крыма. С. 392.
② Там же, С. 393.

"作为时代的反映、作为普通人都能接受的思考方法的乌克兰民族文化至今还没有形成。我们这里目前还没有像第一次世界大战后的捷克那样,既没有出现自己的哈谢克,也没有出现自己的恰佩克。"① 罗伊·麦德维杰夫也认为:"它作为国家、甚至作为一个民族目前还没有形成。无论从政治还是从经济角度来看,乌克兰都没有独立生存的经验。"② 乌克兰不同地区的居民没有感觉到自己是有统一文化和民族价值观的统一民族,由于各个地区的巨大差别,"有相当多的东西可以使乌克兰的各个区域分离"③。正因为如此,乌克兰独立后,如何保证国家的统一和领土完整,建立乌克兰民族,成为其首先面临的主要问题之一。

建立联邦制国家,是针对乌克兰复杂的历史文化特点提出的解决方式之一。库奇马任总统期间,关于乌克兰应该选择联邦制还是单一制的问题产生了激烈的争论。卢甘斯克州前行政长官、最高拉达地区党党团成员维克托·吉洪诺夫在2006年出版的《选择祖国》(Выбираем Отечество)一书中,列举了各种论据,论证乌克兰实行联邦制的益处。他在书中指出:"联邦制——这是当今乌克兰的唯一出路。如果我们现在不接受30多年来一直是欧洲国家管理哲学的那些原则,那我们就注定要落在后面了,那么经济、社会以及政治损失将实在是太大了。"④ 著名的乌克兰政治家、后来为最高拉达"乌克兰地区党"党团副主席、曾担任过哈尔科夫市市长的叶夫根尼·库什纳廖夫也主张逐渐实行联邦制,首先实行各地区税收的自治,但要保留通过国家预算援助其中最弱地区的原则。他认为推行这种联邦制,可以从3~5个地区开始,然后在15~20年间推广到全国。西乌克兰的政治家也并非始终主张单一制,前些年曾出现过关于实行联邦制有其必要性的言论。

但是,最高拉达的大多数代表得出的结论是,单一制共和国可以更好地保证国家的统一。乌克兰的最高领导也不支持联邦制。尤先科就任总统后坚

---

① Прохоров Д., Храпунов Н. Краткая история Крыма. С. 169.
② Там же, С. 142.
③ 〔乌〕列昂尼德·库奇马:《乌克兰:政治、经济与外交》,第100页。
④ Рой Медведев Расколотая Украина. С. 165~166.

决反对联邦制思想，把联邦制等同于分离主义，而亚努科维奇虽然在担任政府总理前拥护联邦制，不反对讨论建立西乌克兰自治和东南乌克兰自治的思想，但当上政府总理后即主张维护单一制。

其次，对俄罗斯语言文化的态度问题。乌克兰除了加利奇外，其他地区都不同程度地与俄罗斯存在某种历史联系，这是很难割断的。正如俄罗斯历史学家祖波夫在其著作中所说的："乌克兰对俄罗斯而言不单是人口和经济潜力方面最重要的邻国和德国之后最大的外贸伙伴。这个国家在近350年的时间里都是俄国的一部分，共同的历史源头、相近的语言和文化把它与俄罗斯联合在一起。俄罗斯人和乌克兰人都以过去很多共同的象征性人物——政治活动家、军事长官、作家、艺术家和作曲家而自豪。乌克兰和俄罗斯在意识和从共产主义时期及更久远的过去继承的问题上都有相似的特点。数百万俄罗斯和乌克兰居民在相邻国家都有近亲（在边境地区达到了40%）。而且17%的乌克兰公民都是俄罗斯族人，近一半的乌克兰公民更喜欢说俄语或视俄语为母语。俄罗斯文化也像乌克兰文化一样很合他们的心意。"①

乌克兰的政治精英认为，只有当社会上达到了某种语言文化的一致性时，乌克兰才能成为现代国家。乌克兰国家不是两个或多个民族的国家，而是建立在乌克兰民族认同基础上的国家。1989年，乌克兰语被宣布为唯一的国语，规定只能用乌克兰语处理公文，高校绝大多数专业采用乌克兰语进行教学。俄语学校和幼儿园的数量被压缩。俄罗斯被视为乌克兰国家独立和主权的最重要威胁。为了建立新的乌克兰政治认同，乌政治精英们倾向采用打压俄罗斯意识的"对立的方式"。

如何对待乌克兰的俄语及俄语居民问题成为乌克兰政治家不可回避的问题。在竞选总统时，库奇马提出的主要竞选口号包括确定俄语为第二国语、恢复与俄罗斯的经济联系和国家对工业的支持等内容。当然他当选后并没有真正赋予俄语以第二国语的地位。2004年"橙色革命"后，尤先科和季莫申科反对俄罗斯文化和乌克兰文化共存，乌克兰当局加大了"乌克兰化"

---

① Подред. А. Б. Зубова, История России. XX век: 1939~2007. С. 748.

的力度。2005年春，乌克兰当局出台法令，要求各个司法和权利保护机关的活动只能用乌克兰语进行，其中包括俄罗斯居民聚居的地区。俄语学校的毕业生禁止用俄语参加高校的入学考试。2005年，基辅250万居民只有6所用俄语教学的中学。而在克里米亚，尽管遇到了父母的反对，还是有15所中学改成使用乌克兰语教学。俄语图书的出版和进口一度受到限制，但预期的效果并未出现，乌克兰的图书出版反而受到影响，后来俄语图书出版逐渐恢复，俄罗斯进口图书的数量也在增加。① 乌克兰当局强制推行"乌克兰化"，人为地加剧了乌克兰社会的分裂，它不仅伤害了乌克兰俄罗斯族人的感情，给俄罗斯族的孩子和父母造成了极大的压力，也伤害了一部分乌克兰族人的感情，因为有35%的乌克兰族人把俄语视为母语。社会调查表明，25%的基辅人想让自己的孩子在俄语学校接受教育，但能实现这个愿望的基辅居民只有5%。②

以亚努科维奇为首的乌克兰地区党是赋予俄语国语地位的主要支持力量。亚努科维奇2010年就任乌克兰总统后，积极解决乌克兰的俄语地位问题。2012年7月3日，乌克兰议会通过了《国家语言政策基本原则法》，该法律于8月8日由总统亚努科维奇签署，8月10日生效。这一法案得到了乌克兰东部和南部地区的支持，使俄语在乌克兰27个州中的13个州成为地区官方语言，但这一法案遭到乌克兰中部和西部地区的抵制。2014年2月23日，乌克兰最高拉达宣布废除《国家语言政策基本原则法》，取消了俄语的地区官方语言地位，这一举措不仅无助于危机的解决，反而起到了火上浇油的作用。

乌克兰民族主义者之所以反对俄语的国语地位，是因为恐惧俄语及俄罗斯文化的强大影响，防止俄语对乌克兰民族安全造成威胁。曾任乌克兰最高拉达主席的弗拉基米尔·利特温公开表示反对俄语的国语地位，他指出："如果乌克兰再把俄语作为一种国语，那么乌克兰语就会丧失，而国家也会

---

① См.：Рой Медведев, Расколотая Украина. С. 113～114.
② Рой Медведев, Расколотая Украина. С. 110.

与它一起丧失。"① "鲁赫"党的最高拉达代表帕夫洛·莫夫昌在接受"俄罗斯之声"广播电台采访时指出："俄语和俄罗斯文化比导弹还强大。乌克兰的情况就是这样的：俄罗斯人不战而胜。如今根本没有办法让乌克兰语真正像宪法所规定的那样成为占主导地位的国语。"② 2006年，基辅的一批作家在致市长的呼吁信中对基辅的语言状况也表示担忧："在基辅，乌克兰族人占82.2%，高于乌克兰全国乌克兰族人的百分比。但基辅的多数人至今仍习惯说俄语。我们特别担忧的是，至今乌克兰语还不是基辅儿童日常交往的语言。"③ 乌克兰民族主义者的这种态度，也许并不是出于对俄罗斯人的天然仇恨，而是担心俄罗斯族居民和俄罗斯文化会阻碍全盘乌克兰化的进程。2005年的一项社会调查即说明了这一点，57.3%的乌克兰人认为俄罗斯是乌克兰最好的朋友，20%的人对俄罗斯持敌视态度，还有22%表示很难回答。2006年2~3月在全国进行的调查表明，乌东部有81%的公民认为俄罗斯是友好国家，在南部持同样观点的人占66.9%，中部为46%，而在西部地区持这一观点的不到20%。④

乌克兰人担心俄语和俄罗斯文化的巨大影响在苏联时期还可以理解，但在独立主权的乌克兰则是不必要的。哈萨克斯坦就是一个很好的例子，在乌克兰75%~80%的公民流利地掌握俄语，而哈萨克斯坦85%的居民视俄语为母语，俄语在那里是第二国语，这并没有妨碍哈萨克斯坦独立主权国家的地位。排斥俄语，强行乌克兰化既伤害了国内也是原住民的俄罗斯族人及其他少数民族的感情，加剧社会的分裂，也没有法理上的根据。乌克兰早在1999年就加入了《欧洲区域或少数民族语言宪章》，该宪章的主要观念就是认为语言的多样性是欧洲文化遗产最宝贵的要素之一。因此就有了在私人及社会生活中使用地区语言的权利是不可分割的人权的原则。这一原则在宪章的序文中列出，其与联合国和欧洲委员会有关保护人权和基本自由的主要文

---

① Рой Медведев, Расколотая Украина. С. 111.
② Там же, С. 105.
③ Там же, С. 116.
④ Там же, С. 151, 172.

件中规定的原则完全一致。2006年1月1日,该宪章在乌克兰生效。根据《欧洲区域或少数民族语言宪章》的规定,在少数民族占该地区居民总人数的20%或以上的行政区域单位,该少数民族的语言在该地区应当与国语处于同等地位。因此,在乌克兰东部及南部俄语居民居多数的地区要求把俄语作为地区官方语言的要求不是没有根据的。

另外,乌克兰民族主义者反对俄罗斯文化和乌克兰文化共存,把两者完全对立起来,但并没有把发展乌克兰文化作为自己的优先任务,而是把排挤俄语和俄罗斯文化,使乌克兰和俄罗斯脱离关系作为自己的目标。这表明在苏联时期曾反对俄罗斯化的乌克兰,在自己成为独立国家后,所用的还是苏联的行为方式。这种方式既不利于乌克兰民族文化的发展,还会引起很多新矛盾。乌克兰与俄罗斯毕竟在一个屋檐下共处了三百多年,这是不可否认的事实。乌克兰长期以来主要通过俄语了解世界文化财富,乌文化也是通过俄语进行传播。乌克兰标准语和乌克兰文学的奠基人舍甫琴科早期的诗作是用乌克兰语写的,但他也没有完全退出俄语世界,其日记、中短篇小说都使用了俄语,只是后来被翻译为乌克兰语。实际上,俄罗斯文化在某种程度上也可以说是乌克兰文化的一部分,"拒绝这份遗产,乌克兰历史和乌克兰文化就像荒漠一样"①。按一位学者的说法:"否定俄语和文化会使乌克兰文化本身变得更贫困,使其丧失不可能完全为仓促编造的神话所取代的真正的历史根源。"②

语言和文化的选择,很难通过强制手段达到,这是个自然选择的过程。苏联在20世纪20年代进行的强制乌克兰化政策与当今乌克兰的乌克兰化政策类似,也提供了这方面的证明。1927～1928年乌克兰语图书的数量占乌克兰出版图书总数的54%,1930年则占到了乌克兰出版图书总量的80%。不过,出版物数量上的这种优势根本不能保证读者人数的优势,尽管乌克兰当局努力阻止,但大多数工人依旧订阅全联盟的报纸。斯克雷普尼克本人在

---

① Рой Медведев, Расколотая Украина. С. 112.
② Альтернативы. 2014, №3. С. 41.

1929 年就曾抱怨说，乌克兰出售的书籍，只有 15% 是用乌克兰语出版的。而其他的 85% 是来自俄罗斯苏维埃联邦社会主义共和国的俄语书籍。① 当时反对实行乌克兰化的乌克兰共产党（布）中央第二书记 Д. 3. 列别德主张让两种文化——乌克兰文化和俄罗斯文化自由地进行竞争，现在看来也不是全无道理。

当今乌克兰当局应当正视乌克兰是个多民族国家的现实，既支持乌克兰语，也支持俄语，不应当使两者互相冲突，以排斥俄语和俄罗斯文化的方式来乌克兰化，而应通过发展乌克兰文化的方式，提升乌克兰文化的影响力。库奇马多年前的态度现在看来仍有道理："我们不应坚持亲俄或亲西方的方针和价值观，而应坚持本民族的方针和价值观。我们应该意识到，乌克兰既是一个欧洲国家，同时也是一个同原苏联各加盟共和国亲密相处、共同生活了几十年的国家，至今同它们还有着特殊的关系。我们走向西方，不脱离东方，在这两位一体中，蕴藏着我们发展前景的巨大潜力。"乌克兰需要西方，"这是国家的标准，走向世界文明的通途"，而需要俄罗斯和其他独联体国家，是因为"我们的大部分历史、文化和纯粹的人际联系把我们同它们联系在一起。我们有着相似的问题，而这意味着，可能也会存在解决这些问题的相似道路"②。当然，真正做到这样也不容易。这需要俄罗斯和乌克兰两国政治家的共同努力。需要乌克兰政治家尽早明白企图中断同俄罗斯的血缘关系是无意义和愚蠢的；需要俄罗斯政治家真正从心理上接受独立、主权乌克兰存在的现实，意识到它有自己与俄罗斯不同的利益，尽早明白企图以某种方式吞并乌克兰也是没有前途和危险的。

---

① Мартин Т. Империя 《 положительной деятельности 》. Нации и национализм в СССР. 1923—1939. Москва, 2011, С. 153~154.
② 〔乌〕列昂尼德·库奇马：《乌克兰：政治、经济与外交》，第 172 页。

Y.22
价值观冲突与乌克兰危机

张 弘*

摘　要： 2014年的乌克兰危机发端于是否与欧盟签署联系国地位协定，表面上看是围绕国家向何处去的问题。发展道路从本质上讲是一种价值取向，概括了国家社会发展的本质和目标，因此危机本身也是价值观冲突的后果。导致价值观冲突的原因主要有三个方面：社会主体利益分化是导致价值观矛盾的社会基础；西方文明与传统斯拉夫文明认同差异是导致价值观冲突的文化基础；西方的普世价值观与俄罗斯的保守主义价值观竞争是导致价值观冲突的政治基础。乌克兰危机反映出构建核心价值观对于政治稳定的重要性。外部大国正是利用了乌克兰多元混乱的价值观矛盾，将危机作为地缘政治博弈的工具，最终导致乌国家政权更迭和族群分裂的悲惨后果。

关键词： 价值观冲突　乌克兰　政治危机

一　乌克兰危机是一次价值观冲突

价值观是关于价值的一些基本观点、看法和态度，表现为人们对一系列基本价值的信念、信仰和理想。价值观冲突是社会发展过程中始终存在的重大问题，其产生有着深刻的社会根源。第二次世界大战结束后，大量新兴的

---

* 张弘，中国社会科学院俄罗斯东欧中亚研究所副研究员，博士。

独立民族国家出现，如何实现经济起飞、政治转型和社会转型是发展中国家普遍面临的问题。选择什么样的发展道路成为发展中国家和转型国家的核心问题。从本质上看，发展道路是一种价值取向，概括了国家社会发展的本质和目标，体现了传统与现代、民主化与国情的深刻辩证关系，并要求建立可以确保实现国家发展理念的机制。发展道路既是经济现代化问题，在更多意义上也是价值观取向问题，就是以何种方式实行政治现代化。

有关国家发展的价值观问题主要是：想成为什么样的国家以及以何种方式来实现。在民主化研究早期除了关于社会主义民主与资本主义民主的意识形态争论之外，民主理论模式和民主的现实模式一直是政治发展研究讨论的热点。到目前为止，在民主理论方面，政治学家主要对精英民主与大众民主、参与式民主与自由式民主进行区别和比较；在民主化的现实模式方面，人们分别概括了自由的民主模式、极权民主模式和权威民主模式。冷战结束后，后苏联空间的国家同样面临这样一个选择问题。中东欧国家在国家发展道路上存在普遍的共识，就是选择欧洲一体化，而原苏联地区的国家却是在迷茫中自我摸索。

冷战结束后，原苏联地区的国家都选择了引进西方宪政民主主义，但是共同的趋势并没有消解民族国家的多样性发展。苏联解体10余年后，在乌克兰的周边形成了两种不同的政治经济发展模式，内部发展困境和外部诱惑相互叠加迫使乌克兰在二者之间做出选择。苏联的解体并未打破欧洲地缘政治环境分裂的格局，一端是以美国和欧盟为首的西方集团，另一端则是俄罗斯[①]。虽然二者都奉行宪政民主制度和市场经济，但是在民主和经济发展模式上却有着自己不同的理解。独立的乌克兰处在欧盟和俄罗斯两大地缘政治集团中间，它们分别代表着两种不同的价值观。欧盟在政治民主、发展水平

---

① 2013年9月3日，普京在接受美联社和俄罗斯国家电视台联合采访时，明确表示自己信奉"保守主义"。他说自己"是带有保守主义倾向的实用主义者"。此后，他在当年年底瓦尔代国际辩论俱乐部的演讲、2013年发表的国情咨文、年度记者招待会等一系列谈话中数次强调了自己的保守主义价值观倾向。转引自吴恩远：《普京威权统治与保守主义意识形态》，《人民论坛》2014年18期。

等方面具有绝对优势,希望乌克兰能够在政治上倒向西方体系。俄罗斯则凭借资源优势跻身于新兴经济体国家之列,不断以能源和市场为手段迫使乌克兰加入由其主导的独联体一体化。一方面是乌克兰社会在自我摸索国家发展的方向,另一方面周边大国也在竭力争取乌克兰向自己的模式靠拢。每一次乌克兰发生道路纷争时,都会演化成为俄欧之间的地缘政治争夺战。

乌克兰国家独立的过程实际上也是不同价值观的多元化过程,在社会冲突的背后是乌克兰社会的价值观冲突问题。乌克兰在引进了自由主义价值观之后,民族主义、社会主义和保守主义的价值观也获得了广泛的传播。在痛苦的经济转型和政治转轨之中,不同价值观的竞争不但没有削弱,反而愈发紧张。

在乌克兰独立的最初10年里,国内政治纷争不断,经济犹如自由落体式的下滑。直到2000年后,经济才逐渐走出衰退阴影,社会开始思考国家的发展道路问题。围绕国家发展道路的严重冲突在独立后的20余年间已经两次爆发。2004年年末,乌克兰产生了总统选举纠纷,其背后是乌克兰向何处去的国家发展道路危机,是不同价值观斗争的危机。东西部地区选民按照地理分界线被分割成东西两个部分。西乌克兰地区支持尤先科的"欧洲一体化"政策,而东乌克兰地区选民则倾向于与俄罗斯保持特殊的邻国关系。遗憾的是,亲西方政党在"橙色革命"胜利后,并没有能够兑现选举前关于经济发展和政治民主的承诺,而是让国家再一次陷入腐败和内斗的丑闻之中,让打算成为"欧洲人"的西乌克兰人再一次失望。2014年年初,乌克兰再次爆发的政治危机同样也是两种价值观的斗争,导火索是乌克兰是否签署有关欧洲一体化的协定,不同地区和政治力量因此展开了激烈博弈。

二 价值观冲突的形成原因

1. 主体利益矛盾导致的价值观冲突

作为社会意识形态,不同的价值观实质上反映的是不同主体的现实利益。从价值活动主客体来看,由于主体的利益等价值关系的改变,价值主体会重新确立自己的价值目标。在利益的驱使下，主体评价标准之间，判断事物的准则之间难以一致无争，从而使价值选择多种多样，实现价值的手段、过程和结果呈现出新的特色，创造价值的活动必然充满多种目的、行为、观念、意志之间的冲撞和争斗。

首先，乌克兰寡头阶层内部的利益分歧是导致价值观分化的经济基础。乌克兰在独立以后，按照"华盛顿共识"实行了自由市场经济改革，通过大规模的私有化运动消灭了计划经济，形成了一大批富可敌国的寡头阶层，以及数量庞大的贫困化社会阶层。

乌克兰的寡头兴起于库奇马总统大力推行私有化的20世纪90年代中期。在一片混乱中，国有资产的私有化成为寡头瓜分的盛宴，获益者往往是那些接近经济资源的人，如工矿企业管理层、经济管理高级干部。在短短的几年之间，乌克兰就出现了一个超级富豪阶层，他们被称作"寡头"。寡头们先是控制了国家的经济资源，数以千计的工矿企业成为他们的猎物；紧接着，他们又逐渐控制国家的政治机器。寡头们在政治体系中培养代理人，甚至干脆自己进入政府，成为议员和高级官员。可以说，在乌克兰，大商人和官员的界限非常模糊，这是一个特殊的政商阶层——大多数政治家是大商业的代理人，在议会和政府层面代表他们的利益，而寡头自己也成为政治家。在这个政治和商业高度结合的社会体系中，乌克兰大致可以划分出几个大的寡头集团或者派系，如顿涅茨克集团、第聂伯罗彼得罗夫斯克集团以及基辅集团。他们来自不同的产业区，各自拥有自己的政治基础，除了在维护现有格局这一点上有共识外，彼此在许多方面充满了竞争。

在独立后的乌克兰，政府在形式上建立了模仿西方模式的宪政政府。而每个寡头集团则通过建立自己的政党，推举政治代理人的方式参与国家政治生活。例如，基辅集团创建了我们的乌克兰党、乌克兰社会民主党和乌克兰民主改革联盟；第聂伯罗彼得罗夫斯克集团组建了祖国党和人民阵线党；顿涅茨克集团则创建了地区党，成员包括时任州长后来成为总理和总统的亚努科维奇。寡头集团还操纵着全国的媒体系统，主要的报纸、电视台等传媒机构都由他们控股。在这个国家，每个寡头集团都有足够的能力资助并影响政治。

俄罗斯黄皮书

东部地区的顿涅茨克集团的主要商业活动集中于冶金和能源领域。这里包括乌克兰最大的寡头阿赫梅托夫和菲尔塔什，他们的经营活动涉及金融、冶金、能源和商业多个领域，特别依赖于俄罗斯的能源供给和商品市场。保持与俄罗斯的特殊政治和经济关系，是该集团寡头的生存基础。因此，他们支持的地区党在对俄关系和俄语地位等议题上持积极政策。而中西部的寡头集团则较为积极地支持欧洲一体化，反对与俄罗斯保持过于密切的政治经济联系。

其次，新生代乌克兰人与寡头集团的利益矛盾是价值观矛盾爆发的社会基础。这里提及的"新生代乌克兰人"并不是一个地域性、民族性的政治概念，而是特指苏联解体后成长起来的新一代乌克兰人。他们具有全新的历史观和价值观，政治参与积极性较高，对社会现状不满，希望通过参与政治活动改变国家现状，认同欧洲政治民主。①

乌克兰独立以后，国家放开了对公民在政治领域的控制。西方民主价值观通过选举、大众媒体不断影响新生代的乌克兰人。伴随着西方模式政治制度的建立，西方文化在原苏联地区广泛传播。西方电视电影、摇滚音乐的流行以及与西方文化的交流让新生代的乌克兰人认识到不同的世界，更增强了他们对美国和欧洲社会的憧憬。由于乌克兰国内经济不景气，许多年轻人选择了出国打工。在苏联解体的最初10年，乌克兰劳工主要选择去俄罗斯就业，每年在俄罗斯的乌短期劳工数量达150万人。进入21世纪后，随着欧盟东扩和签证制度便利化，大量的乌克兰劳动力开始涌向欧盟国家。根据欧盟劳工组织数据显示，现在在欧盟的乌克兰劳工数量已经超过120万人。② 选择去华沙和柏林学习或就业已经成为乌克兰大学生的主要去向。人员交流的增多增强了新生代乌克兰人对欧盟民主制度的向往。与当权的政治家和垄断国家经济的寡头

---

① 按照2001年的乌克兰国家人口统计数据，出生于20世纪80年代以后的新生代乌克兰人在具有投票权人口中占34%，详见乌克兰国家人口统计数据，http://www.ukrcensus.gov.ua/。
② 根据世界移民组织2012年统计，乌克兰是世界上第五大劳工输出国，每年在国外的劳工数量有600万人。数据来源世界移民组织，http://publications.iom.int/bookstore/free/WMR2013_EN.pdf。俄罗斯国家移民局的数据显示，2012年约135万乌克兰短期劳动移民在俄罗斯工作。数据来源：《乌克兰镜报》，http://zn.ua/UKRAINE/rf-schitaet-ukrainu-glavnym-postavschikov-migrantov-131261_.html。

不同，新生代的乌克兰人更在意欧洲一体化给他们带来的自由权利。

独立 20 多年来，乌克兰不仅存在东西部的地区差异，而且也逐渐与周边邻国拉开差距，从而导致居民在心理层面的感受发生了较大的变化。东西部地区的认同差异也源自特殊的经济布局。乌克兰经济布局以第聂伯河为界划分为东西部，东部地区是工业基地，西部则以农业和服务业为主。东部占经济总量的 2/3，成为国家经济的顶梁柱；西部地区由于产业空心化而导致失业率居高不下，大量劳动力被迫通过合法或非法渠道流向俄罗斯、波兰和德国。进入 21 世纪后，劳工流向欧盟国家的趋势更加明显。可以说，西部地区不仅在文化上亲近欧洲，在经济上更是离不开欧洲。西乌克兰人从自身经济利益出发，希望通过"欧洲一体化"更加便利地获得在欧盟就业的机会。

巨大的经济反差强化了新乌克兰人的"欧洲梦"。独立 20 余年来，乌克兰的发展模式越来越令民众失望，不仅政治一直受困于腐败和党派纷争，经济发展也不尽人意。官方数据显示，2012 年的实际 GDP 仅相当于 1990 年的 69.5%；得益于人口减少，人均实际 GDP 相当于 1990 年的 81.1%。乌克兰与原来水平相仿的邻国波兰相比如今已是天壤之别，GDP 仅为其 1/4。巨大的发展反差坚定了乌克兰融入"欧洲一体化"的决心，越来越多的年轻人幻想通过加入欧盟直接过上好日子。在 2013 年年底的政治骚乱中，年轻人已经成为示威人群中的主力群体，否则无法解释反对派能取得全国性胜利的原因。基辅国际社会学研究所 2013 年 11 月的民调显示，18~29 岁年龄段的受访者对加入欧盟的支持率高达 50.8%，而全国平均值为 39.7%。[①]

乌克兰社会转型已经 23 年，在此期间成长起来的新生代乌克兰人数至少有 1000 万，这是一个数量庞大的社会人群。无论是来自外喀尔巴阡山脉的西乌克兰人，还是来自于克里米亚半岛的东南部乌克兰人，他们都有着一个共同的时代符号——21 世纪的年轻人。进入 21 世纪以来，互联网和信息

---

① 数据来源：基辅国际社会学研究所，http：//www.kiis.com.ua/？lang=rus&cat=reports&id=204&page=1&t=3。

技术迅猛发展，对年轻的乌克兰人影响巨大；他们更多地接触到不同文明和价值观，有着不同于父辈的民族文化黏度。个人主义和自由主义已经成为新乌克兰人的价值观符号，他们有着表达自主政治意愿的"荷尔蒙"。以往的乌克兰政治危机更多意义上是地域性的文化冲突，是不同发展道路的竞争，是不同寡头利益集团在国家政治生活中的占位之争。而此次发生在乌克兰的欧洲一体化危机却是新乌克兰人对于国家命运和自身梦想的价值观抗争。

2. 文化认同差异导致的价值观冲突

民族的价值观念始终与民族的生存活动方式相匹配、相适应，是特定文化环境的产物。不同民族有各自的风俗习惯、文化特点，在历史发展和文化进步的道路上形成各自不同的价值观念。

乌克兰社会基于不同的民族、历史和文化差异形成了差异性较大的文化认同。位于中西部地区的居民主要以乌克兰族为主，他们在历史上对沙皇俄国和苏联时期的统治具有较大的敌意，在文化上具有强烈的乌克兰民族主义情绪，抵触俄罗斯语言和文化，倾向于欧洲文化。乌克兰东部地区居民多以讲俄语居民为主，在历史上曾长期处于沙俄和苏联治下，在宗教、文化上更加亲近于俄罗斯，与独立后的俄罗斯有着密切的经济联系。尽管东部居民也支持自由主义价值观，但是反对割裂与俄罗斯的历史文化联系，希望赋予俄语第二官方语言地位。

由于乌克兰中西部地区和东部地区居民不同的历史文化认识，他们形成了具有地域性的价值观。这些价值观差异也直接影响到他们对国家未来发展道路的理解和选择。2013年年末，时任总统亚努科维奇决定暂停与欧盟签署联系国协定和欧盟自贸区协议，遭到来自中西部地区的政党和选民的强烈不满和抗议。价值观差异在欧洲一体化问题刺激下成为影响政治稳定的主要推手，乌克兰因此陷入国家危机和内战漩涡。

民族国家的重建过程也是国家认同的建立过程，建立统一的民族国家认同需要重新恢复共同的民族文化、语言和历史认识。新生的乌克兰政权从维护国家统一和政权合法性的角度出发，积极构建乌克兰的国家认同，同时民族国家层面上的价值观建设也尤为重要。

乌克兰身处欧盟和俄罗斯之间，两种不同文明之间的竞争自然不可避免。乌克兰作为一个统一的民族国家的历史十分短暂，目前的领土范围是二战后凭借苏联强大的军事实力所赢得的。历史上的乌克兰一直被周边大国分而治之。西乌克兰的加利西亚和沃伦地区在曾长期被波兰—立陶宛大公国统治，而东部地区则长期处于沙皇俄国的控制下。波兰在统治西部地区时期强行推行天主教，压制乌克兰人的东正教信仰；沙皇俄国则在东部地区奉行俄罗斯化政策，坚决打压乌克兰的民族文化和语言。两种不同的文化政策导致乌克兰民族文化出现了两种不同的发展轨迹，西部地区虽然保留了乌克兰语，但是在文化上逐渐波兰化。东部地区的乌克兰则被沙皇俄国视为"小俄罗斯"，处于社会上层的东乌克兰人完全放弃了乌克兰语，成为俄罗斯文化的一部分。我们耳熟能详的19世纪俄罗斯著名作家果戈理就是这样一位具有代表性的乌克兰人。果戈理作为乌克兰贵族，从小接受的是俄语教育，他的著作也都是用俄语写成的。

苏联解体后，乌克兰获得了国家主权独立，但是从民族文化认同角度看却仍处于东西部分裂状态。国家主体认同的缺失是造成乌克兰社会数次政治危机的文化根源。不同的政党把国家认同差异作为选举中动员选民的工具，一次又一次地把乌克兰社会撕裂成东西两个部分。2013年年末，乌克兰爆发的"欧洲一体化"政治危机再次深刻地折射出其国家身份认同的困境。乌克兰作为"夹缝国家"，其无从选择的悲剧色彩在这一场危机中再一次被放大。

乌克兰从属于沙皇俄国比从属于其他国家的历史更长。在沙皇俄国，乌克兰史形同禁学，研究所谓"南俄历史"无偏见的学者，无论是乌克兰人还是俄罗斯人，全都遭到坚持"统一而不可分割的俄罗斯"和大俄罗斯沙文主义立场的沙皇当局的怀疑和迫害。苏联继承沙皇俄国的"统一而不可分割论"，将它改为"统一而牢不可破的联盟"，以"俄罗斯救星论"美化大俄沙文主义，推行史学政治化和意识形态化方针。从20世纪20年代末起，苏联在文化和科学领域开展了反对"敌对意识形态"的斗争，依靠政治高压建立了官方的乌克兰史学。乌克兰史学被贴上"民族主义"的标签，其代表人物被打成"民族沙文主义者"。这类意识形态的整肃，在随后的数十年中反复进行,许多乌克兰史学家受到谴责,罪名是"资产阶级民族主义",实际上就是民族分裂主义。这种政策一直延续到20世纪80年代末。苏联的解体和乌克兰的独立标志着苏联官方修正史的终结,但乌克兰史学政治化的后果异常严重,至今影响尚存。苏联解体后,乌克兰教育体系迅速"去俄罗斯化"。乌克兰中学历史教科书注重突出乌克兰本国的历史,特别是在"颜色革命"之后,对20世纪中的几个重大历史问题进行了重新修订。新中学历史课本大量介绍20世纪共产党政权的政治迫害和镇压、乌克兰民族起义军以及持不同政见运动反抗共产党统治、乌克兰大饥荒的情况等。独立之后进入学校学习的乌克兰人对于本国历史,以及俄罗斯在乌克兰历史中的作用有着不同的认识。语言和历史教育对于新生代乌克兰人的价值观塑造有着决定性的作用,这与那些在苏联时期受教育的退休金领取者记忆中的国家认同存在巨大的差别。

在尤先科时代,政治精英竭力要求人民严格按照民族身份、"历史"和"语言"等符号去划分自己,强迫社会进行价值观认同的再确认,令人们笃信乌克兰人为了从其他民族或者政权中独立出来而进行着战斗。尤先科总统在2010年卸任前授予乌克兰有争议的著名历史人物斯捷潘·班杰拉"乌克兰英雄"称号,这也是引发乌克兰东西部选民矛盾的一个导火索。乌克兰东部地区和俄罗斯把"斯捷潘·班杰拉"称为叛徒和恐怖分子,但乌克兰西部认为,"斯捷潘·班杰拉"是反抗苏共统治、争取乌克兰独立的民族英雄。① 当时作为总统候选人的亚努科维奇表示,尤先科应是整个乌克兰的总统,而不应是乌克兰一个地区的总统。尤先科的举动无助于统一,将进一步

---

① 斯捷潘·班杰拉是乌克兰民族主义分子,二战前曾因参与谋杀波兰政府高官,被波兰方面抓捕入狱。1939年德国入侵波兰后被释放,并随即聚集起一支由乌克兰民族主义者组成的武装力量。在德军入侵苏联后,以斯捷潘·班杰拉为首的乌克兰民族主义者,依附纳粹攻击苏军。不过,试图依靠德国恢复乌克兰独立的斯捷潘·班杰拉,在希特勒那里并不吃香。1941年德军进攻苏联战役打响后不久,斯捷潘·班杰拉就被软禁起来,后来又被送到集中营。但是,由乌克兰民族主义者组成的党卫军加西利亚师,仍然为纳粹效力,并参与了1944年镇压华沙起义的行动。1959年10月15日,斯捷潘·班杰拉在慕尼黑寓所外被苏联克格勃击毙。

造成乌克兰分裂。重新研究这些历史不仅让今天俄乌之间的裂痕不断扩大，而且也在乌克兰社会造成新的民族文化认同危机。在其后的亚努科维奇时代，政治精英则使用经济手段和苏联记忆来强化选民的价值观属性。2012年6月，在乌克兰执政党——地区党主导下，议会通过了《国家语言政策基本原则法》，赋予俄语地区官方语言地位，此举引发反对党的大规模抗议。

无论是哪一个精英集团执政，他们都尝试采用扩大价值观差别的方式来统治国家。要求人们将种族、民族、性别和社会的阶级现象视作各自的固定特征，并将它们诠释为永恒和不可改变的事物。现代民族国家中，多元价值观共存是一种常见的政治现象，不一定导致冲突。但是在乌克兰，由于政治精英将价值观分歧作为其争夺政权和维护执政合法性的工具，基于不同历史文化认同的价值观矛盾便有可能引发冲突。

3. 意识形态矛盾造成的价值观冲突

冷战结束后，原苏联地区的国家和中东欧国家纷纷修改宪法，宣布放弃意识形态垄断模式，实行多元化的意识形态政策。在美国和欧盟（当时的欧共体）等发达资本主义国家的鼓动下，"华盛顿共识"所倡导的自由主义意识形态大行其道。独立的乌克兰也迅速进行了国家政治经济转型，按照世界银行和国际货币基金组织开出的转型药方，建立了西方宪政民主制度和自由市场经济制度。但是，乌克兰的政治经济转型并不顺利，市场经济和私有化不仅没有挽救国家经济，反而使居民生活一落千丈。三权分立、多党制和普选制也未能造就廉价高效的民主政府，腐败、动荡和低能成为乌克兰政治的代名词。国家获得独立虽然已经20余年，但是乌克兰社会一直没有形成主流的意识形态，各种不同的意识形态一直处于分裂和竞争的状态，在精英和政党操作下，国家政治生活一直处于各种意识形态斗争的漩涡之中，导致国家重建和转型过程波折不断。乌克兰存在的意识形态主要有自由主义、社会主义、民族主义和保守主义。在这些不同意识形态和思想竞争的过程中，保守主义和自由主义的冲突最终成为引发2014年乌克兰危机的文化因素。由于乌克兰正处于政治转型期，传统价值观和现代价值观交织在一起，各种不同的政治认知、政治信仰、政治情感等价值观外在的表现都处于混乱状态，因此难以形成稳定的政治环境。意识形态是一个国家的灵魂，统率着全体社会成员行为的一致性。作为上层建筑的组成部分，意识形态是由一定社会经济状态决定并为其服务的。不同种类的意识形态承担着不同的社会政治功能，大致可分为两种基本类型：一种是为现行制度和秩序的合理性进行辩解的"统治型"意识形态；另一种则是批判现有制度与秩序，鼓动重建更为合理的新秩序，并动员进行根本性社会变革的"革命型"意识形态。

如果说全球化中的价值认同代表的是与异质化相对立的同质化、与特殊化相对立的普遍化，那么，全球化中的民族认同则正好代表与同质化相对立的异质化、与普遍化相对立的特殊化。令人感兴趣的是，近代以来全球化的发展以及作为全球化之前提和基础的价值认同的强化，不仅始终没有淡化或消解掉民族认同问题，反而一次又一次激起民族文化的认同危机和认同追求。并且，全球化运动中的价值认同越广泛，与之对立的民族认同问题就会越突出，由此引发的不同民族的价值观，特别是发达国家与后发国家的价值观冲突也就越普遍和激烈。

三 结语

首先，主流价值观缺失是导致乌克兰危机的深层次原因。多元价值观并存不一定是坏事，因为它表明整个社会的开放，表明社会政治的清明，同时也表明人们行为选择的自主自由程度以及选择的丰富性多样性。社会转型过程实质上是一种社会现代化过程，因此它应该是有序的、渐进的和可控制的。关键在于：在多元价值观并存的情况下，如果缺乏一种主导价值观，人们在不同价值观导向下的行为选择将会变成一种"无主题变奏"，呈现出一派无序与混乱景象。2014年的乌克兰危机就是在主流价值观缺失下出现的政治行为失范，是不同价值观对抗和竞争的一种极端情况。

其次，外部压力是导致乌克兰价值观矛盾激化的主要原因。定期选举制度的存在，使得选民可能通过选举表达对不同价值观的好恶。只要这些价值观不是对抗性的竞争，一般情况下不至于导致国家分裂和社会革命。由于乌克兰特殊的地缘政治环境，俄罗斯与美国为首的西方集团关系紧张，双方将乌克兰的价值观竞争视为自己的价值观体系竞争，因此在处理危机过程中往往采取"零和游戏"的方式。西方影响乌克兰发展道路选择还有其意识形态的目的。西方集团希望把乌克兰纳入西方政治经济体系，目的在于消除原苏联地区出现的反民主化潮流。苏联解体后，原苏联地区的国家虽然接受了西方的宪政民主制度，按照三权分立、自由选举原则建立了国家政治体系，但是在实践中却多流于形式，形成了权威主义色彩浓重的政治体制。美国前国务卿希拉里就表示："乌克兰危机是一场价值观冲突。"[1] 最终，外部大国因素将乌克兰的价值观冲突催化成国家危机和内战。

---

[1] Clinton walks a 'fine line' on Putin by Tom Cohen, CNN, http://www.cnn.com/2014/03/19/politics/clinton-russia/.

Y.23
乌克兰危机一年综述

孙辰文*

摘 要： 2013年11月乌克兰政府暂停签署与欧盟的联系国协定，引发政权更迭和克里米亚脱乌入俄的严重后果。危机的进一步升级使乌克兰国内政局、外交政策、经济发展发生了根本性的转变。危机使俄美欧关系面临严峻考验。西方对俄的制裁对俄罗斯经济，乃至世界经济都产生了不容忽视的影响。

关键词： 乌克兰危机　克里米亚　俄美关系　俄欧关系　经济制裁

2013年11月21日，乌克兰政府宣布暂停与欧盟签署联系国协定及"深入而全面的自由贸易协定"准备工作，导致"亲欧"政治力量及民众的强烈抗议，最终演化为举世瞩目的流血事件和政权更迭，引发了乌克兰独立以来最严重的政治危机。新政权重新启动"西进"进程，激化了国家东西部矛盾，乌国内经济陷入濒临破产的窘迫境地，俄罗斯、美国和欧盟纷纷介入，形成冷战后最严重的大国对抗。

一　乌克兰政权更迭与克里米亚脱乌入俄

2012年5月乌克兰政府已经与欧盟完成联系国协定的草签。但在协议

---

* 孙辰文，中国社会科学院俄罗斯东欧中亚研究所乌克兰室助理研究员。

正式签署前，乌克兰政府认为欧盟并不打算对乌克兰失去关税同盟市场造成的损失做出补偿；乌政府也不希望受制于国际货币基金组织所提出的提高天然气价格的要求。2013年11月21日，乌政府宣布暂停与欧盟签署联系国协定。乌克兰反对派对此做出强烈反应。主张"西进"的势力决定在位于市中心的独立广场组织无限期抗议行动。22日深夜，约1500名民众开始在独立广场聚集，"祖国党"领导人阿·亚采纽克、"改革民主同盟"领导人维·克利奇科、"自由党"领导人奥·佳格尼博克和前内务部部长尤·卢岑科等来到广场声援，并呼吁民众于24日在基辅市中心举行持续性抗议活动，意在迫使当局通过欧洲一体化法案。

乌克兰政府对拒签协定的经济理由进行了解释，但无法令民众信服。抗议行动于11月24日升级，人数达到数万人，并与警察在政府办公大楼附近爆发大规模冲突。11月29日深夜，乌克兰内务部所属"神雕"特警队在独立广场发动清场行动，使用橡皮棒、催泪瓦斯驱散示威人群。12月1日，数万市民再次走上街头，要求解除内务部部长维·扎哈尔琴科职务并解散内务部"神雕"特警队，示威者与护法人员在总统办公厅大楼附近发生冲突。之后，示威者在独立广场搭建帐篷，准备长期坚守，并要求乌克兰领导人下台。12月8日清晨起，独立广场再次掀起抗议高潮，示威者手持乌克兰国旗、反对党党旗、欧盟旗帜涌入广场。"祖国党"领导人亚采纽克强调，反对派提出的政府辞职、提前举行选举、回归2004年版宪法的要求不会改变。抗议行动最终迫使阿扎罗夫总理于2014年1月28日宣布辞职。2月3日亚采纽克在议会发表演说，要求议会通过2004年版宪法的决议，示威人群聚集在议会大厦前向议会施压，部分激进分子闯入位于市中心的建筑物中，向过往车辆和执法民警投掷石块。据乌卫生部公布的数字，骚乱造成80人死亡，577人受伤。

局势失控后，亚努科维奇总统于2月22日出逃，雷巴科议长辞职，"祖国党"领导人图尔奇诺夫当选新议长。在图尔奇诺夫主持下，议会通过了释放反对派精神领袖季莫申科、恢复2004年版宪法、于5月25日提前举行总统选举的一系列决议。议会还解除了亚努科维奇的总统职务，由议长图尔奇诺夫担任代理总统。欧洲委员会、美国国务院先后表态，亚努科维奇已失去合法性，他们将与乌新政府进行合作。

2013年11月21日乌克兰政府宣布暂停与欧盟签署联系国协定的次日，克里米亚最高苏维埃主席团发表声明，支持乌克兰政府做出的决定，认为这对发展与俄罗斯和独联体的经济联系是必需的。声明还指出，反对派领导人破坏乌克兰稳定的企图不符合乌民众的现实利益。11月24日，克里米亚首府辛菲罗波尔的3000名市民在位于市中心的列宁广场举行集会，要求恢复1992年宪法，其中规定克里米亚作为自治共和国拥有对外政策的制定权，并设有自己的总统。2014年2月28日，克里米亚最高苏维埃任命克里米亚社会政治运动"统一俄罗斯"领导人谢·阿克谢诺夫为克里米亚政府总理。后者立即宣布举行克里米亚自治地位问题的全民公决。3月11日，克里米亚最高苏维埃在100名议员全部出席的情况下以78票赞成，通过了支持克里米亚独立并加入俄罗斯联邦的宣言。俄罗斯外交部随后表示，莫斯科认为克里米亚议会通过的独立宣言绝对合法，莫斯科尊重克里米亚全民公决的结果。3月16日，克里米亚举行全民公决。投票结果显示，赞成克里米亚脱离乌克兰加入俄罗斯的人数达到95.7%。克里米亚最高苏维埃随后决定将国名更改为克里米亚共和国，取消自治二字。3月18日，俄罗斯与克里米亚签订了关于克里米亚共和国和塞瓦斯托波尔市加入俄罗斯的条约。2014年3月20日，俄罗斯国家杜马以443票的表决结果，通过了关于克里米亚和塞瓦斯托波尔加入俄罗斯及与俄一体化过渡期的联邦宪法法案。2014年3月21日，普京总统签署了这一法案。

二 危机对乌克兰政局的影响

1. 总统、议会选举提前到2014年举行

2014年5月25日，乌克兰举行了新的总统选举，波罗申科以54.7%的支持率当选乌克兰第五任总统。6月7日，波罗申科在总统就职仪式上承诺：在保持国家领土完整的基础上实现国家统一；强调欧洲一体化方针不动摇；希

望与欧盟签订的联系国协定成为最终加入欧盟的步骤①。9月25日,波罗申科举行首次新闻发布会,推出了名为《2020年战略》的改革计划。其主要内容是:强调改革对于乌克兰加入欧盟的重要性;提出到2020年将预算赤字从2014年的10%降低到3%,将国债从2014年占国内总产值的67.6%缩减到60%,将通货膨胀率从2014年的19%降低到1.7%,将军费支出从当前占国内总产值的1%提高到5%,军队人数从当前的每千名居民中有2.8名军人提高到7名;力争降低乌克兰对俄罗斯能源的依赖性,到2020年将进口俄罗斯天然气从当前占国内能源比重的60%减少到不超过30%②。

2014年10月26日,乌克兰举行议会选举,有6个政党进入议会。亚采纽克总理领导的"人民阵线"的得票率为22.14%,波罗申科领导的"波罗申科联盟"为21.81%,"自救党"为10.97%,"反对派同盟"为9.43%,"激进党"为7.44%,"祖国党"为5.68%。"波罗申科联盟"在议会中拥有83个议席,"人民阵线"在议会中拥有40个议席,"反对派联盟"在议会中拥有32个议席。波罗申科总统在新一届议会成立后发表讲话指出:乌克兰语作为唯一的国家语言在增进社会与国家凝聚力方面极其重要;乌克兰主张国家实行单一体制,不可能实行联邦制;必须放弃国家的不结盟地位;必须增加军费开支,对乌武装力量进行现代化改造③。

2. 乌共遭到新政权严厉打压

2014年5月初,乌共领导人西蒙年科发表讲话,指责新政权在东部地区发动的特别行动是"反人民的战争",称假如他是国家领导人,将尽快从东南部地区撤出军队。代总统图尔奇诺夫立刻做出反应,要求司法部调查乌共的行动并研究采取法律手段禁止乌共活动的可能性。乌克兰司法部随后要求总检察院和国家安全局对乌共的活动展开调查。7月22日,波罗申科总

---

① Порошенко пообещал сплотить Украину. http://ua.rian.ru/analytics/20140607/352620880.html.

② Порошенко презентовал пакет реформ и обрисовал перспективы достижения мира. http://rian.com.ua/politics/20140616/353349357.html.

③ Порошенко презентовал пакет реформ и обрисовал перспективы достижения мира. http://rian.com.ua/politics/20140616/353349357.html.

统签署法案,赋予议长解散议会内乌共党团的权力。乌议会于7月23日举行会议,议长图尔奇诺夫宣布解散议会内的乌共党团。"自由党"议员要求立刻将乌共领导人驱逐出议会大厅,两党议员随后发生殴斗,乌共议员以全体退场的方式表示抗议。在10月26日举行的议会选举中,乌共终因支持率未能超过5%而败北,历史上首次未能进入议会。

3. 中央政权与东部形成对立

克里米亚加入俄罗斯对乌克兰东部地区产生了巨大影响。2014年3月22日,数千民众手持俄罗斯联邦和乌共旗帜,以及写有"亚努克维奇是我们合法的总统"的标语,在顿涅茨克举行集会。4月5日,数百名手持俄罗斯国旗的"东部阵线"成员在顿涅茨克市举行集会,要求举行明确该州地位的全民公决,认为实行联邦制是生活在这个国家的前提条件。4月7日,顿涅茨克的示威者宣布成立顿涅茨克人民委员会和"哈尔科夫人民共和国",不再承认基辅官方以及由其任命的州长谢·塔鲁达,推举抗议行动领导人帕·古巴列夫为"人民的州长"。之后,抗议行动蔓延到顿涅茨克州的其他城市,如斯拉维扬斯克、马利乌波里、叶纳季耶沃和克拉玛托尔斯克。

2014年5月11日,顿巴斯地区举行全民公决。96.2%的卢甘斯克居民和89.7%的顿涅茨克居民赞成独立。乌克兰代总统图尔奇诺夫认为此次全民公决不具有任何法律效应,组织者应为此承担刑事责任。波罗申科上台后提出调解乌克兰东部危机的和平方案,共有15项步骤,其主要内容是:免除放下武器且未实施严重犯罪行为者的刑事责任;在冲突地区设立10公里的缓冲地带;非法武装组织从该地区撤离;建立安全走廊以便俄罗斯和乌克兰的军事力量撤离;非法武装人员占领的州政府办公大楼应交还当局;地方权力机关、电视台和广播电台应重新开始工作;选举地方执委会;修改宪法,对俄语加以保护①。6月26日,"顿涅茨克人民共和国"领导人杰·普西林宣布,"顿涅茨克人民共和国"和"卢甘斯克人民共和国"将于11月2日举行选举,选出

---

① Порошенко обнародовал мирный план по урегулированию ситуации на Востоке. http://rian.com.ua/politics/20140620/353672403.html.

共和国领导人和"人民委员会"议员。9月5日,俄罗斯、乌克兰、欧安组织三方磋商小组在明斯克就乌克兰问题进行磋商,达成停火协议,主要内容是:不使用重型武器,交换被俘人员,开通人道走廊①。11月22日,顿巴斯地区的选举举行,伊·普罗特尼茨基当选"卢甘斯克人民共和国"领导人,亚·扎哈尔琴科当选"顿涅茨克人民共和国"领导人。

根据联合国公布的数据,从2014年4月中旬基辅当局在顿巴斯地区发动反恐行动起到2014年年底,军事行动已造成平民死亡5187人,受伤11515人,上百万人被迫逃离家园。联合国秘书长潘基文在评述2014年"热点问题"时表示,乌克兰东部地区的危机威胁着欧洲的安全与稳定,唤起了欧洲冷战的阴影②。

三 危机对乌克兰外交的影响

1. 乌克兰与俄罗斯关系全面恶化

乌克兰新政权谴责俄罗斯支持执行"反人民政策"的亚努克维奇政权、俄罗斯侵吞克里米亚、支持乌克兰东南部地区的民间武装。波罗申科上台后决定彻底中断与俄罗斯在包括军工在内的一系列战略领域的合作。乌国家安全与国防委员会通过了单方面划定乌俄边界的决定③。2014年1~7月,乌对俄出口减少23.7%,1~8月,乌对关税同盟成员国的出口减少30%,而对欧盟国家的出口则增长15%④。2014年上半年,俄罗斯以乌克兰拖欠费用为由停止向乌克兰供应天然气,6月6日起,在乌偿付了部分欠费并开始

---

① Стороны договорились об отводе тяжелой техники и обмене пленных – ОБСЕ. http://rian.com.ua/politics/20140905/356778867.html.
② Кризис в Украине возродил призраки холодной войны в Европе - генсек ООН. http://rian.com.ua/economy/20140915/357100814.html.
③ СНБО принял решение о демаркации границы с РФ. http://rian.com.ua/economy/20140930/357680455.html.
④ Украина сократила экспорт в РФ за январь-июль на 24% - Госстат. http://rian.com.ua/economy/20140930/357675181.html; Экспорт Украины в ТС упал за 8 месяцев на 30%, в ЕС - вырос на 15% - МИД. http://rian.com.ua/politics/20140528/350998018.html.

支付预付款后恢复供气。2014年，乌克兰从俄罗斯进口天然气145亿立方米，比上年减少113亿立方米；从欧洲进口天然气51亿立方米，比上年多进口30亿立方米，其中从斯洛伐克进口36亿立方米，从波兰进口9亿立方米，从匈牙利进口6亿立方米①。从欧洲国家反向供应天然气只能满足乌克兰最低需求的70%。2014年，乌克兰消费天然气426亿立方米，比上年减少16%。消费减少主要来自工业生产与运输部门。2014年，居民消费天然气151亿立方米，比上年减少10%②。

2. 乌克兰与欧盟签订自贸区协议

2014年3月13日，乌克兰议会通过了关于恢复被前政权放弃的欧洲一体化方针的决议，亚采纽克政府重新与欧盟就签订联系国协定问题进行谈判，3月21日，与欧盟签订了联系国协定的政治部分。4月3日，欧洲议会通过了临时（到11月1日）取消乌克兰商品进口税的决定，免税幅度达到98%。6月27日，乌克兰与欧盟在欧盟夏季峰会上签订了包括乌克兰与欧盟建立自由贸易区在内的联系国协定的经济部分。9月12日，俄罗斯、欧洲委员会和乌克兰三方在布鲁塞尔举行部长级会晤，商定自2014年11月1日起将享有优惠权的乌克兰商品进入欧盟市场的期限延长到2015年12月31日，自贸区协议也将到那时生效。俄方承诺在此期间不对俄罗斯市场的乌克兰免税商品采取保护性措施。欧盟允许乌克兰公司在自贸区协议生效前对欧盟市场出口商品免征关税；而欧盟公司只能自2016年起享有向乌克兰市场出口商品免征关税的待遇③。9月16日，乌克兰议会以355票赞成批准了联系国协定。欧洲议会也于同日以535票赞成、127票反对、35票弃权的结果批准了欧盟与乌克兰的联系国协定。截至2015年年初，已有13个欧盟国家批准了与乌克兰签订的联系国协定。

---

① Украина в 2014 г импортировала из ЕС на 60% больше газа, чем в 2013. http://rian.com.ua/economy/20150105/361740565.html.

② Украина в 2014 году сократила потребление газа на 16% - "Нафтогаз", http://rian.com.ua/economy/20150115/362091041.html.

③ Парламенты Украины и ЕС ратифицируют соглашение об ассоциации. http://rian.com.ua/politics/20140916/357112719.html.

3. 奉行加入北约方针，废除不结盟地位法案

克里米亚危机后，乌克兰国内希望加入北约的呼声再起。波罗申科上台后就乌克兰是否加入北约问题表示：乌克兰需要与美国和欧盟签订新的安全协议，以便得到安全保护；但加入北约的前提是得到大多数乌克兰公民的赞成，目前尚未形成这种多数；他将争取与美国和欧盟结成新的安全联盟并尽快开始谈判①。7月14日，乌克兰外长克里姆金与北约秘书长拉斯姆森讨论了发展双方"特殊伙伴"关系的问题。7月21日，波罗申科接受CNN采访时表示，乌克兰可以作为非北约成员国向美国请求主要同盟国的地位。8月7日，拉斯姆森表示，北约的大门对乌克兰是敞开的。2008年北约布加勒斯特峰会通过决议，提出每个国家都有权决定自己的发展方向，北约尊重乌克兰现行法律所规定的不结盟地位，如果乌克兰决定修改法律，北约同样会尊重。他还表示，北约已经制定完成与乌克兰合作的一揽子计划，其中包括军人培训、提供武器、建立"危机协商"机制等②。

9月3日，乌克兰政府通过了关于取消乌克兰不结盟地位并且奉行加入北约方针的决议。同日，在爱沙尼亚访问的美国总统奥巴马发表讲话指出，北约应采取具体步骤帮助乌克兰提高国防能力，呼吁北约不要拒绝接受新的国家③。但9月5日北约峰会只同意在北约与乌克兰委员会框架内扩大战略协作。拉斯姆森表示，北约对乌克兰的支持是具体而现实的，已制定了能够使乌克兰保障自身安全的全面措施④。2014年12月3日，"人民阵线党"议员向议会提交了关于废除乌克兰不结盟地位的法律草案。该党议会党团领导人图尔奇诺夫表示，废除不结盟地位法案的目的很明确，那就是为未来加入

---

① Порошенко: Украине нужно новое соглашение безопасности с США и ЕС. http://rian.com.ua/politics/20140528/350998018.html.

② Предложения по сотрудничеству с НАТО уже подготовлены. http://rian.com.ua/politics/20140807/355757346.html.

③ Обама призвал НАТО быть открытой для новых членов. http://rian.com.ua/world_news/20140903/356685859.html.

④ НАТО расширит стратегические консультации с Украиной - коммюнике. http://rian.com.ua/world_news/20140904/356741631.html.

北约创造条件。2014年12月16日，亚采纽克在布鲁塞尔北约总部表示，9个月以前他曾在此表示乌克兰近期不考虑加入北约问题，但今天的乌克兰将按照加入北约的"路径图"采取行动：废除不结盟地位，进行成为北约成员国所必需的政治、安全、经济和司法领域的改革，以全民公决的形式做出决定①。12月23日，乌克兰议会以303票赞成通过了国家放弃不结盟地位、重新奉行加入北约方针的法案。乌克兰外交部发言人别列比尼斯表示，废除不结盟地位后乌克兰能够更加积极地发展与北约成员国的关系。波罗申科也发表讲话称，签署废除乌克兰不结盟地位的法案是对前任总统的战略性错误进行修正，这将为乌克兰在未来的五六年间解决加入北约问题提供保证②。最新的社会调查数据显示，只有近半数乌克兰人赞成加入北约。此外，北约明确要求成员国家加入前不存在领土纷争。乌共领导人西蒙年科指责议会的决定是犯罪，放弃不结盟地位将使社会矛盾更加深化，使乌克兰与伙伴国家的相互关系更为复杂③。北约对此决定表示尊重。俄罗斯外长拉夫罗夫则表示，乌克兰放弃不结盟地位的举动将适得其反，正确的做法应该是与全体人民对话，进行符合各地区、各党派利益的宪法改革④。

四 危机对乌克兰经济的影响

克里米亚加入俄罗斯导致乌近220亿格里夫纳流失，严重削弱了乌克兰银行系统的流动性。经济形势恶化迫使乌克兰居民提取现金，以尽可能降低因通货膨胀造成的损失。乌克兰许多商业银行自2014年3月起已无法从国家银

---

① Яценюк: мы будем следовать дорожной карте для вступления в НАТО. http://rian.com.ua/politics/20141215/360856948.html.
② Пресс-конференция Порошенко и старые проблемы "нового народа". http://rian.com.ua/columnist/20141230/361592802.html.
③ Симоненко: решение Рады отменить внеблоковый статус - преступно. http://rian.com.ua/politics/20141223/361264507.html.
④ Лавров: принятие закона о внеблоковом статусе Украины контрпродуктивно. http://rian.com.ua/russia/20141223/361261705.html.

行获得资金，无法满足储户提现要求。部分失去支付能力的银行将偿付储户债务的义务转嫁给国家，进一步加重了国家的财政负担。亚采纽克担任总理后，继续采取向国际金融机构申请财政援助贷款的政策。2014年，乌克兰政府总共筹集到86亿美元的贷款，其中向国际货币基金组织申请贷款46亿美元，向欧盟申请贷款11亿美元，向欧洲复兴开发银行申请贷款12亿美元，向德国申请贷款16亿欧元。乌克兰经济之所以能避免总破产，主要依靠上述贷款和美国、加拿大政府的财政援助。但这些信贷都有一定的政治条件。2014年3月28日，国际货币基金组织与乌克兰政府达成提供140亿~180亿美元贷款的协议，同时要求乌改革货币、外汇、财政、能源和预算政策；在国家管理、治理腐败、提高政府透明度、改善商业环境方面进行改革；将天然气价格提高到市场水平、缩减电费补贴；加强对预算收入与支出的监控，将预算赤字减少到国内总产值的2.5%①。2015年1月，亚采纽克总理表示，2014年乌国内生产总值缩减7.5%，通货膨胀率为21%②。2014年乌克兰货币对美元贬值1/3。2014年年底乌国债总额上升到697.94亿美元，其中国内债务总额310亿美元，外债387.92亿美元，占国内总产值的60%，2013年年底是40.4%③。国债一旦超过国内总产值的60%，对于借款国意味着收回贷款将面临很大问题。2013年12月17日，普京和亚努克维奇签订协议，俄罗斯向乌克兰贷款150亿美元作为乌克兰拒绝与欧盟签订联系国协定的补偿。首批30亿美元贷款于2013年12月23日拨出。借款合同规定，乌克兰国债超过国内总产值的60%后，俄罗斯可以要求提前偿还资金。亚采纽克政府奉行的扩大国家债务的政策为俄罗斯创造了要求提前偿还贷款的条件。除此之外，2015年乌克兰还必须偿付63亿美元的外债以及13亿美元的金融服务费，加上应该偿还的国内债务和债务服务费，总共需要偿付的账面数额将达到165亿美元。

---

① МВФ намерен предоставить Украине MYM14-18 млрд в течение двух лет. http://rian.com.ua/economy/20140327/342080682.html.

② Яценюк: выплаты Украины по долгам в 2015 г составляют MYM11 млрд. http://rian.com.ua/economy/20150113/362000071.html.

③ Государственный долг Украины: пиковые выплаты еще впереди. http://rian.com.ua/economy/20150128/362672394.html.

五 乌克兰危机对大国关系的影响

克里米亚危机后,西方对俄实施了多轮制裁。奥巴马于2014年3月17日签署命令,对俄罗斯高层官员实施制裁,包括联邦委员会主席马特维延科、副总理罗戈金、总统助理弗·苏尔科夫、总统顾问谢·格拉济耶夫等。俄罗斯外长拉夫罗夫3月21日警告美国,实施经济制裁是美国的权利,但制裁将对世界经济产生负面影响。欧盟4月29日对包括俄罗斯副总理德·科扎克、武装力量总参谋长瓦·格拉西莫夫、情报局局长伊·谢尔贡等人实施制裁。5月12日,欧盟再次将13名涉嫌激化乌克兰局势的人列入制裁人员名单,包括总统办公厅第一副主任维·沃罗金、空降兵司令弗·沙马诺夫上将、国家杜马宪法立法和国家建设委员会主席弗·普利津、斯拉维扬斯克市"人民市长"维·波诺马廖夫。欧盟还宣布冻结塞瓦斯托波尔"费奥多西娅公司"和克里米亚"黑海石油天然气公司"的资产。6月20日,美国再次扩大了制裁名单,被列入制裁名单的有"卢甘斯克人民共和国"领导人瓦·博洛托夫、"顿涅茨克人民共和国"武装力量司令伊·吉尔金(斯特列尔科夫)、斯拉维扬斯克市"人民市长"维·波诺马廖夫、"顿涅茨克人民共和国"最高苏维埃主席杰·普西林等。2014年7月12日,欧盟也扩大了制裁范围,被列入制裁人员名单的共11人,包括"顿涅茨克人民共和国"总理亚·博洛达伊、"卢甘斯克人民共和国"总理马·巴希洛夫、"卢甘斯克人民共和国"最高苏维埃主席阿·卡里亚金等人。7月17日,美国开始针对俄罗斯的公司实施制裁,包括"玄武岩"公司、乌拉尔机车车辆制造厂、"无线电电子技术"康采恩、"星座"康采恩、"卡拉什尼科夫"康采恩、仪器仪表制造设计局、机器制造科研生产联合体,俄罗斯石油公司,最大独立天然气生产企业"Новатэк"、天然气工业银行、外经银行。加拿大也将俄罗斯国防与能源公司列入制裁名单。欧盟7月26日宣布将联邦安全局局长亚·波尔特尼科夫、对外情报总局局长米·弗拉德科夫、联邦安全会议秘书尼·帕特鲁舍夫等15人列入制裁名单。7月31日,欧盟再次出台新的对俄制裁措施,对俄罗斯能源部门一系列产品的出口实行发放许可证制度,禁止向俄罗斯出售技术和用于开采深海石油、北极地带石油、页岩油的开采设备,禁止向俄罗斯提供武器和军民两用产品。2013年,欧盟从俄罗斯进口武器和相关技术32亿欧元、出口3亿美元,军民两用产品贸易额200亿欧元。欧洲委员会指出,对俄罗斯经济部门实行制裁所涉及的出口商品总额约为每年1.15亿欧元。但德国汽车制造联盟主席汉斯·赫森表示,针对俄罗斯的制裁将严重打击德国的汽车制造业。2013年俄罗斯进口德国汽车总额达到70亿欧元①。欧盟还宣布自8月1日起禁止投资者购买俄罗斯国有银行发行的股票和债券。美国对俄罗斯外贸银行、莫斯科银行、俄罗斯农业银行采取制裁措施,禁止美国公民和公司拥有上述银行新发行的股票,冻结联合造船企业在美国的资产并禁止该企业与美国法人和公民的一切业务。2014年9月12日,欧盟与美国公布了新的针对俄罗斯的制裁措施。欧盟在此次制裁行动中将24名涉嫌参与有损乌克兰领土完整的人列入黑名单,包括顿巴斯新任领导人、克里米亚政府成员和俄罗斯高层官员和寡头。11月29日,欧盟公布了新的制裁名单,共有13位个人和5个社会组织被列入制裁名单。至此被欧盟列入制裁名单的人数已经上升到132人和28家公司。12月20日,奥巴马宣布对克里米亚实行经济封锁,禁止与克里米亚进行商品、技术和服务的进出口,禁止向克里米亚投资;呼吁俄罗斯停止支持乌克兰东部地区分离主义者并履行明斯克协议所规定的义务。欧盟国家外长会议于2015年1月30日通过决议,将针对俄罗斯和民间武装人员采取的制裁行动延长到2015年9月。

西方对俄制裁范围涉及金融、能源、国防等核心领域,致使俄罗斯出现经济增长停滞、资本外逃增加、外国投资减少、卢布严重贬值等问题。普京承认,西方制裁使俄罗斯经济的外部环境严重恶化,但是俄罗斯不会屈服。在2014年12月4日发表的国情咨文中,普京不仅指责西方国家企图以"新

---

① Санкции против России ускоряют падение доллара. http://rian.com.ua/world/20140801/355557337.html.

铁幕"围堵俄罗斯,而且还表示,俄罗斯将为吸引投资而实施一系列新政策。他呼吁民众自力更生、共渡难关。① 但制裁是"双刃剑",实施制裁一方也会因此而蒙受损失。为了应对美国和欧盟的制裁,俄罗斯自2014年7月起阶段性地对欧盟的奶制品、肉制品、果蔬类、鱼类采取限制进口的措施。8月6日,普京总统签署命令,禁止或限制对俄罗斯实施制裁国家的农产品、原料、食品进入俄罗斯。欧盟每年进口俄罗斯市场的蔬菜、水果总量为90亿~100亿美元。根据欧洲委员会的评估,由于制裁俄罗斯,2013年欧盟的国内总产值至少下降0.3%,2015年有可能下降0.4%②。

---

① Послание Путина Федеральному собранию РФ. http://rian.com.ua/video/20141204/360344620.html.
② Война санкций: Россия наносит ответный удар. http://rian.com.ua/world/20140808/355780196.html.

附　录

Y.24 俄文摘要

Россия в капкане украинского кризиса

Ли Юнцюань①

Анализ политической ситуации в России в 2014 г.

Пан Дапэн

Аннотация: В 2014 г. политическая ситуация в России в основном

---

① Ли Юнцюань — директор Института России, Восточной Европы и Центральной Азии КАОН, ведущий научный сотрудник, руководитель Исследовательского центра КАОН «Один пояс – один путь».

оставалась стабильной. Политическое развитие, экономическое положение и международные отношения оказывали друг на друга взаимное влияние. На выборах в органы местного самоуправления сработал политический феномен негласной договоренности между основными парламентскими партиями, однако результатом этого стал недостаток конкуренции в политической системе, что в конечном счете привело к регрессивному политическому эффекту, – движение политического протеста постепенно переродилось в движение протеста социального. «Российский консерватизм», став политической идеологией, получил широкое признание российского общества. Являясь важной составной частью процесса перемен и мирового развития, России необходимо заново выстроить отношения с внешним миром. На сегодняшний день Россия пока не смогла интегрироваться во внешний мир и достичь сбалансированного сосуществования с ним. Между внутрироссийской ситуацией и тем, какие изменения происходя вовне, с каждым днем растет напряжение, российские антизападные и изоляционистские настроения оказывают глубокое и долгосрочное влияние на отношения России и внешнего мира.

Ключевые слова: политический регресс, политическая концепция, внешний мир, антизападизм, изоляционизм.

Об авторе: Пан Дапэн – ведущий научный сотрудник Института России, Европы и Центральной Азии КАОН, заведующий Отделом исследований российской политики, общества и культуры.

Решительнее отвечать на внешние вызовы, мягче планировать внутреннее развитие – изложение и комментарии к посланию Президента В. Путина Федеральному собранию РФ 2014 г.

Ли Чжунхай

Аннотация: С конца 2013 г. и в течение 2014 г. во внешнеполитическом окружении России происходили крупные перемены, отношения между Россией и Западом скатились к самой нижней точке со времен окончания холодной войны. Западные санкции и падение мировых цен на нефть – два наложившихся друг на друга фактора, которые привели к ситуации растущей стагнации в российской экономике. В своем ежегодном послании Федеральному собранию Президент В. Путин подробно изложил курс российской внешней, экономической и социальной политики. В решительной и сильной манере он выразил необходимость адекватного ответа России на возрастающее давление со стороны западных стран, и в мягкой манере выдвинул новые социально-экономические планы. Оценка послания Президента Федеральному собранию у западных стран и у российского народа разная, – западные страны продолжают критиковать внутреннюю политику путинской власти, а в России рейтинг В. Путина по-прежнему продолжает оставаться высоким.

Ключевые слова: Россия, Путин, Послание Федеральному собранию РФ, внешняя политика, экономическая и социальная политика.

Об авторе: Ли Чжунхай – ведущий научный сотрудник Института России, Европы и Центральной Азии КАОН, выпускающий редактор

журнала «Российские, европейские и центрально – азиатские исследования».

Рост слабости, на пороге спада – анализ экономической ситуации 2014 г. в России и прогноз экономического положения на 2015 г.

Чэн Ицзюнь

Аннотация: Рост ВВП в России в 2014 г. составил 0,6% – это самый низкий показатель за последние 15 лет, исключая годы международного экономического кризиса. Инвестиции в основной капитал уменьшились, масштабы строительства заметно сократились, импорт и экспорт упали, рост потребления замедлился. Уровень инфляции за последние шесть лет достиг самых высоких показателей. В то же время слабеет и промышленное производство, и сельское хозяйство, уровень жизни населения повышается незначительно. Многочисленные внутренние факторы, накладываясь друг на друга, породили кризис российской валюты, и самая большая проблема заключается в том, что данный кризис наносит серьезнейший вред экономическому развитию России. Нельзя сказать, чтобы в 2015 г. российская экономика не испытывала глобальной угрозы обрушения, но российское правительство по – прежнему обладает сравнительно высокой способностью преодоления кризиса, поэтому таких чрезвычайных ситуаций, как, например, нарушение договоров по долговым обязательствам и т. п. , возникнуть не должно.

Ключевые слова: Россия, спад экономики, девальвация рубля.

Об авторе: Чэн Ицзюнь – заведующий Отделом российской экономики Института России, Европы и Центральной Азии КАОН, ведущий научный сотрудник.

Российские валютные запасы: какой избрать сценарий

Чжан Цунмин

Аннотация: В настоящей статье рассмотрена динамика изменения российских запасов твердой валюты, начиная с 2013 г. , проанализированы особенности структуры валютных запасов, их основные источники и статьи расходов. На фоне действия европейских и американских санкций и падения мировых цен на нефть происходит значительная девальвация рубля. В целях сохранения курса рубля Центробанк России уже израсходовал значительную часть валютных резервов. Если международная и внутрироссийская обстановка не изменятся, то валютные резервы окажутся под угрозой истощения. По всей видимости, в обозримом будущем российским органам макроэкономического управления, помимо тактики поддержания стабильности рубля, придется принимать и другие необходимые меры, чтобы обеспечить Центробанку сохранность минимальных валютных запасов.

Ключевые слова: Россия, валютные резервы, девальвация рубля.

Об авторе: Чжан Цунмин – заместитель заведующего Отделом стратегии Института России, Европы и Центральной Азии КАОН, ведущий научный сотрудник.

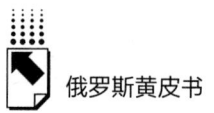
俄罗斯黄皮书

Новое в развитии российско-китайского экономического и торгового сотрудничества

Го Сяоцюн

Аннотация: Начиная с 2014 г., экономическая ситуация в России становится все более суровой. Под воздействием украинского кризиса, экономических санкций западных стран, падения мировых цен на нефть, резкого падения рубля и других факторов, и без того не слишком оптимистическая экономическая ситуация еще более усугубилась. В контексте влияния всех этих факторов российско-китайское экономическое и торговое сотрудничество находится в новой ситуации и стоит перед новыми вопросами, — перед шансом и вызовом.

Ключевые слова: российско-китайское торгово-экономическое сотрудничество, западные санкции.

Об авторе: Го Сяоцюн - старший научный сотрудник Отдела российской экономики Института России, Европы и Центральной Азии КАОН.

Современное состояние и тенденции развития электронной коммерции в России

Цзян Цзин

Аннотация: В последние годы электронная коммерция в России стремительно развивалась, масштаб рынка непрерывно рос. Это означает, что российско – китайское международное сотрудничество в области электронной торговли, возможно, может считаться новой движущей силой, способствующей развитию российско – китайских торговых отношений на новом этапе. Статья анализирует существующее положение дел на российском рынке электронной коммерции, его основные особенности, архитектонику и перспективы развития. Как наилучшим образом распорядиться золотой порой развития российско – китайской международной электронной коммерции, — автор делится своими мыслями и дает советы относительно ускорения развития всестороннего и глубокого сотрудничества двух стран в области международной электронной коммерции.

Ключевые слова: Россия, электронная коммерция, российско – китайская торговля, сотрудничество.

Об авторе: Цзян Цзин – научный сотрудник Отдела российской экономики Института России, Европы и Центральной Азии КАОН, доктор наук.

Экономика России на фоне санкций: проблемы и перспективы

Гао Цзисян

Аннотация: В 2014 году макроэкономическая ситуация России поставлена в трудное положение, прирост ВВП составил 0.6%. К негативным факторам, сдерживающим рост экономики, относятся дисбаланс экономической структуры, модель роста, старение основного капитала, санкции Европы и США и сильное падение цен на нефть. С целью преодоления кризиса Россия предприняла ряд мер, но экономическая ситуация не улучшилась. В 2015 году и в будущие периоды экономика России сталкивается с серьезными рисками. Среди них главные риски заключаются в снижении прибыли и дефиците капитала банковской системы, в усилении инфляции и девальвации рубля, в росте бюджетного дефицита, в ослаблении роста реального сектора. Перспективы экономики России менее оптимистичны. В будущем, для стимулирования экономического роста и преодоления кризиса в числе основных задач, которые предстоит решить Правительству Российской Федерации, следует выделить следующие: первая задада – выбор денежно – кредитной политики, именно найти

верный баланс между стимулированием экономики и снижением инфляции; вторая задада – выбор финансовой политики, т. е. выбрать верный баланс между расходами на национальнню оборону и безопасность, расходами на социальную политику и национальную экономику; третья задача заключается в том, что с помощью импортозамещения продвинуть экономическую модификацию.

Ключевые слова: санкции, риски, трудный выбор приоритетных направлений политики

Об авторе: Гао Цзисян - ведущий научный сотрудник Института России, Европы и Центральной Азии КАОН.

«Красный свет» Западу и «зеленый свет» Востоку – российская дипломатия в 2014 г.

Лю Фэнхуа, Ли Юнхуэй, Хань Кэди, Лю Дань, Чжао Юймин

Аннотация: По итогам деятельности российской дипломатии в 2014 г. можно констатировать, что отношения России с Западом заметно ухудшились, в то время как восточный вектор внешней политики на протяжении всего года плодотворно развивался. Непосредственная причина сложившейся ситуации видится как результат активной позиции, занятой Россией в вопросе украинского кризиса – в аннексии Крыма, поддержки сепаратистского движения на востоке Украины и т. д. Но глубинные причины по – прежнему заключаются в непримиримых противоречиях, возникших после окончания холодной войны между Россией и Западом в аспектах геополитики, идеологии, архитектуры международной системы, международных норм и т. д. Исходя из этого и принимая во внимание степень способности России противостоять экономической турбуленции, можно прогнозировать, что в 2015 г. российская дипломатия продолжит свою антизападную риторику и сближение с Востоком.

Ключевые слова: Украинский кризис, Евразийский экономический

союз, Россия, ЕС, российско-американские отношения, российско-китайские отношения партнерства и стратегического взаимодействия.

Об авторах: Лю Фэнхуа – заведующий Отделом российской дипломатии Института России, Европы и Центральной Азии КАОН, ведущий научный сотрудник; Ли Юнхуэй – заместитель заведующего Отделом российской дипломатии Института России, Европы и Центральной Азии КАОН, ведущий научный сотрудник; Хань Кэди – старший научный сотрудник Отдела российской дипломатии Института России, Европы и Центральной Азии КАОН, доктор наук; Лю Дань – научный сотрудник Отдела российской дипломатии Института России, Европы и Центральной Азии КАОН, доктор наук; Чжао Юймин – научный сотрудник Отдела российской дипломатии Института России, Европы и Центральной Азии КАОН, доктор исторических наук.

Российско-китайские отношения на фоне украинского политического кризиса

Лю Фэнхуа

Аннотация: В 2014 г. украинский политический кризис продолжал развиваться, изоляционистская политика, проводимая Западом в отношении России, и западные экономические санкции особенно ужесточились после крымских событий, что заставило российскую дипломатию центр тяжести «перенести на Восток». Данное обстоятельство придало российско-китайским отношениям мощную динамику.

Российско-китайские отношения не только прошли проверку украинским кризисом, более того, во всех областях взаимосотрудничества были достигнуты крупные результаты, а сотрудничество в сфере добычи и поставок природного газа и в области военной техники можно назвать особенно прорывным. Перед лицом новой ситуации – необходимости сдерживания военной политики США – Россия и Китай должны укрепить стратегическое сотрудничество в таких сферах, как защита международной и сопредельной среды обитания, расширение торгово-экономического сотрудничества и т. д. 2014 г. – это год необычайно стремительного развития российско-китайских отношений, есть надежда, что и в 2015 г. это развитие будет продолжено.

Ключевые слова: российско-китайские отношения партнерства и стратегического взаимодействия в 2014 г., факторы украинского кризиса, многоотраслевое сотрудничество России и Китая.

Об авторе: Лю Фэнхуа – ведущий научный сотрудник Института России, Европы и Центральной Азии КАОН, доктор юридических наук.

Активное продвижение российской азиатско-тихоокеанской стратегии в контексте украинского кризиса

Ли Юнхуэй

Аннотация: На фоне непрерывного обострения украинского кризиса и ужесточаемых санкций Европы и США в отношении России Россия все более пристально смотрит на Восток. В статье, во-первых, продемонстрирована очевидная решимость России в ответ на давление Запада опереться на страны Азиатско – Тихоокеанского региона. Во – вторых, показано, что украинский кризис стимулирует ускоренную проработку Россией концепции Азиатско – Тихоокеанского вектора своей внешней политики. Российская стратегия в Азиатско – Тихоокеанском регионе ориентирована на долгосрочную перспективу, она не является простой «реакцией на обстоятельства». Россия стремится к сотрудничеству в таких областях как энергетика, военная промышленность и т. п., к созданию архитектоники, наиболее благоприятной для российской геополитики и экономической стратегии. Первейшая цель России – сохранить безопасность Дальневосточного региона, а также стать полюсом новой архитектоники безопасности во всем Азиатско – Тихоокеанском регионе. Во – вторых, посредством развития сети газо – и нефтепроводов постепенно утвердить Россию в качестве ведущей силы новой архитектоники азиатско – тихоокеанского регионального энергетического снабжения. Основными факторами, обусловливающим азиатско – тихоокеанскую стратегию В. Путина, являются существующие проблемы Азиатского региона и одновременно – сохранение западного вектора стратегии национального развития России.

Ключевые слова: украинский кризис, Россия, Азиатско – Тихоокеанский регион, Китай.

Об авторе: Ли Юнхуэй – заместитель заведующего Отделом российской дипломатии Института России, Европы и Центральной Азии КАОН, ведущий научный сотрудник.

Как Россия смотрит на экономический пояс Шелкового пути

Чжао Хуэйжун

Аннотация: Официальные круги в России определенно поддерживают идею создания экономического пояса Шелкового пути, рассчитывая на его активное использование. В российских научных же кругах отношение к этой идее не столь однозначное. Одни ученые видят в создании экономического пояса Шелкового пути счастливый шанс для укрепления двустороннего сотрудничества с Китаем в таких областях как коммуникации, энергетика, строительство, высокие технологии, развитие взаимодействия в гуманитарной области и т. д. Другие ученые высказывают в связи с проектом немалые опасения. По мнению автора, в Китае необходимо создать группу специалистов, которая должна будет тщательно изучить мнения и советы российских ученых, стимулировать и наладить двусторонние гуманитарные обмены и экономическое сотрудничество, и тем самым – способствовать развитию двусторонних отношений.

Ключевые слова: Россия, Китай, экономический пояс Шелкового пути, Евразийский экономический союз, ШОС.

Об авторе: Чжао Хуэйчжун – заведующий Отделом украинских исследований Института России, Европы и Центральной Азии КАОН, доктор наук.

Медленный прогресс, огромная ответственность и дальний путь – процесс интеграции Содружества Независимых Государств на фоне украинского кризиса

Лю Дань

Аннотация: Включение Крыма в состав Российской Федерации по итогам результатов общекрымского референдума в марте 2014 г. прямо привело Украину к отказу от председательства в СНГ в 2014 г. Подписание Соглашения об ассоциации Украины с ЕС стала для СНГ знаком дезинтеграции. Несмотря на это, сотрудничество остальных стран СНГ в политической и экономической областях, в сфере безопасности, и др. по – прежнему продолжает укрепляться. Подписание «Договора о Евразийском экономическом союзе» стало самым значимым итогом процесса интеграции СНГ в 2014 г. Как создание Евразийского экономического союза явилось логичным результатом развития Таможенного Союза, так и ЕАЭС станет верстовым столбом в процессе объединения стран Евразии. Украина переживает кризис, выбрав западный путь развития. Россия подвергается санкциям, ее отношения с Западом ухудшаются. США, ЕС, НАТО активно вмешиваются во внутренние дела Украины, внутренний климат региональной интеграции СНГ становится чрезвычайно сложным. Развитие экономики, организация гармоничных отношений внутри СНГ, укрепление отношений с внешним миром – вот важнейшие задачи, стоящие перед Россией.

Ключевые слова: украинский кризис, СНГ, интеграция, Евразийский экономический союз.

Об авторе: Лю Дань – научный сотрудник Отдела российской дипломатии Института России, Европы и Центральной Азии КАОН, доктор наук.

Поддержка и помощь Советского Союза в войне Сопротивления Японии: исследования китайских ученых

Лю Сюаньчжун

Аннотация: После начала проведения в жизнь политики реформ и открытости научный мир начал заново знакомиться со многими вопросами и по-новому их оценивать. Один из таких важных вопросов, которому было заново уделено серьезное внимание, – поддержка и помощь Советского Союза, оказанная Китаю в период войны Сопротивления Японии. Специалистами по истории советско-китайских отношений было обнаружено большое количество нового материала, исправлены многие ошибки, которые были допущены в предыдущих исследованиях, были даны многофакторные оценки. Автор знакомит с исследовательской ситуацией по этому вопросу с целью выработки у научной общественности более полного его понимания.

Ключевые слова: война Сопротивления Японии, советско-китайские отношения, помощь Китаю.

Об авторе: Лю Сюаньчжун – заведующий Отделом СССР Института России, Европы и Центральной Азии КАОН, ведущий научный сотрудник.

俄罗斯黄皮书

«Хрущев. К 120 – летию со дня рождения»: анализ выставки Федеральных архивов России

Ван Гуйсян

Аннотация: В истории СССР Н. С. Хрущев – легендарная личность, вокруг которой до сих пор не утихают споры. В период правления Н. С. Хрущева произошел ряд важнейших событий, например, разоблачение «культа личности», возведение Берлинской стены, силовое подавление восстания в Венгрии, Карибский кризис, притеснения интеллигенции и др. При оценке деятельности Н. С. Хрущева, будь то его место в советской или мировой истории, однозначными оценками не обойтись. На выставке «Хрущев. К 120 – летию со дня рождения», развернутой в выставочном зале государственных федеральных архивов России, были представлены редкие архивные экспонаты, что послужило толчком для новых исследований.

Ключевые слова: Хрущев, Берия, история СССР, Россия.

Об авторе: Ван Гуйсян — старший научный сотрудник Института России, Европы и Центральной Азии КАОН, доктор наук.

Россия и США на шахматной доске Украины

Хань Кэди

Аннотация: В 2014 г. между Россией и США развернулась острая борьба за Украину. Постепенно политический кризис перерос в военные действия, затем превратился в экономическую войну, а следом – в войну устрашения. Украинский политический кризис серьезно ухудшил политическую атмосферу обеих стран и разрушил саму основу их отношений. Новая холодная война между Россией и США постепенно становится реальностью.

Ключевые слова: украинский кризис, российско – американские отношения, Крым, западные санкции, военное устрашение.

Об авторе: Хань Кэди – старший научный сотрудник Отдела российской дипломатии Института России, Европы и Центральной Азии КАОН.

Россия и ЕС на фоне украинского кризиса

Чжао Юймин

Аннотация: Геополитическое состязание между Россией и Евросоюзом привело к обострению внутриукраинских противоречий, в итоге разразился политический кризис, который раскачал геополитическую обстановку. Украинский кризис – один из центральных факторов, повлиявших в 2014 г. на тенденцию развития отношений между Россией и ЕС. Вслед за ухудшением ситуации на Украине, отношения между Россией и Евросоюзом также неуклонно ухудшались. Поскольку в последнее время проблема украинского кризиса приобретает все более трудноразрешимый характер, отношения между Россией и ЕС также не смогут улучшиться по существу.

Ключевые слова: украинский кризис, крымский референдум, столкновения на востоке Украины, санкции, НАТО.

Об авторе: Чжао Юймин – научный сотрудник Института России, Европы и Центральной Азии КАОН, доктор исторических наук.

Реакция Белоруссии на украинский кризис

Лян Цян

Аннотация: С началом украинского кризиса Белоруссия активно перестраивала свою тактику в зависимости от изменения ситуации, придерживаясь строго нейтральной позиции и сохраняя некоторую дистанцию по отношению к России. Такая тактика Лукашенко укрепила у белорусов сознание национальной независимости и помогла упрочить политическую власть, предоставила возможность улучшить отношения с основными силами в мире: Россией, США, Европой и др., и была повсеместно поддержана в Белоруссии. По мере того, как последствия кризиса все больше отражались на Белоруссии, бонусы от предоставления Минском переговорной площадки для конфликтующих сторон постепенно исчезали, да и влияния от ослабления российской экономики и финансовой системы избежать уже было невозможно. В новых условиях отношение Белоруссии к евразийской интеграции стало настороженным и прагматичным, будущий ответ Лукашенко также находится перед множеством реальных вызовов.

Ключевые слова: украинский кризис, минские переговоры, Белоруссия, реакция.

Об авторе: Лян Цян – заместитель заведующего отделом украинских исследований Института России, Европы и Центральной Азии КАОН, научный сотрудник, доктор наук.

Украинский политический кризис и его влияние на Организацию Договора о коллективной безопасности и стран – ее членов

Ню Ичэнь

Аннотация: Организация Договора о коллективной безопасности (ОДКБ) – региональная организация безопасности, возглавляемая Россией. В период украинского политического кризиса ОДКБ оказала и продолжает оказывать России определенную моральную и других видов поддержку, но вследствие различия позиций стран – членов организации, ОДКБ не солидаризовалась с позицией России. Украинский кризис является серьезным вызовом безопасности России и других стран – членов ОДКБ. Хотя в настоящее время украинский кризис и не породил очевидного столкновения с ОДКБ, он по-прежнему остается для ОДКБ неизбежным испытанием на прочность.

Ключевые слова: украинский кризис, ОДКБ, региональная безопасность, Россия.

Об авторе: Ню Ичэнь – Отдел российской дипломатии Института России, Европы и Центральной Азии КАОН, доктор наук.

Война вне войны: международные пропагандистские игры на украинской шахматной доске

Сюй Хуа

Аннотация: Чтобы победить в мировой конкурентной борьбе, необходимо иметь в основе мощные экономические ресурсы, а также поддержку со стороны общественного мнения. Усиление мощи международной пропаганды, борьба за право быть услышанным является не только временной мерой в период урегулирования кризиса, – это еще и способ укрепить мягкую силу на стратегическом уровне. В ходе ведущейся вокруг украинского кризиса пропагандистской войны эффективность пропагандистской машины России на международном уровне по сравнению с прошлым заметно возросла. Техника российской пропаганды, инструменты пропаганды были значительно усовершенствованы, что в определенной степени повлияло на то, что тема украинского кризиса прочно заняла центральное место в повестке дня средств массовой информации. Но российская пропаганда по – прежнему все еще остается лишь средством обороны, а не наступления. Она эффективна на уровне интерпретации политики и дискредитации противника, а такая пропаганда может приносить только тактические и ограниченные по значению успехи. По мере активизации российской контрпропаганды в глазах международной общественности удавалось предотвращать демонизацию России в образе врага вплоть до авиакатастрофы рейса MH17, но после этого возобладали обвинения в адрес России. Из этого следует вывод, что по-настоящему эффективная международная пропаганда – это не только ситуативное реагирование на общественное мнение, но также и способность комплексного воздействия на него с помощью «мягкой» и «твердой» силы.

Ключевые слова: Россия, украинский кризис, война общественного мнения.

Об авторе: Сюй Хуа – старший научный сотрудник Института России, Европы и Центральной Азии КАОН.

Культурно – исторический фактор украинского политического кризиса

Лю Сюаньчжун

Аннотация: При анализе продолжающегося уже более года украинского кризиса события главным образом интерпретируют с точки зрения российско – украинских или российско – американских отношений и при этом практически не касаются культурно – исторических факторов. Между тем, учитывая исторические и культурные различия, существующие между различными частями Украины, государство имеет реальную возможность расширить свое влияние в различных слоях населения и общественных кругах, попытаться утвердить собственную экономическую и политическую систему. Автор пробует провести анализ украинского кризиса с историко – культурных позиций, и таким образом углубить понимание причин украинского политического кризиса.

Ключевые слова: Украина, украинский кризис, Россия, исторические факторы.

 俄罗斯黄皮书

Об авторе: Лю Сюаньчжун – ведущий научный сотрудник Института России, Европы и Центральной Азии КАОН.

Столкновение системы ценностей и украинский кризис

Чжан Хун

Аннотация: Украинский кризис 2014 г. берет начало в конфликте сторон по вопросу о целесообразности подписания Соглашения об ассоциации Украины с Европейским союзом. На первый взгляд, это вопрос о пути, по которому пойдет государство. Но по существу, вопрос о пути развития – это вопрос о ценностных ориентирах, в которых обобщены суть и цели государственного и общественного развития. Вот почему украинский кризис является следствием столкновения различных ценностных систем. Основных причин, которые привели к столкновению систем ценностей, три: во-первых, расслоение интересов основной части общества, – противоречия во взглядах на ценности привели к подрыву общественных устоев; во-вторых, различия в цивилизационной идентичности, обусловленные особенностями западной и традиционной славянской цивилизаций, – они привели к тому, что столкновение систем ценностей обернулось расшатыванием культурных основ; в-третьих, соперничество западных универсальных ценностей и российских консервативных, – столкновение этих систем ценностей привело к серьезному испытанию на прочность самих политических основ общественного устройства. Украинский кризис выявил важность для политической стабильности общества состояния ядерной системы ценностей.

В хаотизации Украины иностранные державы использовали именно противоречия во взглядах на ценности, превратив кризис в инструмент геополитической шахматной игры, что, в конечном счете, привело к трагическим последствиям смены государственной власти и раскола нации.

Ключевые слова: столкновение системы ценностей, Украина, политический кризис.

Об авторе: Чжан Хун – старший научный сотрудник Института России, Европы и Центральной Азии КАОН, доктор наук.

Годовщина украинского кризиса: обобщающий анализ

Сюнь Чэньвэнь

Аннотация: В декабре 2013 г. украинское правительство приостановило подписание Соглашения об ассоциации с ЕС, что повлекло за собой серьезные последствия – смену политической власти и вхождение Крымского полуострова в состав РФ. Углубление украинского политического кризиса привело к коренному изменению внутриполитической ситуации на Украине, ее внешней политики и состояния экономики. Кризис уготовил отношениям России, США и ЕС серьезные испытания. Западные санкции в отношении России негативно повлияли не только на российскую экономику, но и серьезно отразились на всей мировой экономике.

Ключевые слова: украинский кризис, Крым, российско-американские отношения, отношения Россия – ЕС, западные санкции.

Об авторе: Сюнь Чэньвэнь – научный сотрудник Отдела украинских исследований Института России, Европы и Центральной Азии КАОН.

皮书起源

"皮书"起源于十七、十八世纪的英国,主要指官方或社会组织正式发表的重要文件或报告,多以"白皮书"命名。在中国,"皮书"这一概念被社会广泛接受,并被成功运作、发展成为一种全新的出版型态,则源于中国社会科学院社会科学文献出版社。

皮书定义

皮书是对中国与世界发展状况和热点问题进行年度监测,以专业的角度、专家的视野和实证研究方法,针对某一领域或区域现状与发展态势展开分析和预测,具备权威性、前沿性、原创性、实证性、时效性等特点的连续性公开出版物,由一系列权威研究报告组成。皮书系列是社会科学文献出版社编辑出版的蓝皮书、绿皮书、黄皮书等的统称。

皮书作者

皮书系列的作者以中国社会科学院、著名高校、地方社会科学院的研究人员为主,多为国内一流研究机构的权威专家学者,他们的看法和观点代表了学界对中国与世界的现实和未来最高水平的解读与分析。

皮书荣誉

皮书系列已成为社会科学文献出版社的著名图书品牌和中国社会科学院的知名学术品牌。2011年,皮书系列正式列入"十二五"国家重点图书出版规划项目;2012~2014年,重点皮书列入中国社会科学院承担的国家哲学社会科学创新工程项目;2015年,41种院外皮书使用"中国社会科学院创新工程学术出版项目"标识。

中国皮书网
www.pishu.cn

发布皮书研创资讯，传播皮书精彩内容
引领皮书出版潮流，打造皮书服务平台

栏目设置：

- □ 资讯：皮书动态、皮书观点、皮书数据、皮书报道、皮书发布、电子期刊
- □ 标准：皮书评价、皮书研究、皮书规范
- □ 服务：最新皮书、皮书书目、重点推荐、在线购书
- □ 链接：皮书数据库、皮书博客、皮书微博、在线书城
- □ 搜索：资讯、图书、研究动态、皮书专家、研创团队

中国皮书网依托皮书系列"权威、前沿、原创"的优质内容资源，通过文字、图片、音频、视频等多种元素，在皮书研创者、使用者之间搭建了一个成果展示、资源共享的互动平台。

自 2005 年 12 月正式上线以来，中国皮书网的 IP 访问量、PV 浏览量与日俱增，受到海内外研究者、公务人员、商务人士以及专业读者的广泛关注。

2008 年、2011 年中国皮书网均在全国新闻出版业网站荣誉评选中获得"最具商业价值网站"称号；2012 年，获得"出版业网站百强"称号。

2014 年，中国皮书网与皮书数据库实现资源共享，端口合一，将提供更丰富的内容，更全面的服务。

法律声明

"皮书系列"（含蓝皮书、绿皮书、黄皮书）之品牌由社会科学文献出版社最早使用并持续至今，现已被中国图书市场所熟知。"皮书系列"的LOGO（ ）与"经济蓝皮书""社会蓝皮书"均已在中华人民共和国国家工商行政管理总局商标局登记注册。"皮书系列"图书的注册商标专用权及封面设计、版式设计的著作权均为社会科学文献出版社所有。未经社会科学文献出版社书面授权许可，任何使用与"皮书系列"图书注册商标、封面设计、版式设计相同或者近似的文字、图形或其组合的行为均系侵权行为。

经作者授权，本书的专有出版权及信息网络传播权为社会科学文献出版社享有。未经社会科学文献出版社书面授权许可，任何就本书内容的复制、发行或以数字形式进行网络传播的行为均系侵权行为。

社会科学文献出版社将通过法律途径追究上述侵权行为的法律责任，维护自身合法权益。

欢迎社会各界人士对侵犯社会科学文献出版社上述权利的侵权行为进行举报。电话：010-59367121，电子邮箱：fawubu@ssap.cn。

社会科学文献出版社

权威报告·热点资讯·特色资源

皮书数据库
ANNUAL REPORT(YEARBOOK) DATABASE

当代中国与世界发展高端智库平台

皮书俱乐部会员服务指南

1. 谁能成为皮书俱乐部成员？
- 皮书作者自动成为俱乐部会员
- 购买了皮书产品（纸质书/电子书）的个人用户

2. 会员可以享受的增值服务
- 免费获赠皮书数据库100元充值卡
- 加入皮书俱乐部，免费获赠该纸质图书的电子书
- 免费定期获赠皮书电子期刊
- 优先参与各类皮书学术活动
- 优先享受皮书产品的最新优惠

3. 如何享受增值服务？

（1）免费获赠100元皮书数据库体验卡

第1步 刮开附赠充值的涂层（右下）；

第2步 登录皮书数据库网站（www.pishu.com.cn），注册账号；

第3步 登录并进入"会员中心"—"在线充值"—"充值卡充值"，充值成功后即可使用。

（2）加入皮书俱乐部，凭数据库体验卡获赠该书的电子书

第1步 登录社会科学文献出版社官网（www.ssap.com.cn），注册账号；

第2步 登录并进入"会员中心"—"皮书俱乐部"，提交加入皮书俱乐部申请；

第3步 审核通过后，再次进入皮书俱乐部，填写页面所需图书、体验卡信息即可自动兑换相应电子书。

4. 声明

解释权归社会科学文献出版社所有

皮书俱乐部会员可享受社会科学文献出版社其他相关免费增值服务，有任何疑问，均可与我们联系。

图书销售热线：010-59367070/7028
图书服务QQ：800045692
图书服务邮箱：duzhe@ssap.cn

数据库服务热线：400-008-6695
数据库服务QQ：2475522410
数据库服务邮箱：database@ssap.cn

欢迎登录社会科学文献出版社官网
（www.ssap.com.cn）
和中国皮书网（www.pishu.cn）
了解更多信息

社会科学文献出版社 皮书系列
SOCIAL SCIENCES ACADEMIC PRESS (CHINA)

卡号：907237206946
密码：

子库介绍
Sub-Database Introduction

中国经济发展数据库

涵盖宏观经济、农业经济、工业经济、产业经济、财政金融、交通旅游、商业贸易、劳动经济、企业经济、房地产经济、城市经济、区域经济等领域，为用户实时了解经济运行态势、把握经济发展规律、洞察经济形势、做出经济决策提供参考和依据。

中国社会发展数据库

全面整合国内外有关中国社会发展的统计数据、深度分析报告、专家解读和热点资讯构建而成的专业学术数据库。涉及宗教、社会、人口、政治、外交、法律、文化、教育、体育、文学艺术、医药卫生、资源环境等多个领域。

中国行业发展数据库

以中国国民经济行业分类为依据，跟踪分析国民经济各行业市场运行状况和政策导向，提供行业发展最前沿的资讯，为用户投资、从业及各种经济决策提供理论基础和实践指导。内容涵盖农业，能源与矿产业，交通运输业，制造业，金融业，房地产业，租赁和商务服务业，科学研究，环境和公共设施管理，居民服务业，教育，卫生和社会保障，文化、体育和娱乐业等100余个行业。

中国区域发展数据库

以特定区域内的经济、社会、文化、法治、资源环境等领域的现状与发展情况进行分析和预测。涵盖中部、西部、东北、西北等地区，长三角、珠三角、黄三角、京津冀、环渤海、合肥经济圈、长株潭城市群、关中—天水经济区、海峡经济区等区域经济体和城市圈，北京、上海、浙江、河南、陕西等34个省份及中国台湾地区。

中国文化传媒数据库

包括文化事业、文化产业、宗教、群众文化、图书馆事业、博物馆事业、档案事业、语言文字、文学、历史地理、新闻传播、广播电视、出版事业、艺术、电影、娱乐等多个子库。

世界经济与国际政治数据库

以皮书系列中涉及世界经济与国际政治的研究成果为基础，全面整合国内外有关世界经济与国际政治的统计数据、深度分析报告、专家解读和热点资讯构建而成的专业学术数据库。包括世界经济、世界政治、世界文化、国际社会、国际关系、国际组织、区域发展、国别发展等多个子库。